胡裕树先生
100周年诞辰纪念文集

主　编　卢英顺　陈振宇

复旦大学出版社

　　胡裕树先生（1918—2001），笔名胡附，安徽绩溪县人。中国当代著名语言学家，在现代汉语语法、辞书编纂、对外汉语教学、修辞学等领域都有建树，尤其是在现代汉语语法方面，成就卓著，是"20世纪现代汉语语法八大家"之一。2018年荣获上海市首批"社会科学大师"称号。

胡裕树先生

胡裕树先生和夫人汪邦巧女士合影

胡裕树先生和张斌先生合影

胡裕树先生和胡师母与最后一届博士生
（卢英顺、温锁林、高顺全）合影

纪念胡裕树先生100周年诞辰学术研讨会

深切缅怀

著名语言学家、上海市社会科学大师

胡裕树　先生

张黎教授致"纪念胡裕树先生100周年诞辰学术研讨会"的贺信

纪念胡裕树先生100周年诞辰学术研讨会：
各位前辈，各位同仁：

  时值胡裕树先生100周年诞辰之际，复旦大学中文系主办纪念胡裕树先生100周年诞辰学术研讨会，旨在缅怀先生高尚的治学精神，总结先生精湛的学术思想。我认为，这是汉语学界的一次十分必要和十分重要的学术举措，是当代汉语学术研究史上的一次具有历史意义的事件。对此，谨向复旦大学中文系和与会的各位先生、各位同仁致以崇高的敬意。

  胡裕树先生是我国著名语言学家，在语言研究、汉语教学、人才培养等诸多方面，丰功伟业，有目共睹。特别是先生所倡导的广义形态说，秉承陈望道、方光焘先生的学术理念和研究传统，开启了汉语语法研究的新天地。而先生所提出的语法研究三个平面的理论，更是开一代语法研究之先河，影响了整整一代语法学人。可以说，面对汉语语言事实，在充分占有语言资料的基础上，不断地在理论上有新的追求和新的建树，这既是胡先生的学术思想之特征，也是复旦大学人文之精神，更是海派学术之传承。

  胡先生于我恩重如山。作为学生，我本应躬身与会，与各位同仁共叙先生的哺育教化之恩，沐浴先生学术思想之甘露。但因本人公务缠身,几经努力也无法脱身,故只能以此之薄文,聊表对先生的敬仰和思念之意。

  愿先生的学术思想,如日月星辰,永在学界,普照学人!

  祝纪念胡裕树先生 100 周年诞辰学术研讨会圆满成功!

日本 大阪产业大学国际学部教授
张 黎
2018 年 8 月 26 日

目 录

缅怀宗师为人为学篇

胡裕树先生的语法研究理念及方法 ·················· 范　晓(3)
胡裕树继承、发扬陈望道修辞学思想的出色贡献
　　——纪念裕树先生诞辰100周年 ·················· 宗廷虎(8)
胡裕树先生与对外汉语教学
　　——纪念胡裕树先生诞辰100周年 ·················· 陈光磊(27)
春风化雨润心田
　　——纪念胡裕树先生百年诞辰 ·················· 邵敬敏(33)
汉语教学和研究的一座丰碑
　　——纪念胡裕树先生诞辰100周年 ·················· 潘庆云(38)
回忆与胡裕树先生的交往点滴 ·················· 沈亚明(43)
云山苍苍,江水泱泱,先生之风,山高水长
　　——深切缅怀胡裕树先生 ·················· 汤志祥(55)
怀念胡裕树先生 ·················· 王均熙(63)
教授原来是这样的
　　——深切缅怀恩师胡裕树先生 ·················· 卢英顺(66)

语法理论探讨和应用篇

"三个平面"理论的精神实质在哪里？ ……………… 陆俭明(77)
汉语句干释要 ……………………………………… 范　晓(91)
作为语义-语用互动结果的语法形式 ……………… 陆丙甫(115)
从广义语法形态角度审视普通话语序混合类型、论元配置
　混合类型所带来的语法后果 …………………… 金立鑫(139)
三个平面理论及句法分析举隅 ………… 郭　安　邢　欣(165)
从"了"的必隐看语用制约优先 …………………… 高顺全(183)
认知语言学背景下三个平面理论的价值 ………… 卢英顺(199)
再谈主题和主语
　——汉语小句的句法配置 ……………………… 陈振宇(217)
胡裕树先生与广义形态理论 ……………………… 李双剑(255)

汉语语法事实描写解释篇

当代汉语区别词形容词化的功用与成因分析
　——以"袖珍"的功能扩展与分化为例 ………… 张谊生(271)
由语气结构看普通话述题语气词的上位范畴
　——将语气词关进语气结构的笼子里研究其功能(二) ………
　……………………………………………………… 王　珏(284)
辩证性——"毕竟"的使用基础 …………………… 储泽祥(317)
"山寨"和"雷"新义新用法的社会文化背景论析 … 戴昭铭(336)
寿阳方言的两种把字句 …………………………… 温锁林(350)

"不是 N 的 N"的评价功能与主观移情 ……………… 胡清国(363)
评议性同语式"X 是 X"的依存性分析及自立性审视 … 朱庆祥(380)
试论评价句"人称代词单＋这个人，Y" ……………… 殷志平(396)
面向汉语国际教育的"出于 X"格式 ………………… 王一平(417)
汉语史上语言接触引发的语法化机制探究 ………… 梁银峰(426)

附录：胡裕树先生指导的硕士、博士研究生 ……………（443）
编后记 …………………………………………………（444）

缅怀宗师为人为学篇

胡裕树先生的语法研究理念及方法

范 晓
(复旦大学语言文学研究所)

今天,我们怀着十分崇敬的心情,纪念胡裕树教授诞辰 100 周年,缅怀他为祖国的语言学事业作出的贡献,并为此举行专题学术讨论会。胡先生在语言研究和教学中的成就是多方面的。由于他主攻语法,他的学术成就突出地体现在汉语语法方面。这里我提纲式地着重说说他在语法上的主要理论观点、研究方法以及语法教学的理念,我想到的主要有八条(不一定全面):

一、倡导"广义形态"的理论

西洋语法一说到"形态",就是指"狭义形态"(即词的形态屈折变化)。胡先生认为不能把西洋语法关于形态的观念硬往汉语身上套,从而把汉语的形态限制在狭义形态的范围内。他主张研究汉语形态要根据汉语的特点找自己的形态。他继承并发展了他的老师方光焘教授的"广义形态"理论,指出广义形态是区分汉语词类的主要标准。他十分重视汉语"广义形态"的地位,认为汉语里词与词的结合、虚词、语序等都属于"广义形态"。他指出广义形态和狭义形态不是对立的,狭义形态包括在广义形态之内。他认为,研究汉语形态要从汉语的具体情况出发,按照汉语自己的特点找自己的形态。他还把此观点升华到语言学理论的高度,指出其他语言也存在着"广义形态"。

二、倡导三个平面的理论

胡先生认为以往的语法学主要是讲句法,语法分析里说来说去就是"主、谓、宾、定、状、补"或者主谓句非主谓句,这是很不够的。他在符号学理论的启发下,结合汉语事实,倡导语法研究的"三个平面的理论"。"三个平面"的理论是指语法研究应该运用科学的方法论把句法、语义、语用三者既分开来并结合起来进行研究。他认为:三个平面的理论既是本体论又是方法论。他指出这个理论突破了以往语法研究仅以句法为内容的局限,拓宽了语法研究领域,"给人们带来了一种语法观念甚至语言观念上的变化,将促使人们运用新的思路和方法对汉语语法规律和现象作全方位、多角度的观察、描写和解释"。在他的推动下,经过大家共同努力,这个理论在中国已经成为一个比较完整的理论体系。

三、主张语法分析应从形式出发去发现意义

语法的句子分析涉及形式和意义。胡先生认为:析句就是从听话人角度去分析句子。所以他强调:析句的起点是"从形式出发",透过语法形式去发现语法意义,也就是把析句过程看做从形式出发去发现意义的过程。他指出:"分析任何语言的结构,都必须从语言的形式系统的分析中去发现语言的结构意义,都必须从形式到意义。"他认为研究语法范畴"也是要从形态中发现意义",主张"凭形态而建立范畴,集范畴而构成体系"。比如汉语词类,他就认为"功能意义"是分类的根据,但在辨别时,必须从"词与词的结合"这个形态或形式出发去发现"功能意义",从而区分词类并构建汉语词类的体系。

四、提出研究语法既要注意共性,又要注意个性

在语法研究中,学界有的强调语言的共性,有的强调语言的个性。胡先生认为,"语法的民族特点和语言的共同性不是对立的","研究语法,既要注意它的共性,又要注意它的特点,并且要把特点放在共性的一定位置上去考察,去理解","汉语的特点也要放到语言的一般性和共同性里面去讲"。比如各种语言都有表示语法意义的"形态",这是共性,"印欧语有形态,汉语也有自己的形态,只是就类型来说,不同于印欧语的形态罢了"。他还以"们"为例说明了这个问题,指出"们"和名词的结合,表达了一定的语法意义,"未始不可以看作一种形态,只是就类型来说,不同于印欧语的形态罢了"。

五、主张语法研究中事实和理论都重要

在语法研究中,如何处理"理论和事实"的关系问题,汉语学界有一些不同的看法,有的强调事实重要,有的强调理论重要。胡先生认为这样的争论是不必要的,并提出:"语言理论的研究和语言事实的调查都应重视,不可偏废。"他指出:任何一门科学的研究工作,都离不开理论的指导,离开了理论,具体的研究就会失去方向;但空谈理论而不接触语言实际,或者罗列材料而缺乏科学分析,也不足为训。所以他强调:"理论和方法上的追根究底和事例方面的周密调查必须双管齐下。就整个汉语语法学的情况来看,应当如此;就语法具体问题的研究来说,也应当如此。"

六、提倡"兼收并蓄,为我所用;立足革新,不断探索"

在对待国外语言学问题上,学界有的有排斥抵制的倾向,有的全

盘接受的倾向。胡先生认为:"科学研究的成果是属于全人类的,外国有用的东西,我们完全应该借鉴。"但又指出借鉴不是照搬人家的东西,不应盲目崇洋。就传统语法、结构主义语法、转换生成语法而言,他认为"各有其长处和短处。如果能够取长补短,作更高的综合,那就能使语法研究出现新的面貌"。他主张:在借鉴国外语法理论时应该立足于汉语语法实际,要"有继承,有改造,有革新"。他提倡研究汉语语法时,对各种有影响的学说都要加以研究,吸取精华,应该"兼收并蓄,为我所用;立足革新,不断探索"。

七、主张语法教材要随着学术的发展不断革新

胡先生主编的《现代汉语》教材(原教育部指定的高校文科教材)已经有1962、1979、1981、1987、1995年五个版本。他在该书中构建了一个自成一家的现代汉语语法体系,在语言学界有巨大影响。迄今印数已达一百四十多万册,不仅长期在国内众多高校使用,而且在香港地区和台湾地区也有重版本和繁体字本,在韩国也有了翻译本。关于教材的编写,他指出语法科学研究的成果是编写语法教材的基础,所以"语法教材必须利用语法科学研究的成果"。晚年,胡先生感觉到他主编的这本教材已经不能跟上当前学术的发展和丰硕成果的积累,认为应与时俱进加以革新。但他说:自己年老体弱已无力来修改原来的教材,寄希望于后来者能"立足于汉语的语法事实,运用句法、语义、语用三个平面的理论,来完善汉语的教学语法体系"。

八、提出语法教学的实用目的和教学方法

胡先生认为:语法教学不是为教学而教学,而应该有实用的目的,那就是"提高学生的语文水平"。他认为教材、教学内容、教学方法等都应该服从于教学的实用目的。为此,他提出"语法教学的内容

应该是规范语法"。指出规范语法应以语言结构为对象，反映语言单位（语素、词、词组、句子）之间的各种关系及其规律，要建立一个系统性、科学性的合乎规范的语法体系。他认为"语法教学的重点是说明语法规律"。同时还指出，根据实用目的编写的教科书进行语法教学不能千篇一律，而应"根据不同的对象、不同的情况来选择教学的内容和说明语法规律的方式"。

上面扼要介绍了胡裕树先生的学术上的理论观点、方法以及治学和教学的理念。我们应该铭记他的这些教导，并且在自己的教学和科研中继承发展并发扬光大，我想这应该是对他的最好纪念。

当前我国的语法研究学术气氛空前活跃，这是一种好现象。任何理论观点都不可能完美无缺，很难说哪种理论学说是绝对真理；因此应当提倡学术的多元化，提倡以宽广的胸怀和虚心的态度对待不同的意见，提倡取长补短，相得益彰。提倡独立思考、自主创新。今天学术讨论会的主题是"语言的描写与解释"，"描写与解释相结合"是三个平面理论的方法论原则之一。语法研究既应重视描写，也应重视解释。对语法现象既应有细致充分的描写，也应有合理和充足的解释。描写是解决"知其然"，解释是解决"知其所以然"。描写是解释的前提，解释的方法、理据多种多样。我看到这次会议提交的论文内容相当丰富，既有理论的探讨，也有在周密调查基础上的特定语言事实的专题研究。学术讨论中不同意见是难免的，也是正常的；质疑和争辩必然燃起不同观点碰撞的火花，能起到相互激励、相互启发的作用。希望大家在会议上互相切磋，互相学习，互相启发，共同提高。高质量的学术讨论，一定会推动语言学的繁荣发展。

最后，祝大会圆满成功！

胡裕树继承、发扬陈望道修辞学思想的出色贡献
——纪念裕树先生诞辰100周年

宗廷虎
(复旦大学语言文学研究所)

2018年是复旦大学教授胡裕树先生诞辰100周年。裕树先生作为我国著名语言学家,他在语法学领域的杰出贡献,早已载入史册,闻名遐迩。但迄今为止,他对我国修辞学研究的杰出贡献,还鲜有人系统总结。本文拟对他继承、发扬陈望道修辞学思想方面所发挥的重要作用作较为系统的探索。

1961年我大学毕业后刚进入陈望道先生创建的复旦大学语言研究室工作时,裕树先生是研究室副主任。由于研究室主任吴文祺先生年事已高,日常工作均由裕树先生主持。1977年10月,望道先生去世后,裕树先生接任主任一职,继承、发扬望道先生语法、修辞思想的大旗,就一直由裕树先生主扛,他起着承上启下、举足轻重的作用。望道先生身后,复旦大学修辞学之所以还能继续保持全国修辞学重镇的地位几十年,应该说是与裕树先生的卓越领导分不开的。

本文拟从两个方面总结裕树先生继承、发扬陈望道修辞思想的历史功绩:一、对陈望道修辞学理论和实践研究的阐发和发展;二、充分发挥复旦大学修辞学研究基地的作用。

一、对陈望道修辞学理论和实践研究的阐发和发展

裕树先生对陈望道修辞理论的阐发和发展是多方面的,本文只探讨其中较为突出的三点。

(一)《词汇、语法、修辞》对修辞学对象、特征研究的发展

陈望道《修辞学发凡》(以下简称《发凡》)被认为是我国现代修辞学史上的里程碑,但由于历史原因,这部1932年问世的专著,没有来得及对修辞学的对象、特征等问题,从理论上作出直接回答,这一任务由胡裕树、张斌、林祥楣合著(笔名林裕文)的《词汇、语法、修辞》首先进行了出色的探索。该书认为:"修辞学作为语言学的一个分科",它有着与词汇、语法、语音等语言学分科不同之处,"修辞学……不只研究语言的某一个组成部分,某一个方面,它的对象包括语言的所有组成部分。修辞学要研究用词,必然要涉及词汇;修辞要研究各种不同的结构,不同类型的句子的表达效果,语法构造就不能不管;某些修辞现象是借助于语音来表现的,不能不从语音上加以说明,所以语音也要研究。这样看来修辞学显然是一种综合性研究。不但如此,它还要研究成段成篇的话,这就是说,篇章结构也是修辞学研究的对象"。该书还阐明了"修辞和逻辑、语法的关系",同时明确指出:"风格和语体""的确是修辞学的重要内容之一"[①]。此书问世时,正值中华人民共和国建立不久,修辞知识普及的任务十分繁重,理论研究不但非常薄弱,还很少受到关注。裕树先生等在研究《发凡》的基础上,对上述课题作出了有创意的回答,可说难能可贵。正因为如此,高万云评价说:《词汇、语法、修辞》对"修辞学是一种综合研究的语言学

[①] 林裕文 1959 《词汇、语法、修辞》(新1版),第72—77页,89—91页,上海教育出版社。

科"的论述,"是陈望道《修辞学发凡》之后最有理论深度的表述"①。这在当时起到了表率作用,也是对陈望道有关修辞学对象、特征研究的继承和发展。

（二）对陈望道率先运用马克思主义观点研究修辞的历史经验进行总结

望道先生1962年在复旦大学纪念《修辞学发凡》出版30周年座谈会的讲话中指出:"写作《发凡》时,我曾努力想运用马克思主义思想作指导,……我的得益还是在这方面。……如果说这本书还有一些可取的地方,则是运用了马克思主义思想作指导的缘故。"②二十年后,裕树先生在中国修辞学会与复旦大学联合召开的"纪念《发凡》出版50周年学术座谈会"的发言中,率先对此书上述最重要的历史经验作了精辟的总结。"三十年代的学术界还不大懂得用马克思观点来指导学术研究,修辞学也是这样。一部分学者的观点、方法,基本上是来自西方和日本的,以外为主,据外论中;一部分学者的观点、方法,基本上又是沿用古人的,以古为主,据古论今。望道先生则力求把马克思主义辩证唯物论应用于修辞学研究……望道先生在回忆《发凡》的时候说:'《发凡》与别的书的不同之处,一是有理论,一是比较全面。'这儿的理论是指马克思主义的理论;这儿的全面,是指在马克思主义指导下,研究比较全面。"并且深刻地指出:"望道先生是我国修辞学界第一个全面系统地运用了马克思主义观点的学者。"③由于该文是代表复旦大学中国语言文学研究所在会上的主题发言,后又收入第一本为纪念《发凡》而编的论文集,与会者有众多中国语言

---

① 宗廷虎主编 2008 《20世纪中国修辞学》,下卷,高万云著,第766页,中国人民大学出版社。
② 复旦大学语言研究室编 1985 《陈望道修辞论集》,第276—277页,安徽教育出版社。
③ 胡裕树 1983 《学习〈修辞学发凡〉,为促进修辞学的繁荣贡献力量》,复旦大学语言研究室编《〈修辞学发凡〉与中国修辞学》,复旦大学出版社。

学界、修辞学界的著名学者，文章内容所起的导向性作用非常明显。

与此同时，裕树先生于1982、1983年，连撰两文，对上述观点作了更进一步的具体阐发。如在《用辩证法指导修辞学研究——陈望道与〈修辞学发凡〉》中指出："这本书为什么会取得如此大的成就呢？最重要的原因是作者用了马克思主义的辩证法来指导修辞学研究。"论文首先盛赞《发凡》"从内容和形式对立统一的角度去全面论述修辞方式，这在当时是罕见的"，"《发凡》既以大量篇幅谈了修辞技巧，又首先强调了它与思想内容的关系，突出了修辞的目的"。因为当时修辞学界存在两种认识上的偏颇：一种观点认为"修辞学必须研究文章的思想内容，把主题和题材的选择都纳入修辞的范围，于是修辞学成了作文法"；一种看法又认为"谈修辞要撇开思想内容不管，孤立地谈修辞技巧"。望道先生"后来在回忆中指出：'我因为学过马列主义，就用内容决定形式的观点来向形式主义进攻。'……他甚至主张'研究修辞应以内容决定形式作为研究的纲领'"。"作者明确指出：'题旨和情境的洞达'以及'语言文字可能性的通晓'乃是'修辞技巧的来源'。前者占第一位，后者占第二位，主次关系不容颠倒。……总之，作者从内容和形式对立统一的角度去全面论述修辞方式，这在当时是罕见的。"该文还从方法论的角度，用大量事实证明《发凡》是怎样做到"归纳法与演绎法相统一"的[①]。又如在《修辞研究必须用辩证唯物主义观点作指导——学习〈修辞学发凡〉札记》中指出："《发凡》一问世就被公认为在我国第一个建立了比较全面而科学的修辞学体系，其中重要的因素就是作者运用了辩证唯物主义的观点作指导。……望道先生早在1920年就翻译了《共产党宣言》，这是我国第一个全译本。……他对辩证唯物主义素有研究，造诣很深，他把辩证唯物主义观点引入修辞学领域，这在我国还属首创。"

该文首先论述了《发凡》贯穿了"全面的观点"。具体表现在："第

[①] 胡裕树、宗廷虎　1982　《用辩证法指导修辞学研究》，《复旦学报》第3期。

一,既研究修辞理论,又研究修辞规律。""讲修辞,不讲或很少讲理论,这是一些修辞论者常犯的毛病。……《发凡》的修辞理论分布的面很广,不仅在第一篇《引言》和第十二篇《结语》中,还在其余各篇分别阐述了消极修辞、积极修辞、文体或辞体理论。在具体辞格的'备览'、'附记'中,往往又引用了众多的古代学者精辟的修辞理论。总之,'研究修辞一定要有理论'这是望道先生的切身体会。""第二,既重视积极修辞的研究,也重视消极修辞的研究。""第三,既重视总结文言文修辞规律,又重视总结白话文修辞规律。""第四,既重视书面语修辞,又重视口语修辞。"因为"口语是'源',书面语是'流'",而"文辞上流行的修辞方式,又常常是受口头语辞上流行的修辞方式的影响的"。

其次,该文还较为独到地从"规律"的角度阐发《发凡》运用事物与事物相联系的观点。指出:"望道先生研究文法、修辞,一贯讲究探索法则或规律。他对规律的解释是:'所谓规律,就是事物的内在联系,就是客观的必然的关系'……《发凡》既从修辞现象的内在关系中去寻求规律,也从修辞现象的相互关系以及它与邻近事物的关系中去寻求规律。这就比……孤立地就修辞研究修辞高出一筹。这也是《发凡》科学性强的一个重要原因。"接着重点论述三个方面。"第一,从语辞形成的整体中研究修辞。《发凡》在《引言》中专列一节来论述'修辞和语辞形成的三个阶段',把修辞放在语辞形成的整体中进行考察,这在当时的修辞学研究中,可说别具一格。""第二,从与题旨情境的关系中研究修辞。《发凡》也专列一节来论述'修辞'和题旨情境的关系。指出'修辞必须适合的是题旨和情境''题旨和情境可说是修辞的标准,依据。'……认为,所谓修辞,就是对应题旨,对应情境的语文应用。……《发凡》还进一步提出了'修辞以适应题旨情境为第一义'的观点,把它作为衡量修辞好坏的准绳,提到极为重要的高度来认识。""第三,在研究修辞的同时,也要研究相邻学科。修辞学的性质十分特殊,它与相邻学科的关系十分密切,是一门边缘科学,必须吸收相邻学科的研究成果来丰富自己。望道先生有一次谈到他自己的研究经验:'我搞了十几年马列主义、逻辑学、心理学、美学,才写出《发凡》来。'在别的场合他还说,研究修辞必须研究文艺理论、文章学和语言学的其他分支,如语音学、词汇学、语法学等等。实际上,他自己多年来一直是这样做的。"接着从六个方面"逐项论述"了修辞学与邻近学科的关系:"(1)修辞学和哲学、逻辑学","(2)修辞学和美学","(3)修辞学和心理学","(4)修辞学和文艺批评","(5)修辞学和文章学","(6)修辞学和语音学、词汇学,语法学"。该文是我国最早对望道先生的"边缘学科"论进行深入论析的,功不可没。

再次,该文还颇为难能可贵地评析了望道先生"发展变化的观点"。文章要大家注意"望道先生把马克思主义的发展变化的观点也应用到修辞研究上,这就在修辞现象的分析上有不少独到之处。这在第二篇第九节《汉语文变迁发展的大势》和第十篇《修辞现象的变化统一》中,有集中的反应,在其他篇章中也有一定体现,突出表现在以下几个方面:第一,从汉语文变迁发展的大势上看。……第二,从修辞现象的变化发展中看。……第三,从古往今来人们对修辞现象的总结、修辞现象的阐发上看"。文章强调:"望道先生指出,几千年来,汉语文一直在蓬勃发展着。……修辞现象也不是一成不变的,它正随着时代的发展而有所上落,生灭","修辞研究应从变化发展的角度加以分析"。这就启示人们:修辞现象发展史,即修辞史的研究大有可为。同时强调"《发凡》全书就引了一百多位古人的170多段精辟的修辞理论,要大家认真学习"。这也为后人开辟修辞学史研究的领域作出了榜样。文章盛赞《发凡·结语》中为不少人熟知的名言:"从发展的眼光看,修辞学即使'切实到了极点,美备到了极点',也不过是作为'后来居上者的参考','要超越它所述说,并没有什么不可能,只要能够提出新例证,指出新条理,能够开拓新境界。'他殷切期望后来者迅速超过他,也相信后来者一定超过他。这种识见和气概,只有在马克思主义观点指导下才能产生。"①以上是一组率先阐发望道先生用马克思主义观研究修辞、揭示修辞内在规律的文章,不但会令人耳目一新、说服力强,还对今后修辞学研究起了示范作用,影响颇大。

(三)强调向《修辞学发凡》学习创新精神

裕树先生在纪念《发凡》50周年学术座谈会上的讲话《学习〈修辞学发凡〉,为促进修辞学的繁荣贡献力量》中,论及"修辞学怎样才能更快地前进"这一问题时,提出的第一个要求就是:"创新。立足于创新才能迅速改变修辞学的面貌。当年望道先生正是不满足于因袭前人成说,决心闯出一条新路,才给修辞学界带来焕然一新的景象的。今天,修辞学界要打破长期沉寂,停滞不前的局面。也必须有一批敢于冲破陈规的闯将。鲁迅曾经指出:作品'以独创为贵','依傍和模仿,决不能产生真艺术。'……如果满足于踩着前人的脚印走,以模仿《发凡》等著作为能事,不敢越雷池一步,这是'最没有出息'的表现,科学也就不可能发展。"文章强调要响应望道先生的号召,要"立大志,找难度大的问题上。开辟新路的关键是有无决心攻坚,是有没有革命胆略"。怎样创新?他说:"创新,一定要建立在对前人遗产批判继承的基础上,剔除其糟粕,吸取其精华。正如望道先生所说:'不是从别人的出发点起步,而是从别人的到达点起步,这样才能越跑越远。'"

裕树先生关于修辞学研究要创新的号召,首先在复旦大学语言研究所的成员中起了作用,我们在几年的拼搏中捧出了几本论著,下文还要提到。他本人在由他主编的于1981年出版的全国高等学校统编教材《现代汉语》中,增添了修辞部分(袁晖执笔)。该教材被全

---

① 胡裕树、宗廷虎 1983 《修辞研究必须用辩证唯物主义观点作指导——学习〈修辞学发凡〉札记》,中国修辞学会华东分会编《修辞学研究》第二辑,安徽教育出版社。

国多所高校采用,影响很大。经多次修订,总印数达150多万册。曾荣获上海市高校哲学社会科学研究成果二等奖、上海市哲学社会科学优秀著作奖、国家教委高等学校优秀教材一等奖。该教材修辞部分的创新之处为:从易教易学的角度着眼,充分考虑语言的结构因素,由词语、句子、篇章、语体和风格构成修辞部分的总体系。作者的观点是:"从修辞学的总体来看,词语和句子是一个层次,篇章组织是一个层次,语体和风格又是一个层次。这三个层次有机地结合起来,就构成了修辞学的完整的结构系统。"①该书与一般修辞学教材不同的是,没有把"修辞格"专列一节,而是将其溶解到各有关部分中去,避免修辞格与词语锤炼、句子选择的交叉重复,有利于修辞教学适用性的加强。吴士文评论说:这种教学体系"打破了过去集中讲授辞格的局面,把辞格和其他修辞手段有机地结合在一起,体例比较新颖,讲解比较灵活,实用意义也比较显著"②。

总之,裕树先生历任陈望道创建的复旦大学语言研究室副主任、主任,身体力行地努力继承、发扬陈望道的修辞学思想,所起的表率作用是有目共睹的,他的卓越功勋应该载入史册。

二、充分发挥复旦大学修辞学基地的作用

望道先生1977年去世后,裕树先生1979年任语言研究室主任,即全面考虑如何充分发挥望道先生创建的这个修辞学基地的作用。他虽于1982年调任中文系主任,工作更忙(次年我被任命接任语言研究室主任,兼任研究室修辞组组长),但仍一如既往地指导与关心语言研究室的科研,千方百计调动每位成员的积极性。突出表现在以下几个方面。

---

① 胡裕树主编 1987 《〈现代汉语〉使用说明》,第204页,上海教育出版社。
② 吴士文 1986 《修辞格论析》,第255页,上海教育出版社。

（一）组织研究室人员集体攻关

1. 组织集体撰写《修辞新论》

望道先生逝世后,我本与邓明以、李金苓商定,想先攻治修辞学史。裕树先生认为,还是应该先研究陈望道修辞学理论,在此基础上再治"史"。在他的指导下,修辞组四人：宗廷虎、邓明以、李熙宗,李金苓决定先写《修辞新论》,经过七年拼搏,于 1985 年交稿。裕树先生亲自审阅,我记得稿纸上多处留下了他亲笔改动的痕迹。可惜当时没有复印条件,未留下复本。该书于 1988 年由上海教育出版社出版。袁晖在《汉语修辞学史》中评论说："此书是他们（引者按：指四位作者）研究修辞多年厚积薄发的结晶,问世后,反响强烈。正如香港《大公报》1988 年 12 月 12 日书评所指出的,此书最显著的特点是具有'新'和'论'的特色。"第一,"作者十分重视修辞理论的探讨,在以马克思列宁主义的基本理论为指导的基础上,继承陈望道的修辞思想,而又有所发展和突破。例如作者把内容决定形式作为修辞研究的纲领,……指出题旨比情境更为重要","如作者认为修辞学是属于语言学范畴的,实用性很强的多边性学科"。第二,"作者从唯物辩证的对立统一观点出发,在内容和形式两方面建立了二元统辖修辞的新模式。……作者还从修辞现象的多层次性、依存转化、发展变化等方面,进一步发挥其对立统一的修辞观。这一部分论述得相当精彩"。第三,"语言风格一章写得相当细致而充实"。第四,"概括地介绍了汉语修辞学发展的历史,为学习和掌握古今汉语修辞学发展的脉络,提供了一个相当准确而又可靠的教材。……该章论述简要,时有新见"。① 此书虽由宗廷虎总体设计和统稿,但裕树先生的指导、修改之功让我们永远铭记！

---

① 袁晖、宗廷虎主编　1990　《汉语修辞学史》,第 458—460 页,安徽教育出版社。

2. 大力支持撰写修辞学史

由于望道先生生前多次提出,希望研究室人员攻治汉语修辞学史。在裕树先生大力支持下,我们撰写了四部不同视角、不同体例的修辞学史,于1989年至1998年出版,计有宗廷虎、李金苓《汉语修辞学史纲》(吉林教育出版社,1989)、袁晖、宗廷虎主编《汉语修辞学史》(安徽教育出版社,1990),郑子瑜、宗廷虎、陈光磊主编《中国修辞学通史》(五卷本,吉林教育出版社,1998),宗廷虎《中国现代修辞学史》(浙江教育出版社,1991),前三本为通史性质,但体例不同,后一本为断代史。高万云对这几本书作了以下评价:"《汉语修辞学史纲》是中国大陆第一本系统的修辞学史著作,它的主要特点是:以陈望道修辞学思想为指导,以辩证方法和系统论方法为主要方法,以'史论并重'为主要书写体例。……这本著作既是修辞学史著,也是修辞学论著。由于该书影响较大,所以于1995年获得全国高等学校人文社科优秀成果二等奖。""《汉语修辞学史》可说是采众家之长的著作。……该书第一次把香港、台湾和澳门地区的修辞学研究引入修辞学通史中,这就保证了汉语修辞学史的完整性。"该书获得陈望道修辞学奖二等奖。"《中国修辞学通史》是我国第一部多卷本修辞学著作,也是迄今为止篇幅最长的修辞学专著。……(它)有着贯通整个人类文明史的历史跨度。……把修辞学放在纵的历史和横的文化坐标系中进行考察,因而使研究极具系统性。……该书获得国家级奖项——第12届国家图书奖",该书还获得陈望道修辞学奖二等奖。而《中国现代修辞学史》"是中国第一部断代修辞学史,第一部现代修辞学史,第一部真正的修辞'学'史,因为只有20世纪才有真正的科学意识。该书有三大特点:一是史料翔实,爬梳精细,能从具有障蔽性的学术著作中挖掘出修辞学文献来。……二是分期合理,评述得当,能从复杂的修辞学研究中理出科学条理来。……三是覆盖较广,减少缺漏,能从别人忽视的领域采撷修辞学研究成果"。① 裕树先生逝世后宗廷虎主编的《20世纪中国修辞学》上、下卷也由中国人民大学出版社出版,先后获全国和上海市高等学校人文社科优秀成果奖三等奖。几十年来,复旦大学修辞学史研究者不断从多种角度研究中国古今修辞学史,完成了望道先生在这方面的遗愿,同时在全国成为修辞学史研究的领跑者,这是与裕树先生多年来的鼓励、指导分不开的。他曾经先为《中国现代修辞学史》《汉语修辞学史》写序,并称赞校内外五位作者,如指出:宗廷虎、李金苓具有"立意创新,不因循守旧","献身学术,孜孜不倦的治学精神"等。②

3. 积极推动语体风格研究

望道先生多次指出,语体风格是修辞学研究的薄弱环节,他生前来不及深入探讨,希望我们能够实现他的遗愿。裕树先生很重视这个领域,他带领我们采取了以下措施:

(1) 主编《语体学丛书》。经过反复讨论,群策群力,我们组织校内外人员撰写《语体学丛书》(被列为"七五"国家教委博士点重点项目),并由裕树先生亲自写"序","决定对现代汉语各类语体的语言特点作系统的描写研究","涉及的语体有公文、科技、政治、文艺等基本类型以及它们的分支类型,如散文体、韵文体、戏剧体、法律语体、辩论语体、广告语体等"。③ 同时指定我和李熙宗任"丛书"副主编。校内外人员纷纷认领课题,个别同仁还认报了两个。我还与云南人民出版社签订了合同,限时交稿。遗憾的是几年以后,只有潘庆云的

---

① 宗廷虎主编 2008 《20世纪中国修辞学》,下卷,高万云著,第624—627页,中国人民大学出版社。
② 胡裕树 1990 《汉语修辞学史》序,第4—5页,安徽教育出版社。
③ 胡裕树 1991 《语体学丛书》总序,见潘庆云《法律语体探索》,第7页,云南人民出版社。

《法律语体探索》与我主编的《辩论语体》①交稿。裕树先生多次下令要我催促,可是由于种种原因(如该丛书所列选题多为前人未曾系统探索过的,参考资料很少,难度很大;加之我们没有组织集体科研项目的经验等),拖延交稿多年,出版社只接受两本,中止了其他书的出版合同。为此我曾受到裕树先生多次批评。

(2)主持召开全国首届"语体学学术讨论会",组织人员编写《语体论》论文集。该会由复旦大学语言文学研究所与中国修辞学会华东分会合办,与会的有中国内地及港澳地区著名语言学家和在语体研究上有一定成绩的中青年语言工作者百余人。裕树先生与我合写了《语体学与修辞学》一文,对语体学的对象、范围、性质、任务等理论问题作了探讨并展望了语体学能为修辞学研究开辟的广阔前景。《语体论》由安徽教育出版社于1985年出版,影响较大。

(3)鼓励、培养进修教师李伯超撰写《中国风格学源流》。1996年,湖南青年学者李伯超到复旦大学当我的"访问学者"。他说想在进修一学期期间写一本《中国风格学源流》的初稿,这一想法正好符合望道先生要加强语体风格研究的遗愿。于是我经常与他切磋讨论,并请他参加我所指导的博士生的课堂讨论,要他看我们所写的古代修辞学史,其中夹杂了多个朝代的学者有关语体风格的片段论述。我向裕树先生汇报后,他非常高兴,并答应书成之后,为它题写书名。伯超经过一个学期的艰苦拼搏,写成了初稿,回去后又再三修改,终于成书。封面上就印上了望道先生的语录:"要建立起有我们自己特色的科学的风格学,……我国古代关于风格的研究材料,是我们丰富的修辞学遗产当中一宗宝贵的财富。"由此可以看出,它与陈望道修

---

① 我因同时在撰写修辞学史,精力有限,对"辩论语体"的理论探讨较弱,交出的初稿理论性欠强。后改名为《辩论艺术》(撰写者还有王十禾、丁世洁),列入由我主编的《语言艺术丛书》中,云南人民出版社,1991年出版。

辞学思想的渊源。该书1998年由岳麓书社出版。我在《序言》中赞扬此书是风格学领域的"开创之作！风格学终于有了一本'史'"。并认为该书"体例与结构均有新意","坚持史论结合的原则"。"既注意吸收学术界已有的研究成果,又敢于提出自己的见解","持论公允,言出有据"。袁晖在《二十世纪的汉语修辞学》中认为"《中国风格学源流》是一本全面论述风格学史的专著","把语言风格研究的历史,从唐宋到明清,理出一个初步的脉络"。但又认为"这本书毕竟不是一本专门论述语言风格研究史的专著"。① 可能是因为该书还用了较大篇幅论述了文学风格源流的缘故。但由于此前一无依傍,其开创之功不可没！现今二十多年过去了,伯超虽已是大学校长,但他青年时代在复旦为继承、发扬陈望道修辞学思想而奋力拼搏的佳话,也已成为他一生中"一宗宝贵的财富"！

（二）多角度促使复旦大学修辞学基地多作贡献

20世纪八九十年代,复旦大学修辞学基地在裕树先生领导和关心下,以下举措曾产生很大影响：

1. 主持、推动四次全国性大型修辞学研讨会在复旦大学召开,会后编成五本论文集

依次为：(1)纪念《修辞学发凡》出版50周年学术座谈会。中国修辞学顾问胡裕树在开幕词中,率先论证指出：陈望道的《修辞学发凡》是汉语修辞学的里程碑。中国修辞学会会长张志公在发言中也认为《发凡》"是具有里程碑性质的重要著作"。与会学者一致高度评价《发凡》,认为它"对我国现代修辞学的建立和发展起了奠基和开拓作用"。② 会后出版了《〈修辞学发凡〉与中国修辞学》。(2)全国首次

---

① 袁晖 2000 《二十世纪的汉语修辞学》,第498—499页,书海出版社。
② 东木 1983 《接过望道先生的接力棒》,《〈修辞学发凡〉与中国修辞学》,第462—464页,复旦大学出版社;《文汇报》《解放日报》均在会议次日在头版作了报导。

语体学学术讨论会。用高万云的话说：会后"出版了高水平的论文集《语体论》"①。(3)语法、修辞方法论学术研讨会。此会于1987年10月望道先生逝世10周年时举行,会后由复旦大学出版社出版了《语法修辞方法论》。胡裕树在《序》中指出："望道先生毕生研究语法修辞,他一贯重视方法、方法论的研究和探讨,……在他逝世十周年之际,举行了学术讨论会,出版论文集是对他的最好纪念。"②(4)纪念陈望道先生诞辰100周年大会,其间召开"陈望道学术思想研讨会"。会后出版了《陈望道先生诞辰一百周年论文集》及《语法修辞论》。吴士文在《陈望道和中国修辞事业的发展与繁荣》中评论道："陈望道先生培养了一大批修辞人才,使修辞事业后继多人。……他亲手组建的语法修辞研究室的修辞小组如今已成为'修辞大军的一支劲旅'。……胡裕树、宗廷虎的宣传陈望道先生修辞学治学经验的文章不仅质高,在量上也没有出其右者,研究室在短短的八年中举行四次全国性学术会议,出版或即将出版的五本全国性的学术会议论文集,在国内同类研究室中位居'室'首,这就使复旦语法修辞研究室在全国修辞学界凝聚力更强,形象更高大,成为一支举足轻重的力量。如今人们已把修辞研究众多成果和复旦大学联系在一起了,和陈望道先生联系在一起了,和胡裕树、宗廷虎等人联系在一起了。"③

2. 建立复旦大学语言学博士点,率先招收修辞学博士生

改革开放后,裕树先生申请的复旦大学语言学博士点获得批准,修辞学方向由宗廷虎在全国率先招收博士生。二十几年来,已有多名教授如李熙宗等陆续参与招收,所招修辞学博士生的批量、人数均

---

① 宗廷虎主编 2008 《20世纪中国修辞学》,下卷,高万云著,第680页,中国人民大学出版社。
② 复旦大学语言研究室编 1991 《语法修辞方法论》,第2页,复旦大学出版社。
③ 吴士文 1994 《陈望道和中国修辞事业的发展与繁荣》,复旦大学语言研究室编《语法修辞论——纪念陈望道先生诞辰100周年论文集》,第77页,浙江教育出版社。

居全国前列。在导师的指导下,已有多名博士生写出从多角度继承、发扬陈望道修辞学思想的论文,不少已形成专著出版,影响颇大。有的虽非博士论文,也是在复旦写成的专著。限于篇幅,仅以第一个博士吴礼权所著《中国修辞哲学史》为例。该书1995年由台湾商务印书馆出版。袁晖在《二十世纪的汉语修辞学》中评论说:"《中国修辞哲学史》是我国第一部系统研究我国古代修辞哲学史的著作,填补了这一研究领域的空白,是具有开拓性的。"①高万云也评论说:"还有一部具有填补空白性质的修辞学史著,就是吴礼权的《中国修辞哲学史》。该著……不但对中国修辞哲学的整体面貌作了批判,……而且对具体的修辞哲学思辨作了较为深入的分析。……不仅能历时地考察各个时代的修辞哲学思想的发展演进,而且能揭示其中的原理规律,具有较高的科学品味和理论色彩。"②

3. 支持全国唯一的修辞学杂志《修辞学习》,挂钩在复旦大学出版

《修辞学习》原由华东修辞学会编辑,江西教育出版社出版。后因中央规定不能异地编辑、出版刊物,华东修辞学会建议挂靠在复旦。裕树先生亲自去找校领导汇报,最后争取到同意挂靠,改由华东修辞学会、复旦大学语言文学研究所共同编辑,复旦大学出版社出版。《修辞学习》杂志得以延续至今,裕树先生功莫大焉!他还一直担任该杂志的顾问。数十年来,该杂志宣传陈望道修辞学思想不遗余力,裕树先生去世后,更名为《当代修辞学》,并加强理论探讨,目前依旧是全国独一无二的修辞学杂志。

4. 面向全国,支持"陈望道修辞学奖"评选三届

我们通过复旦大学顾问教授郑子瑜先生争取到海外企业捐款,

---

① 袁晖 2000 《二十世纪的汉语修辞学》第608页,书海出版社。
② 宗廷虎主编 2008 《20世纪中国修辞学》下卷,高万云著,第630页,中国人民大学出版社。

设立了"陈望道修辞学奖基金"。裕树先生建议由复旦语言文学研究所所长王运熙先生任基金管理组组长,我任副组长,负责面向全国修辞学研究者,评选、发放"陈望道修辞学奖"共三届,全国众多学者申报,多人获奖,影响很大。

三、几点历史经验

裕树先生继承、发扬陈望道修辞思想为何能取得如此显著的成绩?这是因为:

(一)抓准了陈望道修辞学思想最显著特征

抓准了陈望道修辞学思想最显著特征:用马克思主义思想指导修辞学研究。因为唯有如此,才能更准确而深刻地揭示修辞的内在规律,这也是陈望道修辞学研究之所以能成功的奥秘所在。裕树先生不但不止一次地与我联合撰文深入探讨,还指导修辞组写成富有新意的专著《修辞新论》,问世后颇受好评,促使我们进一步探讨的信心大增,后劲更足。

(二)抓住了当时修辞学研究的薄弱环节攻关,并一抓到底

20世纪80年代初期,我们根据望道先生的遗愿,在裕树先生支持和指导下,抓住修辞理论、修辞学史、语体风格三个视角探究,步步深入,紧抓不放,终于取得了成效。裕树先生逝世后,我们又抓了与修辞学史相关的又一薄弱环节修辞史攻关,同样受到好评,可见抓薄弱环节抓对了。

(三)善于调动多方面积极性,共同攻关

一是调动语言研究室成员的积极性,虚怀若谷地听取意见。由于他长期兼任副系主任,系主任,还要主攻语法研究,修辞学方面就交给我负责。他除经常检查,督促科研进度外,还鼓励我多提意见。

并且在《汉语修辞学史》序言中对我与李金苓评价道:"我和他们相处的时间最长,朝夕过从,切磋讨论,他们的学术见解,往往给我以启发。"他的肯定虽然令我汗颜,但从中可以看出他善于听取意见、虚怀若谷的人品。序言中对我们"用力最勤,论著最多","在修辞学研究上作出了很大的贡献"的肯定①,也产生了很大的激励作用。与此同时,当我抓《语体学丛书》严重受挫,最终夭折时,他失望的眼神,严厉批评的言词,几十年后我还言犹在耳,历历在目,终生记取。他的领导艺术使我受益无穷,启示良多。二是联合有关组织,如中国修辞学会、华东修辞学会、上海语文学会等共同宣传陈望道修辞学思想,同时充分发挥语言学博士点、《修辞学习》杂志、"陈望道修辞学奖基金会"的作用,因此力度陡增,影响很大,而且历久弥新。三是组织、促进语言学界重量级学者如吴文祺、倪海曙、张志公、张斌、郑子瑜、吴士文、倪宝元等先生撰写纪念望道先生的文章,使宣传质量有了大幅度提高,吸引力也大为提升。吴士文在《陈望道和中国修辞事业的发展与繁荣》中有以下论断:"中国修辞事业的发展和繁荣,陈望道先生逝世后的作用,远远超过他的生前。我们可以这样说,没有陈望道先生就不会有修辞学的今天。"②现在我们可以这样说,望道先生逝世后,陈望道修辞学思想的影响,之所以大大超过他的生前,是和他的追随者的宣传、继承和发扬分不开的,其中,胡裕树先生应居头功!

值此裕树先生百岁诞辰之际,我们在深切缅怀他的同时,总结他的成功之道,对进一步继承、发扬陈望道修辞学思想,推动中国修辞学的发展和繁荣,将起到十分重要的作用!

---

① 袁晖、宗廷虎主编 1990 《汉语修辞学史》第5页,安徽教育出版社。
② 吴士文 1994 《陈望道和中国修辞事业的发展与繁荣》,复旦大学语言研究室编《语法修辞论——纪念陈望道先生诞辰100周年论文集》第80页,浙江教育出版社。

参 考 文 献

东木 1983 《接过望道先生的接力棒》,《〈修辞学发凡〉与中国修辞学》,上海:复旦大学出版社。

复旦大学语言研究室编 1985 《陈望道修辞论集》,合肥:安徽教育出版社。

复旦大学语言研究室编 1991 《语法修辞方法论》,上海:复旦大学出版社。

胡裕树 1983 《学习〈修辞学发凡〉,为促进修辞学的繁荣贡献力量》,复旦大学语言研究室编《〈修辞学发凡〉与中国修辞学》,上海:复旦大学出版社。

胡裕树 1990 《汉语修辞学史》序,合肥:安徽教育出版社。

胡裕树 1991 《语体学丛书》总序,见潘庆云《法律语体探索》,昆明:云南人民出版社。

胡裕树、宗廷虎 1982 《用辩证法指导修辞学研究》,《复旦学报》第3期。

胡裕树、宗廷虎 1983 《修辞研究必须用辩证唯物主义观点作指导——学习〈修辞学发凡〉札记》,中国修辞学会华东分会编《修辞学研究》第二辑,合肥:安徽教育出版社。

胡裕树主编 1987 《〈现代汉语〉使用说明》,上海:上海教育出版社。

林裕文 1959 《词汇、语法、修辞》新1版,上海:上海教育出版社。

吴士文 1986 《修辞格论析》,上海:上海教育出版社。

吴士文 1994 《陈望道和中国修辞事业的发展与繁荣》,复旦大学语言研究室编《语法修辞论——纪念陈望道先生诞辰100周年论文集》,杭州:浙江教育出版社。

袁晖　2000　《二十世纪的汉语修辞学》,太原：书海出版社。

袁晖、宗廷虎主编　1990　《汉语修辞学史》,合肥：安徽教育出版社。

宗廷虎主编　2008　《20世纪中国修辞学》下卷,高万云著,北京：中国人民大学出版社。

胡裕树先生与对外汉语教学

——纪念胡裕树先生诞辰100周年

陈光磊

(复旦大学国际文化交流学院)

    胡裕树先生是老一辈语言学家中最早从事和开拓对外国人进行汉语教学的学者之一。他曾是中国对外汉语教学学会顾问。在纪念先生诞辰百周年的时候,我们当然应当缅怀他在我国对外汉语教学所建立的功业和作出的贡献。

    先生早在中华人民共和国成立初期,20世纪50年代就指导几位日本学生的汉语学习。记得,我们1957年进校之时,就有几位日本同学和我们一起上胡师的课(此前他们已经早跟先生学习多时了)。这几位日本朋友据说是日本反战同盟的成员。记得复旦大学百年校庆之时,有位日本同学专程来校庆贺。

    先生是复旦大学对外汉语教学的开创者和奠基人。1965年7月复旦大学招收大批越南留学生。学校专门成立了留学生办公室,由先生担任办公室主任,全面负责教学和管理。当时有越南学生240名,都是零起点学汉语。教学要求是:通过一年时间的基础汉语教学,学生要能进入专业(本科)学习。真是任务重,责任大。作为中年教师的他就组织带领青年教师(有许宝华、汤珍珠、徐志民等)以及好多位刚从中文系毕业乃至提前毕业就来任教的教师(有陈晨、秦湘、叶盼云、刘裕莲等)共同担当。他请来北京方面的有关专家来培训指导,让大家了解教材教法,组织集体备课,制定讲练和复练的内容,写好教案,还安排示范教学。先生眼界阔大,他还从中文以外的系科如历史、物理、数学等系请来一些教师,让他们为这些越南学生以后进入专业学习作衔接。在先生的带领下,所有的教师和工作人员齐心协力办学。这样,教学效率高,教学效果好,学生们汉语水平提高非常快,可以达到预期的教学目标。由于"文革"风暴骤起,这次对外汉语教学也就中止了。但是先生的劳绩为后来复旦成规模对外汉语教学的展开提供了经验,尤其是作了师资的培养和储备。像陈晨、秦湘、叶盼云等多位老师都成为复旦大学国际文化交流学院教学的主力和骨干。这些老师始终都感念先生的培养之恩。

"文革"过后,国家对外汉语教学获得重新发展。先生于20世纪80年代初受命主编以华侨和外籍华人(主要是欧美地区的)为主要对象专用的汉语教材。他组建了教材编写的团队,请汤珍珠、徐志民两位老师任副主编,和陈晨、贺国伟、胡中行、陆丙甫、沈亚明、汤志祥、吴悦七位青年教师合作从事。胡裕树先生主持教材编写在理念上、思路上和方法上都站在当时的前沿。

首先对教学对象的情况和需求进行调查研究,从而契合对象的现实需求,明确教学目标,即以两年时间使学习者掌握生字2 000个,生词3 500个,具备基本的交际能力。于是,教材就由课本四册及其相配的《课外练习》《汉字练习》《教师手册》组合成套,共14册,名之以《今日汉语》。教材在语言材料的安排上和文化内容的安排上都有明确的针对性,这就使教材极具应用性。所以本教材为当年国家汉办(国家对外汉语教学领导小组办公室)列为第一批向世界推荐的汉语教材。

《今日汉语》的编写贯彻和体现了三条原则:(1)科学性,既要合乎汉语教学的规律,合乎海外华人学习汉语的特点,又要合乎汉语的结构规则,要尽量反映汉语的科研成果;(2)系统性,即保持语音、词汇、语法各自的系统性,并注意上下连贯和前后呼应;(3)可接受性,即适合初学汉语者的接受程度,要由浅入深,从易到难,多用形象的方法,图文并茂,让学习者喜闻乐见。

《今日汉语》编写所依据的教学法原则,是把结构教学与功能教学结合起来,力求两相融通。这在当时是颇具创意的。因为此前所依据的是影响较大的传统法(翻译法)和结构法(句型法),而国际上新兴的功能法在我国刚开始有所吸收。所以《今日汉语》的编写并没有依据单一的某种原则,而是尽量综合各家之长,主要是把结构法和功能法相结合,先列出有关的语法点和句型,按一定教学程序安排好,然后以上述语料为依据,编写有着具体情境进行话语交际的课文和练习。这样,力求把学习掌握语言结构规则和养成言语交际能力相融通。

语法历来是语言教学的一个重点。先生是语法名家,但在对于教材语法问题的处理上,他决不囿于己见,而是从实际的情势着眼,根据当时比较通行的对外汉语教学语法体系(北京语言学院所编教材的语法体系),只在个别地方作些调整。先生的这种态度和做法,得到了教学专家们的一致称赞和好评。后来,我就不止一次听到吕必松先生等称赞先生的大家风范。

先生主张教材讲语法要简明扼要,合理适用,要避免两种偏向:一种是只作句型替换而不作语法说解;一种是对语法现象作繁细乃至琐碎的分析。先生认为对汉语结构特点作为语法点加以教学在于使学习者能更好理解课文内容,提高交际能力。有些语法问题可编入《教师手册》,让教师在教学中根据需要加以处理。而且教材在课文编写上在一定情况下可以允许某些语法点适当超前出现以有利于保证课文内容的自然和完整,控制得好,不会影响教学的顺利进行。

《今日汉语》编写完成后,他同汤珍珠、徐志民两位先生一起撰写了《〈今日汉语〉编写中的几个问题》(刊《世界汉语教学》总第 2 期,1987 年),对教材编写作了很好的总结,其所提出和论析的问题,为对外汉语教材的编写提供了宝贵的经验和理论的参考。

20世纪90年代初,复旦已经成立了国际文化交流学院,对外汉语教学很具规模。我也加入了此项工作。此时,先生已不负责这方面的工作,但他还是十分关心学校对外汉教学,很早就嘱我向领导建言,应当招收对外汉语教学专业的研究生,开始可以作为他所主持学科的一个方向,然后逐步发展成独立的学科招生。这样复旦大学对外汉语教学这门学科就会更好地持续发展,并在当时全国高校中开风气之先。这表明先生远大的学术眼光和开拓精神。遗憾的是当时有关方面的领导缺乏这样的识见,未能采纳先生的建议,以致复旦对外汉语教学在这方面相对滞后多年,至今还在迎头赶上。而我自己也深感愧对师尊,愧对先生的教诲与嘱托。先生这种学术上目光远大、襟怀开阔、追求创新的精神,对于我们是永远的教育和鼓舞。

胡裕树先生对对外汉语教学怀有一种学术情结。他始终关注国家对外汉语教学学科的建设和发展。晚年他还发表了《对外汉语教学中的两个问题》(刊《语言教学与研究》1989年第2期,与郑国雄合作)、《对外汉语教学语法体系的建构》(刊《对外汉语教学回眸与思考》,2000年)等文章,提出了他对对外汉语教的宝贵见解。主要有:

(一)对外汉语教学中要合理配置"词素、词、词组、句子、句群"这五方面的内容

当时这是针对历来汉语教学中偏重"词、词组、句子"三个层面的教学,而对"词素"与"句群"的教学不足的问题提出来的。先生认为,只有把五个层面都调动起来进行教学,才能加快和加深学生对汉语的习得能力。他对怎样进行词素教学和句群教学作出了阐明。关于词素教学,一要讲清词素的意义,即其语义特点;二要指明词素的功用,即其构词能力。关于句群教学,要从内容表达、句子功能、语义串合加以说解,进行句群切分要注意关联词语的使用,以理清脉络,分出层次,确立句群。这样,在教材教法上都需要作出新的构想和部署。可以说,后来对外汉语教学普遍重视语素教学和语篇教学正是

对先生当年见解的一种印证和回应。

（二）语言教学必须和文化教学结合起来

先生认为，汉语教学不但应该教学生掌握语言的结构规律，而且也要教学生懂得说话的交际规则，而这就必须跟文化联系起来。基础汉语教学也完全可以将语言和文化结合起来，除了知识性的，还应该结合"习俗文化""心态文化"等社会生活方面。后来我们提出对外汉语教学中文化教学要注意语言结构的文化内涵和运用语言的文化规约两方面，具体地可从语构文化、语义文化和语用文化三方面进行。可以说，这是对先生这种思想所作的一种阐发。先生是我国对外汉语教学界最早倡行语言与文化相结合教学的一位学者。

（三）建议运用"句法、语义、语用"三个平面的语法理论来完善对外汉语教学语法体系的建构

先生说，对外汉语语法教学中有两种倾向：或者依传统语法，多讲具体意义的搭配，而缺乏概括的规律性的指示；或者依结构主义，重在结构形式的说明，很少语义结构的分析，至于语用的阐释不免忽略。对此，语法教学应当改进。他认为："对于汉语这种缺乏严格意义上形态变化或者说显性的语法形式标志不丰富的语言来说，不论是传意表达还是理解接受，语义结构和语用性能的讲究尤其重要。对外汉语教学语法体系的建构应当十分重视汉语语法的这个特点。"先生还提出，对于教学语法来说，在注意"体系"大局的同时，更要注意和致力于对词语、格式、句子等用法的说解。的确，这种"用法"的研究成果具有很强的实用性而又极能体现汉语语法的特点。正是在先生思想的指引下，我们在"对外汉语教学语法专题研究"（国家汉办项目）课题中所完成的 26 篇论文，其所作的努力主要就在于学习和运用"三个平面"理论来研究汉语语法，特别是探讨对外汉语教学语法问题。同时，对有关词语、格式、句子等"用法"，以"三个平面"理论加以研判作出阐析。在语法教学中引入汉语句子的主述结构（主题-

述题)以有利于外国学生较好地掌握汉语的造句法。可以说,在复旦大学国际文化交流学院编写的教材都会这样那样体现出先生的上述思想,力求把对外汉语教学语法讲得简明扼要,合理适用。

　　胡裕树先生对国家对外汉语教学学科的建设和发展所建立的功业和作出的贡献,将永垂史册!传承和阐发先生的对外汉语教学思想和实践经验,就是我们对他最好的纪念。

　　附言:(1)"对外汉语教学"现今演进谓"国际汉语教育"。本文用"对外汉语教学",以契合先生当年的历史。(2)本文有关资料曾向徐志民、陈晨、秦湘三位教授求询,谨此致谢。

春风化雨润心田

——纪念胡裕树先生百年诞辰

邵敬敏

(暨南大学)

凡是中文系的师生,几乎都知晓胡裕树教授的大名,因为胡先生在汉语学界可是大名鼎鼎。他主编的《现代汉语》风靡几十年,出版《现代汉语语法探索》《汉语语法研究》等学术专著十余部(含合作);胡先生曾经担任复旦大学中文系主任,兼任过上海语文学会副会长、中国语言学会常务理事等职。他从教几十年,教书育人,桃李无数,不愧为我国语言学界领军人物。不过,这些并不是最最重要的,重要的是他的处世为人、道德文章,如同春风化雨滋润了许许多多学子的心田。

严格地说,我不能算是胡裕树先生登堂入室的弟子,但是,说起胡先生对我的教诲、亲情与恩情,那可是一点也不比他的正宗弟子差多少。我曾经跟胡先生的博士生、英年早逝的戴耀晶师弟(我俩先后是王维贤先生的硕士生)开玩笑说过:我入胡先生的门可比你早得多!

1978年,那是我国改革开放的元年,对很多人来说,那是个永远也难忘的决定命运的一年,我也不例外。我是1970年从中央文化部下放到浙江省浦江县文化馆的,那时已经整整八年了,按照当时的说法,可以顶得上一个"抗战"了!那年早春,从北京传来一个振奋人心的喜讯：大学要恢复招考硕士研究生了！我记得1974年就曾经给复旦大学校长陈望道先生写信，询问是否招考硕士研究生，当然回答也是意料之中的："目前还没有这个计划。"我是上海人，第一选择自然是报考复旦大学。我的专业兴趣是现代汉语语法，这要归功于我在北大的老师王力、朱德熙以及陆俭明的教导和影响。但是我并不愿意考回北大去，表面理由是"好马不吃回头草"，内心的想法则是因为"文革"时期，北大的种种事由给我留下挥之不去的阴影，我想开始新的征程。如果报考复旦大学，那第一选择当然是胡裕树先生，原因是两条：一是他主编《现代汉语》的独到见解给我深深的震撼；二是胡附（胡裕树笔名）、文炼（张斌笔名）在汉语词类等重大语法理论问题讨论上所显示的才气和智慧给我印象极为深刻。可惜我一打听，据说那年胡先生还在朝鲜为《金日成选集》中文翻译本效力，竟然无法回国招生。就这样，我错失投于胡先生门下的大好机会。后来我被杭州大学中文系录取，有幸成为另一位著名语言学家王维贤先生的开门弟子。命运之门关了这一扇，却又为我打开了另外一扇。

1980年，我的硕士论文《把字句及其变换句式》完稿，主审专家正是胡裕树先生。胡先生对我的论文给予充分的肯定，并给予"优秀"等第。后来该文是当年杭州大学全校第一个答辩的（因为许多年没有举行过这样的答辩，所以征求我的意见后，作为全校试点），记得是蒋礼鸿先生任答辩委员会主席，答辩委员有倪宝元、徐青、傅国通等先生。最后一致同意给予优秀。这里显然是胡裕树先生的主审意见起到很大的作用。后来，江苏古籍出版社要为"文革"后第一届即1978级研究生的毕业论文编撰《研究生论文选集·语言文字分册》（1985），也是胡裕树先生联袂王维贤先生推荐入选的。

1981年年底，我毅然决然放弃了留校任教的机会，历尽艰辛，终于毛遂自荐、如愿以偿进入华东师范大学中文系工作。我是1961年考取北京大学中文系的，离开上海那年才16岁，从北京大学到中央文化部，再到浙江省金华地区浦江县，再到杭州大学，上上下下在外面晃荡,折腾了二十年,终于重返故里,踏上了上海这块欣欣向荣蒸蒸日上的热土。

中国语言学界,特别是汉语语法学界,历来有"京派""海派"之说。我自然算是出身京派嫡系,现在到了上海,我想的就是好好向海派学习,然后有可能把京、海两派的优点融合贯通,构成京海融合派。我暗下决心,要好好向海派大家胡裕树、张斌以及林祥楣三位先生学习。当时,我们这批年轻人,主要是陆丙甫、陆致极和我,还包括钱乃荣、谢天蔚、余志鸿、林立,俗称"七君子",成立一个学术沙龙叫做"现代语言学"。以胡裕树、张斌先生为首的海派学者采取的是一种积极支持、宽容鼓励的态度。当时我们自费油印语言学刊物,也算是一枝独秀,但是经费相当紧张,可能是胡裕树先生从他的研究生刚刚毕业留校的陆丙甫那里听说此事,毅然自掏腰包捐款资助我们这一"丑小鸭"杂志(后来出版五十多期,从油印变为铅印,多篇论文在正式语言学刊物上发表,现在主要成员几乎早就是教授了)。我知道,胡师母没有正式工作,他家孩子也比较多,胡先生家的经济状况不是很富裕的,但是他无私的支持、慷慨的资助,不仅为油印杂志解了燃眉之急,而且无声地却有力地支持了我们这帮初出茅庐的"愣头青",为我们这批年轻人的成长,为语言学事业做出了默默的奉献。

1990年,我的第一本学术著作《汉语语法学史稿》即将由上海教育出版社出版。我非常希望胡裕树先生给我写序,我怀着忐忑不安的心情给胡先生写信请求,没想到他非常爽快地应允了。那天下午,我怀着感激的心情赶到复旦大学胡先生的家,胡先生的家简朴大方,书卷气十足,弥漫着仁者的气息,也荡漾着智者的心绪。我接过胡先生用极为工整的钢笔书写的序言,不知道如何表达我的感激之情,我真挚地感受到了胡先生对我无私的爱,感受到他对我的关切之情,也体会到了长辈对我的殷切期望。也正是因为胡先生(还有我的恩师王维贤先生)的大力推荐,该书于1994年获得首届中国国家社会科学著作二等奖。

在 20 世纪最后十几年里,我只要去复旦大学办事,或者开会,我一定要去胡先生家里坐坐,聊聊,说说自己的心事,讲讲自己的委屈和不快,胡先生总是慢言细语地开导我,为我分析,为我解释,我在他的诱导下,想通了,想明白了,带着胡先生对后辈的的爱意、暖意和心意再上征途。

2000 年,我从香港工作回沪,由于在香港商务印书馆担任多年编审,在那里编写出版了香港中小学教材《学好普通话》十一本,我初步了解了教材编写商业运作的模式。我计划组织团队编写一本新的大学教材,即《现代汉语通论》。当时风靡全国的《现代汉语》是两本,一本是黄廖本,一本是胡本。一南一北,遥相呼应。这两本各有特色,前者很像一本教材,通俗好教。后一本理论新颖,观念超前。两书各有利弊,互存长短。我希望能够突破旧有框架,有所创新,有所发展。我非常希望得到胡先生的理解与支持,就特地上门请教。我谈了自己的编书构想,并且邀请胡先生担任这一教材的顾问。胡先生毫不迟疑一口答应,亲切地鼓励道:"我的教材不再修订了,以后就看你们的了!"这句话让我深深地震撼了。这是什么样的胸怀! 这是什么样的情操! 说心里话,这次拜访给了我极大的动力,我深深感受到真正的大家,没有架子,没有私心,一心为了学术的繁荣,对后辈提携不遗余力。在胡先生(另一位顾问是陆俭明先生)亲切指导下,该教材先后成为"教育部十一五规划教材"和"教育部十二五规划教材",发行数十万册,并于 2014 年获得广东省高等学校教材一等奖。这跟胡先生的无私的支持和殷勤的教诲是分不开的。

胡裕树先生容貌慈祥,笑口常开,说话平和安详,不慌不忙,略带有安徽口音,听上去亲切悦耳。他老人家虽然走了好多年了,但是我总觉得他还在那里伏案书写,还在那里一边抽烟一边娓娓道来,伴随着轻微的咳嗽声。我这些年的发展一直还算顺利,我明白,人的一生除了自己的奋斗,总是离不开"贵人相助",我知道胡先生就是我的"贵人",往往在我关键时刻,胡先生就伸出了他的"神助之手"。在我的命运重要关头,我自始至终得到了胡先生的满满的推力。我相信,得到过胡先生帮助的后辈学者绝对不止我一个。

我虽然没有这个荣幸成为他的受业弟子,但是窃以为是他的私淑弟子。胡先生的为人是有口皆碑的,他的学问也是众口赞誉的。他的提携后辈,他的乐于助人,他的宽宏大量,他的诲人不倦,在中国语言学界是享有盛名的。今年是胡先生 100 周年诞辰,我因为国家重大课题重任在身,不得不赴美出差,无法出席胡先生百年诞辰纪念会,倍感遗憾。但是距离隔不断我的心意,时间也不会磨灭我的思念。我在太平洋彼岸,大声呼唤:深深地怀念您,胡裕树先生!您永远活在我们的心里!

汉语教学和研究的一座丰碑

——纪念胡裕树先生诞辰 100 周年

潘庆云

（华东政法大学）

我于 1963 年考入复旦中文系，当时胡先生是副系主任（系主任是朱东润教授）。1968 年毕业至今，正好半个世纪，我始终与母校中文系的老师和同学保持密切的联系。五十五年来，我遇到过不少良师益友，但无疑胡先生的敬业精神、学术成就和人格魅力更让我肃然起敬、终生难忘！

一、最初的印象

第一次见胡先生，是进大学后不久，一天的下午，记得那天天气晴好，已有些许秋凉。我们 0163 年级 80 余人集中在邯郸路学校正门对面的复旦工会礼堂（20 世纪 80 年代建造文科大楼时已被拆除）的会场里，胡先生代表系里给我们作报告。

当时我们年级女同学 17 名，男同学 68 名，来自全国各地，年龄大多是 17—20 岁。我们虽已报到入学，但对中文系到底学什么、怎么学知之甚少。我们的成果，也无非是在作文竞赛中得过奖，在报纸杂志上发表过一点习作而已。再说甫进高等学府，对学校的一切感到新鲜、好奇，颇多遐思与幻想，对大学的学习生活处于懵懵懂懂的状态。

记得那天,胡先生主要讲中文系学生的学习问题,内容较多。记忆犹新的是,他讲了我系全称是"中国语言文学系",目前仅设"汉语言文学"专业,下面再分"语言"和"文学"两个专门化方向。当时学制为五年,读完大三后再按同学的兴趣和国家的需要分别进入不同的专门化方向进一步攻读并准备撰写毕业论文。

当时,我们面前的胡先生是一位面容清癯、风度儒雅、和蔼可亲、衣冠端正朴素的中年学者,讲带点儿皖南口音的普通话,语速适中、语音清晰。胡先生深入浅出的报告,让我们这些刚离开中学的大一新生豁然开朗,知道以后的五年学什么、做什么,怎么学、怎么做。胡先生不愧是我们进入复旦后的一位可敬可爱的领路人。

以后,又逐渐注意到我们《现代汉语》课程的教材,是由胡先生主编的,撰稿人包括复旦和其他高校的一些专家学者。这门课先后由许宝华、汤珍珠、张世禄三位先生执教语音、词汇、语法等不同部分。读后印象深刻,受益终生。

二、学术的丰碑

从 20 世纪 50 年代初开始,胡先生尽其毕生的精力,为汉语(语言学)的教学与研究作出了卓越的贡献,不愧为一座教学和研究的丰碑。

诚然,复旦中文系文化底蕴深厚,在语言学方面也不乏大师级学者。在十大教授中,陈望道、吴文祺、张世禄都是闻名遐迩的大语言学家。陈望道主持语言研究所,开展科研、培养人才,但他毕竟是复旦一校之长,校政繁忙,还有不少社会工作,不可能再更多地管中文系的语言教学研究。吴文祺、张世禄两位先生,在当时政治运动接连不断的特殊环境与氛围中,只能自保,业务上不想或者不能发挥什么大的作用(到改革开放时期,两位先生年近耄耋,才重新出山,但1991

年两老相继仙逝。这是后话)。

当年复旦中文系把北大作为自己的赶超对象,复旦在古典文学方面确实胜过北大,但语言方面与北大相比却略逊一筹,如长此以往,差距会拉得更大。怎么办?领导自有办法。他们让本来钻研古典文学的胡先生改行搞语言(胡先生是原中共地下党员,组织上信得过他。)胡先生也不辜负领导厚望,很快进入新角色,且搞得有声有色。从20世纪50年代到八九十年代,胡先生先后担任中文系的副主任和主任(1965年前后还担任过专门培养越南留学生的留学生部门负责人)以及语言文学研究所的负责人,同时又是汉语语言教学与研究的领导者、组织者和卓有成效的践行者。长期以来,复旦中文系拥有一个包括语法、修辞、方言和普通语言学各个领域专家学者的教学和研究团队,几十年来成果斐然。胡先生主编的《现代汉语》一版再版,复旦语言学成为国内比较成熟的主要流派之一。我想,所有这些与胡先生几十年来坚守阵地、锲而不舍、无私奉献是分不开的。

从20世纪50年代初直至80—90年代,胡先生始终没有离开过汉语教学。汉语教学包括"现代汉语"(本科)、"汉语语法研究"(研究生)。在硕、博研究生的培养方面,胡先生从1978年开始招收硕研,80年代中期开始招收博士生。根据我的不完全统计,胡先生指导的博士生,1990—1996年取得学位的就有10位,取得硕士学位的还更多一些。这些硕博学位获得者,曾经或正活跃在复旦及国内外的一些高校和学术团体中,在教学和科研中十分出色,他们又培养了不少硕博研究生。

在汉语语法研究方面,他与上师大张斌教授有四五十年的亲密合作关系,他们分别以"胡附""文炼"为笔名,20世纪50年代合作著书,就提出一些新思路、新构想。以后胡先生又逐步丰富和完善广义形态理论,创造性地提出"三个平面"理论和其他一些语言学方法。胡先生主编的《现代汉语》已被国内多所高校的中文、外语、对外汉语等专业作为专业基础课教材。胡先生从1965年前后担任培养越南学生的留学生部门负责人,接触留学生的汉语教学,80年代又主编《今日汉语》(对外汉语教材),他在对外汉语教学与研究方面也有很高的造诣。

胡先生已离开我们十七年,但我又觉得他老人家从来没有离开我们。他的音容笑貌,他在汉语教学和研究方面的丰功伟绩,永远在我们心中。

三、奖掖与关怀

胡先生本属文弱书生,在那个年代响应号召,做(行政和业务)"双肩挑"的典范,长期超负荷工作,损害了自己的健康。他燃烧自己,照亮了整个汉语学界。他待人谦逊重礼,从不沾沾自喜、夸耀自己。他恩泽天下,桃李不言而成蹊,全国各地敬仰崇拜他的人实在不少。这次卢英顺老师发起的"纪念胡裕树先生诞辰一百周年"微信群,在不长的时间里已有80人加入。由此也可见一斑。

胡先生对学生、对晚辈十分宽厚,并且尽力奖掖与关怀。这是他的一贯风范。比我早毕业十多年的系友,一提起胡先生,也是赞不绝口。今天在座的诸多学友济济一堂,深切缅怀胡先生,也雄辩地证明了这一点。

以我个人来说,从1963年入学直到他的晚年,在三四十年的时间里,得到他的不少关心和帮助。

如前所述,我们甫一入学,他的报告就照亮了我们前进的道路。研究生制度恢复后,1979年招收第一届研究生。在考研和入学后三年学习期间,我常常得到胡先生和与他一个导师组的许宝华、汤珍珠老师的帮助与指导。我读的是理论语言学,毕业前后已有好几篇论文发表并被人民大学复印转载。我想留校继续研究并从事普通语言学教学。当时复旦编制很紧,我的专业上一届已留了两位,我们毕业时不可能再留校。胡先生和汤老师很明白我的意愿,他们决定用《今日汉语》项目的名义把我留下来(这事我若干年后才晓得)。但毕业分配于1982年3月启动,我现在所在的学校通过内线,1月取走我的档案,让我留校不成。

　　分配时,因为我的档案早已到某校,只好把我派遣过去。当时该校刚复校,各方面均不尽如人意,又遑论什么学术氛围?在那种情况下,又是胡先生和他一个团队的宗廷虎先生等无私地接纳我,让我参加复旦和华东修辞学会等学术团体的研究活动。20世纪80年代后期,胡先生以博士点名义向国家教委申报的"语体学研究"项目获准,胡先生和宗老师又大胆起用我,让我独立从事"法律语体(语言)"的研究。研究成果以专著《法律语体探索》的形式于1991年由云南人民出版社出版,胡先生为该书写了长达5 000多字的"序言"。评上副高后,胡先生和许宝华老师等又同意我调回复旦工作。后来因种种原因没去复旦,但胡先生、许先生对我的厚爱永世不忘。

　　后来,我出版《中华隐语大全》等著述,也常常上门求教,他不但肯定我的书,还慷慨为之写序,为之增色。我常常上门打扰胡先生,胡先生对我也一点不见外。20世纪90年代我申报法学教授时,胡先生也勉励我事先做好准备,要有信心等等。对胡先生的感恩和思念,还有很多很多,书不尽言,辞不达意。

　　亲爱的胡先生,我们永远缅怀您!
　　祝您在天国无忧无虑,快乐平安。

回忆与胡裕树先生的交往点滴

沈亚明

在复旦大学当学生的那些年,可说是我的如鱼得水的岁月。回想很重要的一个原因,是教过我的老师对我都很友好。而我在校大部分时间,胡裕树先生是中文系的系主任。早就想涂抹几段回忆文字,感谢胡先生,并感谢所有教过我的老师。

多年前,同届同系编辑《复旦大学中文系七八一一毕业三十周年大聚会纪念册》,我曾鼓动同学分别写片段,毛遂自荐当秘书,串织成文。可叹我在同窗时代,把集体活动视为"窗外事",如今哪来号召力?结果只以个人名义,贡献一篇追记陈炳迢老师,文末附数语,缅怀汉语专业诸先师(胡裕树、汤珍珠、钱凤官、柳曾符和周斌武)。2017年7月,起草短文《胡裕树汤珍珠二先师各一事》,却因意外干扰,搁下未续。年初惊闻孙锡信老

师逝世,即向同学们诉感慨,孙老师对我很友善。随即补言,教过我的老师都很友善。由是思念复起,动笔之欲渐增。数月前读胡中行学兄大作《随胡裕树先生编教材》(《文汇报》2018年3月26日),得悉胡先生百岁冥寿将近。遂排上日程,今夏须还心愿。

本篇所忆与胡先生的交往点滴,主要是在毕业留校之后,我当"太学生"(比大学生多一"点")的阶段。

一、主任主编

起笔先纠结了一番,大学生四年,我与胡先生算不算接近?这很难衡量。取一条简单标准,至少在毕业前,我从未去胡先生家拜访,自然也没在他家吃过饭。

猜想几十年后的情形已不太一样,容略叙背景。

我读书期间,复旦尚未通行电邮,电话也不方便,同校寄信似太费事,师生交流以面对面为主。老师一般没有单人办公室,但大多住在校园附近的宿舍区。不少老师相当随便地告诉学生地址,欢迎去串门。有的老师在发表文章前,会约我去预览,告辞时师母拦门赐餐。也有时,因我没留意钟表,被留下改善伙食。一来二去,便与一些老师的家眷也不生分了。

有意思的是,留校后老师们客气了一声:"我们是同事了",从此再也不招待我了。胡中行兄说"有经费"请吃饭,可我一点儿都不知道。毕业前蹭的饭,看得出都是老师自家便饭。有次与同学路经在市区的汤珍珠老师家,她直接领我们去厨房,教我做番茄蛋汤面。

我们那一届汉语班,统共只有十几个学生。本专业教过我们的老师,都不陌生。全班就两个女同学,据另一女生李小玲描述,我上课时目不斜视"向前看"。依我后来自己的经验估测,站在黑板前的老师,大约会注意到有这么一个呆学生。再者,课堂上答老师问或者刚下课请老师答问,也是常有的事。尤其胡先生给我们开的是专业选修课,带有研讨性质。此外,偶尔我还被师长招去,列席接待海外学者的小型座谈。

这么一倒溯,大学高年级时,应与胡先生在不少场合有过接触,可遗憾的是,具体事例均已淡忘。仍存的记忆是,若在教室外碰到胡先生,会略作交谈,但我也会略感拘谨。问了同学,都说胡先生平易近人。那么问题恐怕在我,是我有点遇"官"回避的习性。谁让胡先生当了系主任?

我留校头三年没有教课,参与两个编书项目。一个是《上海市区方言志》,许宝华和汤珍珠主编,书名很早已定。另一个是对外汉语系列教材,后取名《今日汉语》(Chinese for Today),由胡裕树主编,汤珍珠和徐志民任副主编。许宝华先生是我毕业论文的指导老师,非常熟。他主动对我说:"你先去帮胡先生。"汤老师是系里指定"带"我的,带着我先去编教材。

教材组首次开会,胡先生告诉我们几个新教师:1977级留校人多,1978级一个也留不下。(凡浓缩引语,免用引号,下不另注。)胡先生停顿了一下,我感觉被看了一眼。胡先生接着介绍,他如何借教材项目把我们留下的经过,言辞辅以手势表情,不夸张,但达意。

"他们要我编教材。"胡先生止住,一手松松握拳,稍稍俯首,略倾一侧,似作权衡思考状。

我急着听下文。

胡先生不慌不忙而语:"我说,给我人。"摊开手掌,头往另一侧偏,微微昂起,面露笑意。眼光扫了一圈全屋,在座者一个不漏,众人皆开颜。

在胡先生挂帅的教材编写组里,不管刚留校还是教了几十年书,都是中文系的老师。整个团队十人,气氛也可用"友善"二字概括。读书时我被嘲笑"不食人间烟火",想来不太善于跟大家打成一片。原是同一小班的老班长贺国伟,还是毕业后在教材组日日共事,才获"不见外"感,延续至今。

两位副主编汤珍珠和徐志民老师,分工照应日常事务。主帅胡先生主外,兼顾种种头绪,不必天天来看部下。虽然胡先生每次到组内议事,都毫无架子,我也常直抒己见,但不知怎么在编写组办公室外相遇,我仍感到一丝拘谨。

二、南下出差

第一次感到在胡先生面前完全放松而且特别开心,是在跟随他编教材一年之后。

1983年初秋,《今日汉语》编写人员出差,走访外地各院校,为第一册试用本征集反馈。我们兵分两路:教过我的陈阿宝老师,还有留校一年多的陆丙甫、胡中行和吴悦,组成四人小分队,专访北京。余下大部队由胡先生亲自率领,"巡视"闽粤二省。南下随行共五人,两位副主编携三个青年教师汤志祥、贺国伟和我。而青年教师里,其实整个教材组、整个汉语专业、甚至当时整个系,又数我最年轻。兄长级的同事们还有个专门"治"我的玩笑:未成家便是"未成年",或曰不成家就不算"成人"。因而我不由自主地,心态上甘居末位,哪怕书面上常被称作"亚明兄"。

我自小听父亲沈仲章讲旅行探险,一向心仪山水风景。有机会外出,我满怀希望,公务之余,多多踏访古迹名胜,想要提建议。可再不懂事,也知人微言轻,按捺着不语。

多项公差不轻松,座谈、观摩、参拜业内专家(汤志祥兄补充,访问过黄家教、张维耿等,贺兄说还有詹伯慧)……也够我们忙的。因行程紧,我与另一教师,大概是汤兄,还被主编们委以"钦差"重任,代表全队走访泉州的华侨学校。那年头的长途车,颠得够呛。至于候车站,也简陋得可以。

终于盼得空档,黄昏时节可到近处走走。中年老师给我们做榜样,恭恭敬敬地请示:"胡先生,你说去哪里?"(那时南方人说普通话,不用"您"。)胡先生转头向我,微笑着问:"亚明你想去哪里玩呀?"又转头对大伙儿说:"我们听亚明的,她说去哪就去哪。"

胡先生能"读"我?我不免惊讶,但没多想,迫不及待地抛出早已预谋的游览攻略(包里还藏着景点历史索引卡片,出国前的旅行习惯)。

一见到美景,我顿感欣喜放松。从此每每见到胡先生,我也感欣喜放松。

"饶"一件相连趣事:

那当口正值自由贸易兴起,靠近港台地区的沿海地带进货有源,摊贩集市比上海热闹得多。不知在福建还是广东某城,多半是厦门,我们也去"体察民情"。那不是我的提议,但有了胡先生"听亚明的"这句话,人人都可出主意。

六人闲步街边商场,来到一个摊位。凉棚口挂了件男式马球衫,蓝灰素色,针织变换交错,纹理深浅有致。左胸有只小小的袋鼠,绣工蛮精巧,引人注目却不扎眼,被胡先生相上了。胡先生戴眼镜,不脱学者模样。他的手指一触摸那短衫,摆摊的马上料定,来了个挨"砍"的主儿,报出了天价。

同事们赶紧把胡先生"抢救"到稍远处,"教育"他必须讨价还价。胡先生对"速成"缺乏自信,求助说:"你们去帮我把'小袋鼠'搞来!"

胡先生吐出"小袋鼠"三字,语气加重,口角处爱意显然(我以引号强调)。及至"搞来",眉宇间决心铁定。句末一手握拳,轻轻一甩,加了把劲儿(在我"读"来是感叹号)。

补注两点:一是胡中行兄回忆,胡先生倾向简用标点。本篇随文略释符号和语用,揣测胡先生不会反对。二是汉语老师大多不喜"搞"字,汤老师对该字尤为感冒。我揣测胡先生此处用"搞",含入境随俗之意。

折回那时那地那件事。另两位青年教师自告奋勇出阵,费了些口舌,没花多少钱,获胜而归。胡先生当即套上"小袋鼠",微微昂首,那很精神很满意的形象,我此刻闭目,仍在眼前。

三、讲课教材

这教材不是那教材。"那教材"指随胡先生编写的对外汉语系列教材,"这教材"指我为本专业开课的语言学教材。本节分几步,简述从"那教材"到"这教材"的个人所知。

先说我为"那教材"编练习。《今日汉语》是配套系列教材,光练习便有三小套。第一小套作为课本组成部分:每课课文之后都有课堂操练,每五课需单元复习,每册课本二十课,书末总复习。另有两套练习,分别独立成册,即课外作业本和汉字习题本,每册也是二十课。

最初主编们并没派我编那么多,后不知谁提议:让亚明"一手包",可简化协调步骤。团队气氛友善,我爽快接受无二话。可惜,因练习皆我"一手包",付梓时我已远行,没能校勘。我在海外听说出全了,便将整套教材推荐给几所大学。多番周折,练习册运到美国,才发现排版没有体现原设计意图。尤其汉字练习册,简直不能用。懊恼已迟,此为后话提前说。

回述第一节提到,我还参与编写《上海市区方言志》。那也是个重点项目,早立了军令状。我得满上海跑,从事田野调查。复旦那时属郊外,交通不太方便。我一出校门,大都半天以上。教材组虽不严格坐班,但最好常在一起,互知就里,便于合作。尤其是编练习,属后道工序,必须参与前几个环节的反复讨论,熟悉已出现的词汇、语法、文化等方面的要点,才能紧扣,循环而不"抢先"。

全套《今日汉语》含四个小系列:课本、课外作业本、汉字习题本和教师手册。依最初策划,各小系列各有四册。可因《方言志》无法再拖等诸多因素,调整了计划。课外作业本和汉字习题本,都到第三册为止,我于是脱身。课本仍有第四册,作为全教程复习,体例可不同于前三册,便由原来写课文的人"一手包"。至今我还没看第四册课本,不知书内有无练习。(胡中行兄补充,他为第四册写课文,吴悦配了练习。偏劳两位了。)

顺便提数事:制定编写大纲前,我们分工,从话题、词汇、语法、结构、文化内容等几条线,解析了几乎所有通行的对外汉语教材(好在那时数量不多)。书名《今日汉语》,好像是陆丙甫兄首先想到的。有套同名教材,晚出而且规模也小。据汤志祥兄回忆,他编教师手册,也是三册"一手包"。《词汇总表》是后增的,是贺国伟兄的辛苦劳作。我还推测,多亏贺兄承担了大量细致活,协助主编们打点,终使整套教材收尾。书稿送出后,教材组不复存在,猜测审校等责皆由出版社"一手包"了。"一手包"并非汤老师第一个想到的,但她反复说。开会人多用国语,私下人少用沪语,话音仿佛还在我耳中。

说到出版社,有个笑谈是"皇帝女儿不愁嫁"。这套采用繁体字、注重文化传统、针对海外华侨的系列教材,据闻在国务院侨办也挂了号。曾有几家"大户"来求媒,其中一户"名门"在香港,像是商务印书馆,擅长对外发行。组里商议时,小年轻钟情于香港那家。可是,复旦大学出版社来央胡先生,坦言开张不久,若肯"亲上作亲",《今日汉语》可助出版社"打牌子"。(耳中也还存有汤老师说的"打牌子",也记得她说那是出版社原措辞。)主编们心一软,决定胳膊往里拐。许多年后,汤老师访美顺道来我家。我俩还妄发一通马后炮,颇悔当初没让香港商务"一手包"。估计他们在校审和为出版物在海外"打牌子"方面,大概更有经验。

读了胡中行兄大作,才知"这套教材荣获上海市优秀图书(1985—1988)二等奖"。说来惭愧,我出国前,常听汤老师叹息,无人帮她料理杂务。我很不能干,不知如何相助。我出国后,反是汤老师替我料理留在复旦的杂事。她曾专程拜访我父母,通知《上海市区方言志》获奖。后又复印该奖状,一份送我父母,一份寄美国,却忘了告诉我《今日汉语》得奖之事。

长话短说，我腾出主要精力编《方言志》，语料收了很多，到了筛选入稿阶段。这时，教研室来要人，叫我去开课。不知是教研室主任还是哪位老师，当众这么说："该让亚明全面发展，否则将来职称高了，上讲台还'怯生生的'，学生不会原谅的。"

汤老师是"带"我的，与我各教一个班。她挑人多的，大概是文学班，让我教人少的专业班。课程名"现代汉语"，对汉语专业是基础训练课，其他专业则为普及教育课（依我理解）。教学目标不同，但采用同一套传统教材：胡裕树主编的《现代汉语》。

下面说说"这教材"。

我径直跑去找胡先生，直截了当地问：我可不可以自编新讲义，不用你的老教材？

胡先生应声答道："当然可以！"（非常干脆，值得加感叹号。）胡先生说，要是他自己开课，也不会再用他那套老教材。要不是"文革"，"早该编新的了"。胡先生接着说，他上年纪了，国际语言学出了不少新理论，来不及一个个看，"以后用你编的"。

我连忙解释，我准备编的讲义，不适合作为统一教材。我是想邀请学生与我一起探讨，取一个理论框架，依其原则推到极点（年轻不知天高地厚，敢用"极点"二字）。看看到底什么语言现象能被解释，什么不能。所以，这次开课我编讲义检验某一理论，下次开课我可能另编新讲义，检验另一个理论。

那阵子我正在憧憬语言学的前景，有些刚萌芽的想法。但除了与哲学系友人，从来没跟本专业的师友往深处谈。不知怎么一时兴奋，在胡先生面前大言不惭地说了起来。说着说着，又聊教学理想，诸如以训练思维能力为主，传授现成知识为次，重在激发求知欲和增强自学本领……我并没预习"演讲"，事后回顾，很不得体，而且语无伦次。

胡先生听得饶有兴致，见我暂停，他示意在等下文。见我卡住，他以表情或话语助我疏通。总的感觉，胡先生能"读"我。临别，胡先生鼓励我不断探索,随时找他畅所欲言。

这是我与胡先生最长的一次谈话,不超过一小时,也许仅仅半小时。

再说汤老师与我各教一班,上课时间并行。有一天,我下课走出教室,见汤老师在门边候着。她说是特意提早放课来找我的,脸色蛮严肃。原来,我班学生告诉她班学生,我自教一套。"你跟胡先生打过招呼吗?"汤老师急急地问。我扼要简介了我与胡先生的谈话,汤老师连声说:"那就好,那就好。"

四、出国留学

倘若没有胡先生重提出国留学这个话题,也许我至今还在复旦。话得往回说,说说我班的班主任兼指导员范晓老师。

我们由学校安排就业,临近毕业,范老师逐个找学生一对一谈话。轮到与我聊去向,范老师没有讲半句大道理,只是说:"你太单薄,到外面去会吃亏。留在复旦,系里老师都了解你。"

我感触很深,记得很牢。

没想到隔了些时,范老师又来约谈。他告诉我:上头说,要你保证不出国,才能留校。

我不认为那是对的,一声不吭。

从范老师的语调神色可知,那不是他的意思,但不得不传达。他两难,我也两难,都不愿为难对方。

范老师仗义,为我作了担保。尽管范老师对我说,"啊呀不过一句话",但我能对范老师不义气吗?

三年过去。

一次,系里若干教师一起外出。好像是搭公车,车上乘客不算少,但也不算拥挤。我们各自找空处,三三两两自然成群。如果低语聊天,一般只有近旁几位可以听见。

胡先生和我,还有另一位老师,碰巧比较近。胡先生突然问:"亚明,你还想出国吗?"

我愣住了。

虽然我相信,那个"保证不出国"的要求绝对不会来自教过我的老师,但我留校时胡先生正担任系主任。他对那事看法如何?我很想知道,但没有吭声。

静场约摸一分钟,当时感觉很长。我快憋不住了,差点儿想开口问,却又迟疑。

看来,胡先生确实能"读"我。他直言对答我堵在喉咙口的疑问,说:"那是不对的!"

无论学生期间还是留校之后,除了学术,我从来没跟任何老师评议"对"与"不对"。

我与胡先生目光交接,都懂,所见略同。旁边那位老师似乎明白胡先生说什么,一言不发地用眼神"赞同"(在我看来)。

胡先生追加简短数语,大意是如果他是我,会再次申请出国读研究生(毕业前我曾申请,教务处不发成绩单)。之后我还犹豫了几天甚至几周,才去请教另几位老师,也该包括范老师。凡被问到的,都主张立马行动。猜想上头政策也有松动,这次我顺利取得了成绩单。

报名起步虽慢,录取通知倒来得快,整个过程不长。其间我找过几次胡先生,有关推荐信什么的。好像胡先生还替曾在美国的郑锦权教授向我转达过一次口信。那时胡先生已不当系主任了,记得是去他家,他小女儿开的门。先前在南下途中,胡先生曾预测,我该会跟他小女儿谈得来。可惜每次登门都很匆促,没跟他女儿多谈。

再"饶"一事,涉及系主任和推荐信。踏进复旦的那一年,中文系的系主任是朱东润先生;挥别复旦的那一年,朱先生为我写了推荐信。

我们这拨本科生,无缘听朱先生讲课。应有机会听朱先生在大会上讲话,按理系主任该在迎新会上致辞,只叹出席盛会的机会,常常被我错过。直到毕业三年后,系里有位教过我的老师,带我去请朱先生写推荐信,才得以拜见,可惜想不起细节。估计引荐者早已讲清原委,只是要我本人到到场,让朱先生见见。

我想,朱先生为我写推荐并不违反什么原则,他一定信得过那位老师。而朱先生作为我进校时的第一位系主任,概述系里老师评语,顺理。后来我去的学院,并不是请朱先生推荐的那所,但仍该感激他,还有那位好心的老师。

* * * * * *

回到胡裕树先生,细想交往,事事值得回味。我在胡先生麾下直接工作时间最长的,无疑是编写"那教材"《今日汉语》。但如果从作为师生的角度,选择一件受益深远的,大概得数围绕"这教材"即现代汉语讲义的一席谈。我认为,胡先生支持青年教师不用系里传统使用的、他本人主编的现成教材,而鼓励后辈学生(我的心态始终是学生)自行摸索,意义深远……此刻联想多途,思路尚未理清,希望胡先生在天之灵继续"读"我。

回顾在复旦当大学生和"太学生"的八年,虽然关于治学与教学方法论,在本系谈得最深的一次是与胡先生,但系里不少老师都在学术方面,给了我相当的自由度。这里先简括总体印象,以后再忆实例。

恰巧又读到胡中行兄回忆章培恒先生的新作。我在复旦中文系的最后阶段,章先生是系主任。因他正在任上,专业又不同,我与他几乎无接触。读胡兄"逃离"一节,想起自身一事。为了我的归属,汉语教研室和方言研究所也曾争执,据说相当激烈。最终我到了教研室,而主管方言研究的许宝华先生照样待我友善,犹如"自己人"。(综合石汝杰、贺国伟等多位反馈,研究所的正式名称是"复旦大学中国语言文学研究所",与中文系平级或曰平行,互不隶属,但有兼职。范晓老师说,他的编制就是属于所里的,但也在中文系从事教学工作。顺便解释:承蒙多位当事人预览,得以插入些许补充更正。我试用括号注,区分直接和间接知识。)

我始终不太清楚,哪些老师属于"系",哪些属于"所"。篇首言"系里所有教过我的老师",也包括"所"。可以说,都对我很友好,无一例外。过去我一直以为,老师爱护学生是理所当然的。转眼毕业三十六年,离开复旦也已三十二年,竟然从来也没有向老师们表示过感谢。短短拙文虽晚,唯愿略道难以尽言的歉意与谢意。

云山苍苍,江水泱泱,先生之风,山高水长
——深切缅怀胡裕树先生

汤志祥

(香港中文大学/深圳大学)

  岁月不居,白驹过隙,转眼间,2001年11月先生溘然离去的那一天至今已快十八年了,然而学生胸中却充盈着绵绵无尽的怀念之情。过往二十多年拜师经历中的点点滴滴,时时涌现心头,依然历历在目。

  听说先生的大名,始于1977年恢复高考后迈入上海师范大学(原上海师范学院),求教于张斌老师之时[①]。从张斌老师的谈话里我第一次听到"胡附、文炼"[②]的大名,并拜读到他们编写的《现代汉语》一书,从此就被深深吸引,不禁心之念之。神之往之。

  1979年9月通过研究生考试,我成功地考入复旦大学中文系,如愿地跟随胡裕树、许宝华、汤珍珠三位先生攻读现代汉语专业硕士学位[③]。但是到校的那天却不见胡先生,原来他作为特聘中国专家在朝鲜担任校点金日成选集中文版的编撰工作。眼睁睁盼望了大半年,才盼到胡先生回来。从此位于复旦校园东部西南角的中文系两层的

[①] 参见本人《高山仰止　上下求索——永远缅怀敬爱的张斌老师》一文。
[②] 胡先生曾说过为什么取笔名"胡附"的缘由。他说,"胡"指的是胡椒,"附"代表附子,两者都是温热中药材。它们对自己体质偏凉,补以温热有益。而张斌的"文炼",自然是指"文章练达"之义。
[③] 同门还有陆丙甫和戴昭铭两位师兄弟。

大楼里时常显现胡先生的潇洒身影：他身型瘦长，面容清癯，神态慈祥，行走敏捷。经常戴着一副黑边眼镜，身着一套灰色的中山装，左胸口袋上方永远别着一枚红底白字的复旦大学校徽，口袋上还插着一枝金笔，好一派高等学者的模样。有趣的是，胡先生开口说话总带有明显的安徽口音，一打听，原来他是安徽绩溪人，和大学者胡适是同乡①。

　　直到亲耳聆听到胡先生的讲课，我才真切地了解到什么是当时汉语言学界的真学术和大学问，譬如："汉语词类和词性问题""主语宾语问题""句子分析法问题"等 20 世纪五六十年代前沿汉语研究大课题等，而先生在课堂上清晰的阐述和精辟的见解使我耳目一新，茅塞顿开。尤其是他的"确定词性的分类标准是词的功能说"②、"句子成分里主语和宾语的确定与词类的词性相关说"③。这一切让我开始一步步登入汉语语言学的殿堂，指导着我往后三十多年的教学和科研路程。

---

① 后来听说胡锦涛也是安徽绩溪人。一个地方竟然出三位"胡"姓名人，让人诧异之余不由地肃然起敬。

② 胡先生和张先生在他们的著作《谈词的分类》中早就明确提出词分类的标准不能仅是看词义和形态，应该看词的功能。这种观点后来发展为广义形态学。

③ 这些都为而后倡导的广义形态学说，尤其是后来的"三个平面（句法、语义、语用）理论"打下基础。

1982年7月,在胡裕树、许宝华、汤珍珠三位导师的指导下我毕业了,也顺利地拿到了硕士学位。没想到我当即就被留校,就职于中文系①及复旦大学中国语言文学研究所②吴语研究室③。更没有想到,胡先生马上邀我参与他主编的《今日汉语》④的编辑工作,胡先生和汤先生分配我着手编写三册教材的教师用书。这一无比的信任和重担,迫使我从头重温《现代汉语》全书,竭力想把胡先生的学术见解具体落实到那本新编的世界华人华侨学习中文的教材中去。在编书的两年间,胡先生高屋建瓴,思维缜密的学术造诣和一丝不苟的编辑指导,以及他循循善诱,宽以待人的工作态度都深深地影响了我的后半生。值得一提的是,为编好教材,胡先生还指示我利用暑假,参与复旦大学国际文化交流学院短期日本留学生汉语教学,从此让我获得了宝贵的国际汉语教学的经验。

① 时任中文系主任是章培恒先生。
② 有幸能有机会向范晓、李熙宗、宗廷虎、杜高印、胡奇光、邓明以等多位"陈望道研究室"的著名学者求教。
③ 有幸能与游汝杰先生共事。
④ 该书受国家华侨委员会委托而编写,为海外华人、华裔的中文学习教材,共14册,复旦大学出版社,1986—1990年出版。胡先生任主编,汤珍珠、徐志民老师任副主编。1988年荣获上海市优秀图书(1985—1988)二等奖。

　　1983年9月,为了给《今日汉语》教材征询意见,胡先生和汤先生又带领我、沈亚明、贺国伟几人①,赴广州采风,次第拜访了广州中山大学的黄家教教授和张维耿副教授以及暨南大学的詹伯慧教授。这次难得的远行不仅让我们拜会了南国著名高校的汉语研究专家学者,还亲耳聆听到他们的真知灼见。远行的路上,胡先生一直是步履矫健,谈笑风生,好生高兴。尤其是他老人家看到中山大学为教师新盖的教工住宅里每个单元都有一个"客厅",虽然不很大,但既实用又舒适时,还轻声赞叹道:"要是上海的教师住宅也有这样的设计该多好啊!"

　　光阴荏苒,很快1984年5月《今日汉语》完稿了,我也由此又得到了中文系讲师的职称并呈报学校。回想在复旦的求学、工作的前后五年,我的那段人生充满了学习、工作上满满的充实感和获得感。而这些都与胡裕树等三位老师的栽培和关怀密切关联。

　　1984年7月,因为复旦大学无法让青年教师享受到新分配的教师住房,在收到刚成立的深圳大学的热情邀约后,我愧疚地亲往胡先

---

① 另一队由陈阿宝老师带队,偕同陆丙甫、胡中行、吴悦三位教师,北上走访北京诸大学。

生家叩见，恳请他能理解我祈求南下的窘境。没想到，先生在露出无限惋惜的神情时说："小汤，我当然不想让你走，再说当初留你本是很不容易的。中文系有个决定，凡是上一届已经留过毕业生的导师，今年应该将名额给予没有留过的老教授，譬如张世禄、吴文祺、朱东润他们。我们好不容易把你给留下了，你现在却要走……"停了片刻，他叹了一口气说："学校分房，我身为系主任也没法帮到你。既然如此，你就好好出去闯一番吧。"他的一席话说

贺国伟　胡裕树　汤珍珠　沈亚明

得我顿时眼眶湿润，无言以对。望着胡先生宽厚的脸庞，我是既感激又羞愧。由是我决心不管去哪里都要把胡先生的学说和思想发扬光大。

　　同年8月，我南下到了新成立的深圳大学，在刚组建的中文系为本科生和专科生开设了"现代汉语"课程，全部使用胡先生主编的《现代汉语》教材，广泛向学生介绍最新的学术观点，把先生的著作推广到了南国大地。同时，在1986年6月又参与创办深圳大学国际文化交流中心，担任教学部部长。在第二个月就接待了第一批来深进修的美国留学生，从此开创了深圳大学的国际汉语教学事业。

　　说来有趣，1988年胡先生和两位复旦老师去香港参加学术会议，开完会到深圳我处小住。在去沙头角游览的路上，胡先生告诉我们，他在罗湖海关回程进关时，深圳关口的一位青年关员看到胡先生的护照，突然发问："你就是编写《现代汉语》的胡裕树先生吗？"胡先生开头一愣，说："是啊。你认识我？"关员说："我读过您的书，太有幸

能亲眼见到您。来,来,来,请这边走。"然后他边说边一路护送胡先生过关。原来这位关员曾经是我的学生,他在我的课上学的就是胡先生的书。胡先生当时说起这件事来是一脸兴奋,而我们一起去的人都感到无比的高兴。

更让我倍感自豪的还有,1994年6月至1997年7月,我到了香港理工大学双语学系从事《两岸三地语料库》①的研发工作。我专门负责所有语料的词语认定和切分。而我所处理的确定分词和词性的原则全都根据胡先生的词汇理论②。

1999年年末,我在《两岸三地语料库》研发的基础上完成了我的一本学术专著《当代汉语词语的共时状况及其嬗变—90年代中国大陆、香港、台湾汉语词语现状研究》③。2000年年初,我拿着这本书的书稿想向胡先生汇报,请他审阅并赐序。没想到跨入复旦大学第九

---

① 那是由张日升讲座教授主持开发的大型中文语料库。原名叫做"中港台中文语料库"。收集了从1990年至1991年的三地报刊语料。
② 当时负责语法部分的老师是专程从复旦大学请来的范晓老师。所以这个语料库基本依靠的是复旦的学说和力量。
③ 《当代汉语词语的共时状况及其嬗变》一书,胡裕树教授题词,范晓教授作序,复旦大学出版社,2001年3月出版。

宿舍77号胡先生家时,惊讶地发现胡先生身体状况不佳,且咳嗽连连。可是胡先生还是很热情地接待我,他翻了翻书稿说:"小汤,你干得很不错。可惜我现在身体不太好。序就没法写了,给你题个词吧。"对胡先生的鼓励和善意,我当时已经万分感激。只是深深感到内疚:这几年我都没来看老师,等到现在有求才上门,也太不应该了吧。

2001年3月,我的书在复旦大学出版社顺利出版了。没想到,我还没有来得及捧着这书亲自向胡老师面谢,却收到了胡先生仙逝的噩耗。顿时不觉潸然泪下,极度神伤……

岁月悠悠,一转眼十八年过去了。这些年间也曾数次赴复旦"胡宅"拜访,去探望胡师母。但一到胡先生书房,看到胡先生那一排排书架上面铺着大块大块的塑料布,上面蒙有薄薄的一层灰尘,胸中不禁涌起浓浓的怀念与感叹。

哲人已逝,但先生的学说和精神将永存世间。恩师胡先生,我虽然不能再看到您的笑容,听到您的教诲,但您永远活在学生的心中,引导着我和我的学生们不断继续探索前行。

"云山苍苍,江水泱泱,先生之风,山高水长。"

2019 年 4 月 12 日
于香港中文大学/深圳大学

怀念胡裕树先生

王均熙
(文汇出版社)

  胡裕树先生离开我们,至今已有整整七个年头了。每当我回忆起在复旦大学就读时的往事,胡先生的音容笑貌便浮现在眼前,历历在目。
  1978年我考进复旦中文系汉语专业,当时胡先生是中文系主任。汉语语法分为南北两大体系,北方以北大为首,南方以复旦领衔,胡先生则当仁不让地成为南派的领军人物。我一踏进复旦,就听见人们纷纷赞扬胡先生的课上得好。到了大三,我们的课程中有了语法课,同学们一致要求胡先生开课,于是我(当时我是学习委员)便肩负使命,登门拜访,代表全班同学请求胡先生"出山"。胡先生当时年事已高,身体也不太好,担任系主任少不了行政工作,还要带研究生,所以已经有几年不开课了。经不住我一再恳求和"软缠硬磨",胡先生终于答应破例为我们班上一个学期的语法课。同学们听到我带回来的好消息,个个欢呼雀跃。语法课照理说是比较枯燥的,但是胡先生上课时高屋建瓴,旁征博引,言简意赅,听他的课简直就是一种高尚的享受。记得有一次上课前先听北京的一个会议录音,那天天气闷热,录音又不清楚,大家听得昏昏欲睡。胡先生看到这种状况,"啪"的一声关掉了录音机,说:"不听了,我们上课。"唰唰唰在黑板上写了几个字,接着就开讲。全班同学顿时睡意全消,个个抖擞精神,开始聚精会神地听课。这件事给我的印象特别深,至今记忆犹新,原来一个好老师的精彩讲授,可以驱除"瞌睡虫",比什么其他的方法都灵。

胡先生满腹经纶,学富五车,但是为人却十分谦和。复旦大学里德高望重的老教授当然不止胡先生一位。例如张世禄先生,他是语言学界的泰斗,王力先生在给我们作报告时还提到自己早年读的是张先生的书。1981年我申请赴美读硕士,请张先生写推荐信,张先生并没有给我们上过课,但是他老人家一口答应。当时张先生已八十高龄,写字时手有点颤抖。事毕他颤颤巍巍地把我送到门口,只对我提了一个要求:如果赴美之事成功,出国之前不要忘了告诉他一声。如今不少人互相之间只讲交易,你托我办事,就得给好处。和张先生相比,品格上真有天壤之别了!

毕业前夕,我和胡先生在复旦图书馆前合了一张影,照片上的胡先生笑容可掬。这张宝贵的照片我一直珍藏着,翻阅相册时,每当看到这张旧照片,心里便涌起阵阵暖意。可惜的是,在我毕业的翌年,胡先生因为健康原因不再带研究生,只有许宝华先生招收音韵学方面的研究生。其实许先生对我印象也挺好(去年有同学从美国回来,许先生设宴招待,还特意邀请我一起出席),可惜那时我对音韵不感兴趣,只能打消再进一步深造的念头。

20世纪90年代初,我编写了一部《汉语新词词典》,在交稿之前,我请胡先生写一篇序,胡先生欣然答应。他在序言的最后一段写道:"均熙同志是我的学生,以前在复旦大学中文系汉语专业求学期间,就对现代汉语显示出浓厚的兴趣,刻苦钻研,锲而不舍。踏上工作岗位以后,仍一直从事语言研究。他有较好的外文功底,能够作一定的语言比较研究,因此,对新词新语的认识和处理,也就有了独到之处。近十年来,他治学益加勤奋,并能持之以恒。他广泛地搜集各种语言资料,独力完成了这本洋洋大著,实在是难能可贵。忝为他的师长,我感到十分高兴,同时也衷心地希望他今后继续勤于耕耘,并作出新的成绩。"昔日的恩师对我如此厚爱,心中的感激之情和自豪感是不言而喻的。

　　1998年夏,我将我编写的《现代汉语略语词典》寄给先生,先生回信说:"初一翻阅,佳处纷陈,足见编写认真,甚佩。当放置案头,随时查阅。"这是师长对后辈的勉励,鞭策我继续努力。此后,每当我出了一本新书,总不忘亲自登门,把书送到胡先生手上。古话说,"听君一席话,胜读十年书",每次与胡先生促膝交谈,先生的谆谆教诲总让我获益匪浅。看到自己的学生出了新的成绩,胡先生也总是由衷地感到欣慰,喜悦之情溢于言表。

　　2001年11月,留校任教的同班同学贺国伟给我打来电话,说胡先生因病去世了。听到这个噩耗,我怎么也无法接受,这么好的一个老人,怎么说走就走了。当晚我躺在床上,辗转反侧,彻夜难眠。追悼会上瞻仰先生的遗容时,我向先生深深地鞠躬,情不自禁痛哭失声。复旦的很多师生也都泪流满面,和我一样悲痛无比。

　　如今七年过去了,但是先生的高风亮节始终为人们所敬仰和怀念。今天我写下这篇短文纪念先生,希望他老人家在天堂也能看到,知道人间很多怀念他的人当中,有一个是我。

(载《新民晚报》2009年12月23日B5版)

教授原来是这样的

——深切缅怀恩师胡裕树先生

卢英顺

(复旦大学中文系)

"教授原来是这样的",我为什么以此为题?这得从高中时对"教授"的认知说起。众所周知,许多中学老师上课时喜欢拖堂,我读高中时的老师也一样。可当时学生们早上在学校吃的只是看上去较稠而实际上"很稀"的粥,没有如今的馒头、包子、花卷之类,所以中午饿得很快,巴不得早点下课。可老师不一样,他们出于责任心、出于好意,每每在下课铃声响了之后,心甘情愿地为自己延长"剩余劳动"时间。此时的学生哪里还能听得进去课,于是茶缸声在课桌"肚子"里此伏彼起(茶缸,盛饭用,瓷盆不行,经不住买饭时的挤进挤出,往往辛辛苦苦买到手的饭菜被挤翻倒到了别的同学的头上)。老师往往这时候要训斥一番。记得有一次,我们的班主任老师告诉我们说,你们嫌我现在拖堂,要是在大学里,只要下课铃声一响,那些教授们哪怕话只说了一半,就立马停止讲课,不肯多说半句。再加上当年《决裂》电影中教授们都是板起面孔的样子,教授给我们的印象是"可敬"而"不可近""不可亲",有时甚至是"可怕"的:敬佩的自然是他们的学问,因为他们有高深的学问,他们总是高高在上,可望而不可及的;可怕的是他们的威严。

然而,我在大学里碰到的老师和偶然有机会见到的教授却彻底改变了我对"教授"的印象。

我就读的大学是位于安徽阜阳的阜阳师范学院。我的母校曾经是安徽师范大学的分校,我入大学时(1982年9月),它改成本科院校还没几年。当时的师资力量还比较薄弱,加之那些岁月职称的长期"冻结",整个中文系只有一个副教授,好像叫牛维鼎,是研究建安文学的,是系主任。他或因健康原因,或因系务繁忙,不要说给我们上课,就是见一面的机会也不曾有过。这就增加了我对教授的"神秘"印象。好在给我们上课的老师们,或讲师,或助教,大多平易近人,和蔼可亲。这或多或少改变了我对大学老师的印象。我的母校当年位于阜阳市的城乡结合部,没有如今大小城市的喧嚣,学习氛围很浓。系领导也很重视教学,重视扩大学生的视野,虽然办学经费紧张,但一有机会,就请知名学者来中文系作报告。其中就有一位后来成为我硕士生和博士生导师的著名教授,胡裕树先生。

胡先生的大名早有耳闻。我们在大学时的现代汉语教材虽然用的是黄伯荣和廖序东先生主编的,但胡先生主编的《现代汉语》(修订本)也同时发给我们作参考教材。可能是我在中学阶段对英语颇感兴趣的缘故,对汉语语法也有浓厚的兴趣。记得读高中时,一位语文老师俞佳培老师给我们作了一次关于现代汉语语法的讲座,我听得津津有味。后来又难得在新华书店碰到一本张涤华先生主编的《现代汉语》,买回去自行课外阅读。别看我在中学里对汉语语法就感兴趣,其实整个中学阶段(包括初中和高中),除了英语,我所感兴趣的就是数理化,高中分科时我读的是理科,对语文从来没什么兴趣,从小学开始就是如此。可因种种原因,我后来弃理从文,本想能在大学读个英语专业,但阴差阳错,我被录取到中文系。入学后读了一段时间,向副系主任潘开华老师提出转系的想法,哪怕留一级我也愿意;但他告诉我说,这不可能。你对英语感兴趣,英语成绩好,你可以考中文方面的研究生。有了他的鼓励,有我不安于现状的性格,再加上上述这些"背景",我决定毕业时报考现代汉语语法方面的研究生。

有了这些"铺垫",在遇到复旦大学著名教授胡裕树先生来讲学的机会,我会错过吗?我能错过吗?

讲座是在阶梯教室进行的。教室里挤满了求知的学生,要不是早早地用个丢了也无所谓的书或本子占了座位,恐怕去迟一点点就不会有空位子了。时间到,胡先生迈着稳健的步伐走上讲台,只见他穿的是淡灰色的中山装,左胸别着一枚红色的"复旦大学"校徽。开场白讲的什么,我不记得了。但所讲的中心内容我至今记忆犹新,是关于语法研究"三个平面"的,以"自行车他骑走了"为例,说明如何从句法、语义和语用平面分析汉语的句子。就"三个平面"理论而言,虽然这只是个皮毛,只是个基础,但我觉得很有意思。此后更坚定了我将来报考现代汉语语法专业的研究生的想法(当时尚未考虑所报考的学校、导师)。好像是讲座那天晚饭后,我大学里的恩师,现代汉语语法、修辞部分的老师倪祥和先生要我和另外一个同学陪胡先生从用餐的地方去他的下榻之处,胡先生当时年事已高。我们把他送到房间后,只聊了几分钟,一则怕影响他休息,二则,一个小学校的低年级的学生能跟这著名学者谈什么呢?胡先生的这次讲学,尽管我和他没有多少交流,但他给我的印象是:平易近人,非常和蔼可亲。胡先生给我的印象彻底颠覆了我对大学"教授"的认知!

大四上学期,该考虑报考学校和导师了。我不喜欢北方的气候,所以不准备报考北方的学校,哪怕是北京的高校。当时我发过誓,除非南方没有我合适的学校,否则我坚决不考北方的学校。要报考南方的学校,目标其实是很容易锁定的:复旦大学,著名学府,在上海。导师,不用说,自然是:胡裕树教授。只是不知道当年他招不招研究生。当年同班有几个同学报考其他学校,他们给招生导师写信请求考研指导,导师们都很热情地给他们开了阅读书目。我也仿效,冒昧地给胡先生写了封信,一则想询问他是否招生,二则看能否给我开个阅读书目,顺便介绍了一下我的中学经历,我的农村出身,我的不怕吃苦。胡先生在百忙之中给我回了信,没有给我开书目,只说让我向倪老师请教,他更了解我。正式报考胡先生之后,我又给他写过信,具体内容不清楚了,大意是表达能入胡门的愿望,但又担心"胡门不入"。这次,他没有亲自给我回信,是让范晓先生代复的。范先生在信中解释说,按复旦规定,招生导师与考生之间不可以有书信直接来往。

当年报考复旦大学,报考胡先生的研究生,对我的诱惑实在是太大了,两全其美:名校、名师,再加上地理因素,好地方,三全其美。十分难得。可报考复旦对我有个不利的因素,就是中文系四年课程的综合考(复旦中文系还开设过佛教方面的课,入学后才知道的),虽然难度不大,但涉及面广。我的记忆力不是很好,在准备专业和英语的同时,还得准备综合考,对我来说实在不易。而其他学校的考试科目都在"语言学"范围内,对我来说,相对比较"自信",因为在大学期间我阅读的教材和其他著作达20本左右,还阅读期刊上的论文。报考复旦大学还有一个让我不踏实的地方是,在考试科目中,有一门是"语言理论",挺吓唬人的。我们学的是《语言学概论》,是高名凯、石安石主编的,大概可以归入后来被人们戏称的"爷爷教材"之列。语言理论当然比语言学概论难度大,而更让人心虚的是,以前复旦的研究生考试试题都是保密的,无从知晓,自然就无法知道到底有多难。好在最终,谢天谢地,借着"119"的紧急呼叫(我的研究生入学考试准考证号码是"119",记得当时拿到准考证后,我还说过'我非去复旦不可了,这不是紧急呼叫嘛),我如愿进入了复试阶段。

复试是在研究所的一间研究室进行的(当时中文系、语文所在相辉堂对面的小楼,今天的校史馆)。参加复试的老师,除胡先生外,还有范晓先生和杜高印先生。胡先生穿的依然是那件淡灰色的中山装。参加面试的考生,除我之外,还有殷志平和吴锡根。当年的招生简章上只说招两名。这意味着其中一人可能要名落孙山了(后来全部招进来了)。从小学校到著名学府,从接触身边的讲师、助教到接触著名学者,再加上差额复试,心情可想而知。胡先生为了缓解我们的紧张情绪,先跟我们拉家常,尔后在正式复试时也没有一个一个进来,而是在一起,紧张感就弱多了。三个人复试的问题,有的一样,就是同样一个问题,不同的人谈谈各自的理解和看法,有的问题不一样。胡先生的"和蔼可亲"的印象在这次复试中又得到了加深。

后来我如愿以偿,先后两次拜在胡先生门下,攻读硕士和博士学位,博士毕业后留中文系任教,也一直在先生身边,直到2001年他老人家仙逝。在这么多年与先生的接触中,对先生的为人、为学、教育理念等多少有所认识。主要有以下几个方面。

为人方面,除了上面提及的和蔼可亲、平易近人之外,先生还特别设身处地为别人着想。最能说明这点的是我硕士毕业时找工作的问题。那时虽然还是学校分配,但自己可以找工作,自己找不到的,往往是地方政府一揽子揽过去,再行分配,其满意度可想而知。从1988年开始,研究生分配就出现了不景气的苗头,加上我毕业的1989年,由于众所周知的原因,分配到一个比较理想的单位就更加困难了。因此,系领导发动各个导师各显神通,帮助自己的研究生寻找合适的工作单位。我毕业当年虽然有去中国社会科学院的可能,但我不喜欢北方的气候和生活,我想在南方、离家不是很远的地方找一所有名的高校工作。同时符合这三个条件的就是南京大学。而且胡先生跟南京大学中文系还有比较深厚的关系。我把我的想法和系领导的"指示精神"都跟胡先生说了。胡先生说,你自己先打听一下,看看南大中文系需要不需要进人,如果需要,我就给你写推荐信。可是中国社会的实际情况往往是,需要不需要进人,往往因人而异。胡先生此举与社会现实之间的这种关系,可以说是本末倒置。胡先生不是不知道这点,而是不愿意让对方感到为难。因为,如果对方确实不需要进人,他推荐一个人过去,凭着胡先生跟他们的深厚关系,凭着胡先生的学术名望,他们肯定十分为难,进退维谷。从某种程度上说,我也是这类人,所以特别能理解先生此举,从来没有因这件事而说过一句怨言,怪过老师。

胡先生为人还非常宽容、与人为善。我读硕士期间,不像现在的研究生会时常考虑导师的方便与否,因为没有电话,更没有手机,我们三个同门,总是不速之客,或登门求教学术问题,或只是随便聊聊,胡先生从未因为我们影响了他的工作或休息而有丝毫不满。与人为善方面可以举两个例子。大概在我已经工作的时候,有那么一段时间,学术界拔苗助长现象比较明显,全国高校博士点如雨后春笋般涌现,博士生导师遴选就是一项工作程序。南方某高校给胡先生寄来了一份材料,让胡先生审查其学术能力。在材料中,该人被介绍得很好。胡先生看过后觉得还达不到博导水平,但也不好直言。事后他跟我说,他在反馈意见中写道:"根据你们的介绍,他是不错的。"不知道该单位的领导是没有领会胡先生的会话含义还是我行我素,该人最终还是当上了博导。胡先生还跟我说过一起关于国家社科基金项目评定的事。某年社科基金项目终审环节,胡先生出席了。最后需要在3个人中选出2个人。有人提议,把某先生的学生拿下,让跟胡先生有关的人上。胡先生认为这样不好,提议再增加一个项目,结果皆大欢喜。如果换了别人,或许觉得,只要跟自己有关的人能拿到项目就行了,至于别人,拿到拿不到,管他呢!

　　胡先生的宽容,不仅体现在待人方面,也体现在学术方面。在学术观点方面,不强求我们的学位论文理论方法和观点与他的一致。观点的一致也罢,不一致也罢,都必须基于事实。好像是1987年5月,在湖南师范大学召开过一次硕士研究生指导老师会议,胡先生年事已高,没有出席。我和另外两个同学随范晓先生去了。研究生私下交流时,南方某高校的一个研究生说,他的毕业论文答辩之后,烧了。我们问为什么,他说,只是导师的观点,不是他自己的观点。两相比较,胡先生在学术上的宽容就特别明显了。在文化语言学"鼎盛"时期,批判声也相当激烈。在私下交谈中,他说,文化语言学不是不可以搞,只要搞出成果来,应该照样承认它。

　　胡先生为人还特别谦虚。时常将他的学术成就归功于他的老师方光焘先生。胡先生在语言学方面的突出成就在于运用"广义形态"

分析汉语的词类问题,并尝试拓展到汉语"数"的语法范畴研究,以及与张斌先生、范晓先生一起提出语法研究的"三个平面"理论。毋庸讳言,"广义形态"概念是方光焘先生首先提出来的,但也基本上是概念而已。胡先生和张斌先生等对广义形态与狭义形态的关系作了具体的阐述,对广义形态的理论作了具体的演绎,为广义形态理论在汉语词类研究中的具体运用作了具体的示范。从类型学的视野看,广义形态的提出具有十分重要的理论意义。

至于"三个平面"理论,学术界有人简单化地把它理解为对国外句法学、语义学和语用学的借用,这是极其不公的。"三个平面"理论创始者在吸收其精华的同时所作的"融会贯通"之功是不应该小觑的。片面强调继承的方面,必然会忽视其创新之处。如果片面强调继承的一面,我们有理由重新评价乔姆斯基提出的转换生成语法以及韩礼德的系统-功能语法,因为它们也是继承和融通的产物。我一直以为,学术借鉴至少存在三个层次:第一个层次是对国外理论的引介;第二个层次是对国外理论进行消化吸收的基础上,非常正宗地用这些理论研究汉语的实际问题;第三个层次,是我认为应该达到的最高层次,是在继承、吸收相关理论"合理内核"的基础上,融会贯通地提出一个新的理论,并能运用这种新的理论研究具体的语言问题。纵观汉语语法学史,能达到第三层次的为数不多。而"三个平面"理论无疑是其中之一。奠定该理论框架的《试论语法研究的三个平面》(胡裕树和范晓合写)一文在学术界的影响力是有目共睹的。该文1985年首发在《新疆师范大学学报》第2期上,时隔多年,1993年《语言教学与研究》第2期又重新刊发,这在学术论文发表上是极其罕见的,该文对汉语语法研究的推动与深化,由此可窥见一斑。然而胡先生在谈到"三个平面"理论时总是谦虚地说是"倡导"。在"三个平面"理论"红极"之时,关于该理论的"冠名权"问题,也有人提出过异议。然而胡先生私下跟我们说,不用管这些,只要它对汉语语法研究有用,是谁首先提出来的并不重要。

在治学方面,除了上面提及的善于吸收新知以外,胡先生强调要辩证地分析问题,理论和事实两方面都要兼顾,不可偏执一端。这些方面,高顺全兄在《胡裕树先生的语法研究和治学精神》[1]一文中已有很好的总结,此不赘述。我想补充的一点是:胡先生在学术研究方面具有战略眼光。

打仗需要战略眼光,做学术研究同样如此。我所理解的"学术上的战略眼光"是指能辩证地看待学术上的种种关系,能根据学术研究现状提出能推动学术发展的理论方法,能够在具体问题的研究上胸怀全局。放眼学术界就会发现,众多学者孜孜矻矻于具体问题的研究,这样做固然不错,也是非常必要的;但是,如果大家都这样,就不可取了,因为这有碍于理论创新。这好比大家都在低头拉车,却不去看前面的路怎样。关于战略眼光的前两点无需重述,其最后一点可以引用他的一段话以资证明:

> 语言研究者的兴趣爱好、研究方向都不一样……但是对每一位研究者来说,在他的研究领域里,应该有一个明确的总体构思,如果我们每个人都有了这样一个明确的构思,那么,我们就可以基本保证我们的每一项研究都不是无的放矢了,就可以保证我们的每一项研究都是我们总体构思中的一个必要的步骤,我们的每一项研究工作之间就不是分散、孤立的,而是有机的,有方向的,有联系的,所有的具体研究将完成我们的总体构思。[2]

胡先生的这种战略眼光也体现在他对研究生学位论文的指导上。我的硕士学位论文题目最终确定为《论动词语后缀"了$_1$"》。记得初稿写作中兼顾了"了$_1$"和"了$_2$"。初稿交上去以后,他的反馈意见只有两点:一是集中精力研究"了$_1$",研究过程中需要考虑"了$_2$";

---

[1] 原载《复旦学报》1995 年第 6 期;又见高顺全《三个平面的语法研究》(学林出版社,2004 年)一书的附录。
[2] 见余志鸿主编 1994 《现代语言学·理论建设的新思考》,语文出版社。

二是关于"了"的语法意义方面,一般认为是表示"结束",把表示"开始"的"了"看作"了$_3$",胡先生提醒我说,一种行为或状态的结束也就意味着另一种行为或状态的开始。这两点都是指导我从宏观上思考问题。可惜我当初体会不深。

在教育理念方面,胡先生主张独立学习,自由思考;不主张多听课。能够自学的知识,尽量自学,听课所能获得的信息量低。对自己不容易自学的,才有必要听课。我当年读硕士的时候,名义上也是学分制,但没有现在所要求的那么严格。除了公共课以外,专业课其实只有几门。所以自主学习的空间很大。这比较符合我的个性。

胡先生一生所取得的学术成就实属不易。据吴中杰先生在《不胜负荷双肩挑——记胡裕树先生》[①]一文中所记,他的主攻方向多次发生了变化。1945年暨南大学毕业后留校,最初是要研究先秦文学,后为刘大杰赏识,被要求改治唐宋文学,写过《论唐代的边塞诗》等学术论文。暨南大学解散后,先生被调入复旦大学中文系,时任系主任郭绍虞先生要他教现代文学,进而又让他教语言学课程。虽然他对语言学不感兴趣,但不得不服从工作分配。胡先生从事语言学研究,可谓半路出家。更要命的是,在他的学术黄金期,除了种种政治运动以外,他"不幸"被选为"双肩挑"培养对象。在他业务实在过于繁忙而无法顾及行政事务要求卸掉行政职务时,中文系的领导都同意了他的请求,但由于他的勤奋和工作能力,校领导坚决不同意。在这样的背景下,胡先生依然取得了语言学界公认的学术成就,其勤勉的程度不言而喻了吧。

恩师离我们远去已十多年了,在重温先生对我们的教诲之时,先生的音容笑貌依然历历在目。恩师,学生永远怀念您!

2015年清明于复旦大学

---

① 吴中杰 2012《海上学人》,复旦大学出版社。

语法理论探讨和应用篇

"三个平面"理论的精神实质在哪里?*

陆俭明

(北京大学中国语言学研究中心/中文系)

摘　要　"三个平面"理论极大地推进了汉语语法研究,但我们对"三个平面"理论不能简单化地"直白理解",而应遵循胡裕树先生的教导,要"运用新的思路和方法对汉语语法规律和现象作全方位、多角度的观察、描写和解释"。"三个平面"理论的精神实质就在于此。文章用饶有意思的汉语和英语的实例阐释了胡先生的这一观点。

关键词　三个平面理论;三角理论

"三个平面"的理论是胡裕树先生首先提出来的。1981年,胡裕树先生在他主编的《现代汉语》(增订本)里谈到语序问题时,提出"必须区分三种不同的语序:语义的、语用的、语法的"的看法,开始萌发了这一思想;1982年胡附、文炼合写的《句子分析漫谈》一文,则进一步认为从语序到虚词到句子成分需从句法、语义、语用这三者去加以研究,其思想进一步明确;1985年胡裕树、范晓合写的《试论语法研究的三个平面》一文,更鲜明地提出了"三个平面"的理论,并作了

---

* 本文根据作者在"2018语言的描写与解释——纪念著名语言学家胡裕树先生100周年诞辰学术研讨会"(2018.8.26—27.复旦大学)上的报告修改而成。

较为详细的论述,引起了汉语学术界极大反响。1994年胡裕树先生在《复旦大学学报》第5期发表长篇文章《汉语语法研究的回顾与展望》,对"三个平面"理论作了更为全面、深入的论述,使这一理论走向了成熟。

"三个平面"理论,极大地推进了汉语语法研究,正如许多学者所指出的,"三个平面"理论的提出反映了汉语语法研究的发展,拓宽了汉语语法研究的视野。

"三个平面"理论问世后,先后发表了一百多篇文章,还出了论文集,乃至专著,对"三个平面"理论加以阐释,并运用这一理论开展应用研究。邢福义先生在1990年发表文章《现代汉语语法研究的两个"三角"》①,提出"表[语表形式]、里[语里意义]、值[语用价值]"小三角和"普[普通话]-方[方言]-古[古代、近代汉语]"大三角的"三角"理论,其基本精神跟胡先生的"三个平面"理论是相一致的。这应该说是个可喜的现象。反映了汉语语法研究由静态描述向动态深究的一种研究上的深化。

当初胡裕树先生等学者在论述"三个平面"或"三角"理论时,为阐述清楚"何谓句法、何谓语义、何谓语用",或说明"何谓表、里、值",自然需要从那三方面分别举例加以说明,以使读者明了。但我们对"三个平面"理论或"三角"理论不能作"直白的简单理解",即不能简单地理解为谈什么问题、解释什么语法现象,都得分别进行句法、语义、语用分析与描写,都得作语表形式、语里意义、语用价值说明,更不宜公开宣扬"句子分析必须同时对句子进行句法分析、语义分析、语用分析才算最后达到语法分析的目的"这样的看法。而得根据不同情况、不同的语法现象作出不同的陈述与阐释,而且如果需要从"三个平面"或"三角"来讲解某个句法格式,就一定要讲透,能给读者以启迪,而不能只是进行教条式的说明。我们看到,在"三个平面"或"三角"理论的引导下,产出了一些高质量的研究成果。譬如,金立鑫

---

① 载《云梦学刊》1990年第1期。

先生(1993)发表在《中国语文》上的文章《"把 OV 在 L"的语义、句法、语用分析》就是一篇很出色地运用"三个平面"理论来描写、阐释了"把 OV 在 L"这样一种"把"字句(实例如:"把字写在黑板上|把衣服晾在院子里|把饺子倒在碗里")。该文不仅深化了"把"字句的研究,而且对于对外汉语教学来说有直接的参考价值。再如,邢福义先生(1994a)发表在《语言研究》上的《NVN 造名结构及其 NV|VN 省略形式》也是一篇值得赞赏的运用"三角"理论的好文章,好就好在实际是对"军马饲养方法""首长保卫人员"这样一种能产的"造名"(制造一个名目)结构从"语表形式、语里意义、语用价值"三方面作了全面、细致的说明,揭示了这类句法结构的特点和能产性,但没有形式主义地分"表、里、值"这样的"三角"说明。当然,还有不少类似的好文章,这里就不一一列举了。

但是,我们也看到,在那种对"三个平面"或"三角"理论简单化地"直白理解"的引导下,一时间也出现了一大批标题为"xxxx 句法、语义、语用研究"或"xxxx 表、里、值研究"而论述极为肤浅的文章。如果顺其发展下去,会把"三个平面"或"三角"理论变成一个死的理论。而这是任何人都不希望看到的。

我们觉得,需要全面、深刻地理解胡裕树先生提出的"三个平面"理论,特别是要深刻思考与理解这样一个问题:"'三个平面'理论或(三角)理论的精神实质在哪里?"

我们看到,其实胡裕树先生在《汉语语法研究的回顾与展望》一文中已经明白地给出了答案:

> 三个平面理论的提出,给人们带来了一种语法观念甚至语言观念上的变化。这种观念上的改变,将促使人们运用新的思路和方法对汉语语法规律和现象作全方位、多角度的观察、描写和解释。

而邢福义先生(1991a,1991b,1994b)也是一再强调"研究视点多角度""加强多角度的立体研究""观察的思路尽可能地开放""必须经过多线索的反复验证""多角验证"。这才是"三个平面"或"三角"理论的精神实质之所在,具有深远的意义。特别是胡裕树先生这段话实际告诉我们,要开启深化包括语法研究在内的语言研究的大门,得用两把钥匙:一把是"语言事实",具体说要不断考察、挖掘和发现新的语言事实;另一把是"理论思考",就是要勤于思考,特别是要积极进行理论思考,具体说,要不断寻求研究的新视角、新思路,因为科学研究创新的前提是研究视角、研究思路的创新。而且前人的研究成果和当今的研究实践也表明,在寻求研究的新视角、新思路时,必须坚持多元论,必须坚持多方位、多角度、多层面的思考。

当今的汉语语法研究表明,汉语语法研究发展到今天,早已不局限于"三个平面"和"三角"理论所倡导的研究思路。而已进入更为广阔的研究视野,具体说,在结构主义语言学理论指导下,并从功能和认知的视角,充分考察语言事实,在此基础上,进一步从生成、认知、功能等不同导向,运用诸如轻动词理论、中心词理论、论元和论旨结构理论、象似性理论、隐喻和转喻理论、"有界-无界"理论、范畴化理论、篇章理论、语言类型学理论、动态浮现理论或语言信息结构理论等,进行多角度、多方位、多层面的分析阐述。而在分析中重要的需要"多思"。下面我想举些实例来加以说明。

【实例一】关于英语里的 wanna

无论英国英语还是美国英语,口语中都有个 wanna,例如:

(1) I wanna go to that school.

wanna 是怎么会事儿呀?原来是由 want 与 to 连读时发生合音音变造成的。(Chomsky 1980)即例(1)来自例(2)。请看:

(2) I want to go to that school.(我要去那学校。)

⇩

(1) I wanna go to that school.

但人们发现,不是任何情况下 want 与 to 连读时都会发生合音音变读为 wanna 的。例如：

(3) Who do you want to go to that school?（你要谁去那学校?）

✘ 就不能
⬇ 说成：

* Who do you wanna go to that school?

这为什么？怎么解释？一般英语老师会负责任地告诉学生：转换生成语言学派注意到了这个语言事实，而且从理论上作出了这样的解释：例(3)这一疑问句是由例(4)这种陈述句转换生成的：

(4) I want John to go to that school.（我要约翰去那学校。）
⬇

(3) Who do you want to go to that school?

怎么转换生成呢？按英语规则，如果询问例(4)里的 John，其疑问代词 who 要移至句首，成为例(3)；而 John 以疑问代词的形式移向句首后，在原先的位置上会留下一个语迹(trace, t)。所以例(3)该表示为例(3')：

(3') Who$_j$ do you want t$_j$ to go to that school?

正是这一语迹的存在阻止了 want 与 to 发生连读合音音变。生成语法学派根据这一语言事实，总结出了一条"疑问词痕迹定理"：

> 疑问句句首的疑问代词必须约束句中某一个居于论元位置的成分；反之，居于论元位置的成分因造成疑问句而移位至句首，在原位留下的痕迹，必须受疑问代词约束。(Chomsky 1980，宋国明 1997)

这一解释应该说是很漂亮的。从一个小小的句子抽象出了一个理论假设。从这一案例中我们可以想到——

首先，要有人注意到 want to 在口语里，有时会合音整合为 wanna，可有时则不会合音整合为 wanna。

其次,不仅要有人注意到这一语言事实,还得要有人思索"为什么"这样的问题。

再次,得有人用某种理论作出比较合理、科学的解释,并能让大家信服。

从这个案例中我们不是可以得出"善于发现问题　重在勤于思考"这十二个字吗?

"善于发现问题　重在勤于思考",这实际就要求我们得树立较强的研究意识,而且还要求我们得具有一定的研究能力。

【实例二】关于名量词"位"的新用法

按辞书和语法论著关于量词"位"的用法说明——量词,用于人,含敬意——那量词"位"不能用于第一人称,譬如,如我们不能说"﹡我们三位都是上海人"。可是现在出现下面这样的用法:

(1) 问:"请问几位?"
　　答:"我们五位。"

怎样解释这现象? 首先要去进一步挖掘事实。结果发现下面这样的事实——

其一,狗,可以论只,也可以论条。如果有人问:"你家养了几条狗?"应声回答时总会说:"两条。"而不说"两只。"而如果用量词"只"问话:"你家养了几只狗?"这时总会应声回答说:"两只。"而不会说"两条。"猪,可以论头、只、口。也是,问话人用什么量词,答话人也跟着用什么量词。烟,可以论支、根。也是,问话人用什么量词,答话人也跟着用什么量词。

其二,在介词使用上,口语交际中也存在类似现象。我的家乡东山岛(太湖中的一个半岛,过去属苏州专区吴县管辖,现在属苏州市管辖),所说的土话叫"东山话",属于吴语的一个次方言。在我们家乡,当两个熟人(假定是甲和乙)在街上对面碰见,习惯用下面这样的看似废话的一问一答作为打招呼:

(2) 甲：你往东去？
乙：哎，我往东去。你往西去？
甲：哎，我往西去。
(3) 甲：你朝北去？
乙：哎，我朝北去。你朝南去？
甲：哎，我朝南去。

显然，如果先打招呼的人用介词"往"，答话人一定也用"往"回话；如果先打招呼的人用介词"朝"，答话人一定也用"朝"回话。

对上述现象从"句法、语义、语用"或从"表、里、值"三方面去描写说明，并不会很难。问题是如何解释这样的现象？这显然属于会话交际现象。我们看到，无论格赖斯（Grice 1975）的会话合作原则（cooperative principle），还是勃朗和列文森（P. Brown & S. Levinson 1978）和利奇 Leech（1983）先后提出的会话礼貌原则（politeness principle），都没谈到此类现象。因为他们所谈的原则都是针对会话内容来说的，而上面所陈述的汉语里的这类会话现象，则完全是形式方面的。人家可以依据语言事实提出这个原则那个原则，我们也可以这样做啊！我们就根据汉语的这一语言事实，建立了一条新的会话原则——"应答协调一致性原则"（陆俭明 2007）。问题并不就到此为止。譬如，我去年应邀到布达佩斯出席"欧洲第二届汉语教学国际学术研讨会"，会上作为特邀嘉宾发言的只有斯坦福大学的孙朝奋教授和我。我开会回来如果要向我的学生介绍会议情况时，是该说"布达佩斯会议大会发言嘉宾一共有两位，一位是美国斯坦福大学孙朝奋教授，另一位是我"，还是该说"另一个是我"？如果"还是应该用'位'"，那么这又体现什么会话原则？科学研究就是要这样不断地去思考。

【实例三】关于对"盛碗里三条鱼"里必须有数量词的解释

我在 20 世纪 80 年代发现许多句法格式必须要求有数量成分参

与,反之也有不少句法格式排斥数量成分的参与。对此我只是进行了客观的描写,没法做出深刻的解释,只是说"数量范畴对句法结构有制约作用"(陆俭明1988)。90年代沈家煊先生运用认知语言学的"有界-无界"作出了新的解释,譬如"盛碗里三条鱼"为什么不能说成"﹡盛碗里鱼"？原因就是那行为动作是有界的(有起点和终点),所以要求那受事宾语成分也得是有界的(沈家煊1995)。这就比我原先的说法进了一大步。为什么？因为有更深刻的理论思考。但问题并非到此为止。因为受事宾语成分有界化的手段可以有多种,除了在名词前加数量成分外,还可以——

采用名词前加指示代词,如"这鱼""那条鱼";
名词前加限制性修饰成分,如"大的鱼""妈妈烧的鱼"
动词带结果补语,句末出现"了"。

可是在上面那个句式中还只能用"名词前加数量成分"这一种有界化手段,我们不说:

﹡盛碗里这鱼/那条鱼。
﹡盛碗里大的鱼/妈妈烧的鱼。
﹡盛进/盛满碗里鱼了。

这又该怎么解释？(陆俭明2014)我们所能想到的看法是:在这种句式中,那受事宾语不仅要求得是有界的,还得要求是"无定"的。可是问题又来了,为什么在这种句式中受事宾语要求是"无定"的,而在其他述宾句式中并无此硬性要求？譬如,"我只尝了那个菜""我只吃了妈妈烧的鱼"。其宾语所指是有界的,但不要求非"无定"的不可。

看来为什么在"盛碗里三条鱼"这种句式中受事宾语部分必须要有数量成分,还得去探究。

【实例四】由"鲁镇的酒店的格局"所引发的问题

在越南汉语老师集训班上,一位越南老师向我提了这样一个问题:鲁迅《孔乙己》开头一句"鲁镇的酒店的格局与别处不同"里的"鲁镇的酒店的格局",用层次分析法该怎么切分?是"鲁镇的+酒店的格局",还是"鲁镇的酒店的+格局"?我当时首先意识到,这是一个有三个名词组成的、内部含有两重领属关系的偏正结构;接着我在脑子里闪电般地想了许多类似的例子,诸如"汪萍的哥哥的妻子""小梅的同学的背包"等。于是我回答说:似进行"鲁镇的酒店的+格局"的切分比较合理(注意在语言研究中我们一般很少用"对"或"错"这样的说法,更多的是用"合理"或"不合理"这样的说法),并作了具体说明。当时越南老师没有进一步追问,就这样过去了。可是下来后,我自己这样思考着:如果有多个名词组成偏正结构,而相邻的名词之间都是领属关系,那么这种结构在层次切分上都是左向的,即:

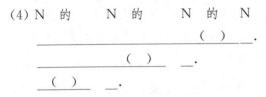

1981年8月在成都举行中国语言学会第一届年会。一天晚上,我去朱德熙先生的房间里,向朱先生谈了我自己的想法。朱先生听了以后,略微沉思,说"你这个想法有道理"。当时与朱先生同住一个房间的李荣先生——他是朱先生西南联大时的同窗好友,思维极为敏捷,立即提出反例。他冲着朱先生说:"德熙,那未必,譬如'父亲的父亲的父亲'这个结构,当然你可以切分为'父亲的父亲的+父亲',但我也可以切分为'父亲的+父亲的父亲'。按前者切分,是'祖父的父亲'的意思,按后者切分是'父亲的祖父'的意思,而二者都是指曾祖父,两种切分等值。"我当时不知如何对答,朱先生当时也没有提出不同的看法。会议结束回到北京后,我测试了许多例子,都符合我的想法,于是我又去请教朱德熙先生。朱先生说,我也一直在考虑,觉得你原先的想法还是有道理的,不过李荣先生的意见也得作出回答。

这样吧,你去研究研究,但要缩小范围,先别考虑所有的名词组合;李荣先生举的例子里的名词是指人的名词"父亲",你就研究由指人的名词自相组合成偏正结构的情况。朱先生这个指点很重要,我就按朱先生的意见去研究分析由指人的名词自相组合造成偏正结构的组合规则。先确定指人名词的范围及其类别,然后从考察两两自相组合[组合数36,合格数20]开始,逐级考察三三自相组合[组合数216,合格数60]、四四自相组合[组合数1296,合格数180],直至五五自相组合[组合数7776,合格数540],最终证明并得出结论,从理论上来说任意数的指人的名词(即 n 个名词,n 表示任意整数)都可以自相组合造成偏正结构,不过在实际文本中,我们只找到一个含 11 个指人名词自相组合造成的偏正结构:

> 俺乃著名京剧艺术大师梅兰芳之得意门生之亲侄之三姑之六嫂之外甥之大舅之同乡之同事之同学之邻居是也!
>
> (1984 年 9 月 8 日《北京晚报》讽刺画《自报家门》)

这是用来讽刺跟名人拉关系的社会现象。

研究显示,由指人的名词自相组合造成偏正结构,其内部有严格的组合规则(共有五条规则),甚至我们可以用"等比数列通项公式"($n_a=a_1q^{n-1}$)计算出由 n 个名词自相组合造成的偏正结构其合法结构是多少。根据其组合规则,"父亲的父亲的父亲"只能采取"父亲的父亲+父亲"这样的切分。至于"父亲的+父亲的父亲"和"父亲的父亲+父亲"这两种切分为什么会是等值,那纯粹是偶然的巧合。这种巧合,即使在严格的数学运算中都可能存在。请看:

(5) a. $1×7+3=7+3=10$ 【正确运算】
　　b. $1×7+3=1×10=10$ 【错误运算】
　　c. $7+3×1=7+3=10$ 【正确运算】
　　d. $7+3×1=10×1=10$ 【错误运算】
　　e. $7+3÷1=7+3=10$ 【正确运算】

f. 7+3÷1＝10÷1＝10　　【错误运算】

巧合的条件是或被乘数(如 a、b)、或乘数(如 c、d)、或除数(如 e、f)为 1。而"父亲的父亲的父亲"两种切分为等值的巧合条件是指人的名词都是"父亲"。

我的《由指人的名词自相组合造成的偏正结构》(陆俭明 1985)一文就是这样逐步研究产生的。对于"鲁镇的酒店的格局"和"父亲的父亲的父亲"这样的句法结构,如果只是从句法、语义、语用三方面描写一番,无论从研究深度和研究意义上来说,那就差多了。后来陆丙甫(2005)对指人名词组合语序和组合规则进一步用认知语言学的"可别度等级排列"作出了认知功能解释,并简化了一些分析手续。这就将此问题的研究又推进了一步。

【实例四】关于隐喻、转喻的思考

关于隐喻,拉科夫(Lakoff)和约翰逊(Johnson)《我们赖以生存的隐喻》(1980)提出了"'映射'说",认为隐喻是"从一个认知域向另一个认知域的结构投射(projection)",即由源域(source domain)向目的域(target domain)的映射(mapping),从而具体描述了隐喻机制。后来,国外、国内学者在谈到隐喻、转喻时,也都用 projection(投射)或 mapping(映射)这字眼儿,说隐喻也好,转喻也好,都是从一个认知域投射/映射到另一个认知域[①]。

在认知域内有投射功能与机制,问题是隐喻、转喻都是"投射/映射"吗？都首先是"投射/映射"吗？很值得斟酌与探究。其实,隐喻也好,转喻也好,首先是激活(activate)。例如:

(6) 那家伙,老狐狸一个!

在人的千百年的经验中,狐狸是被认为是在动物中最狡猾的,所以在说到某人狡猾时,为使表达生动、形象,不直接说"某某人狡猾",

[①] 限于篇幅,恕不在这里具体列出国外、国内各位学者及其论著了。

而说"某某人是个狐狸",从而让听话人从狐狸的狡猾去联想到那个人跟狐狸一样狡猾。同样,下面的例子:

(7) 回到原单位,看到的尽是新面孔。

这被称为转喻的"新面孔"为什么能转指"不熟悉的新人"呢？那是因为人一般都是靠观察脸相来识别人的。所以,提到"新面孔",就会在听话人脑海里激活"原先不认识的新人"这一与之密切相关的另一认知域。我们人正是用这样的思维方式来思考问题。作为隐喻,因"基于相似",所以在用 B 激活 A 之后,B 与 A 之间可能会形成一种投射/映射关系,不过那是第二步的事。而转喻因为"基于临近",所以当 B 激活 A 之后,B 与 A 之间不会形成投射/映射关系。总之,在认知域里,不是"一个认知域可以投射/影射到另一个认知域",而是"一个认知域可以激活另一个认知域"(陆俭明 2009)。

从隐喻、转喻研究说明,国外的理论观点与说法要了解、学习、吸收,但都得通过我们思考,不能国外学者怎么说,就跟着怎么说。

例子还可以举出好多。总之,遇到问题都要"多思",而且重要的要记住胡裕树先生的话:要运用新的思路和方法对汉语语法规律和现象作全方位、多角度的观察、描写和解释。

最后我要说,根据"三个平面""两个三角"的理论精神,如果想使自己的研究有成效,必须做到:

第一,勤于思考,善于发现问题。

第二,无论在挖掘和发现新的语言事实上,还是在对问题的理论思考上,都得谨记四字:"有心、用心"。

第三,坚持多元论,不断开拓新思路,寻求新视角。

参 考 文 献

胡附、文炼　1982　句子分析漫谈,《中国语文》第 3 期。

胡裕树、范晓　1985　试论语法研究的三个平面,《新疆师范大学学报》第2期。

胡裕树　1994　汉语语法研究的回顾与展望,《复旦大学学报》第5期。

金立鑫　1993　"把OV在L"的语义、句法、语用分析,《中国语文》第5期。

陆丙甫　2004　指人名词组合语序的功能解释:从形式描写到功能解释的一个个案,《中国语文》第4期。

陆俭明　1985　由指人的名词自相组合造成的偏正结构,《中国语言学报》总第2期。

陆俭明　1988　现代汉语中数量词的作用,见《中国语文》杂志社编《语法研究和探索》(4),北京大学出版社。

陆俭明　2007　从量词"位"的用法变异谈起,《语言科学》第6期。

陆俭明　2009　隐喻、转喻散议,载《外国语》第1期。

陆俭明　2014　关于"有界/无界"理论及其应用,载《语言学论丛》第50辑。

宋国明　1997　《句法理论概要》第八章第三节"疑问词痕迹定理",中国社会科学出版社。

沈家煊　1995　"有界"与"无界",《中国语文》第5期。

邢福义　1980　现代汉语语法研究的两个"三角",《云梦学刊》第1期。

邢福义　1991a　现代汉语语法问题的两个"三角"研究——1980年以来中国大陆现代汉语语法研究的发展,《语言教学与研究》第3期。

邢福义　1991b　现代汉语语法研究的三个"充分",《湖北大学学报》第6期。

邢福义　1994a　NVN造名结构及其NV|VN省略形式,《语言研究》第2期。

邢福义　1994b　现代汉语语法研究的"小三角"和"三平面",《华中师范大学学报》第 2 期。

Brown, P. & S. Levinson. 1978 Universals in Language Usage: Politeness Phenomena. In Goody, E. N. (ed.) *Questions and Politeness: Strategies in Social Interaction*, Cambridge University Press.

Chomsky, N. 1980 *Rules and Representations*. New York: Columbia University Press.

Grice, H. P. 1975 Logic and Conversation, in Cole & Morgan (eds.), (*Syntax and Semantics: Speech Acts*, Vol. 3, Academic Press, New York).

Lakoff, G. & Johnson M. 1980 *Metaphors We Live By*. Chicago University Press.

Leech, G. 1983 *Principle of Pragmatics*. London: Longman.

汉语句干释要

范 晓
(复旦大学语言文学研究所)

摘 要 句干是句子去掉语气以后的由实体词语为主组成的词类序列体。句干是个类名,单句的句干称为"单干",复句的句干称为"复干",复句里的直接组成成分称为"分干"。句干的抽象语法格式称为"句式"。研究句干,就要对句干(包括单干和复干)的句型、句模、句类以及句干的表述性、句式义、主观情态等进行分析。

关键词 句子;句干;句干句式

一、引 言

(一) 句子的构成

句子由两部分构成:一是句干部分,二是语气部分。句干是句子里去掉语气以后那个用来"表思"(表达逻辑和认知)的部分,它由两个或两个以上的实词(有的还有虚词)互相结合组成的词类序列体显示[1];语气是附着在句干上的那个用来"传的"(传递交际目的)的部

---

[1] 但也有少数蕴涵着某些语义信息的"独词句干"(即句子里只有一个实词)。

分,它由句调(也称"语调",书面上用句末标点符号表示)或语气词等①显示。例如:

(1) 他睡了。/他喝咖啡了。
(2) 他睡吗?/他喝咖啡吗?
(3) 你睡吧!/你喝了这杯咖啡吧!
(4) 这咖啡真香呀!/长江三峡很美啊!
(5) 既然你干上这行,就得好好地干呀!
(6) ①虽然老鹰的筋骨多么坚硬,||②翅膀多么宽阔;|③但如果不凭借空气,||④老鹰也不可能在高空翱翔的。(此句中的符号|表示第一层次,||表示第二层次)

这些句子里的语气词"了、吗、吧、啊、呀、的"和书面上的句号、问号、感叹号以及相应的句调是表示句子的语气部分的;划线部分就是句干②。平常所说的"疑问句、祈使句"之类,是从舍弃句干的角度称呼的;所说的"单句、复句"之类,是从舍弃语气角度称呼的。

句干和语气,都是从句子里分析出来的。没有句干,语气无从依托,就不成其为句子;没有语气,句干就没有传递言语行为目的的交际功能,同样也不成其为句子。可见句干和语气是句子不可或缺的部分(范晓 1999,2012)。

(二) 句子的表述性

句子的特征是具有表述性。但有的论著认为:"表述性"是由语气体现出来的,如单说"鸡叫"还不是句子,说成"鸡叫了"就成为句子。这种观点把表述性和句子语气所体现的交际目的功能等同起

---

① 有些疑问语气也可以用句干里的疑问代词(如"谁、什么"等)或特定形式(如"V 不 V"之类)等表示。
② 笔者(2005)曾经把句子里除去语气的词类序列组合体称为"准句",现在想想还是称为"句干"较妥。

来,否定了句干也有表述性。既然句子里"句干"和"语气"两者缺一不可,那么当然不能说语气有所表述而句干无所表述。其实,句干也具有表述性,这体现在具体句的句干表达思想内容,抽象句的句干表达思维(包括逻辑和认知)。所以"表的"和"传的"都体现了句子的表述性,研究句子的表述性不能只讲语气,而不讲句干。

(三)本文重点研究汉语句子的句干

学界对汉语句子的语气性质、特点、分类上有较多的共识,当然也还有深入研究的必要,比如表示语气的形式问题以及语气里的不同口气问题都是有待深入研究的。学界对句干也有大量的研究,比如对句干的句法成分、句法结构、句型以及对某些句式的研究(如"把字句""被字句"等);但由于对句干没有一个完整的认识,对句干的语义和语用分析相当薄弱,所以更需要全面深入的探讨。本文拟对汉语句子的句干进行专题性的扼要的阐释。

二、句干的性质

(一)句干是句子里实体词语为主构成的序列体

"句干"这个术语是笔者在《略说句系学》(1999)一文提出的。句干是句子除去语气以后的实体词语为主构成的词类序列体。句子有单句和复句之别,它们都是由"句干+语气"构成的。但单句和复句的区别不是根据语气而是根据句干分出来的。简单句里的句干简称"单干",复句里的句干简称"复干"。所以单句是属于"单干+语气"的句子,复句是属于"复干+语气"的句子。换句话说,单干句称为单句,复干句称为复句。至于所谓的"分句",它没有语气,只是复句的组成部分,就不能看作句子,它相当于本文所说的单干。①

构成复句复干的直接组成成分是"分干"②。分干可以是单干,如(5)里的"既然你干上这行""就得好好地干"便是;分干也可以是"类复干"③,如(6)的复干第一层次都由两个单干组成的"类复干"组成:前一个类复干是"单干①+单干②",后一个类复干是"单干③+单干④"。可见,句干是个类名,而单干、分干、类复干等都是句干的下位名称,犹如"马"是类名,而"白马、黑马、斑马"等都属于"马"似的。

(二) 句干与短语、小句的关系

1. 句干与短语的关系

有一种流行的观点,认为句子去掉语气后的部分是短语(也称"词组"),或说短语加上语气就成为句子。如说"句子不过是独立的词组""词组和句子之间是一种实现关系"(朱德熙 1985:75)。也就是说一个"独立"的词组加上语气就可"实现"为一个句子。笔者认为:短语有静态短语和动态短语之别(范晓 1980,1996:231—241),句干和短语虽然有一定的联系④,但有本质上的区别:第一,句干不一定都是短语,"独词句"的句干只有一个实词,显然不是短语;复句

---

① 朱德熙(1982:23)也说:"组成复句的分句既然只是句子的一部分,那么它们本身就不能再算句子了。"
② 有些语法著作把本文所说的"分干"称为"分句"。这是不合适的,这是因为:第一,分句,意味着它是"句";但分干无语气,说成"句"是"名不正则言不顺"。第二,分干是从复句里分析出来的直接成分,而只是复干里分干的一种,不能代表所有的分干。所以尤其把它称为复句里的"分句",还不如把它看做出现在复句里的"单干"。
③ "类复干"也可称为"降级复干",即多层次复句里由两个或两个以上单干组成的分干,是复干直接成分的成分。此外,"类复干"有时也可充当某些单句里的某个句法成分,如"鸿渐不知道<u>这些话是出于她的天真直率,还是她表姐所谓的手段老辣</u>"里打横线的部分也属于"类复干"。
④ 句干和短语的联系主要表现在:句干绝大部分都是由短语(特别是动态短语)组成的,句干的句法结构构成规则跟短语的句法构成规则在很多方面是一致的,所以分析短语结构有助于理解句干结构。

复干也很难说是短语,如"如果你来的话,我就不去了"的句干就不是短语。第二,句外的静态短语不一定都能作句干,如"思想保守""新鲜空气""桌子椅子"等;句内的动态短语有的能充当句干,有的也不行,如"挂着画"之类。第三,句干里往往出现一些插加语("看样子"之类)、某些虚词(如"今天的天气嘛,不太好啊!"中的"嘛")、关联词语(如"因为、虽然、即使"之类)以及一些句法结构之外的所谓"外位成分""外层成分"等,这些在短语里是不存在的。

2. 句干跟所谓"小句"的关系

小句这个术语人们有不同理解。从源头上说,小句的名称是受英语语法里 clause 的影响,译成汉语,有的译为"小句",有的译为"分句""子句",有的认为"小句"包括单句和分句。"小句"之名始见于严复《英文汉诂》(1904),相当于英语的 clauses;刘复(1920,1932)认为复句由"小句"(又称"子句")组成;赵元任(1979:64)认为"小句最常见的是在表示思维和感觉的动词之后";吕叔湘(1979:29)和邢福义(1997:301)认为小句有两种,指有语气的"独立小句(单句)"和无独立语气的"非独立小句(分句)";王维贤(1992:359)认为小句指没有语气的不独立的句子(分句或主谓短语);等等。

在英语语法中,phrase 和 clause 界限分明:前者表示"短语",后者则是"主语+定式动词"构成的结构体。而汉语没有什么定式动词,所以把小句和 clause 画上等号显然有问题,跟本文所说的"句干"完全是两码事。顾名思义,小句该是"小的句子";但句子说出来必得有语气,把单句称为小句没大问题,因为单句有语气;但把所谓"分句"也称为小句就有问题,因为分句没有独立的语气。可见,应该把单句和所谓"分句"严格区别开来。把单句和分句都称作"小句",是把单句(是"句子")和分句(非"句子")合在一起,这混淆了句子和"非句子"的界限,就不能科学地构建汉语语法的体系(范晓 2005)。笔者认为与其把单句和分句都称为小句,还不如把单句句干和复句中的相当于单句句干的句干(即所谓的"分句")都称为"单干"。用"句干"

这个术语可避免句子和非句子的纠缠。

(三) 句干的"三个平面"

一般语法书涉及句干,大多指句干的句法平面。三维语法认为句干不但有句法平面,还有语义平面和语用平面(范晓 2004,1995)。

句干的句法平面表现在:句干内部的实词词类表示某种句法成分,如"主、谓、宾、定、状、补"之类;句法成分之间的关系构成句法结构,如"主谓结构、谓宾结构、定心结构"等;句干的基本句法结构格局叫做"句型",如单干有"主谓型、主谓宾型"等,复干有"联合结构"型、"偏正结构"型、"补充结构"型。

句干的语义平面表现在:句干内部的实词词类表示某种语义成分(参看范晓 2003),如"谓核(下位有动作核、性状核之类)、谓元(下位有施事、受事、与事之类)、状元"(下位有处所、时间、工具之类);语义成分之间的关系构成语义结构,主要是谓核结构(也称"动核结构")①,如"施动、系动、施受动"之类;句干里由谓核结构组成的基本语义模式叫做"句模",如单干里有"施动受""施动与受"句模等,复干里有"'施动'+'施动受'""'施动受'+'系动'"句模等。

句干的语用平面表现在:句干的语用目的构成的基本语用类别叫做"句类"②,如单干里有"主述"句的表述类有叙述句类、描述句类、记述句类、评述句类等(参看范晓 2017),复干里的表述类有"递进句类、因果句类、条件句类、转折句类"等。

(四) 核心句干和扩展句干

核心句干(也称"基础句干""基本句干")指句干的核心部分,它是由句干里表示谓核和谓元的实体词语构成的,如<u>张三喝酒了吗</u>"

---

① 如果把动词、形容词称为"广义动词",那么以广义动词为动核构成的语义结构可称为"动核结构";如果把广义动词称为"谓词",可以把动核结构称为"谓核结构"(参看范晓 1991,2011)。本文下面用"谓核结构"。

② 凡句子的语用类别,均可称为句类,包括句子的语气分类和句干的表述分类。

的画线部分就是核心句干。核心句干表达最基本的思想或思维。

扩展句干指在核心句干基础上增添其他成分的句干,这有三种情形:一是除了表示谓核、谓元的实体词语外还添加了表示状元的名词语而构成的句干,如"张三昨天在宾馆里喝酒了吗"这句干里增添了"昨天在宾馆里";二是除了表示谓核、谓元、状元的词语外还在谓词前面或后面增添了一些表示客观情态(谓状或谓态)的词语(包括形容词、某些副词、体态助词等),如"张三昨天已经快乐地喝了很多酒了"这句干里增添了"已经、了、快乐";三是除了表示谓核、谓元、状元的实体词语外增添了一些表示主观情态的词语(包括口气词、插语等),如"张三嘛,看样子昨天在宾馆里喝酒了"这句里画线部分增添了"嘛、看样子"。

(五)具体句干和抽象句干

具体句干是具体句子里分析出来的包含着具体词语和表示具体思想的"实体",是句干的具体实例。例如:

(7) a. 张三批评过李四吗?　　b. 张三批评过李四了。
(8) a. 李四读过《水浒传》吗?　　b. 李四读过《水浒传》了。
(9) a. 王五喝过茅台吗?　　b. 王五喝过茅台酒了。

这些句子去掉语气(a 疑问语气,b 陈述语气),可提取"张三批评过李四、李四读过《水浒传》、王五喝过茅台酒"等具体句干。这些句干都含有特定词语并表达特定的思想内容。

抽象句干是具体句干的抽象形态,即通过理性思维舍弃具体句干里的具体词语及其表达的具体思想而抽象出的词类序列组合体。例(7)(8)(9)的具体句干里有不同的词语,有着不同的思想内容;但它们的词类序列具有同一性,表现在:第一,相应组合位置上的词类相同,句首和句末的词都是名词,句中的词都是动作动词;第二,实体词的线性序列形式相同,都是"名词$_1$+动作动词+名词$_2$";第三,序列体的句法结构和语义结构相同,句法结构都是"主动宾",语义结构都是"施动受";第四,句干句式的句式义相同,都表达"施事曾经发出动作施加于受事"。对上述共性加以类聚、概括,就能提取一个抽象句干。抽象句干和具体句干的关系是一般和个别的关系。

（六）句干句式

句干句式指从具体句干中的抽象出来的语法结构格式,它由一定的语法形式显示出来的。汉语的句干句式主要由词类序列形式、特定词形式、固定格式形式等显示(范晓 2010)。这种形式所显示的句子的句干句式具有"三维性"(句法、语义、语用)。任何具体句干的语法结构格式都从属于一定的句干句式。由于句子有单句和复句之分,所以句干句式也有单干句式和复干句式之别。研究句干句式,除了就要描写句干的句式形式及其内在的句法结构、语义结构和语用结构外,还必须说明和解释它所抽象出的句式的整体意义——"句式义"(参看范晓 2010b,2012)。

三、汉语句子的单干分析

（一）单干的句法分析

对单干进行句法分析,是要分析单干里实词或短语充当何种句法成分、构成何种句法结构,从而确定一种汉语句子的单干句型。

1. 单干的句法分析法

传统语法重视"成分分析法"(也称"中心词分析法"),结构主义语法重视"层次分析法"。笔者主张把上述两种分析法结合起来,采用"'成分—层次'分析法"(范晓 1980b),即既要分析句法成分,又应分析各成分之间层次关系。比如"他的‖弟弟|担任|复旦大学的‖教授了"这句的单干,第一层次可分析出"主语＋谓语＋宾语"构成的"主谓宾"句型,第二层次是对"他的弟弟""复旦大学的教授"两个短

语进行分析,可分析出它们是"定语＋中心语"构成的"定心"语型。①

确定单干句型时,既要重视中心词和主要成分,又不应忽视层次关系。如"你知道他来了"和"你请他来吧!"两句句干的词类线性排列形式相同(都是"名₁＋动₁＋名₂＋动₂"),但它们的层次关系不同,它们的句型也就不同:前者第一层次是"我|知道|他来",属于"主谓宾"句型,作为宾语的"他来"分析为"主谓"语型是属于第二层次分析;后者第一层次是"我|请|他|来",属于"主谓宾补"句型(参看范晓2009:197)。

2. 单干的"主谓句"问题

现在很多汉语语法书把汉语的单干句型分为"主谓句"和"非主谓句"两大类,认为主谓句里主语和谓语的关系是"陈述对象"和"陈述部分"的关系,并把位于句干谓词(包括动词和形容词)前的名词性词语分都析为主语。这是值得商榷的。汉语语言事实是:主语可表示陈述对象,但陈述对象却不一定是主语;谓词前的名词性词语可以是陈述对象,但也不一定。例如:

(10) 他喜欢下象棋。
(11) 田野里油菜花正盛开着。
(12) 一会儿又下起雨来了。

(10)里的句首名词"他"是"陈述对象",既可分析为主语,也可分析为主题(主语兼主题)。(11)里的句首名词性词语"田野里"是"陈述对象",但却很难分析为主语。(12)句首名词"一会儿"则很难分析为陈述对象(参看吕叔湘 1979:71)。可见,假如句首名词语和谓词前的名词语一律分析为主语,干脆倒是干脆,但却完全是一种不顾意义的形式主义,会无限地扩大所谓"主谓谓语句",如"这件事现在我脑子

---

① 对短语进行句法分析,分析出的是语型,如"主谓"("他休息""他喝"之类)"谓宾"("喝水"之类)、"谓补"("说清楚"之类)、"定心"("新鲜蔬菜"之类)。关于短语的语型分析可参看范晓、张豫峰等(2003:148—149)。

<u>里一点印象都没有了</u>"这个单干里谓词前有 5 个名词,那岂不要分析出 5 个主语("大主语""中主语""小主语""小小主语""小小小主语")?

应该把句法平面的"主谓结构"里的主语和语用平面"主述结构"里的主题(也称"话题")严格区别开来。赵元任(1979:45)认为:"在汉语里,把主语、谓语当作话题和说明来看待。较比合适。"这实际把句法上的主语和语用上的主题等同起来,把句法上主谓结构和语用上的主述结构混淆起来,以致主语泛化,把有些不是主语的陈述对象也视作主语,如他(1979:53)把"在一年里我只病了一次"句里的"在这一年里"也看作主语,这就令人费解。可见把句首的陈述对象都看作主语是有漏洞的。

主语在语用上可表示"陈述对象",即表示语用的主题;但主题并不都是主语。所以,把谓词前作为陈述对象的名词性词语都分析为主语不解决问题,主语应该有自己的定位。笔者认为应该根据形式和意义相结合的原则来确定主语,即:主语虽然在语用上可表陈述对象,但本质上它是和谓词相对待的,语义上它是谓词所联系的谓元,形式上它是出现在谓词前边的不附介词的表示谓元的词语。如果一个句子里句首的陈述对象词语不是谓词所联系的谓元,则不能看作主语(参看范晓 1998)。

3. 单干的句型

单干的句型有层级性。第一层级可分为"主谓句"和"非主谓句"。笔者认为"主谓句"的谓语应是句子主干里的谓词充当,而不是主语后面的各种短语①。如果对主谓句进行下位分析,可分为"典型的主谓句"和"特殊的主谓句"两类,前者指显现谓词作谓语的主谓

---

① 这跟现在很多语法书所说的"主谓句"(即把主语后的谓词性短语都说成谓语,如说"动宾短语作谓语""动补短语作谓语""状心短语作谓语"等)不一样。这有利于确定单干的基本句型。

句,后者是省略或隐含谓词谓语的主谓句①。对主谓句和非主谓句可再进行下位分类。对典型的主谓句进行再分类,能构建单干的基本句型系统。构建句子单干的基本句型通常采用中心词分析法,即凭借"主干"定型②。用这种方法确定句型,如英语一般认为它的单干有五种基本句型③,这对英语的句型教学很有用。汉语的单干主要有七种基本句型:1)"主谓"句型(如"父亲睡觉了""天黑了"之类);2)"主谓宾"句型(如"他喝酒了"之类);3)"主谓补"句型,如"他喝醉了"之类);4)"主状心"句型,如"他把酒喝光了""酒被他喝光了"之类);5)"主谓宾$_1$宾$_2$"句型(如"我给他礼物了"之类);6)"主谓补宾"句型(如"我们打败敌人了"之类);7)"主谓宾补"句型("公司派他去北京工作了"之类)。

(二) 单干的语义分析

单干的语义分析主要采取"谓核结构分析法"(也称"动核结构分析法")和句模分析法。

1. 谓核结构分析法

谓核结构是由谓核和它所联系的相关语义成分构成的。"谓核"是谓核结构中作为核心由谓词充当的语义成分,是谓核结构中制约其他成分的成分。谓核结构里谓核所联系的由名词性词语充当的语义成

---

① 一般语法书把"非典型的主谓句"称为"名词谓语句"。如"今天星期六""鲁迅绍兴人""张张桌子三条腿""他大学生了"之类。笔者认为这类句子两个名词语之间有的属于省略谓词,有的隐含着某个谓词。

② 中心词分析法分别单干里的"主干"和"枝叶",并以主干成分确定句型(参看黄伯荣、廖序东主编(1981:369)。前人单凭主要句法成分"主谓宾"确定主干对汉语不完全合适。本文认为确定主干应结合语义,即凡是在句干里表谓核、谓元的句法成分才是主干。"主谓宾"是主干没问题,因为它们表谓核、谓元;但汉语里状语、补语则较复杂。状语大多不是主干成分,但某些介宾短语所作的状语里若宾语是谓语谓词联系的谓元,则这种状语可以看作主干成分;补语有些不表谓元,当然不是主干成分,但汉语里某些谓词谓语联系着的补语也是谓元,则也可看作主干成分。

③ 英语的五种基本句型是:"主谓"句型,"主谓宾"句型,"主谓表"句型,"主谓宾1宾2"句型,"主谓宾补"句型。

分有两种：一种是谓元（也称"行动元"），另一种是状元（或称"状态元"）。"谓元"是谓核结构里谓核所联系的强制性语义成分，是谓核结构的"必有的"语义成分。没有谓核形不成谓核结构；没有谓元，同样也形不成谓核结构，所以谓核和谓元是构成谓谓核结构的基本的不可或缺的成员。"状元"是谓核结构里谓核所联系的非强制性的语义成分，是谓核结构的"非必有"（即可有可无）的语义成分，主要用来增加某些背景性的语义信息，去掉它谓核结构仍能成立（参看范晓 2011）。

单干里的谓核结构有两类：一类是"基干谓核结构"，另一类是在"基干谓核结构"基础上增添状元的谓核结构，称为"扩展的谓核结构"。如在"张三昨天在会议上批评李四了"这个单干里，"张三批评李四"是基干谓核结构，"张三昨天在会议上批评李四"是扩展谓核结构。单干"扩展的谓核结构"的"义块"（即语义成分块，由实词或短语组成的语块充当），最多可扩展到 7 个，例如"①她的妹妹（施事）②昨天晚上（时间）③在自己的卧室里（处所）④用新买的手机（工具）⑤给她在广州的男朋友（与事）⑥打（谓核）了⑦整整一个小时的电话（受事）"。

2. 句模分析法

单干句模是谓核结构组成单干的基本语义框架。句型与句模表里相依，句模由句型表示。单干里的谓核结构是构成句模的基础语义结构，当一个或几个谓核结构一旦在句干里与句型结合，就显现某种句模。单干里的句模有的由一个谓核结构组成（如"父亲睡觉了"之类），有的由两个或两个谓核结构串合或加合组成，如"他喝醉了"由"他喝酒＋他醉"两个谓核结构串合组成；有的由三个谓核结构组成，（如"他出门上山砍柴了"由"他出门＋他上山＋他砍柴"三个谓核结加合组成）。①

---

① 需要指出的是：有些单干里主语、宾语、状语部分有时也会出现某个谓核结构，如"阳光灿烂的春天来到了""我知道他是学生""她态度诚恳地向我道歉"里的"阳光灿烂""他是学生""态度诚恳"之类；但这种谓核结构不是单干句模必有的。

3. 单干的基本句模

单干基本句模的确定跟谓词的"配价"(参看范晓 1991a)和汉语的基本句型有关。以单干典型的主谓句表示的基干句模很多(参看朱晓亚 2001),这里略举主要的八种:1)"施事或系事＋谓核"句模(如"他睡了""花红了"之类);2)"施事＋谓核＋受事"句模(如"他喝酒了"之类);3)"施事＋与事＋谓核"句模(如"她向我道歉了"之类);4)"施事＋谓核＋与事＋受事"句模(如"他送给我一本书了"之类);5)"施事＋谓核＋受事＋补事"句模(如"公司派他去北京工作了"之类);6)"'施事＋谓核＋受事'＋'系事＋谓核'"句模(如"他喝醉酒了"之类);7)"'施事＋受事＋谓核'＋'系事＋谓核'"句模(如"他把酒喝光了"之类);8)"'受事＋施事＋谓核'＋'系事＋谓核'"句模(如"酒被他喝光了"之类)。

(三)单干的语用分析

单干的语用分析,主要是采取三种方法:一是"主述结构分析法",二是"句式义"分析法,三是"主观情态分析法"。

1. 单干的主述结构

现代汉语的单干最主要的语用结构是"主述结构"(由"主题＋述题"构成)。在"主述结构"里,主题是述题表述(也称"陈述""述说")的对象;述题(也称"说明")是对主题表述的部分。主题通常表示旧信息,述题表示新信息。由主述结构组成的句子称为"主述句"。基本思想相同的句干,根据表达需要可选用不同的主题,例如:

(13) 中华人民共和国的首都是北京。

(14) 北京是中华人民共和国的首都。

(13)和(14)的基本思想相同,但(13)里"中华人民共和国"是主题,(14)里是"首都"是主题。

判定一个句子的主语目前学界分歧很大,但确定主题相对比较容易。可用意义和形式相结合的原则来确定主题：意义上，主题是述题的表述对象，而述题是对主题事物进行表述的部分；形式上，汉语里的主述结构一般是主题在前述题在后①，主题与述题之间可有较大的停顿，一般可插入某些表示提顿口气的虚词（"嘛、啊、呀、呢、吧"之类）或插入"是不是"变为反复问句，也有些主题能带上某些主题标记（如"关于、至于"之类）。

主题跟主语、主事（指谓核联系的主体，包括施事、系事、起事等，参看范晓1991b,2003）既有联系又有区别。它们分属于不同的语法平面：主题是语用分析的术语，主语是句法分析的术语，主事是语义分析术语。典型的主语在语义平面表主事，在语用平面表主题，这时主语、主事、主题三者相兼（"重合"）。如"妈妈爱女儿、麦苗绿油油的、鲸鱼是哺乳动物"这几句里的"妈妈、麦苗、鲸鱼"在句法结构是主语，在语义结构中是主事，在语用结构中是主题。但主题并不都是主语或主事。例如：

(15) <u>这件事</u>阿Q后来才知道。

(16) <u>这把刀</u>我用来砍树。

(17) <u>阳台上</u>她种了许多花草。

(18) <u>今年夏天</u>他们全家去青岛避暑了。

(19) <u>鱼</u>，河豚鱼最鲜美。

(20) <u>大象</u>嘛，鼻子很长。

(15)是受事宾语作主题，(16)是工具状语作主题，(17)是处所状语作主题，(18)是时间状语作主题，(19)是跟主语"河豚鱼"在语义上有隶属关系的"鱼"作主题，(20)是跟主语"鼻子"在语义上有领属关系的"大象"作主题。可见，主题不等于主语或主事。

---

① 在特定语境里，为了突出强调述题信息，主题有时也可出现在述题之后，如"多美啊，长江三峡！""我们已经研究过了，这个问题。"里的"祖国的河山、这个问题"便是。

2. 单干表述用途及其表述类

单干的表述性是由主述句里述题对主题的表述用途决定的。根据述题的表述用途,可分为叙述性述题、描述性述题、记述性述题、释述性述题、评述性述题五类,相应地形成叙述句、描述句、记述句、释述句、评述句五种单句的基本句类(参看范晓 2017)。例如:

(21) 大家都笑了。/他正在写文章。
(22) 晓明很勇敢。/房屋倒塌了。
(23) 墙上挂着一幅山水画。
(24) 他是韩国人。/晓明的生肖属牛。
(25) 他可能是韩国人。/这个问题值得研究。

(21)的述题属叙述性述题(叙述主题所表事物的动作、运动或变化过程),由这类述题构成单干的单句称为叙述句(也称"叙事句""事件句");(22)的述题属描述性述题(描述主题所表事物的性质或状态),由这类述题构成单句称为描写句(也称"表态句");(23)的述题属记述性述题(记述主题事物的呈现的状态或情景),由这类述题构成单句称为记述句(也称"存现句");(24)的述题属释述性述题(判断或解释某事物与主题所表对象之间的关系),由这类述题构成的单句称为释述句(也称"诠释句""判断句");(25)的述题属评述性述题(对主题事物进行评述),由这类述题构成的单句称为评述句(也称"评议句")。

3. 单干的句式义

句式义特指句式整体的、独立的语用表达功能意义(范晓 2010a,b,c)。每种单干句式都有特定的句式义。同一个事件或思想内容,根据表达的需要,可选择不同的单干句式。选择的句式不同,表达的句式义也就不同。例如:

(26) 墙上挂着山水画。
(27) 山水画挂在墙上。
(28) 山水画在墙上挂着。

这三个单干表达的事件或思想内容基本相同,但单干句式不同,句式义也就有差别:(26)句式是"处所名词+'动词+着'+事物名词"形式,句式义是表述"某处以某种方式或状态存在着某种事物";(27)句式是"事物名词+'动词+在'+处所名词"形式,句式义是表述"某事物以某种方式或状态定位于某处所";(28)句式是"事物名词+'在+处所名词'+'动词+着'"形式,句式义是表述"某事物在某处以某种方式或状态存在着"。

4. 单干里表达的"主观情态"

如何表达某个事件或反映某个事件的思想,都随表达者的自我立场、自我认知、自我情绪的支配,所以单干在表达谓核结构、句模或思想内容时必然会伴随出现表达者自我表现的成分,从而在句干里留下自我表现的印记(参看沈家煊2001)。这种自我表现印记体现为表达者对该事件或思想所赋予的自我的视点、态度、意旨、情感、口气等,所有这些可概括为"主观情态"。"主观情态"不属于谓核结构或句模,也不属于思想内容,而是属于语用意义。表达主观情态的成分或方式多种多样,主要有:句式的选择、词语的选择、谓词的重叠或重复形式的选择、词序或语序的选择、语音节律的选择等(参看范晓2016)。由于篇幅关系,这里只就语音节律(包括重音、轻声、停顿、语调等)里的重音选择略加说明。根据表达需要对句子中的某个词语重读就是重音,主要用来表示主观强调的口气,所以通常称为"强调重音"或"感情重音",如"<u>芳芳考上了北京大学</u>了"这个单干句,根据不同主观意图,可对单干中某个词语重读。比较:

(29)<u>芳芳</u>考上了北京大学。

(30)芳芳考上了<u>北京大学</u>。

(29)重音在"芳芳"上,是强调施事主语;(30)重音在"北京大学",是强调受事宾语。

四、汉语的复干分析

(一) 复干的层次性

先看几个例句：

(31) a. <u>因为外面下着大暴雨</u>，| b. <u>所以今天小明没去上学</u>。

(32) a. <u>虽然鸟的翅膀非常完美</u>，| b. <u>但如果不凭借空气</u>，|| c. <u>鸟就永远不能飞到高空</u>。

(33) a. <u>由于他是一个伟大的文学家</u>，|| b. <u>也是一个伟大的革命家</u>；| c. <u>所以今天我们纪念他</u>，|| d. <u>就是要缅怀他的丰功伟绩和学习他的光辉思想</u>。

复干内第一层次的直接组成成分(简称"直接成分")由两个或两个以上的分干组成。复干有单层次和多层次之别：复干为单层次(第一层次的直接成分或分干都是单干)的复句，称为"单层次复干"，如(31)的直接成分由 a 和 b 两个单干组成，这样的复干句称为"单层次复句"；复干为多层次(第一层次的直接成分或分干里有类复干)的称为"多层次复干"，如(32)的直接成分由单干 a 和类复干 bc 组成，(33)的直接成分由两个类复干 ab 和 cd 组成。"多层次复干句"称为"多层次复句"，通常称为"多重复句"。

(二) 复干的句法分析及其句型

复句的句法分析指对复干的直接成分(分干与分干)之间的句法关系进行句法分析。一般把句干句分为"联合复句"和"偏正复句"两类句型。本文把复干分为"联合复干""偏正复干""补充复干"三类句型。例如：

(34) 他不怕累，不怕苦，不怕死。

(35) 虽然我有很多优点绩，但是我的缺点也不少。

(36) 会场上一片寂静,静得针落地的声音都能听见。

由联合复干构成的复句称为"联合复句",如例(34);由偏正复干构成的复句称为"偏正复句",如例(35);由补充复干构成的复句称为"补充复句",如例(36)。

(三) 复干的语义分析

1. 复干的语义分析法

复干的语义分析主要是采取"句模分析法"。复干都是由两个或两个以上的分干句模组成的。复干语义分析的目的是要分析出复干的句模。由于复干由分干组成,所以必须通过分干句模分析才能确定复干的句模。而复干有单层次复干和多层次复干之别,所以句模也会体现出层次性:由"单干句模＋单干句模"或"单干句模＋单干句模＋单干句模"组成的句模属于单层次复干句模,由"单干句模＋(单干句模＋单干句模)"或由"(单干句模＋单干句模)＋单干句模"或由"(单干句模＋单干句模)＋(单干句模＋单干句模)"组成的句模为多层次复干句模。

2. 单层次复干句模分析举例

由于分干组成的复干句模相当复杂,这里不能详述,只是以两个分干为单干句模组成的单层次复干句模为例略加说明。如果把前分干记作 A,后分干记作 B,则由于分干 A 和 B 各自的单干句模不一样,就导致复干句模多样性,同一复干句型里分析出的句模往往也不一样。比如同为联合句,若分干句模不同,分析出的复干句模也就不同。例如:

(37) 她一边跳着舞(A),一边唱着歌(B)。

(38) 他既谦虚(A),又很谨慎(B)。

(39) 因为紫外线强烈(A),所以他戴了墨镜(B)。

(40) 即使我们取得了成绩(A),也还是要谦虚谨慎(B)。

(41) 他放声大哭(A),/哭得那么痛心(B)。

(42) 他娶了个苏州姑娘(A),非常贤惠(B)。

(37)(38)的分干同为联合型;但(37)是"[施事＋动作核＋受事]＋[施事＋动作核＋受事]"构成的复干句模。(38)是"[系事＋性状核]＋[系事＋性状核]"构成的复干句模。(39)(40)的分干同为偏正型;但(39)是"[系事＋性状核]＋[系事＋性状核]"构成的复干句模,(40)是"[施事＋动作核＋受事]＋[系事＋性状核]"构成的复干句模。(41)(42)的分干同为补充型;但(41)是"[施事＋动作核]＋[施事＋动作核＋受事]"构成的复干句模,(42)是"[施事＋动作核＋受事]＋[系事＋性状核]"构成的复干句模。

(四) 复干的语用分析

复干的语用分析,主要是采取三种方法：一是"关联意义分析法",二是"句式义"分析法,三是"主观情态分析法"。

1. 复干的关联意义分析

1) 关联意义的性质

复干内部各分干之间在语用上具有关联意义[①]。这种关联意义常常需要通过关联词语来显示,特别是关联词语构成的固定格式,是分干之间关联意义的重要的形式标记,如"不但A而且B"表示递进关系的关联意义,"因为A所以B"表示因果关系的关联意义,"虽然A但是B"表示转折关系的关联意义等。汉语里有些复干内部无关联词语但也能理解(即所谓"意合")直接成分之间的关联意义,这种复句也往往可增添关联词语来检测内部分干之间的关联意义。如"天气不好,我不出去了"这个复干,根据语境实际,可增添不同的关联词语,就会得出不同的关联意义。比较:

---

① 一般认为复句内部单干之间的关联意义是一种逻辑意义,笔者认为关联意义和逻辑意义既有联系也有区别：逻辑意义属于思维领域,它是关联意义的底层基础;关联意义属于语法意义中的语用意义。

(43) 因为天气不好,所以我不出去了。(因果关系)

(44) 如果天气不好,我就不出去了。(假设关系)

2) 关联意义的分类

关联意义的基本分类是指对复干内部分干与分干之间所表达的第一层次的关联意义进行分类,大体如下:

① 联合型复干,第一层次关联意义的基本分类主要有如下四类:

A. 并列类。指前后分干所表事实之间具有并列关系的关联意义。由并列关联意义组成的复干句称为"并列复句",如"虚心使人进步,骄傲使人落后"之类。

B. 连贯类。指前后分干所表事实之间具有连贯关系的关联意义(先后顺次接续),由连贯关联意义组成的复干句称为"连贯复句",如"华老栓忽然坐起身,擦着火柴,点上遍身油腻的灯盏""有翼的床头靠着个谷仓,仓前边有几口缸,缸上面有几口箱,箱上面有几只筐"之类。

C. 递进类。指前后分干所表事实之间具有递进关系的关联意义(两个或两个或两个以上的分干按一定顺序依次推进、程度上逐步加深)。由递进关联意义组成的复干句称为"递进复句",如"这商品不但质量好,而且价格便宜"之类。

D. 选择类。指前后分干所表事实之间具有选择关系的关联意义。由选择关联意义组成的复干句称为"选择复句",如"他们或站着,或坐着,或躺着"之类。

② 偏正型复干,第一层次关联意义的基本分类主要有如下四类:

A. 因果类。指前后分干所表事实之间具有因果关系的关联意义。由因果关联意义组成的复干句称为"因果复句",如"因为学习刻苦,所以她的成绩优良"之类。

B. 转折类。指前后分干所表事实之间具有转折关系的关联意义。由转折关联意义组成的复干句称为"转折复句",如"虽然下班时间到了,但是他还在继续工作"之类。

C. 假设类。指前后分干所表事实之间具有假设关系的关联意义。由假设关联意义组成的复干句称为"假设复句",如"如果天气不好,运动会就延期举行"之类。

D. 衬托类。指前后分干所表事实之间具有衬托关系的关联意义。由衬托关联意义组成的复干句称为"衬托复句",如"群山幽静,他们漫步在羊肠小道上"之类。

③ 补充型复干,第一层次关联意义的基本分类主要有如下四类(参看范晓1987):

A. 注释类。指后分干对前分干中的某个成分的补充说明是注释性的。由注释关联意义组成的复干句称为"注释复句",如"这里有这样的风俗:男人嫁到妻子家里"之类。

B. 总分类。指后分干对前分干中的某个成分的补充说明是总分性的。由总分关联意义组成的复干句称为"总分复句",如"紫金城有四座城门:南面有午门,北面有神武门,东面有东华门、西面有西华门"之类。

C. 记叙类。指后分干对前分干中的某个成分的补充说明是记叙性的。由记叙关联意义组成的复干句称为"记叙复句",如"这株桂树真怪,怪就怪在年年开三色的花"之类。

D. 表相类。指后分干对前分干中某个成分的补充说明是表相(情景或境相)性的。由表相关联意义组成的复干句称为"表相复句",如"海水碧蓝碧蓝的,蓝得使人心醉"之类。

2. 复干的句式义分析

复干的句式义,是特指复干句式整体的、独立的语用表达功能意义。表示同样的关联意义可有不同的句式表示,句式义也就会有些不一样。比如同样表示"因果"关联意义,倘若选择的复干句式不同,

表达的句式义也就有一定差别。例如:

(45) 因为第一次发现的地点是龙山镇,所以叫做龙山文化。

(46) 既然已经有了起点,也就必然有终点。

(45)复干为"因为 A,所以 B"句式,表达"说明性因果"句式义;(46)复干为"既然 A,也就 B"句式,表达"推断性因果"句式义。

3. 复干的主观情态分析

复干里表达主观情态的成分或方式多种多样,主要有:关联词语的选择、分干语序的选择、口气的选择等。这里只就分干语序的选择为例扼要加以说明。基本思想相同的复句句干,如果分干语序不同,反映出主观情态上就有差别。例如:

(47) a. 因为那里不安全,我们决定不去了。b. 我们决定不去了,因为那里不安全。

(48) a. 为了实现中国梦,大家要加油干呀。 b. 大家要加油干呀,为了实现中国梦。

(47)(48)a 里的分干语序是一般的常规语序,句式主观意旨是强调突出"因";b 里的分干语序是变异的非常规语序,句式主观意旨是强调突出"果"。

五、余　论

语法研究既应重视描写,也应重视解释,要坚持描写和解释相结合的方法论原则。在研究句干(包括单干和复干)问题上也是如此。描写是解释的基础和前提,解释是描写的升华和深化。研究句干,首先要描写句干所外显的词类序列形式和句法句型形式;在描写句干形式的基础上要对句干进行解释。解释可以是多方面的,既可从语言本身角度进行解释,如对句干的句型或句式所蕴含的谓核结构及其形成的各种句干句模以及各种句干句式的语用功能意义进行解释；也可从形成各种句干的句模及或句干句式义成因的底层的逻辑和认知基础进行解释，还可对句干的历史的发展或其他外部影响进行解释(参看范晓 2008)。

　　本文侧重于句干理论的建构并扼要地对汉语的单干和复干进行形式的描写和语义、语用的解释。至于句干及其句式成因的哲学解释和历史解释、外部影响解释等，由于篇幅关系在此不作讨论。

参 考 文 献

范晓　1980a　关于结构和短语问题，《中国语文》第 3 期。
范晓　1980b　谈谈析句问题，《安徽师范大学学报》第 4 期。
范晓　1987　试论补充复句，《语文论集》，外语教学与研究出版社。
范晓　1991a　动词的"价"分类，《语法研究和探索》(5)，语文出版社。
范晓　1991b　试论语义结构中的主事《中国语言文学的现代思考》，复旦大学出版社。
范晓　1995　句型、句模和句类，《语法研究和探索》(7)，商务印书馆。
范晓　1996　《三个平面的语法观》，北京语言学院出版社。
范晓　1998　汉语句法结构中的主语，《语言研究的新思路》，上海教育出版社。
范晓　1999　略说句系学，《汉语学习》第 6 期。
范晓　2003　说义成分，《汉语学习》第 1 期。
范晓、张豫峰等　2003　《语法理论纲要》，上海译文出版社。
范晓　2004　三维语法阐释，《汉语学习》第 6 期。
范晓　2005　关于构建汉语语法体系问题，《汉语学报》第 2 期。
范晓　2008　语法研究中解释的"解释"，《汉语学习》第 6 期。

范晓　2009　《汉语句子的多角度研究》,商务印书馆。

范晓　2010a　关于句式问题,《语文研究》第4期。

范晓　2010b　试论句式意义,《汉语学报》2010年第3期)

范晓　2010c　关于句式义的成因,《汉语学习》第4期。

范晓　2011　论动核结构,《语言研究集刊》第八辑,上海辞书出版社。

范晓　2012　略论句干及其句式,《山西大学学报》第3期。

范晓　2016　三维语法的析句思路,《语言研究集刊》第十五辑,上海辞书出版社。

范晓　2017　论汉语的"主述结构"和"主述句",《汉语学报》第3期。

黄伯荣、廖序东主编　1981　《现代汉语》下册,甘肃人民出版社。

吕叔湘　1979　《汉语语法分析问题》,商务印书馆。

刘复　1924　《中国文法通论》,上海,群益书社,1920出版,1924四版。

刘复　1932　《中国文法讲话》,上海,北新书局。

王维贤主编　1992　《语法学词典》,浙江教育出版社。

严复　1904　《英文汉诂》,商务印书馆。

沈家煊　2001　语言的"主观性"和"主观化",《外语教学与研究》第4期。

邢福义　1997　《汉语语法学》,东北师范大学出版社。

赵元任　1979　《汉语口语语法》(吕叔湘译),商务印书馆。

朱德熙　1982　语法分析和语法体系,《中国语文》第1期。

朱德熙　1982　《语法讲义》,商务印书馆。

朱晓亚　2001　《现代汉语句模研究》,北京大学出版社。

作为语义-语用互动结果的语法形式*

陆丙甫
(南昌大学中文系)

摘 要 本文通过语义性的"语义靠近象似性"和语用性的"可别度领先象似性"的互动去解释一系列跨语言的语序前后不对称现象。这里的前后,主要指核心词的前后。这些不对称包括语序变体、节律松紧程度和形态标志的数量多少等方面。例如在名词短语中,"前置(于核心名词的)定语"的语序相当稳定,变体较少,且跟核心名词的结合以及彼此间的结合较紧凑,并且形态较少(如汉语、英语)。相反,"后置定语"的语序相当自由,跟核心名词的结合以及彼此间的结合较松散,并且形态较丰富(如法语等罗曼语言)。在动词短语中情况基本上相反。本文的分析导向两个结论:1)语义、语用上的表达功能决定了语序这一最基本的形式编码;2)语序又决定了节律和形态这两种形式编码。

关键词 语义;语用;语序;节律;形态;因素互动

---

* 本文内容,曾在"纪念胡裕树先生诞辰一百周年学术讨论会"上报告(2018年8月26日—27日,复旦大学)上报告,受益于与会者的反馈。本文的写作,也得益于卢英顺、徐阳春、李占炳、叶爱等先生的反馈、交流。尚存问题均归笔者。谨以此文纪念笔者敬爱的导师胡裕树先生。

一、引言：人类信息处理能力限度与语序共性

胡裕树先生主编的《现代汉语》(第三版 1981：337)首次在国内强调了区分三个平面的重要性，指出必须区分三种语序：语义的、语用的和语法的①，并举例说"我看你""你看我"的区分是语义的；"你哥哥来了吗？""来了吗，你哥哥？"的区分是语用的；而"客来了""来客了"的区分是语法的，因为从主谓结构变成了动宾关系。笔者多年来根据三个平面思想，对语序规律以及语序、节律、形态之间的相关性，作了一系列研究。本文对这些研究作一个小结。

语言是人类最重要的信息载体。人类在线信息处理的能力是有限的。这主要表现为短时记忆和注意力的限度为"七块左右(7 ± 2)"(Miller 1965a)。这里的"块(chunk)"，即信息块。有趣的是，首先指出这个限度的米勒(Miller)自己竟不知道语言结构中的信息块该如何定义(Miller 1956b)：

> 我们通常能够把一个二十个词组成的句子听过一遍之后加以复述。这句子包含多少单位？100 个字母？30 个音节？20 个词？6 个短语？2 个分句？抑或 1 个句子？我们可以知道它包含了大约 120 比特的信息，因为比特的定义独立于我们对句子的主观组织。但是板块的本质是它是人为的。例如，一个除了字母外对英语一无所知的人会认为这句子里有 100 个单位；但一个英语很好的人会认为这句子里只有 6 个单位。我们不能离开了听者去定义组织的单位。

乔姆斯基(Chomsky 1965：3)对语言的看法纠正了米勒的失误：

> 语言学主要研究在某个单纯的话语社区的理想的说话-听

---

① 1987 年版本开始把"语法"改为"句法"。

话者，他充分掌握了这种语言，并且不受影响于那些跟语法无关的因素，如记忆限制、分心、兴趣转移以及其他种种在具体运用中发生的失误（包括偶然性的或特色性的）。

我们研究英语显然不能以"除了字母外对英语一无所知"的人的语感为依据。而一个英语很好的人，即英语母语者，根据米勒的天才猜测，可以把一个足够复杂的英语句子分成六个短语。但问题是短语具有递归性，大短语中可包含小短语，如句子本身可看作一个最大的短语，主、谓两部分也可各自看作是个短语，并且米勒所说的六个短语，其中每个内部都可以包含更小的短语。如何明确定义米勒所说的这些短语呢？

定义短语离不开"核心词"。从内部看，根据 X' 理论，每个短语都由一个核心词投射而来①。从外部看，短语也需要一个核心词去控制它。因此，构成米勒假想的这个英语句子的信息块，应该是六个短语加上一个动词，即是七个信息块（见图1），例如：

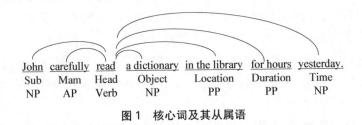

图1　核心词及其从属语

这个句子由六个短语组成，这一点上满足了米勒假想中那个英

---

① 这一点也许不完全适用于并列结构。但并列结构之所以能成为一个结构成分，很大程度上是相对某个外部的核心词而言的。如若干名词的组合，成为某个作为外部核心的动词的主语或宾语，才能看作一个名词短语。许多并列结构离开语境，本身并不构成一个语言单位。在 X' 理论框架中如何处理并列结构，一直是个争议很大的问题。

语句子的基本结构。但是米勒假想的句子里有 100 个字母、20 个词，但是我们这个句子中只有 57 个字母、11 个词，比起米勒的假想句子简单得多。要把这个句子凑满 100 个字母、20 个词是很容易的，因为其中任何一个短语都有无限的扩展可能。但是我们可以注意到，这个句子要再增加一个直接跟核心动词有关的短语，是极为困难的。

一个句子由不超过七个左右的结构成分构成，也许这就是人类语言最基本的语序共性。这个共性反映了人类语言既充分利用，并且也受制于，人类一般的信息处理能力。

以上得出的语言结构中的信息块，可以称为一个语言结构体的"直接成分"(direct chunk 或 direct constituent, 简称 DC)[①]。事实上也就是语序研究中的语序单位，不过是以往无法对此给出一个明确定义而已。之所以如此，是因为学界深受句法研究中传统的两分法树形图的束缚。若把语言想象成天体那样的轨层结构，则整个结构图景就大大简化了。

我们前面说到短语的一个特征是可以无限递归。要克服无限递归，找出每个结构模式中的有限组成成分，就要找到无限递归的根源。无限递归的原因是核心的不断转移。把某个结构中的任何一个从属语中的某个成分，当作一个核心，就能带上自己的从属语而引进一个新的短语。因此，只要锁定一个核心，就能使成分的分析成为有限的。

回过头来看，乔姆斯基虽然纠正了米勒的失误，但同时也犯了另

[①] 这里的"直接成分"不等于通常所说的 immediate constituent (IC)。后者更合适的翻译是"直联成分"。

若要回答 Miller 关于语言结构中 chunk 究竟是什么这一问题，除了这里所显示的静态的结构模式块之外，还有另一种组块过程中动态的离散的"瞬时块"，即从开始到任何一点的一个语流段落中脑子需要记住的离散的"瞬时块"。两种信息块的总数都不会超过七左右（陆丙甫 1986）。当然两种意义上的信息块是密切联系的，根据瞬时块的数量限制可以直接推导出模式块，因为一个结构体必然属于从开始到任何一点的一个语流段落。

一个错误,那就是把语言交际过程中无时无刻不存在的、绝非偶然性的短时记忆和注意力的限制,看作跟语言机制无关的因素。这个时刻限制着语言形式的重要因素,决定了人类语言最基本的共性,即信息块在数量上的普遍限制。

二、语义靠近象似性(SPI)

这方面,语言结构类似于宏观或微观的物理世界。太阳是核心,八大行星在不同的轨道中围着它转,构成一个太阳系结构。原子也由若干电子围绕着一个原子核而构成,并且也是原子核决定了原子的基本性质。

我们可通过"向心切分法"(每次两分后都选择核心部分继续切分下去)将树形图加以简化,结果得到"主干成分树形图"(见图2):

图2　主干树形图

"向心切分法"可看作直接构成句子的信息块,即 DC 的操作性定义。图2中通向核心动词 read 的粗黑线条可看作简化树形图的躯干,箭头也可代表整个结构的生长点。跟躯干直接连接的较粗的线条是"主干",三角形表示必须排除的枝枝叶叶。

传统树形图中是不同的结构模式成分交叉纠缠在一起,因此曾经被批评为"叠床架屋"。比起传统树形图,主干树形图的好处是明确地把共存于一个结构体中不同的结构模式作了明确区分:一个核心决定一个主干树形,一个主干树形代表一个结构模式:核心词加上其所有主干成分,构成一个结构模式。为了进一步凸显核心的关键作用,还可以进一步把主干树形转化成"向心轨层"结构(见图3):

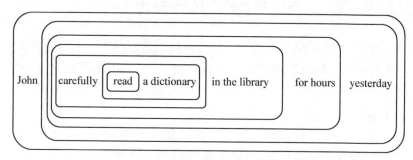

图3 轨层图

X杠杆理论重视核心词的作用,认为一个短语是一个核心词性质的投射。我们不过是进一步在分析一个短语时,把一个结构体中由不同核心词投射而成的,即不同轨层的短语明确区分了开来(见图4)。

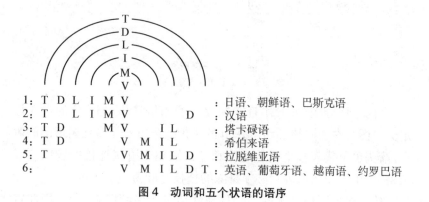

图4 动词和五个状语的语序

上述语言结构图景简化的效果,从下面例子中可以看出。

(1) a. ［他［上星期［［在实验室［用计算机［连续地［工作了］］］］三天］］］

b. ［He ［［［［［worked］ continually］ with computers］ in the lab］ for three days］ last week］］

为了简化问题,尽量减少干扰因素,上图去掉了主语,因为主语带有极大的话题性这一语用干扰因素①。剩下六个成分"时位(T)、时量(D)、处所(L)、工具(I)、方式(M)"和动词核心,数学上可能的排列应该有 $6×5×4×3×2=720$ 种。

但是我们目前调查到的作为某种语言中的无标记语序只有上图的六种。

根据这六种语序,可以建构起上图六个成分组成的垂直轨层序列,它反映了五个从属语跟核心动词的距离近远。由于这个轨层距离顺序的限制,每个从属语都只能在自己的轨层中落实两个位置,理论上可能的排列就下降到 $2×2×2×2×2=32$ 种(作为某种语言中无标记的基本语序)。

实际上可能的排列要少得多,我们目前只发现以上 6 种。这是因为除了轨层的限制外,还受到其他一些限制,其中之一就是"如果时位 T 和时量 D 分置动词两旁,只能是时位在前而时量在后"(即 [T…V…D],如汉语的"上星期…工作了三天")。这样,包含 [D…V…T] 的 8 个序列就从 32 种语序中被排除了。排除它们的原理就是"整体—部分"的优势顺序(陆丙甫 2010)。这样,剩下的理论上可能的基本语序就剩下 24 种了。但这仍然是实际发现的 6 种的 4 倍,这有待于我们去发现其他的规则来进一步排除实际上没有发现的

---

① 轨层图主要反映了一种底层的语义结构关系。从语义上看,主语应该比各种状语都更靠近动词,这就是生成语法中的所谓"内部主语假设"(Kitagawa 1986),只是到了表层才前移到句首的。相对语义来说,语用因素显然是个更表层的因素。

语序。

由此可见,轨层图具有极大的概括性。并且,这个轨层结构直接反映了"语义靠近象似性"(semantic proximity iconicity,可简称 SPI):结构距离近远反映了语义关系的近远。这是语序的最基本规则。它跟人类的空间感知密切相关,而空间感知是人类最重要的视觉感知中最重要的组成部分。

比起传统树形图,轨层图不仅继承了主干图的直接反映结构模式的好处,还进一步凸显了各主干成分跟核心的空间距离近远的差距。

下面一例表明,SPI不仅决定了不同语义角色跟核心的距离近远,反过来也是语义解读的重要依据。

(2) a. Chinese　　Japanese　　students
　　 b.　　　　　　　　　　 students　of　Japanese　from China
　　 c. Chinese　　　　　　 students　of　Japanese
　　 d.　　　　　　Japanese　students　　　　　　　from China
"中国日语学生"

对于"学生"来说,所读专业比起国籍,是个更为重要、本质的属性,所以离核心名词"学生"距离更近,不管表示其属性的定语是前置还是后置。这个表达在英语中可以有四种表达,但都符合 SPI,说明轨层的观念对于语义解读是必不可少的。至于为何后置时形式较复杂,要用介词,后面第六节会解释。

若根据树形图,任何两个直联成分(immediate constituent,IC)之间的关系都是直接相邻的,我们就无法比较同一个核心所带的不同从属语跟核心的距离之差。因此,从主干成分树形图转化为轨层图不仅是描写直观化的需要,理论上也是必须的,因为否则无以全面、明确地反映语义靠近象似性。

SPI在语言学中来源很早,我们这里只是用"轨层结构"把它直观化、形式化和精确化而已。所谓"精确化",就是把距离的比较限制于同一个结构模式中的成分,避免了把属于不同结构模式的成分放进来模糊、混淆了结构模式及其界限。

表层语言结构是一维线性的。一维线性形式极大程度上限制了我们的思维。数学和物理、化学中那些复杂的公式,正因为突破了线性形式而动用了我们的视觉优势而可以表达许多自然语言无法表达的复杂关系。同样,语言理论的形式化描写,也应该突破一维线性形式才能获得对语言深一层的理解。传统两分法的树形图,看来是过多受限于一维线性了,而轨层图这方面有所突破,才能获得更大概括性的描写力。

空间感知性质的 SPI 是语序中最重要的语序动因,没有之一。后面将提到的时间性的"可别度领先象似性",本质上可从 SPI 推导出来(陆丙甫 2016)。这正如同人类语言中表示时间关系的许多成分(如兼表空间时间的前、后置词"前、后、before、after"等),最初都是表空间关系的,后来才发展出表时间关系的功能。

SPI 至少有五种不同具体落实形式(陆丙甫 2016),其中包括文献中经常提到的"联系项居中"(Dik 1997:406,见刘丹青 2003:68—73),以及包括语流中的连贯性,例如:

(3) a. 张三看完了所有的有关文献,加起来有一千多篇。

  b. ? 张三把所有的有关文献都看完了,加起来有一千多篇。

在无具体语境的条件下,(3a)比(3b)自然。如果前文提到过张三阅读文献的事情,(3b)比用(3a)更自然。原因在于(3a)中的"所有的有关文献"跟意义上密切相关的后一分句比较接近;而(3b)中,则跟前文内容中有关内容更靠近。也就是说,比起(3a)来,(3b)需要更多语境条件。

甚至在篇章组织中,表达和写作的基本方法就是把有关的内容尽量安排在一起,不要东扯一点,西扯一点,导致分散和凌乱。

其实,整个世界的结构也是如此:关系密切的事物组成一个结构体,这个结构体作为一个成分又同其他密切相关的结构体,参与进更大的结构体的组成。

三、可别度领先象似性(IPI)

紧跟着空间性的 SPI,语序另一个基本原理是时间性的,即"可别度领先象似性"(identifiability precedence iconicity,简称 IPI):所指对象越是容易确定的成分,在语流中越是先出现。以下对比可具体显示"可别度"(identifiability)这个概念对语序位置的重要性。

(4) a. *我把一辆车买了。
　　b. 我把一辆车卖了。

a、b 的差别在于,通常语境下,私人的车非常有限,其中一辆是比较容易确定的;而市场上车很多,其中一辆难以确定。只有可别度高的、私人拥有的"一辆车"可以前置于动词。动词前的"一辆车"是不定指中的"特指"(specific),可以理解为"某个可确定集合中的不确定成员"。

这里"确定"的主体,主要指解码者(听话者、读者)。这是因为:1)只要不是自言自语,编码者的目的就是为解码者的理解提供方便。例如"我买了一辆车"中的"一辆车",这辆车的所指对于说话者当然是确定的,但他知道听话者未必知道,所以采用了不定指形式。如果他知道对方也知道这辆车,就会说"我买了那辆车"。2)解码过程比编码过程简单(听话、读文章当然比说话、写文章简单),研究的起点当然首选简单的现象。

可别度的内容包括:信息的已知、熟悉程度,成分的有定、无定,所指事物的生命度等。上一节所说"整体—部分"的优势语序,也与此有关。众所周知的"时间顺序原则"(Tai 1985),也可解释为事件发生的先后就意味着信息的新旧程度不同。"可别度"甚至还包括感觉器官所感知的容易程度。如人类感知大小比感知颜色更敏感、更容易,这就导致了"大白马"而不是"白大马"为基本语序。不用"可别性"而用"可别度",因为实际上不仅牵涉到是否可识别,还包括识别的容易程度。"可别度"虽然基本上是 identifiability 的翻译,但意义并不完全相同。"可别度"这一术语更凸显了程度性。

IPI 可用汉语语法的经典例子来说明:

(5) a. 客人　来了。
　　b. 　　　来了　客人。

"客人"前置时指事先知道的客人,后置时指不速之客。当然前者的可别度比较高。

注意,这里必须假设意义没有可觉察变化的"来了",位置也没有变,这样才能在形式上显示两个"客人"出现位置的前后。这样形式化后,就使两个句子构成一个最小对比组。并且也在凸显了"客人"位置变化的同时,语用功能也发生了变化。由此就可得到一条"形式—功能共变律"。这是语言分析中最重要的规律。下面一些例子也同样显示了成分前、后的不同解读。

(6) a. 怎么样的　一个　　　　人?
　　b. 　　　　一个　怎么样的　人?

"怎么样"前置时倾向于解读为打听比较容易识别的外表、长相等,后置时倾向于表示问较难识别的为人、品行等。前者显然可别度较高。定语所指的可比度可以转移到整个名词短语上,因此 a 式是有定的而 b 式是无定的。这种区分在下面(7)—(9)通过 the 的分布,可以看得更清楚。注意,这对句子不仅反映了 IPI 的作用,同时也反映了 SPI,因为品性比外貌是一个更重要的稳定属性。这里,两个动因的结构是一致的。在接下来的第三节中,我们也会谈到两个动因的结果相冲突的情况。下面(7)—(9)三对句子中,似乎只是 IPI 在起作用。

(7) a.　the　left　two　　　lanes　"最左边两条道"
　　b. (the)　　　two　left　lanes　"两条左道"

由于前置于数词的 left 对整个名词短语的贡献较大,因此这个名词短语的定冠词 the 必须出现(不过,在高速公路路标 USE LEFT TWO LANES 中可以省略;但仅是省略而已,因为其意义仍然在)。而后置的 left 因为可别度贡献低,其所属名词短语的 the 可用可不用。当然,用和不用,整个名词短语的意义不同:不用时表示不止两条左边道中的某两条,用时表示特定的两条。即使用 the,意义也跟 a 意义不完全相同:a 只能指在一起的最靠左的两条车道,而带 the 的 b 不一定如此,可以指任意两条左道,甚至是两条高速公路上的两条左道。left 在 a 中表示"最左边"时,其可别度显然比其他解读高。

(8) a. the last two pages "最后两页"
  b. (the) two last pages "两张末页"

其中两句的差别跟(7)相似。前者只能指同一本书的最后两页,后者不是。

(9) a. the other five students "其余五个学生"
  b. (the) five other students "五个别的学生"

(a)指确定集合(如某个班级)中的最后剩余的五个学生,而(b)不一定是,可能是剩余若干学生中的某五个,也可能是这个集合之外的五个学生。两种情况中,前置的 other,其所指的学生的可别度比后置的 other 都要高,对整个名词短语的可别度的贡献也更大。

深入的观察表明,IPI 至少有六种具体落实形式(陆丙甫 2016),这里就不赘述了。

四、名词短语中的互动

作为基本的语序动因,以上两个象似性的结果可能是一致的,也可能是冲突的。一致的情况下,互动的结果就是互相加强,导致语序的稳定。相反,如果这两个动因的结果是互相冲突的,就会导致语序的不稳定或相对自由。这个现象,可以称为"语序变体前后不对称"(Lu 1998,陆丙甫、应学凤 2013)。

类型学上一个著名现象是名词短语中,前置定语的语序总是相当稳定,单语言内和跨语言间都是如此。如汉语、英语中的前置定语语序相当一致,如对应于下面(10a)的汉语"这第一个好章节"和英语 The first good chapter,语序完全一样。而西班牙及其他罗曼语言,形容词定语除个别外,通常后置,其语序就很自由。这一点也表现在下面单一语言内部的语序变化中。

(10) a.   el   primer   buen   capitilo
    冠词   第一   好   章节
    "这第一个好章节"
 * b.   el   buen   primer   capitilo
   c.   el   capitilo   primero   bueno
   d.   el   capitilo   bueno   primero

当两个形容词定语都前置时,如(a)中,两个定语语序固定,不能颠倒。而这两个定语后置时,就有(b)(c)两个变体。原因是定语前置时,语义靠近象似性(SPI)和可别度领先象似性(IPI)这两个语序动因的作用结果是一致的。而定语后置时,两个动因的结果是互相冲突的。这是因为:语义上靠近名词的性质,通常是稳定的内在的,而这样的性质,通常是较难识别的。如是否为第一章很容易识别,但却不是语义上应该靠近"章节"的本质属性。至于内容的好坏,要阅读了以后才知道,但却是章节的更重要的内在属性[①]。因此,以上句子

[①] 这个例子中,"第一"跟"好"在内在性方面,区分不明显。因为作为文章或书籍,"第一章"的实际内容也受到很大限制。我们若以"白色自动洗衣机","白色"容易识别而非洗衣机重要属性,而"自动"为洗衣机重要属性但是不容易识别,这一对立会更明显。

中两个形容词定语的顺序,在(a)中都前置时,同时符合SPI和IPI原理。在(b)中,符合IPI而违背SPI。在(c)中,符合SPI而违背IPI。这就导致了名词短语中定语前后的语序变体不对称。

世界上的现象通常如此:本质属性往往处于深层而不容易被发现,而表层性质、现象因为多变而更加醒目、容易识别(陆丙甫2005)。这是"语言结构反映现实世界结构"的表现之一。

五、动词短语中的互动

(一)主语、宾语和动词构成的基本语序

以下为德赖尔(Dryer 2013)对世界1 377种语言的主、宾、动基本语序的出现率所作的统计(见表1)。

表1 主语、宾语和动词的语序

基本语序	SOV	SVO	VSO	VOS	OVS	OSV	无基本语序	语言总数
语言数量	565	488	95	25	11	4	189	1 377
符合动因	IPI SPI	IPI SPI	IPI	SPI	(SPI)	无		

根据SPI、IPI之间的互动,完全可以解释以上不同基本语序的跨语言出现率。

先看前两种基本语序:SOV和SVO。两者都符合反映SPI的轨层结构,分别为[S[[V]O]]和[S[O[V]]]。SPI方面,两者都是O比S更靠近动词V。IPI方面,两者都是可别度较大的S前置于可别度较小的O[1]。因

---

[1] 这是指通常语境中而言。由通常语境中可别度差异决定的语序可看作从大局出发"战略性"语序,即canonical语序,或常规、默认的default语序。在较特殊的语境中,O的可别度可以超过S,此时往往导致语序变化,如"这本书每个学生都看过了"。这种变化可看作权宜性的"战术性"安排。由此派生的语序即"派生语序"。

为如此,以这两种语序为基本语序的语言的数量在人类语言中占据绝对优势。

若要进一步解释 SOV 跟 SVO 的出现率之差,需要进一步用到"跨范畴可别度等级"(陆丙甫 2005):

名词 > 动词 > 形容词 > 虚词

根据这个等级,把动词也算进,SOV 显然更符合这个等级,因此使用率比 SVO 语言高。

上述 SOV 和 SVO 在语言数量的差别,也可以用 Hawkins (1983)的"跨范畴和谐"(cross-category harmony)去解释。SOV 语言中,S 和 O 作为 V 的从属语,都在 V 的前侧,是和谐的;而 SVO 这方面是不和谐的,因此,前者略占优势。

第三种比较常见的语序是 VSO,其中跟 V 关系更密切的 O 反而距离比较远,所以符合 IPI,但是违背了 SPI。

在人类语言中第四多的是以 VOS 为基本语序的语言。它符合 SPI,但却违背 IPI。

比较只符合 IPI 的 VSO 语言(95 种)和只符合 SPI 的 VOS 语言(25 种),可见在基本语序方面,语用的作用大于语义。以往认为这是汉语的特点。现在看来,不独汉语如此,也是人类语言整体的基本情况。

有趣的是,由于 VSO 语言和 VOS 语言各自符合一条语序动因,这两种基本语序的语言因为语序不稳定而很难区分,以致许多类型学家认为无法或不必区分这两种语言,可以合并为 V 居首的(V-initial)语言(Dryer 1997)。

剩下两种基本语序为 OSV 和 OVS 的语言,在人类语言中出现率极低。OVS 语言虽然表面上可分析成符合 SPI 的[[O[V]]S]这样的层次,即违背了 IPI,却符合 SPI。按理出现率应该跟 VOS 语言接近(25 种语言)。但实际上相差甚大,仅为 10 种语言。深入的分析揭示,在以 V 为核心的结构体 N_1VN_2 中,前置的 N_1 跟 V 间的语音停顿总是比后置的 N_2 跟 V 之间的停顿要大(陆丙甫、应学凤 2013)。这其实反映了[[O[V]]S]这一层次分析违背了实际节律,很难存在(陆丙甫、罗天华 2009),因此 OVS 语序只能看作勉强符合 SPI。最后看 OSV 语言,显然同时违背了两条基本语序动因,因此几乎不存在。4/1 377 这样的小概率已经不具备统计学意义。事实上,由于这些语言使用人数极少,调查得也很不充分,有理由对其是否真实存在表示怀疑。

(二) 双及物结构

双及物结构的一个重要跨语言现象是两个宾语都前置于动词时,只有一种基本语序"间接宾语+直接宾语+动词",而两个宾语都后置于动词时,两种语序都很常用。

语义上,直接宾语比间接宾语更靠近动词。语用上,间接宾语通常指有生命事物,可别度比直接宾语高,因此有较大前置倾向。

两个动因互动的结果是:"动词+间接宾语+直接宾语"的"我送他一本书"符合 IPI,而"动词+直接宾语+间接宾语"的"我送一本书给他"符合 SPI。因此,两者各有利弊,导致语序相对自由。

相反,两个宾语都前置时,"间接宾语+直接宾语+动词"同时符合两个动因,而"直接宾语+间接宾语+动词"同时违背两个动因,当然就极少出现了。

福利和瓦林(Foley & Valin 1985:348)指出,双及物结构中类似英语、汉语这样两种常用语序的现象,只存在双宾语都后置于动词的语言中。Blansitt(1973)调查了 107 种语言的双及物结构有两种常用语序的语言,发现只有 Mundary 语(一种在印度的 Austroasiatic 语言)是两个宾语都前置的。

(三) 宾语和状语

这里的状语主要指方式状语。有关的一个重要跨语言现象是这两个成分都前置于动词时,两种语序不相上下,都很常用,而两个成分都后置于动词时,只有"动词＋宾语＋状语"是绝对优势的语序。

语义上,宾语比状语更靠近动词。语用上,宾语通常指实体,可别度高于指非实体的状语,因此有较大前置倾向。

两个动因互动的结果是:"动词＋宾语＋状语"的"I read the book carefully"同时符合两个动因,因此占绝对优势。相反,这两个成分都前置时,语序相当自由,各自符合一个动因。如"他认真地把这本书读完了"符合 SPI,"他把这本书认真地读完了"符合 IPI。

跨语言的语料也证实了这种不对称。德赖尔和詹斯勒(Dryer & Gensler 2013)统计了世界语言中状语、宾语和动词的语序分布(见表 2):

表 2　宾语、状语和动词的语序

VO 语序			OV 语序			无优势语序
VOX	XVO	VXO	XOV	OXV	OVX	
210	3	0	48	27	45	167

以上表格中 X 代表作为状语的旁格成分。表格显示,状语成分在 VO 语言中几乎都出现在 VO 的后面,即 VOX(210 种语言);而 X 出现在 VO 的前面的语言,即 XVO 语言,极为少见(3 种语言)①。两种情况中,X 基本都在 VO 的外边,可见 VO 的确是极其紧密的结构,也就是说,在 SVO 中,[S[VO]]的层次的确是存在的。在 S 和 V 之间可以插入的成分很多,这意味着即使没有这些插入的成分,两者之间潜在的距离仍然是很大的。而状语成分,在 OV 语言中的位置自由得多,能够出现在 O、V 之间的可能跟出现在其他两个位置的可能相比,虽然略少,但差别不是很大,至少跟 VO 中几乎绝对不能插入其他成分的情况有本质的差别。

(四) 大小时间表达

时间、处所表达从大到小是很自然的,如下面(a)中汉语的顺序"去年……五月……三次"。这种"整体—部分"的顺序符合 IPI(陆丙甫 2010)。但是对应的英语原文是"three times … in May … last

---

① Dryer & Gensle(2013)中所列三种 XVO 语言为汉语北方话、客家话和粤语,实际上就是一种。

year"。英语的这一表达,是符合 SPI 的,因为跟"出国"这一事件有关的语言单位越具体,即越小,跟动词所表达的事件的关系就越密切。"去年"中其余的十一个月,其实都跟"出国"毫无关系。

(11) a. He went abroad three times in May, last year.
"他去年五月出国了三次。"
b. Last year, he went abroad three times in May.
c. *In May, he went abroad three times last year.
d. Last year, in May, he went abroad three times.
e. *In May, last year, he went abroad three times.
f. In May of last year, he went abroad three times.

一旦把某个单位移到动词前,由于另外两个时间单位不在动词的同一侧,此时难以直接比较远近,于是只能如(b)(c)所显示的那样,只能优先把大的单位前移,这就满足了"整体—部分"的要求,即满足了 IPI。并且,一旦把两个单位分别前移,如(d)(e)的对比所示,结果只好采取汉语那样的顺序(d)。因为这个语序不仅符合 IPI,也同时符合 SPI;除非把两个单位合并为一个,如(f)所示。

六、从语序再到节律松紧

以上我们根据 SPI 和 IPI 两条语义、语用规则解释了大量语序现象(主要是语序转换的前后不对称现象),下面我们再进一步根据语序转换不对称去推导出节律松紧的前后不对称。

这里也需要用到上文"动词短语中的互动"中说过的"跨范畴可别度等级"。分析节律松紧时,可以把动词和形容词合并为"谓词"。相应地,把名词和代名词合并为"体词"。至于虚词的问题,后面再谈。

体词可别度高,谓词可别度低。可别度高意味着前置倾向大或后置倾向较小。前置倾向不同的词的不同排列,会导致节律紧凑性差别。"可别度低的谓词+可别度高的体词"即"低-高",意味着"后置倾向较大的谓词+前置倾向较大的体词",即前一个谓词有后置倾向,后一个体词有前置倾向(后置倾向+前置倾向),就会导致两者之间连接的紧凑。相反,"体词+谓词",就是松散的。我们用"←"和"→"分别表示相对的前置倾向和后置倾向,就可理解这个道理了。

(12) [体词-谓词]排列:←N//V→(松散)

眼泪//流下了。

饭//吃过了。

a boy five years old

a Chinese sound hard to pronounce

(13) [谓词-体词]排列:→V/N←(紧凑)

流下了眼泪。

吃过了饭。

a five-year old boy

a hard-to-pronounce Chinese sound.

松紧的差异,在英语的拼写形式上就直接显示了出来。

当然,节律松紧还牵涉到许多其他因素。以上是"在其他条件相同的情况下",或是"其他干扰因素都不存在"的理想、抽象情况下的呈现规律。从理论上看,这种抽象是必要的。实际存在的复杂现象,可以分析成一条条抽象原则互动的结果。

现在回过头看"跨范畴可别度"等级中可别度最低的虚词。从可别度的角度来看,虚词的等级最低,后置倾向理应最大。事实上的确如此,人类语言中,虚词,以及种种形态成分,具有极大的后置倾向。表现之一是后置词和后置性语缀、词缀的使用量远超过前置词和前置性语缀、词缀。

七、语序、节律对形态的影响

第一节的例(2)中"中国日语学生"的英语例子中,显示了其中定语后置时需要用介词引出,即需要更多的形态。上一节提到的 a five-year old boy 跟 a boy five years old 的对立中,不仅反映了前后定语的变体多少不同,以及相关的节律松紧不同,而且前置 five-year old 比后置的 five years old 少了一个表复数的形态成分-s。第 3 节中提过的下面这个例子,不仅显示了定语的语序变体有前后不对称,还显示了形态多少的前后不对称:作前置定语的形容词比起后置时少了一个跟名词一致的中性词尾-o。这种不对称具有跨语言的普遍性(陆丙甫、应学凤 2013)。

(10) a.　　el　　primer　　buen　　capitilo
　　　　　冠词　第一　　　好　　　章节
　　　　　"这第一个好章节"
　　*b.　　el　　buen　　primer　　capitilo
　　　c.　　el　　　　　　　　　　capitilo　primero　bueno
　　　d.　　el　　　　　　　　　　capitilo　bueno　primero

这个现象不难解释,后置定语在性质上更接近谓语,跟核心名词之间的节律关系比较松散,或者说,时间间隔距离较大,这意味着空间距离也较大,根据"距离-标志对应律"(陆丙甫 2004)[①],自然需要更多的形态标志。

再看动词短语的情况。根据表一,数量上核心后置的 SOV 语言

[①] 当初的提法是"距离-标记对应律"。现在把其中的"标记"改为"标志",以区分于"有无标记"(un-)markedness 中的"标记"。其实,"有无标记"中的"标记"主要是分布限制最少的意思,或"默认、常规"等意思。我们的"标志"只指有具体语音形式的形态成分。

跟 OSV 语言的差别极大(565/4),而核心前置的 VSO 语言跟 VOS 语言差别小得多(95/25)。进一步的研究证实事实上这两种语言界限难分,因此,如前所述,Dryer(1997)认为两者应该合并为 V-initial 语言。

既然动词居首的语言,语序不稳定,那么,很自然地,就更需要区分施受关系的形态标志。我们对中国境内语言(孙宏开等 2007)的语序-形态之间相关性的调查证实了这一点(见表 3):

表3　中国境内三种基本语序跟主语、宾语标志的相关度

	施事有标志语言	受事有标志语言	该语序的语言总数	施事有标志比例	受事有标志比例
SVO 语言	0	1	39	0	2.5%
SOV 语言	29	52	61	47.5%	85.2%
VSO 语言	14	14	15	93.3%	93.3%

中国境内动词居首的语言中,唯一完全不区分施受关系,即既无施事标志又无受事标志的语言,只有卡那卡那富语(Kanakanavu)。其原因还有待于研究。顺便也提一下,没有一种语言有施事标记却无受事标志的,即存在这样的一条蕴含共性:一种语言,如果有施事标志,则必然会有受事标志。

八、小　　结

本文的分析显示了语言的功能和形式编码之间的相关性,以及主要三种编码形式(语序、节律和形态)之间的相关性。具体地说,就是两点:1)语义、语用上的表达功能决定了语序这一最基本的形式编码;2)语序编码又决定了节律和形态这两种形式编码。

总之,根据空间距离性的"语义靠近象似性 SPI"和时间先后性

的"可别度领先象似性 IPI",能解释人类语言的主要语序现象以及大量节律和形态现象。

就名词短语来说,在语序变体和形态标志上,都是"前少后多",在节律松紧上则为"前紧后松"。若把"多少"看作数值的"大小",变体多、形态多即变体和形态的数量大。再把节律松紧看作空间间隙的大小。名词短语中定语的前后不对称就表现为"前小后大"。这个"大小"可以指语序变化数量、形态数量和彼此间的距离。而在动词短语中,都正好相反,三方面都是"前大后小"。数量化可以使我们对语言共性作出进一步的概括。动词短语和名词短语在前后不对称上正好相反,可以归结到前者的核心是谓词,而从属语以体词为主,而后者的核心是名词,从属语以作为谓词的形容词为主。正好相反。

这三方面形式的正相关,也不难解释。因为语序变化越多,根据语序位置判断语义角色越困难,就越需要形态标志。并且,语序变体多,本身就是结合松散的表现。而结合越松散的成分之间,也越需要形态标志来帮助显示、维持其中的语义联系。

前面所说的"前、后",当然是相对核心词位置来说的。由此反过来也可以说明核心词在语言结构中的重要性,以及用向心轨层来描写语言结构的优越性。

陆丙甫(1998)主张研究语言应该以语义为起点,采取"语义＞语用＞语法"的程序。本文对具体落实这一程序的方法作了一个小结。以语义为起点,反映在以代表了 SPI 的轨层结构的基本限制为分析语序的起点。然后加上语用性的 IPI。两者的互动决定了不同的语序以及由此推导出来的不同的节律结构和形态程度。本文可看作是二十年前那篇文章的续篇。

参 考 文 献

胡裕树主编　1981　《现代汉语》(第三版),上海教育出版社。

刘丹青　2003　《语序类型学与介词理论》,商务印书馆。

陆丙甫　1986　语句理解的同步组块过程及其数量描述,《中国语文》第 2 期。

陆丙甫　1998　从语义、语用看语法形式的实质,《中国语文》第 5 期。

陆丙甫　2004　作为一条语言共性的"距离-标记对应律",《中国语文》第 1 期。

陆丙甫　2010　论"整体—部分、多量—少量"优势顺序的普遍性,《外国语》第 4 期。

陆丙甫　2015　《核心推导语法》(第二版),上海教育出版社。

陆丙甫　2016　The two strongest motivations affecting word order. *CASLAR* (Chinese as a Second Language Research) 5.2: 242–264.

陆丙甫、罗天华　2009　中国境内语言的双及物结构语序,《汉藏语学报》第 3 期。

陆丙甫、应学凤　2013　节律和形态里的前后不对称,《中国语文》第 5 期。

孙宏开、胡增益、黄行主编　2007　《中国的语言》,商务印书馆。

Chomsky, N. 1965. *Aspects of the theory of syntax*. The MIT Press.

Blansitt, Eduard L. 1973. Bitransitive clauses. *Working papers on language Universals* 13: 1–26. Buchholz, Oda & Wilfried Fiedler.

Dryer, Matthew S. 2013. Order of Subject, Object and Verb. In: Dryer, Matthew S. & Haspelmath, Martin (eds.). *The World Atlas of Language Structures Online*. Leipzig: Max Planck Institute for Evolutionary Anthropology. (Available online at http://wals.info/chapter/81, Accessed on 2018-09-28.)

Dryer, Matthew S. & Gensler, Orin D. 2013. Order of Object, Oblique, and Verb. In: Dryer, Matthew S. & Haspelmath, Martin (eds.). *The World Atlas of Language Structures Online*. Leipzig: Max Planck Institute for Evolutionary Anthropology. (Available online at http://wals.info/chapter/84, Accessed on 2018-09-30.)

Foley, William A. & Robert D. Van Valin, Jr. 1985. Information packaging in clause. In Shopen, Timothy (ed.). *Language typology and syntactic description*. Cambridge University Press. 1985: 282-364.

Hawkins, J. A. 1983. *Word order universals*. Academic Press.

Kitagawa, Yoshihisa. 1986. *Subjects in Japanese and English*. Doctoral dissertation, University of Massachusetts, Amherst.

Lu, Bingfu 1998. *Left-right asymmetries in word order variation: a functional explanation*. University of Southern California Ph. D. dissertation.

Miller, George. 1956a. The magical number seven plus or minus two: some limits on our capacity for processing information. *Psychological Review* 63: 81-97.

—— 1956b. Human memory and the storage of information. *I. R. E. Transaction on Information Theory*, Vol, IT-2, No. 3.

［原载日本《现代中国语研究》第 20 期(2018)：1—17］

从广义语法形态角度审视普通话语序混合类型、论元配置混合类型所带来的语法后果

金立鑫

(江苏师范大学语言科学与艺术学院)

摘 要 本文从广义语法形态角度讨论汉语语法研究中的几个老大难问题,通过广义语法形态展示了汉语名词与动词之间的区别性特征,拒绝了"名包动"(super-noun)理论。通过广义语法形态观察到汉语在论元配置模式上存在主宾格与施通格并存的现象,从而解决了"王冕死了父亲""台上坐着主席团"等一系列难以判定主宾语的历史难题。通过广义语法形态观察到汉语的 VO-OV 混合语序类型。文章解释了汉语的"把"字句、歧义结构、兼语结构以及某些结构无法进行被动化操作以及必须进行被动化操作等结构背后的动因。

关键词 广义语法形态;论元配置;语序类型

一、引 言

20 世纪 20 年代中国老一辈汉语语言学家方光焘提出,"词与词的互相关系,词与词的结合,也不外是一种广义的形态"。"词性却不必一定要在句中才能辨别得出来。从词与词的互相关系上,词与词

的结合上(结合不必一定是句子),也可以认清词的性质。"(方光焘 1928,1939)方光焘的这一理论主张比美国结构主义语言学家哈里斯(Z. S. Harris)的《结构语言学的方法》中提出的"分布关系"早了十多年。(胡裕树 2003)广义形态理论比分布理论走得更远,它明确主张分布就是一种语法形态。这一理论至今仍有其理论价值,本文将采用广义语法形态理论描写和分析汉语名词与动词之间的区别性特征、汉语普通话的语序混合类型以及普通话语法上的论元配置模式的混合类型等问题,并由此展示这两种混合所带来的一些语法后果及相关语法影响(这些曾经是汉语语法学史上长期激烈争论但都一直无法解决的问题)。

二、从"广义语法形态"看汉语名词与动词的区别性特征

很多语言学家认为汉语名词和动词之间的界限很难确定,其主要依据是汉语的动词可以充任句子的主宾语。近年来沈家煊的"名包动"理论[①]是突出的代表。例如沈先生的例子:

(1) 打是亲,骂是爱。
(2) 吃有吃相,站有站相。
(3) 不要理睬他的大哭大闹。
(4) 我不怕比,比就比。
(5) 广州的吃,全国第一,但是他在吃上不讲究。
(6) 你决定吃(进)还是抛(出)。
(7) (出)卖还是(出)租要先想好。
(8) 你找老婆还是找妈还是找抽? 抽你没商量。
(9) 他终于离婚了? 我想是,是就好。
(10) 有总比没有好,大家还是想有。

---

① 详参相关参考文献。

因为以上例句中的主语或宾语都是由动词担任的,因此沈先生认为这些动词都是指称性的,都是名词。但"名包动"存在三个理论问题:

(一) 不符合逻辑要求

逻辑学要求,如果所有的 S 都是 P,则要求 P 的所有属性 S 必须具有,反之不一定。例如,"所有的男人都是人",该命题要求"人"所具有的所有属性"男人"必须具有。相反,男人所具有的特定属性人不必具有。如果汉语真的是"名包动",那么按普遍的逻辑要求,名词所具有的所有属性,所有的动词都必须具有,而动词所具有的属性名词不必有。然而,我们从广义语法形态视角来审视汉语名词和动词的语法分布很容易发现如下对立(见表1)①:

表 1

	名词	动词
不/从来没~过	−	+
体标记	−	+
程度副词	−	心理动词+
接受"怎么"的提问	−	+
重叠表尝试/短时	−	自主动词+
定指/不定指词	+	−
名量词	+	−

以上对立中的一条或两条可能偶尔出现于某些名词或动词,但不会超过半数以上的分布特征出现在某些名词或动词上。例如不可能出现某个动词同时具有名词的第一至第三甚至第四条特征。反过来看名词也同样如此。

---

① 名词与动词的区别性特征参考了袁毓林等(2009)《汉语词类划分手册》,北京语言大学出版社。

（二）忽视词类的分布特征及其无标记功能与有标记功能

词类是词的句法功能类别，划分词类是因为不同的词有不同的句法分布。语义上判定名词和动词说起来简单做起来难。如某些近义词因为具有不同的句法分布，因而分别属于两类。典型的如"突然"和"忽然","刚才"和"刚刚"。为什么说"突然"是形容词而"忽然"是副词，为什么说"刚才"是名词而"刚刚"是副词，这都是根据它们自身的广义形态决定的，或者说是由各自与其他词之间的组合条件限制（即句法分布特征）决定的。词与词之间的组合条件（即方光焘先生所说的："词与词的互相关系上，词与词的结合上"）与句子成分是两回事。句子成分不是判定词类的必要条件也不是充分条件。三大实词都有可能充当句子的主语/宾语、谓语、状语和定语。句子成分和词类之间有大致的对应关系，但没有严格的对应关系。克罗夫特（Croft 2003）用表 2 展示了动词、名词、形容词的句法功能配置，他的表述具有世界语言的普遍性，基本符合一般语言事实：

表 2

	Reference	Modification	Predication
Objects	UNMARKED NOUNS	genitive, adjectivalizations, PPs on nouns	predicate nominals, copulas
Properties	deadjectival nouns	UNMARKED ADJECTIVES	predicate adjectives, copulas
Actions	action nominals, complements, infinitives, gerunds	participles, relative clauses	UNMARKED VERBS

克罗夫特将词三分为表达对象的词（无标记名词）、表达属性的词（无标记形容词）和表达行为的词（无标记动词）。功能上也有三类，指称性的、描述性的和述谓性的。名词的无标记功能是指称，但它也可以有标记地表达领属、形容词化以及述谓的功能；形容词无标

记的功能是表达属性,用来描述,但它也可以有标记地具备名词性功能以及表达述谓的功能;动词的无标记功能是表达行为,句法上可以无标记地作谓语,但它也可以有标记地表达对行为的指称(动名词)、分词以及关系小句定语等功能。

虽然形容词的主要功能是充当定语,但动词、名词也同样可以充当定语,因此不能说充当定语的动词或名词变成了形容词。根据这一事实与逻辑看名词和动词的功能,同样如此。名包动理论的缺陷是建立在主语=名词、谓语核心=谓词等这种成分简单且严格对应的基础上的。由上可知,句子成分并不是词类的区别性特征,在分类上对内不具有一致性,对外没有排他性。这种分类方法不具可操作性。这种理论也不符合语言事实。

(三) 不具有可证伪性

一个理论如果仅仅指出"X 是 Y"或者"若 X,即 Y",研究者列举出无数个"X 是 Y"或"有 X 则有 Y"的例子并不能证明该理论。若要证明该理论需要提供"为什么 X 必然 Y"的内在逻辑关系或证据,需要证明不存在"有 X 而无 Y"以及"无 X,Y 可有可无"的证据。唯其如此才符合一个理论在表述上的要求。目前"名包动"理论在这点上还有待提升。

虽然例句(1)—(10)中的动词作了句子的主语或宾语,表现出名词的部分特征,但是这些动词作句子的主宾语对句子的谓语动词的要求被忽视。在日常言语生活中,最常见的句子是以行为动词作为核心谓词的陈述句,例如"张三打了李四"等,例子(1)—(10)中充当主宾语的动词很难作行为动词谓语句的主语或宾语。名包动理论没有明确指出这是一个极为重要的限制条件。

或许,对"名包动"理论来说,要使之成立,其条件命题的表述可以是:当且仅当在评判句中(谓语核心为评判动词),部分动词可以充当句子的主语,临时性获得名词的部分属性。这个表述还需要进行现实和操作证明(提供例句外,还需要通过操作证明处于评判句主语位置上的动词具有名词的哪些属性,失去了动词的哪些属性),不能由研究者自己规定。除此之外,理论提出者还需要提供为什么处于评判句主语位置上的动词具有名词属性的必然内在逻辑联系,若有必要还要提供哪些动词不能充当评判句的证据。当然,动词不出现,评判句同样可能出现。不过一旦如此,那也再也不再是"名包动"了,而是"部分动词在特定条件下具有名词的某些属性",而这一表述大部分语法学家会认为是一般常识。

有关名包动理论,张爱朴(2012)、陆俭明(2015)等学者也提出过其他角度的批评,可以参考。

三、从广义语法形态看汉语的主宾格与施通格论元配置模式

人类语言在论元配置上有两种主要模式,一种是我们比较熟悉的主宾格模式(如日语、英语),主要特征是"主语"内部有两个典型论元:及物动词的施事A和不及物动词的当事S。宾语典型的是及物动词的受事O。另一种是施通格模式(如高加索、美洲、青藏高原、澳大利亚和新几内亚部分地区有不少语言是施通格模式。古藏语、爱斯基摩语、Dyirbal语、Abkhaz语、Chukchi语都是)。主要特征是通格成分(absolutive,下文为方便称其为"通语")"通语"内部有两个典型论元:及物动词的受事O和不及物动词的当事S。"施语"就是及物动词的施事。图解如下[根据迪克森(Dixon 1979:59—138)改编,见图1]:

图1

简单说来，几乎所有语言都区分动作行为的施事和受事（两极），关键是看不及物动词的当事 S 跟谁看齐。如果不及物动词的当事跟施事看齐一起构成主语，那就是主宾格模式。如果不及物动词的当事跟受事看齐构成通语，那就是施通格模式。类型学上，以施通格模式为主的语言称之为"施格语言"(ergative language)。之所以叫施格语言，意思是"施格有标记的语言"（施格比通格更需要标记）。主宾格模式也可称为宾格语言(accusative language)或受格语言，意思是通常情况下宾格（或受格）有标记的语言（宾格比主格更需要标记）[①]。

是主宾格还是施通格以往主要是通过狭义的语法形态来确定的。在形态较为丰富的语言中语法形态很显著，如俄语、德语、韩语、日语、拉丁语等。这些语言中的屈折或粘着形态直接标示了成分的语法意义。如日语的例子：

(11) 橋本が田中を襲った。

例句中的が是主格的形态标记，を是宾格的形态标记。形态语言的语序一般不表达主宾格之类的语法范畴，因此语序可以是自由的，如拉丁语 6 种语序都可以（父亲爱儿子）：

(12) a. Pater amat filium.
　　 b. Pater filium amat.
　　 c. Filium amat pater.
　　 d. Filium pater amat.
　　 e. Amat pater filium.
　　 f. Amat filium pater.

这个例句中的 Pater（父亲）是少数不用主格标记用零形式的名词，动

---

① 类型学的蕴含共性：如果主格有标记，则宾格一定有标记；若通格有标记，则施格一定有标记。

词 amat 有直陈语气现在时主动态第三人称单数词尾 t 标记,宾语也有单数标记 m。由于形态丰富,所以六种语序都允许。不过常用的语序是第二种 SOV。下面看缺乏形态标记的语言如何区分主宾格。

英语的语法形态只剩下人称代词,下例若改变代词的格形态将造成语法错误:

(13) I saw her standing there.

I 是主格形态,her 是宾格形态。但是英语的名词已经完全没有格形态了,因此句子的主宾格关系只能通过语序分布来表达,例如:

(14) a. John hit Mary on the face.　b. Mary hit John on the face.

(14a)的 John 分布于动词前是主格,而在(14b)中因为分布于动词后,则是宾格。形态上没有任何变化。例句中的 Mary 同样如此,在 a 句中是宾格,而在 b 句中是主格。由上可知,在分析型语言中,语序分布的功能等同于综合语中的形态功能,分布也是一种语法形态,由于没有可见的语素形式,因此前辈学者称其为广义形态。汉语同样如此,例如:

(15) a. 张三打了李四。　b. 李四打了张三。

(15a)可以拆解为:张三打了/打了李四,但是绝对不能拆解为:

c. *李四打了。/d. *打了张三。

因为(15a)中的"李四"是宾格,只能处在动词后宾格的句法槽里。因此,在英语和汉语这样的语法中,以动词为中心,动词前与动词后各为一个语法分布槽(语法形态),如图 2 所示:

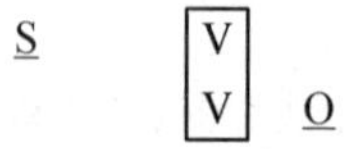

$$\underline{S}\quad \begin{array}{|c|}\hline V \\ V \\ \hline\end{array}\quad \underline{O}$$

图 2

下面我们用上面所介绍的广义语法形态来看汉语中的主宾格和施通格语法配置,有关这项工作还可参见金立鑫、王红卫(2014),金立鑫(2016)和王中祥、金立鑫(2017)。如前所述,例(15a)"张三打了李四"中的"张三"是及物动词的施事,语法上的主语,因此它占据动词前的主格语法槽来表达它的语法角色,"李四"是及物动词的受事,是语法上的宾语,因此用占据动词后宾格的语法槽来表达其语法角色。例(15a)中,无论动词是及物的还是不及物的,"张三"都是"主格",而宾格"李四"只能占据动词后的句法位置,只有该句法槽位才能表达其宾格的句法身份。"张三"不可以移动到动词后占据宾格句法槽,"李四"也不可以移动到动词前占据主格的句法槽。

但是下面的例子不一样:

(16) a. 张三打败了李四。

该结构可以转换为:

(16) b. 李四打败了。/c 打败了李四。

   d. ＊张三打败了。

(16b)(16c)符合我们前面所介绍的通格的语法特征,句子中的"李四"有两个句法分布形态:动词前主格的形态(16b)和动词后受格的形态(16c),换言之,它涵盖了及物动词的宾语和不及物动词的主语两个语法角色。因此,例子(16)是一个施通格论元配置的语法结构,该例中的"李四"是通语,而不是宾语。如果"李四"是宾语,那就应该像例(15a)那样,不能说"李四打了",因为(15a)中的"李四"是被打的受事宾语,不能挪到动词前作主语。

上面这种通过句法分布来区分论元配置模式的方法可以称之为"句法施通格模式",以区别于"形态施通格模式"。汉语是较为典型的通过句法模式区分主宾格论元配置和施通格论元配置的语言。从句法模式角度看,多数语言都同时存在这两种模式,只是程度不同而已(Halliday 1985;Langacker 1991;Dixon 1994 等)。甚至有些语言名词采用施通格形式,代词用主宾格形式,如 Dyirbal 语(Legate,2008)。由此看来,汉语普通话是较为典型的既有主宾格配置又有施通格配置的语言。

以上论元配置模式,如果不从广义语法形态角度来分析就无法揭示汉语语法在论元配置上的真面貌,由此引起的一系列语法后果也无法得到准确的解释。

四、从广义语法形态看普通话基本语序

人类语言句子的基本成分有主语(S)、动词(V)和受事(O),这三个被观察的成分成为语言学家测量人类语言语序的基本成分。它们在数学上总共有 6 种语序排列。但现存人类语言(5 000—7 000 种)中绝大部分语言是 SOV 型和 SVO 型,前者接近 50%,后者接近 40%,第三类的为 VSO,大约在 9%左右。其他语序少之又少。如果合并同类项(将 VSO 并入 SVO,都是宾语在动词后),以上三种语言可以简化为两大类:OV 型和 VO 型,且两者数量上势均力敌。

汉语的语序类型一直存在争议。一部分学者认为是 VO 型(如 Huang 1982;Light 1979),另一部分学者认为是 OV(如 Tai 1973 和 Li and Thompson 1974,1975)。桥本万太郎通过调查得出的结论是汉语区由南向北呈现出从 VO 型到 OV 型的阶梯状。

金立鑫、于秀金(2012)通过德赖尔(Dryer)等提供的 15 组与语序类型直接相关的句法参项逐一测试了普通话的语序配置,得出的结论是,普通话是一种典型的 OV-VO 混合语序类型。以下将从广义语法形态角度再一次证明该结论的合理性。

汉语方言以及超方言普通话都缺乏主宾格或施通格句法形态,以往的研究中,多数学者将 S、V、O 中的 O 定义为宾语,由此引起很多不必要的争论。例如有人说"饭吃了"中的"饭"是主语,"吃了

饭"中的"饭"是宾语。这就无法将同一个句法语义角色的成分统一在一个语法范畴中,在这种分析中"主语"和"宾语"成为纯语序的标签,毫无理论解释力。

　　上一节我们已经分析过,这种同时具有主格句法分布又有宾格句法分布的成分,既不是主语也不是宾语,而是通语。但是,主宾格和施通格的论元配置模式并不能直接确定普通话在语序上到底属于哪种类型。广义语法形态理论不仅注重词与词之间的句法分布,也重视词与词之间的关系,句法分布与词之间的语义关系二者统一。现在我们从广义语法形态角度将 O 定义为动词的受事(或典型的 O 为动词的受事),并且将 O 的句法位置设定为普世的两大类:OV 和 VO(只有两种逻辑可能)。现在我们来观察下面的例句就比较容易得到确切的结论,且没有争议:

　　(17) 吃了饭/饭吃了
　　(18) 洗了衣服/衣服洗了
　　(19) 踢破了球/球踢破了
　　(20) 收齐了作业/作业收齐了

上面普通话例句中的受事 O 在动词前后是自由的。如果普通话是严格的 VO 语言,则不允许 O 无标记地出现在动词前,相反如果普通话是严格 OV 语言,则不允许 O 无标记地出现在动词后。实际上普通话中的很多 O 在动词前后都是合法的。

　　因此,从广义语法形态角度看,汉语普通话的基本语序也是 OV 和 VO 并存的。或许有学者认为,普通话中的 VO 语序占多数,而 OV 为少数。当代语序类型学中最引人关注的研究成果当属德赖尔(Dryer 1992)提出的与 VO 和 OV 相关的一组句法和谐组配。其中直接与普通话相关的有 12 组,这 12 组句法组配也可以从语法分布位置(形态)的角度看作是广义语法形态:

VO 语言一般倾向于:　　　　OV 语言一般倾向于:

1）使用前置词	使用后置词
2）方式状语在动词后	方式状语在动词前
3）比较基准在形容词后	比较基准在形容词前
4）附置词短语在动词后	附置词短语在动词前
5）want 类动词在动词前	want 类动词在动词后
6）副词性连接词在小句前	副词性连接词在小句后
7）否定助动词在动词前	否定助动词在动词后
8）冠词在名词前	冠词在名词后
9）小句定语在名词后	小句定语在名词前
10）复数标记在名词后	复数标记在名词前
11）领属成分在名词后	领属成分在名词前
12）疑问标记在句子前	疑问标记在句子后

这12组句法组配中，1—4在普通话中同时存在，5—8普通话像VO语言的配置，9—12普通话像OV语言的配置（具体参见金立鑫、于秀金2012）。这12组最后得到三分：4组混合，4组倾向VO，4组倾向OV。因此结论很明确：普通话是典型的VO-OV混合语序类型。这是从广义语法形态的句法分布角度进行观察得到的结果。

五、汉语语序混合和论元配置混合带来的语法后果

一种语言的语序或论元配置采用某一较为单纯的模式，不仅受系统经济原则的驱动，也是系统长期历史演化的结果。世界上很多使用人口较少地域上较为封闭的语言（俗称"小语种"）通常都是系统上比较单纯的语言。相反，使用人口多、地域分布广泛、长期与各种语言有过社会历史接触的语言，必然带有混合性。英语和汉语都是较为典型的例子。一旦某一语言系统产生了混合，将会带来什么样的后果呢？本节讨论这一问题。

（一）五种语法形式的混用

出于普遍的经济原则和像似性原则，人类语言的内在机制决定了语言必然遵守某些普遍存在的基本规则，例如连接两个项目的连接项处于被连接的项目之间，这不仅符合经济原则也符合像似性原则。核心在前的语言（如 VO 语言），所有偏正结构都作右分支句法操作，修饰语或补足语放在核心后边；核心在后的语言（如 OV 语言），所有偏正结构都作左分支句法操作，修饰语、补足语放在核心前边，这在语言系统上符合经济原则。典型的如阿拉伯语、泰语、越南语等，这些 VO 语言的所有修饰语全部在核心的后边，无论是修饰名词的定语，还是修饰动词的状语。相反，典型的 OV 语言，如土耳其语、日语、韩语等，所有修饰语一律在核心的前面。这种内部规则一致和谐的系统最大程度地体现了系统的经济原则。

但是汉语普通话因为同时存在 VO 组配和 OV 组配，因此在很多方面形成了左右分枝同时存在的现象，例如：

1. 前后置词混用

人类语言中存在一些特有的功能标记（在有些语言中是独立的词，在有些语言中是非独立的语素），它们主要用来标记名词与动词（或其他词）的关系，如：时间、地点、工具、方式、材料、伴随者、结果、原因等。它们主要附加在名词上，统称为附置词。主要有四类：附加在名词前的前置词（preposition），附加在名词后的后置词（postpositon），环绕在名词前后的环置词（circumpositon），还有一种内置于名词的功能性语素（inposition）。前置词与后置词（或后置语素）最为常见。例如英语是 VO 语序，宾语是动词的内论元，除了主语，其他论元都与宾语一致，处于动词之后。这些论元（一般称为旁格论元）与动词的句法语义关系需要附置词来表达，根据"连接项处于被连接项中间"（联系项居中原则）的原则，再根据附置词附加在名词上的规则，"动词＋附置词＋名词"成为必然的结构配置。因此，英语使用前置词。相反,日语是 OV 语序,根据前面所说的原理,因此使用后置词。英语、日语对附置词的选择以及附置词的句法位置都符合一般语言的常规配置。

但是汉语普通话中前置词与后置词都有。常见的前置词如:把~、被~、用~、在~、给~等。常见的后置词如:~的(地、得)、~上/下、~里/外、~前/后、~的话等。这在其他语言中是极为少有的现象。这种现象带了一些负面影响[详见下文第(六)小节]。

2. 方式状语前后混用

如前文所述,VO 语言的修饰倾向在后,OV 语言的修饰倾向在前。修饰语中以方式状语为典型,如"很快""很慢"之类。西班牙语的"很快地走"muy pronto 中表示"很快"的 pronto 要放在动词后面;日语"早く歩く"表示"很快"的词"早"要放在动词"歩く"前。汉语两种语序都有:很快 de 走,走 de 很快。而且这一类前后都有的方式状语并非个案,很普遍。传统汉语语法把动词后面的方式状语规定为"补语",是一种很粗暴的做法,不符合语言类型学所揭示的人类语言普遍共性。但无论如何,我们可以从纯粹的分布形态上观察到汉语普通话修饰动词的状语可以分布于动词前后。至于同一个方式状语有动词前后两种分布的差异,其语义功能差异还值得研究,这种通过句法位置表达的不同细微差别,在其他语言中或许要通过其他标记或手段来表达。从这点上来说,汉语普通话在不动用其他手段的使用上,是经济的。

3. 小句定语前后混用

VO 语言中,小句定语强烈倾向后置于名词,Dryer(1992)预设汉语普通话是 VO 语序,因此汉语在他的论文中是 VO 语言中的例外。汉语小句定语在名词前,这是绝大多数汉语语法学家认同的,但说汉语小句定语可以后置于名词,目前只有少数学者坚持这一看法。证据是普通话中存在下面的用法:

(21) 犯人(凡)不听劝告的一律关禁闭。

(22) 作业不符合规定的都要重做。

上例中的两个名词短语等于"不听劝告的犯人"和"不符合规定的作业"。如果这一类明显后置的定语都成为争论的问题,那么其他可以分析为后置定语的结构更为很多学者所拒绝,例如:

(23) a. 我碰到了一个外国人会说中国话。

这个例句可以转换为:

b. 我碰到了一个会说中国话的外国人。

上面两个例句语义上没有任何改变。相对应的英文例子是:I met a foreigner who can speak Chinese. 英语也采用小句定语的表达方式。

如果用普遍的眼光来看,将这些修饰语处理为后置定语,或许更符合汉语语序混合类型的特点,正因为这一点,汉语中才存在如下十分奇葩的语序配置:

(24) a. 王老五从来不会做菜娶了个老婆很会做菜。

b. 从来不会做菜的王老五娶了个很会做菜的老婆。

c. 从来不会做菜的王老五娶了个老婆很会做菜。

d. 王老五从来不会做菜娶了个很会做菜的老婆。

"从来不会做菜的"和"很会做菜的"本质上是对"王老五"和"老婆"的小句定语,它们可以分别前置或后置于核心名词。其实,汉语中很多类似的所谓的"流水句""连谓句""兼语句"由此而来。这个问题如果不从广义语法形态和语言类型学角度分析,可能永远没有结果。

汉语中还有一类长年争论不休且无一致意见的结构:"这本书的出版",形式化为"NP 的 VP",这类结构的核心到底是谁?其中的 VP 是不是名物化了?至今学界无结论。如果用以上方法来分析,这就是一个类似古汉语语法中所分析的,"之"插在主谓结构之间,破坏其主谓结构的句法操作,类似如下例句的结构:

(25) 驾八龙之婉婉兮,载云旗之委蛇。①

例句中的"八龙之婉婉"="婉婉之八龙""云旗之委蛇"="委蛇之云旗"。再如:

(26) 父母之爱子,则为之计深远。②

其中"父母之爱子"="爱子之父母"。汉语自古以来就允许定语后置,这也是一个语言事实。

如前一小节所讨论的,小句定语在核心前与核心后在表达功能上的细微差别,那是另一个值得进一步研究的课题。总体上,小句定语在后的述谓性要高于其在核心前的位置。

4. 比较基准在形容词前后混用

类型学中,VO 语言的比较句结构中,先出现形容词,再出现比较基准,如:I am taller than you, OV 语言相反,先出现比较基准后出现形容词。如:私はあなたより高い,先出现比较基准あなた,然后出现形容词"高"。但是汉语两种都有:

(27) a. 张三比李四高。　b. 张三高过李四。

这种两种比较句在汉语中主要体现为地域或语体分工的差别。

5. 附置词短语在动词前后混用

附置词短语在普通语言学中用 PP 表示,PP 在 VO 语言中强烈倾向于在动词前,而在 OV 语言中强烈倾向于在动词后。例如:

(28) a. 在上海住　　b. 住在上海
(29) a. 在海上航行　b. 航行在海上

类似的例子不再赘举。这种所谓的"镜像结构"之前也有学者描写分析过,在功能上存在差别,也值得进一步研究。

---

① 屈原《离骚》。
② 刘向《战国策·触龙说赵太后》。

(二)历史冤案之一:"王冕死了父亲"

这是汉语语法学界最为著名的一个历史难题,因为标题中的"父亲"也可以在动词前出现:"王冕父亲死了"。由此"父亲"到底是主语还是宾语,从20世纪50年代至今无结论。

类似的例子还有"客来了""来客了""逃走了一个犯人""一个犯人逃走了"等。参照以上第二小节的关于主宾格和施通格的讨论,这个问题就变得非常简单,因为该类结构实际上是一个通格配置,"父亲"(以及上例"客""犯人"等)既不是主语也不是宾语,而是一个通语,它分别有不及物动词主格和及物动词宾格的广义语法形态。因此这些成分是主语还是宾语本质上是个伪问题,因为其预设(presupposition)是错的。黄正德(2007)用非宾格假说将"死"处理为不能赋予宾格的动词,它无法给"父亲"赋宾格,因此必须移动到动词前主语的位置,最后在句法上还是表现为主语。换句话说,黄正德还是在"主宾格框架"内寻找解释。但从类型学角度看,人类语言除了主宾格模式还有施通格模式,用主宾格模式来解释施通格模式,手续上难免更复杂(如需要各种移动操作才能自圆其说)。根据理论的简单性原则,有更直接更简单的系统,就不用复杂的系统。这也是我们从类型学视角观察这一现象得到的收获。

(三)历史冤案之二:"台上坐着主席团"

这几乎也是一个全国所有高校中文系师生耳熟能详的例句,"台上坐着主席团"可以变换为"主席团坐在台上"。这也是20世纪50年代至今长期讨论还没有统一结论的老大难问题。如同讨论"王冕死了父亲"中的"父亲"是主语还是宾语的问题一样,这个例句中的"主席团"是主语还是宾语,也是一个假问题。"主席团"在广义语法形态上有两个形态:动词前的主格形态和动词后的宾格形态。而这两个语义角色恰恰是施通格语言中"通格"成分的典型特征,因此"主席团"本质上是句子中的通语。"台上"作为处所状语,后置于动词是绝大部分 VO 语言的基本配置。这个例句中的附置词短语"台上"既可以前置于动词也可以后置于动词,这也说明了汉语语序上的 VO-OV 混合的性质。

以上两个历史冤案,通过以上分析,可以终结了。

(四) 被动操作的条件限制

以往汉语传统语法的语法框架以"主宾格"为主,几乎完全忽略了人类语言还有施通格的论元配置模式,忽略了汉语中竟然也有施通格的论元配置模式。基于这一点下面一组语法现象在传统的理论框架内很难得到合理解释:

(30) a. 张三读了这本书。　　　b. 这本书(*被)读了。
(31) a. 张三吃了晚饭了。　　　b. 晚饭(*被)吃了。

在严格的主宾格系统语言中,如果宾语移动到动词前作主语,需要进行句法上的被动化操作,构成被动句才合乎语法。但是上面两例中的"这本书""晚饭"移动到动词前面不能做被动化操作,如果被动化反而不合格。这是为什么?这是在主宾格框架下无法解释的现象。为什么这些结构无法进行被动化操作?答案是,这些都是通格结构,而通格结构没有且也不需要被动化操作。因为通格本身已经涵盖了"受事"和"当事"两个语法角色,"受事+动词"是通格结构的常态,无需被动标记。因此,施通格语言的母语者无法理解"被动化"操作。在施通格语言中,没有被动的概念。

但是,相反的情况在汉语中也有:

(32) a. 张三打了李四。　　　b. 李四*(被)打了。
(33) a. 张三骗了李四。　　　b. 李四*(被)骗了。

以上结构中的宾语若移动到动词前,必须要被动化操作,若没有被动化操作结构无法接受。为什么?因为这两个是典型的宾格结构。例句中的"李四"是典型的宾格成分,它只有动词后宾格的广义语法形态,不具有动词前主语的语法形态。因此,宾格若要移动到动词前作主语,必须进行被动化操作。

上面的例子和分析证明汉语在论元配置上的主宾格与施通格同时并存的语言事实。

汉语中也有一些通格结构用不用被动标记是自由的,也可以解释为这些被动标记是冗余性的。如下例:

(34) a. 张三打败了李四。　　　b. 李四(被)打败了。
(35) a. 张三穿破了鞋子。　　　b. 鞋子(被)穿破了。

这主要是一些非原生态施格动词(VR 类组合动词)的结构。施通格结构中,施格是及物结构,通格是不及物结构。而通格涵盖了受事和当事两个论元角色,因此,一个高生命度的通格论元构成的简单结构很可能形成歧义,因为该论元可能有受事和当事两个语义解读,可能形成歧义[这也是多数施通格语言已经或正在向主宾格模式演化的主要动因之一,参见下文第(六)节]。

(五)"把字句"的结构基础及功能动因

"把"字句也是汉语语法学界长期关注的热点问题之一,文献汗牛充栋。但文献对该结构的结构基础的研究较为贫乏,多数关注的是其构式功能(诸如是否为处置式、致使式或移位等)。但在功能动因上的解释似乎不太到位。

传统的研究中,多数学者认为"把"的宾语是从动词后面提上来的。而如果从施通格角度看,很多问题会变得简单起来,并且在功能动因上也容易得到解释。先看例句:

(36) a. 老婆气跑了。

这是一个通格结构,因为"老婆"有两个广义语法形态(动词前后),我们可以在该结构的基础上引进另一个成分"张三",得到:

　　b. 张三老婆气跑了。

这里的"张三"可能有两个语义角色：话题语，领属语。但绝对不是"施语"。我们可以在该结构基础上进行另一个句法操作：插入功能标记"把"，得到：

    c. 张三把老婆气跑了。

从 a 到 b 最小对立对是多出了话题语或领属语，而从 b 到 c 的最小对立对显示的是多出了"使役者"，b 中的话题语或领属语"张三"在 c 中变成了使役者。根据最小对立对分析，可以肯定使得"张三"成为使役者是由所引进的功能标记"把"导致的结果。

  由此问题变得简单清晰起来："把"字句是在通格结构的基础上引进"把"的句法操作得到的，该句法操作的动因是标记使役者。对比(36b)和(36c)可以见到把字句完整的结构生成过程和结构整体功能动因。

  由于把字句是在通格结构的基础上生成的，因此某些典型的宾格结构要构成把字句需要更多的句法操作，有的甚至无法构成把字句。例如：

(37) a. 张三爱死李四了。 b. *李四爱死了。
   c. *张三李四爱死了。 d. *张三把李四爱死了。
(38) a. 张三批评了这种现象。 b. *这种现象批评了。
   c. *张三这种现象批评了。 d. *张三把这种现象批评了。

以上例句无法构成把字句是因为其底层为宾格结构。但并非所有宾格结构都无法构成把字句，前提条件是需要先做被动化操作，得到与通格一致的结构(受格与主格一致)，然后才可能进行把字句的句法操作，有关这一问题的完整分析，请参见金立鑫、崔圭钵(2019)。

  近年来有学者用施通格语言中的逆被动操作来解释把字句(叶狂、潘海华 2012)。逆被动操作是在施格结构的基础上，将施格成分变格为通格，然后将通格变为旁格。该假说解释了把字句的不及物性质。但该假设无法解释逆被动操作的动因,也无法解释我们上面呈现的生成程序(由通格到施格)。施格化操作唯一难以解释的是多数人认为"把"标记其后的名词,而实际上在上面的分析中可以看到,"把"实际上是用来标记施格成分的,例句(36)中没有"把","张三"是话题语或领属语,而有"把""张三"变为施语。这与汉语中被动操作中的标记"被"是用来标记被动成分而不是用来标记主动成分是一致的。语法中的功能性成分后置于宿主成分是语法中常见的现象。句法关系与语义关系有时并不对应。如"阿Q高兴de说",其中的"高兴"语义上指"阿Q",而句法上是动词的状语。

(六) 结构歧义背后的动因

汉语的VO和OV混合语序类型与论元配置混合类型也造就了一些其他语言中难以出现的歧义结构,如下例:

(39) 张三检查了(歧义)

(40) 鸡吃了(歧义)

这两个例句动词前的名词都是通语,因为它涵盖了当事和受事两个论元角色,因此(39)的"张三"可能是受事(张三被检查了),也可能是当事(张三检查了某人/事物)。(40)同样如此,这也是汉语语法学界的经典例句。其背后的主要动因就是通格配置。

下面的歧义结构刘丹青(1999)做过分析,例如:

(41) 关心自己的孩子

该结构可有动宾和偏正两种解读("孩子"为受格或主格)。按理说,VO语序中,领属成分倾向于在被领成分之后,小句定语倾向在名词之后,但(41)中"自己的孩子"领属语在名词之前,"关心自己"如果是"孩子"的定语,则小句定语在名词之前,这些都与VO语序的要求相悖。VO和OV两种结构模式在同一个结构中出现,由此形成结构歧义。

(42) 对报纸的批评

该结构可做介宾和偏正两种解读。"对"属于前置词,在前置词语言中,领属成分倾向在被领成分之后,但该结构的领属成分在被领成分之前。前置词语言要求 PP 在动词之后,而该结构的 PP 在动词之前。这两个结构上的抵牾是形成该歧义结构的动因。

(43) 知道你回来以后病了

该结构中的"以后"为后置词,但结构整体为 VO 语序,VO 语序倾向采用前置词而不是后置词,这是导致该结构产生歧义的主要动因。

(七)兼语句形成的条件

兼语句或许是比较有"汉语特色"的一种句法结构。例如:

(44) 张三看见李四来了

其中的"李四"既是前面动词"看见"的宾语,又是后面动词"来"的主语。这种现象或许只有在类似汉语这种既有主宾格又有施通格论元配置的语言中才可能出现,这种句子中的"李四"扮演了"通语"的语法角色。属于较为典型的句法施通格现象。

更进一步,汉语中这种结构中的通格成分甚至可以施格化,通格成分在后面的结构中变为施语,例如:

(45) 王老师教我们学过语法

前半句中的通格成分"我们"在后半句中充任了施格成分。

由于施通格配置与 OV 语序和谐,定语后置通常会解读为谓语,因此产生连续主谓模式,很多兼语/连谓句的产生也与此有关,如前文所举例子(24)。

六、汉语语序混合与论元配置混合来源的解释①

简而言之,汉语语序类型上的混合与施通格句法配置的语系来源有二:

第一,汉藏同源,藏语是典型的 OV 语言,并且藏语也是一种施格语言,具有大量的施格标记,这也是绝大部分研究藏语的学者所认同的。如下例藏语的例子:

(46) ngar   deb   cig   bkra shis kyis   sprad pa red/
　　 I-DAT   book   INDEF   Tashi-ERG   give-NS-
　　 speaker-unrelated(DISJ)②
　　 Tashi gave me a book.

(47) bla ma   de   la   deb   cig   bkra shis kyis   sprad pa red/
　　 Lama   DEFALL book INDEF Tashi-ERG   give-NS-DISJ
　　 Tashi gave the lama a book.

此外,藏缅语中的怒苏语(中部)、柔若语、哈尼语、傈僳语、纳西语、凉山彝语(喜得话)、载瓦语(潞西县西山载瓦)、浪速语、波拉语(潞西县三台山)、勒期语(潞西市芒海镇)、阿昌语(陇川方言与梁河方言)、仙岛语(盈江县姐冒乡)、缅甸语等都有施通格句法现象。

既然汉藏语同源,我们有理由认为汉语中的 OV 语序特征以及句法施通格现象至少是汉语很容易接受、甚至是其语言基因中本来就具有的语法配置。

第二,地理因素。大汉语区的西北部为阿尔泰以及藏语等 OV 语言,而东南部为典型的 VO 型南岛/南亚语言(越南、老挝、柬埔寨、菲律

---

① 参见金立鑫 2016 普通话混合语序的类型学证据及其动因,《汉语学习》(3)。
② 参阅 Vollmann(2008)。

宾,马来西亚等),汉语在地理位置上处于北部 OV 与南部 VO 之间,几千年来长期的民族迁徙以及各种社会流动因素造成的语言接触,使得汉语变得混合起来。这方面的考证研究还需要我们的后续工作来证明。

七、结　语

八十多年前中国语言学的前辈学者已经具有与世界同步甚至在某些问题上已经领先世界的看法。他们的许多真知灼见至今对我们的研究依旧具有指导意义。

研究显示,汉语语法研究中的很多问题,不仅要有适合汉语特点的研究方法,而且还要具有世界的眼光。二者缺一不可。只有方法,不具有世界的眼光,缺乏参照,发现不了问题的症结;只有世界的眼光,没有适合汉语特点的方法,无法下手解决问题。唯有打开眼界,选择正确的研究方法,以往诸多难以解决的问题或许能迎刃而解。

参 考 文 献

方光焘　1928/1939　体系与方法,载《方光焘语言学论文集》,江苏教育出版社,1986 年。

胡裕树　2003　缅怀先生业绩,学习先生做人,载《方光焘与中国语言学》,北京语言大学出版社。

黄正德　2007　汉语动词的题元结构与其句法表现,《语言科学》第 4 期。

金立鑫　2016　普通话混合语序的类型学证据及其动因,《汉语学习》第 3 期。

金立鑫、崔圭钵　2019　把字句的结构功能动因分析,《汉语学习》第 1 期。

金立鑫、王红卫　2014　动词类型和施格、通格及施语、通语,《外语教学与研究》第 1 期。

金立鑫、于秀金　2012　从与 OV-VO 相关和不相关参项考察普通话的语序类型,《外国语》第 2 期。

刘丹青　1999　《语序共性与歧义结构》,香港城市大学出版社。

陆俭明　2015　汉语词类的特点到底是什么?《汉语学报》第 3 期。

沈家煊　2006　关于词法类型和句法类型,《民族语文》第 6 期。

沈家煊　2009　我看汉语的词类,《语言科学》第 1 期。

沈家煊　2010a　从"演员是个动词"说起——"名词动用"和"动词名用"的不对称,《当代修辞学》第 1 期。

沈家煊　2010b　英汉否定词的分合和名动的分合,《中国语文》第 5 期。

沈家煊　2012　"名动词"的反思:问题和对策,《世界汉语教学》第 1 期。

沈家煊　2013　谓语的指称性,《外文研究》第 1 期。

沈家煊　2015a　词类的类型学和汉语的词类,《当代语言学》第 2 期。

沈家煊　2015b　汉语词类的主观性,《外语教学与研究》第 5 期。

沈家煊　2016　《名词和动词》,商务印书馆。

沈家煊、乐耀　2013　词类的实验研究呼唤语法理论的更新,《当代语言学》第 3 期。

沈家煊、张姜知　2013　也谈形式动词的功能,《华文教学与研究》第 2 期。

王中祥、金立鑫　2017　动结式的四分系统及其施格特征考察,《新疆大学学报》第 1 期。

叶狂、潘海华　2012　把字句的跨语言视角,《语言科学》第 6 期。

张爱朴　2012　汉语动词是名词的一个次类吗?《汉语学习》第 6 期。

Croft, W. 2003 *Typology and Universals*, 2nd edn. Cambridge:

Cambridge University Press.

Dixon, R. M. W. 1979 Ergativity. *Language* 55. 1: 59 – 138.

Dixon, R. M. W. 1994 *Ergativity*. Cambrige: CUP.

Dryer, M. S. 1992 The Greenbergian Word Order Correction. *Language*, (68).

Halliday, M. A. K. 1985 *An Introduction to Functional Gramma*. Edward Arnold.

Huang, C. T. J. 1982 *Logical Relations in Chinese and the Theory of Grammar*. Cambridge, MA: The MIT.

Langacker, R. W. 1991 *Foundations of Cognitive Grammar*, vol. 2. Stanford: Stanford University Press.

Li, C. N. & Thompson, S. A. 1974 Historical change of word order: A case study in Chinese and its implications. in J. M. Anderson & C. Jones. (eds.), *Historical linguistics*. Amsterdam: North-Holland, 199 – 217.

Li, C. N. & Thompson S. A. 1975 The semantic function of word order in Chinese. in Li, C. N. (ed.), *Word order and word order change*. Austin: University of Texas Press, 163 – 195.

Light, T. 1979 Word order and word order change in Mandarin Chinese. *Journal of Chinese Linguistics*, (7): 149 – 180.

Tai, J. H. Y. 1973 Chinese as an SOV Language, Papers from the 9th Chicago Linguistic Society, (9): 659 – 671.

Vollmann, Ralf 2008 Tibetan grammatical categories and the notion of 'ergativity'. in Brigitte Huber & Marianne Volkart & Paul Widmer (eds.), *Chomolangma, Demawend und Kasbek: Festschrift für Roland Bielmeier zu seinem 65. Geburtstag*.

三个平面理论及句法分析举隅

郭 安 邢 欣
(中国传媒大学人文学院/北京华文学院;中国传媒大学人文学院)

摘 要 三个平面理论是汉语研究中借鉴国外功能语法、根据汉语特色提出的语法理论。主要从句法、语义、语用三个层面揭示汉语语法的构成。其中句法为主体,语义和语用形成两翼。在三个平面中,语用平面的分析涉及了话题和焦点成分,针对话题提出了提示语的概念用以区分主语跟话题。针对句首非论元成分提出了全句修饰语用以区分状语跟句首修饰语。在主谓谓语句分析上,用语用分析缩小了主谓谓语句的范围。

关键词 三个平面;提示语;全句修饰语;主谓谓语句

一、引 言

在汉语语法研究中,三个平面语法理论的提出始于胡裕树、范晓的论文《试论语法研究的三个平面》(1985)。从三个平面角度析句,句子分为语用的、语义的和句法的。语用成分指句子话题链里的构成部分,也指句子分析的成分。语义成分指语符链里语符间的意义联系。句法成分指语符链里语符在句中的功能。从三个平面理论提出至今,汉语语法研究越来越注重句法、语义、语用三者之间的联系,因此可以说,三个平面理论开启了语法研究的新视角。

二、早期三个平面理论的探讨内容

关于语法分析三个平面的探讨最早在胡裕树先生主编的《现代汉语》(增订本,1981)里已有所论及,在胡附、文炼的《句子分析漫谈》(1982)一文中则已提出一些初步设想,到了胡裕树、范晓《试论语法研究的三个平面》(1985)一文,这一设想则进一步深化,形成了有关三个平面的系统的理论和方法。因此,这篇文章代表了语法研究的一个新起点,无论在理论上还是方法上都有所突破。三个平面理论在理论上和方法上的探讨有以下几个方面:

(一)指出了区分三个平面的必要性和可行性

通过观察,发现了句子形式、意义和表达三者之间存在着错综复杂的关系。有些句子,如"张三批评了李四"与"李四批评了张三"两句,句法结构相同,而语义相差甚远;有些句子,如"张三批评了李四"与"李四被张三批评了",语义差不多,而句法结构却完全不同;还有些句子,如"你的书找到了没有?"和"找到了没有,你的书?"句法和语义基本一致。而表达重心有所不同。这些现象说明在语句中的确存在着三个平面。语法分析只有在句法分析、语义分析的同时,同步地进行语用分析,才算是最后达到了语法分析的目的。

(二)提供了三个平面分析的理论原则和分析步骤

三个平面的主导思想是:在句法分析方面,要把成分分析和层次分析结合起来,以成分确定句法关系,用层次统摄句子分析。在语义分析方面,指出语义分析就是深层分析。语义的关系根据词语搭配对象的不同,可以多种多样,但离不开从形式出发去发现意义。具体包括三个方面:一是从语言材料的类别(词类及其次范畴)上加以说明;二是从句法关系(如施事、受事等)上加以说明;三是从词语的选择(如动词的向)上加以说明。语用平面是以往的薄弱环节,所以三个平面理论更注重语用分析。语用成分首先主要包括话题(主题)和评论,话题表示和强调旧信息,评论是对话题的说明,传递新信息;其次还有表达重点、焦点、行为类型、口气、增添和变化等,构成各种不同的句类和句式来适应交际的需要。

(三)总结出一些对三个平面既严格区分又兼顾结合的具体方法

三个平面理论的目的在于界限分明地分开三个平面,以便于掌握析句的标准。语法三个平面各有自己的成分,尽管在句子中这些成分常常重合,但毕竟不是一个东西,不能混为一谈。以往的分析,常常将主语与施事、宾语与受事对等起来,但是一遇到"台上坐着主席团""小楷笔不能写大字"之类的句子就行不通了。还有人将话题与主语对应起来,以为话题都是主语,然而用此法解释"暑假里(话题主语)我病了二十多天"一类的句子就难免牵强。可见,三个平面的成分是不好混淆的。三个平面虽然施事、话题、主语常常所指相通,但并不完全对应。主语除了施事以外,可以是受事、客体、工具等。而话题与主语也有区别。话题常在句首,可以用介词结构充当;主语不一定在句首,更不能用介词结构。为了严格区分话题与主语,作者打破了传统语法分为六大成分的局限,增加了提示语这一新的句子成分,这对语法的分析是有很大好处的。此外,三个平面理论还阐述了虚词、语序以及省略与三个平面的联系,分清这些语法手段的性质。

三个平面虽然有着明显的区别,但在语法研究中还要兼顾到三者的结合,才能使形式和意义相统一,静态与动态相联系,描写性与实用性相结合,才能完善语法体系。三个平面互相影响,互相制约。离开了句法,语义和语用就失去了形式;离开了语义和语用,句法就失去了所表达的内容。因此,句法对语义有所限制,语义又对句法提供了选择。同样,语用成分只能附丽于句法结构,而句法有时又按照语用需要改变常规。语义与语用之间也是互相约束、互相依附的。

(四)坚持从形式到意义的分析方法

以句法平面作为析句基础。从形式出发寻找意义是三个平面理论的核心。"凭形式而建立范畴,集范畴而构成体系"是句法平面进行语法分析的基本特点,在三个平面分析中,句法是基础的指导思想。坚持从形式到意义的方法是符合析句过程的正确方法。意义必须通过形式来反映,只有从形式分析入手,才能深入到意义和表达。但是,这不等于不要意义。三个平面理论认为,只有抽象的句法关系而无语义、语用的句法结构,不可能成句;只进行句法结构分析而不进行语义和语用分析,也不是缜密的句子分析。

三、语用平面的句法分析

(一)语用成分与句法成分的重合和交叉

究竟应该怎样看待语用成分?胡裕树(1982)早期的看法是把独立语和提示语看作语用成分,其他的不在此内。后来又提出话题主语与句法主语分开,并增加了全句修饰语,这样实际上已增加了一些语用成分。不过,目前的语用成分还停留在句法外层的范围内,对于句法内层的成分似乎还未在语用分析中给以应有的地位。这种分析虽突破了六大成分界线,在句法中增加了语用成分的说明,但仍未完全揭示出语用平面与句法的关系,特别是语用成分与句法成分的重合情况。例如:

(1)他读完了书。

例(1)话题与主语相同,是"他",焦点与宾语重合是"书"。

所以,朱德熙(1985)坚持将语用与句法合一,正是以这种重合情况为基础的。如果不搞清六大成分与语用成分的对应情况,把六大成分排除在语用成分之外,那么,很难解释语用与句法的区别。施关淦(1991)说:"句法成分、语义成分、语用成分,这三种成分之间,看来存在着错综复杂的关系,这种错综复杂的关系究竟应该是怎样的,好像还有待于进一步说明。"

按照三个平面理论来看,语用成分实际上也完全是自成系统的独立语言使用单位。在语言运用中,语用系统不仅牵涉到单复句的内部结构,而且与语境、句群、上下文等诸多语言外因素有关。如在句群中同一话题起连接作用,或同一修饰语、指代语作为前后联系点的情况都是语用的分析。但如果扩大语用平面的范围将会超出句法分析的范畴,所以三个平面理论坚持语用平面是在句法平面的统领之下。从这一角度来看,语用成分包括:A. 话题成分——话题是句子的已知信息,往往是有定的,也是联系谈话双方的引子,话题一般位于句首;B. 陈述语——陈述语是对话题的说明,位于话题之后;C. 焦点成分——焦点是陈述语里的中心,是未知的新信息,往往是无定指成分,一般位于句尾,有时为了强调,也可以由标记词引入陈述语之前,甚至句首;D. 话题前的全句修饰成分——这一类是修饰句子的成分,以前都分析为状语,现在指由介词引导的表条件、方面、时间或处所的词语;E. 游离成分——这一类指以往分析中的独立语或复指提示语,它们与句内句法成分没有语义上的联系,完全独立于句法之外。

以上分析所指出的语用成分,与语义成分和句法成分有交叉现象。从逻辑关系来看,语法三个平面一方面各成系统,互相区别,另一方面又相互联系,相互制约,形成一个整体的句法分析。语义和语用是构成整个句法的逻辑意义和表达内容部分,句法是形式部分。语义和语用通过句法形式才能体现出来。在形式反映内容过程中,大部分的语义语用成分与句法成分有所重合。但也有些语义和语用成分与形式不构成对应性,往往三者纠缠,构成交错复杂的局面。从逻辑角度来看,三个平面各自的成分在内涵上互有区别。句法结构分出的主语指位于谓语之前的名词性成分,谓语指主语之后的动词性成分。主谓之间有语义上的说明关系。语义上的施事指动作的发出者,受事指动作的接受者等。语用成分的话题针对陈述语而言,表示指称意义,陈述语表示陈述意义(文炼1988)。三个平面各自成分内涵虽不同,但在外延上有时重合,形成全同关系。例如:

(2) 武松打死了老虎。

(3) 他被父亲打了一顿。

(4) 这本书我读过三遍。

例(2)中"武松"是主语,又是施事兼话题,三者重合。"打死了老虎"是谓语,又是陈述语和动作语。"老虎"是焦点,又是宾语和受事,形成了三个平面的成分对应。有时三个平面的成分又各不相同,形成全异关系。例(3)中话题与主语对应,但语义上主语"他"是受事。施事"父亲"由介词"被"引为状语。例(4)话题"这本书"是受事但不是主语。施事"我"作主语。

这种外延上的有同有异关系形成了三个平面整体上的交叉关系。有时三个平面的某些成分完全吻合在句法上,这时如果不管内涵义,只从外延考虑,可以对应到句法平面上作同一成分。由于这种全同关系的句子在汉语中占有很大比重,因此构成了语法的基本格局。在传统里不分三个平面的六大成分分析法,正是以这种吻合关系为基础的。对于在三个平面上成分不对应,构成全异关系的句子则是三个平面理论所要解决的重点。对于句法解决不了的语用成分,应该考虑在形式上给以新的定名。

(二) 句子中的语用成分

这里重点谈谈语用、语义、句法成分相对立时的分析方法。

1. 话题与主语

主语的确定虽然以语序上在谓语之前为主要方面,但也应考虑语义上的特点。在语义上谓语动词对名词作主语有所选择。一般说来,在动词谓语句里,占据论元位置的成分都可以作主语,不占据论元位置的名词不作主语。在非动词谓语句或系动词谓语句里,以语义上有无描写等关系确定主语。例如:

(5) 这把钥匙可以开门。
(6) 今天星期天。

例(5)"这把钥匙"是工具主语。例(6)"今天"是时间主语。

当陈述语之前有多项名词性成分时,以语义上的优先选择顺序确定主语。其顺序是:

施事(起因)—工具—与事(感受者)—客体(受事)—处所—时间(汤廷池 1978)

这样,施事作话题时一般是主语,施事不作话题时以语序前后来定,在谓语前时仍是主语,在谓语后时是宾语。施事之前的受事、与事、工具等作话题的成分是提示语。这样将话题、施事、主语分开的分析法不仅区分了语用、语义和句法成分,而且也缩小了主谓谓语句的范围。

2. 提示语的范围

提示语指区分主语与话题的一个语用成分在句法上的名称(胡裕树 1982)。主要指一些复指成分、总分成分及与谓语动词联系不上的话题成分。例如:

(7) 老李我读过他写的诗。
(8) 我的两个弟弟,一个是工人、一个是学生。
(9) 中国不但人民需要民主主义,军队也需要民主主义。
(10) 这事儿我们也没有办法。

例(7)至例(10)开头的话题都是提示语。

其实,提示语的范围还可再大一些,包括与谓语动词有关系的某

些话题。这样,可以把一些占据论元位置而未被优选为主语的名词性成分也归入提示语,让提示语与话题靠近。例如:

(11) 自行车他骑出去了。

(12) 毛笔我用来写大字。

例(11)里的提示语"自行车"是受事,例(12)里的提示语"毛笔"是工具。

3. 焦点与宾语

语用平面的焦点一般在句尾,往往与宾语重合。宾语可以是语义上的受事、与事、结果、工具、终点,甚至施事。但焦点有时在特定语境中为了强调,可以移位提到谓语之前。移位后有三种分布状况。一种是周遍性名词或有疑问词的疑问句形式。这一类往往有形式上的特点,如句里有副词"都""也"连接,可带有标记词等。例如:

(13) 他连这个字也不认识。

(14) 我什么都不会。

(15) 我饭没吃,酒也没喝。

这一类的分析目前有两种:一是当主谓谓语句看待,大主语是话题,小主语就是上面所提到的焦点(朱德熙1985);二是当宾语提前分析(胡裕树1982)。我们主张主语与语用分开,所以不作主谓谓语句看。如果考虑到形式变化的灵活性,可以当作一种宾语提前的变式句。如果维护三个平面理论的完整性,将焦点和宾语分开看待,确认宾语为有一固定的在谓语之后的位置,另立名称也是可以的。当然不能再称为提示语,作全句修饰语也不合适,因为这些提前的焦点实际上是受事,在语义上可看作动词的论元。而论元名词一般是不作修饰语的。至于什么叫法,暂时看作宾语提前为好。

第二种是由"把"提到谓语前的情况。实际上,介词"把"与其他介词并不相同,它是一个引导受事成分的介词,是为了语用需要将受事提前的标记词,它的作用在语用上不在语义上,所以传统语法将这类句子叫宾语提前句,现在改为状语。为了尽量与现行分析一致,这类仍当状语分析。

第三种是焦点前移到句首的情况。这类的形式特点有二:一是由疑问句问答式构成,例如:

(16) 谁来了?
　　——我(来了)。

例(16)里的"谁"和"我"指焦点。

二是由标记词"是"引到句首。例如:

(17) 是我叫他来。

例(17)里的焦点是"我"。这一类里的焦点与主语重合,可以看作是焦点作主语的情况。

4. 陈述语与谓语

从句法平面来看,谓语针对主语而言。从语义来看,充当谓语的动词或形容词等与主语有语义联系。语义联系包括格关系、配价(论元)关系、描写关系等。从语用来看,充当评述的谓语与话题有关。一般说来,评述语、谓语与动词(形容词)重合的可能性较大,但也不是绝对对应。谓语依据形式上的在主语之后位置确定。作为陈述,它与话题有关,但不一定与主语有关。在汉语中,谓语的争论主要是助动词"要、会"一类。现行分析为助动词作状语。但也有人分析为谓语,其后动词短语是宾语。前一种分析重视了句法的功能,后一种分析重视的是语用表达。我们认为,从句法上看,助动词有修饰作用;从语用上看,又是评述的表达中心,后边的动词短语作焦点。解决的办法是增大"前谓语"(吕叔湘1979)的范围。其次焦点前移到句首时由"是"引进一类的分析也较麻烦。这里的"是"[如例(17)句]就是吕叔湘所说的前谓语。这类分析第一层是由前谓语构成的句子,下一层是主谓句的分析。

5. 全句修饰语与状语

全句修饰语指句首的修饰全句的语用成分,状语是句中修饰谓语的成分。两类的位置不同。全句修饰语包括在句首的介词结构和时间、处所词。在语用分析中,时间、处所名词有时可做话题,有时不做话题。我们在句法分析时以形式上为主,凡是介词结构都归到全句修饰语,不带介词时,依据语义优选规则,并考虑到时间和处所词不占据论元位置,不是动词的必有成分这一点,都归入全句修饰语里。从形式上看,时间和处所词在非论元位置时都可以加上介词,完全可归到全句修饰语里。至于状语,实际上有部分也与句首的修饰语有换位关系。例如:

(18) a. 他昨天买了两本书。
　　　b. 昨天他买了两本书。

例(18)a 句的"昨天"是状语,b 句的"昨天"是全句修饰语。这里状语与全句修饰语的区别完全是形式上的位置在主语前后了。但汉语里状语的类别其实也是一个大杂烩。如果从三个平面角度划分,状语也有三层。语用上的实际是修饰全句的,这一类可换位到句首作全句修饰语,可以看作是句子分析里的上位成分。句法上的指修饰谓语的状语,这类不能换位到句首,可看作是句子分析的下位成分,或是句法成分,如副词修饰谓语的情况。如果对这一类再作细分,还可分为修饰整个谓语的和修饰谓语里动词或形容词的两小类。

6. 独立成分

这一类仍按现行分析看作插入语。

综上所述,三个平面各自成分虽然不同,但通过语法形式反映到句法上时,都可以在句法平面上予以解决。相对应的成分仍沿用六大成分之说,相对立的成分同样可以通过增加术语来分析。这样,三个平面虽不相同,但又可统一到句法上来成为一个整体。

四、有关主谓谓语句的讨论

(一) 主谓谓语句由来

对主谓谓语句最初的解释,是指"得以句为说明语"(陈承泽1921),即以句子作为主语的说明谓语。对这一句式的范围,早期的确定也比目前要小得多,仅指大主语与小主语有领属关系的一类,而且谓语以形容词或带有形容性的动词居多。例如:

(19) 他工作顺利。
(20) 小张腿疼。

例(19)大主语"他"与小主语"工作"是领属关系,谓语"顺利"是形容词。例(20)大主语"小张"与小主语"腿"也是领属关系,谓语是表感觉状的动词"疼"。

后来,随着现代汉语研究方法的转变,词序在确定句法成分中占了重要地位,而语义成分与句法成分的联系不再作为确认句法成分时应重视的因素。结果,首先,所谓主语、谓语、宾语等这些句法成分只是成为一个个形式上的术语,而并无实在的内涵。这给主谓谓语句的扩大提供了一条依据。其次,由于在句子分析中常常忽略了语用平面与句法平面的不同,导致了话题与主语的合一。于是,主谓结构甚或是复句都成了谓语(赵元任1979)。这也成了主谓谓语句扩大的原因。此外,主谓谓语句的句法划分成了纯形式的或语用划分,只要指出话题主语,其余一概当谓语处理,在分析手段上较简单,也是范围扩大的一个理由。于是,在目前的教学与研究中,主谓谓语句被称为汉语的特殊句式,成了反映汉语句法特点的重要佐证。而其所容纳的句式种类也一味扩大,几乎囊括了所有句首为名词性成分的句式。在现行的教材中,这一类少则有四五种,多的达到七八种。其实,从理论上承认话题为主语的话,其范围是与谓语的其他类平行的,还可以更大了。

(二)有关主谓谓语句范围的争论

近年来,随着三个平面理论的提出,语用平面的研究日趋重要。从语用平面来考虑这一句式,则可以看出,这一句式的大主语全部是话题。这样看来,这种句式首先是语用平面分析的结果,而不是句法平面和语义平面的分析结果。所以,所谓主谓谓语句的绝大部分就不是句法结构,而是语用上的话题说明语结构。由此而产生的主谓谓语句,在句法上就没有其应有的地位了。因而,人们也就难免会对主谓谓语句产生疑问了(胡裕树 1982)。不过,坚持将语用与句法合一的人,仍然坚持话题与主语的一致性,认为"主谓结构可以作谓语是汉语语法的一个明显的特点","应该看成是正好跟主—动—宾相匹配的基本句式"(朱德熙 1985)。

主谓谓语句范围大小之争,不仅仅是一种个别句式之争,而且还关系到语法三个平面理论的问题。要区分三个平面,首先会区分三个平面各自的构成成分,也就不会把三个平面的成分(如话题、施事、主语)完全等同起来,当然不赞成扩大主谓谓语句。只区分语义和句法两个平面,不区分语用平面,必然会把话题当主语,扩大主谓谓语句的范围。不论是主张划分三个平面的看法,还是坚持将语用与句法合一的看法,两者至少有一点是共同的,即在语法分析中都承认存在着三个平面。既然都承认有三个平面,也就等于说存在着不同平面的成分,三个平面的成分不可能完全一致,否则,三个平面的区分又有什么必要呢?所以说,话题都是主语的话,也就不可能有话题,不过都是主语而已。这一点是其中最重要的问题。这样看来,话题与主语等同之说是有些欠妥的。其次,扩大主谓谓语句的范围,在理论上还有其他一些疑问。一是会出现严重的句型交错,造成所有的句型都可变成主谓谓语句的结果,甚至包括连动式、兼语式、复句、多重复句等,这样讲汉语特点,恐怕难以让人信服。二是会出现主语层层套叠,一个句子会有多个层次主谓谓语了。三是只给一个句法成分一个名称,却不管它的语义联系,这种绝对形式化现象又会造成语义与语法的严重脱节(胡裕树 1982)。

除了上述三个问题外,我们还想补充几点疑问。

第一,主张主谓谓语句的人实际上并未将所有施事作主语又兼话题的句子归入这一类。例如:

(21) a. 我们下午出去。
　　　b. 下午我们出去。

(21)a 例中施事"我们"又兼作话题,在各家的主谓谓语句中都没有将此类分析为"我们"作大主语,"下午出去"作谓语的,而是归入一般的主谓句,其中的"我们"作主语,"下午"虽是时间名词,在这里都分析为修饰谓语的状语。然而对应的 b 句,有些学者却归入主谓谓语句(朱德熙 1982)。如果是真正坚持话题与主语对立,例(21)a 类其实也应划归主谓谓语句。但连最主张语用与句法合一的学者也排除这一施事作话题的句子。可见,在语法成分和语义成分的对应中存在着施事优先作主语的想法。从这点来说,不妨说语义关系的考虑是优于语用和句法的。这也可以看出语义平面实际是一种逻辑基础。不管承认与否,对语义成分的选择是可以反映在句法上的。

第二,这种主谓谓语句扩大化的提法是与汉语中的另一种倾向分不开的,即有人认为汉语中的短语与句子的关系是平等的,一个短语加上语调可直接成句,所以是一种"实现关系"(吕冀平 1982)。这种倾向所带来的结果是混淆了句法成分与句子成分的区别,混淆了动态与静态的区别,给汉语句法分析带来一定混乱。表面看来,汉语没有词形变化,短语似乎都可以直接成句。但假如仔细辨认一下,不难看出当一个主谓结构成为句子时,往往带有一些表示语法关系的情状词(auxiliary),如副词、情态助词"着、了、过"、趋向动词等。这就说明汉语的短语并不是直接成句的,而是经过静态向动态的转变,由下位的短语上升到上位句子层次的。不过,汉语的动态成句标志并不体现在词的内部形态上,而体现在整个句法的外部语词(auxiliary)制约规律上。所以,汉语的句子平面和句法平面是两级关系,句法上的主谓短语并不代表句子。从语句平面考虑,句子要求可以插入动态成分。插入动态标志后,就不再局限于句法平面了。从这一角度考察主谓谓语句,除了表示领属关系的例(19)(20)类外,所谓其他各类里的主谓短语实际上都是动态结构的句子(或叫小句)构成的。例如:

(22)小王我已经告诉他了。

(23)这件衣服你还没钉扣子呢。

(24)他北京话说得很好。

例(22)的话题"小王"之后的谓语明显是个句子,有动态标记"已经""了",还带有宾语,严格的主谓短语是不带宾语的。例(23)也是带宾语和语气动态的句子作谓语。例(24)是带有补语的句子作谓语。以上谓语实际是句子语用平面的陈述语,而不是句法上的谓语了。

第三,把话题与主语等同看待,所谓主谓谓语句的分析实际上与话题等于主语的命题在逻辑上又是矛盾的。既然,主语是话题,那么大主语也好,小主语也好,都是语句的话题,为何只把大主语看作话题,而把小主语看作陈述语的一部分呢?可见,这种主谓谓语句的提法本身又形成了无法解决的悖论,并且实际上还是区分主语和话题的。

(三)三个平面下主谓谓语句的分析原则

依照区分三个平面的思路,我们的看法是,遇到话题、施事、主语三者的情况不一致时不能笼而统之地全归入主谓谓语句。例如:

(25)这部电影我看过。

(26) 这件事中国人的经验太多了。

例(25)话题"这部电影"是语义上的受事。例(26)话题"这件事"是语义上的关系语。

这些不一致的情况,我们同意以语义优先作主语排列顺序的提法(汤廷池 1978),给谓语前的名词性成分排出语义优先作主语的顺序:"施事、工具、受事、处所、时间"(胡裕树、陆丙甫 1987)。也许这种优先顺序与语义配价中的强制性有关联。依据这一点,当施事与话题指代同一,又在句首时是主语。如例(2)的分析。如果施事与话题指代不同,而施事在谓语前时,施事是主语,话题作其他成分。这样看来,主谓谓语句的范围已缩小到例(19)(20)的领属关系这一类了。其他的如例(22)—(26)类都是一般的主谓句,其中施事作主语。至于原来主谓谓语句中大主语该怎样处理。胡裕树早期提出"句首修饰语、外位语、提示语、游离语"之说(胡裕树 1982),后来似乎只强调处理作全句修饰句、提示语(胡裕树、范晓 1985)。我们以后期术语为准。如果过多增加术语,有时会增加记忆困难,而且这些术语只为了说明语用的区别,在句法上无多大作用,不如分为全句修饰语、提示语、主语较好。也有双主语之说(文炼 1991;林祥楣 1991)。这种双主语提法不大完善。一是必然会导致三主语或双谓语之说,这反而使句法和语用又混同起来。二是双主语的定义难下,到底是其中一个话题,一个施事呢,还是非话题可以是主语呢,仍然界线不清,不如另换术语为好。

(四) 以往主谓谓语句的重新分类

依照形式化原则,主谓谓语句的划分可以遵循如下原则。

1. 全句修饰语

所有由介词结构构成的句首名词性成分都是全句修饰语。例如:

(27) 在教室里,他们总是用心听讲。

时间、处所词语在形式上虽无介词,但加上介词也是可以的,在语义上是动词的非强制性成分,表示事件外部的情境,也属于句子的外位成分,也归入全句修饰语中。实际上,在传统分析里,这一类也是看作状语的。例如:

(28) 下午,我们要开会。

2. 提示语

受事、与事、工具、关涉语在前时,一般都是话题,小主语是施事时,这一类全都归入提示语。例如:

(29) 这件衣服,你穿着好看。(受事)
(30) 这把刀我用它切菜。(工具)
(31) 这个人,我跟他交谈过。(与事)
(32) 这件事,知道的人不多。(关涉语)

3. 宾语提前

这一类实际上受事成分是表示周遍性的。例如:

(33) 他什么事都会做。

(33)例"什么"表示周遍性。

这类实际上是焦点前移句,有时可以在受事前加入焦点标记词"连"。例如:

(34) 他连这个字都不认识。

(34)例也可以用"也""都"表示焦点前移。

这一类可看作是宾语提前句(胡裕树 1982)。

4. 主谓谓语句

最后来看表领属关系这一类。这类与上述各类略有不同。胡裕树(1982)认为这类中大主语符合主语条件,归入典型主谓谓语句。我们觉得光这样讲还不够,还应看到这一类的大主语与谓语无直接联系及其他特点。这一类有与其类比的语义相同句式。例如：

(35) a. 他工作顺利。
　　 b. 他的工作顺利。

比较 a/b 两句可以看出，需要话题时，其原来名词性短语内部的限定语成了话题。不强调话题时，不存在大主语。这说明这类主谓谓语句仍是由于语用需要产生的，在这一点上，与其他主谓谓语句相同。不过，在句法结构上，这一类与其他类又有一些区别。其一，其他各类大主语与谓语动词多少有语义上的联系，而这一类其大主语与小主语构成直接成分关系，与动词无关。从这点来看，这一类属于名词短语作主语时的内部结构转换问题，可看作是一个内封闭式的名词短语结构由于语用需要分化为两个部分，出现两部分指代部分重叠现象。其二，这类句式往往不是孤立的句法平面上的自由句，而是依赖于语境或上下文对比而存在的粘着句。比较例(35)a/b 句，b 句是语义相对完整的独立句。而 a 句在语感上有欠缺，似乎话未完，应该还有些对衬句才好。从这点看，这类句式是一种仍赖于语境的粘着句。其三，这类在形式上有两面性。一方面这类在大主语与小主语间可插入副词性词语，副词一般是谓语的修饰语，依据这一点，这一类似乎是真正的主谓谓语句。

依照以上三点，这一类在形式上可以与其他类分开。如果强调大小主语间插入副词这点，则仅保留这一类为主谓谓语句。如果强调副词在大小主语后修饰动词谓语这一面，也可以取消主谓谓语句。

五、结　　语

在结构主义语法占据主流语法研究的 20 世纪 80 年代，三个平面语法理论的提出无疑开启了汉语语法研究的新方向，这为后期的功能语法、生成语法、认知语法等新的语法体系在汉语中的广泛应用奠定了基础。从三个平面理论提出至今，汉语语法研究越来越注重句法、语义、语用三者之间的联系。虽然从今天的眼光来看，三个平面理论后续的研究未能继续下去，因此显得不那么完善，但仍未落后于时代，仍然具有前瞻性。从这点来说，三个平面理论也是放眼世界，立足中国的产物，是中国语法研究理论中的靓丽风景线。

参 考 文 献

陈承泽　　1921　　字义研究法及字之训诂法，《学艺》第 2 期。
胡裕树　　1981　　《现代汉语》(增订本)，上海教育出版社。
胡裕树　　1982　　句子分析漫谈，《中国语文》第 3 期。
胡裕树、范晓　1985　　试论语法研究的三个平面，《新疆师范大学学报》第 2 期。
胡裕树、陆丙甫　1987　　关于制约汉语语序的一些因素，《第二届国际汉语教学讨论会论文选》。
林祥楣　　1991　　《现代汉语》，语文出版社。
吕冀平　　1982　　句法分析和句法教学，《中国语文》第 1 期。
吕叔湘　　1979　　《汉语语法分析问题》，商务印书馆。
施关淦　　1991　　关于语法研究的三个平面，《中国语文》第 6 期。
汤廷池　　1978　　主语与主题的划分，《语文月刊》第 1523 期。
文炼　　1988　　交际功能、句法功能和认知功能，《语文学习》第 4 期。
文炼　　1991　　与语言符号有关的几个问题，《中国语文》第 2 期。
赵元任　　1979　　《汉语口语语法》，商务印书馆。
朱德熙　　1982　　《语法讲义》，商务印书馆。
朱德熙　　1985　　《语法答问》，商务印书馆。

从"了"的必隐看语用制约优先

高顺全
(复旦大学国际文化交流学院)

摘 要 句法、语义和语用三个平面之间是互相制约的。在具体情况下,某一平面对另外两个平面的制约力度可能更强一些。拿"了"的隐现来说,语用对句法和语义的制约力度更强。汉语的"了"在已然语境中有几种"必隐"的情况,其实都是这种语用制约优先导致的句法-语义后果。"了"的"隐"一开始只是省力原则驱动下的语用倾向,倾向成了习惯,就变成了强制性的句法-语义规则。

关键词 三个平面;语用制约;"了";预设

一、引 言

胡裕树先生对汉语语法学最大的贡献,当是他和张斌、范晓等先生一起首创性地提出的语法研究三个平面理论。这一理论主张在语法研究中"全面地、系统地把句法分析、语义分析和语用分析既界限分明地区别开来,又互相兼顾地结合起来"。"怎样才能使三个平面结合起来?要注意三个平面的互相制约、互相影响。句法和语义是

互相制约的,句法和语用也是互相制约的,语义和语用也是互相制约的。"(胡裕树、范晓 1985)

胡先生特别重视语用的作用,因为"从双方交际的角度看,语用是关键","进入言语交际时,要不要变,怎样变,都要根据表达的需要,即受制于语用"(胡裕树 1994)。在谈到语用平面研究的时候,他特别指出,表达重点是指句法结构中着重说明的部分,表达重点属于语用平面,往往取决于表达的意图;焦点实质上也是表达重点的一种(胡裕树 1994)。

三个平面语法理论对汉语语法研究的影响是巨大而深远的,这一点是汉语语法学界的共识。今天重温胡裕树先生关于三个平面互相制约的学术思想,我个人有了一些新的领悟:句法与语义、句法与语用以及语义与语用之间的制约从理论上说是互相的,不过如果结合具体的语言事实,也许三个平面之间的互相制约力度不总是均衡的。有些时候,语用对句法和语义的制约力度更强,由于语用制约,句法和语义不得不作出一定的牺牲。这种现象可以叫做语用制约优先。

本文以"了"为例讨论这一问题。跟"了"有关的语用制约优先原则表现为:"了"在某些情况下由于受到语用制约而不能出现在根据语义要求它本该出现的句法结构的表层。

二、"了"的必隐现象及相关解释

(一)"了"的必隐现象

判断一个句子正确与否或者合不合语法,正如文炼(1991)所说,本族人凭借的是语感。尽管有些时候各人的语感存在差异,但在判断汉语二语学习者所说的话合不合语法方面,本族人的语感基本是一致的。请看下面几组外国人学汉语所说的句子:

(1) a. 他们是2002年2月2日结婚了。
    b. 我两年以前是在南京大学学习了汉语。
(2) a. 我刚毕业了,来中国为了教英语。
    b. 到了古城以后,我没找到我打算住的青年旅馆,九点钟,才找到了。
(3) a. 在上海我常常生病了。
    b. 他俩关系不好,老是吵架了。
    c. 上个星期我每天在复旦大学学习汉语了。
(4) a. 去年我在厦门做英语老师,日子过了很舒服和愉快。
    b. 来上海以后,我的汉语水平提高了很快。

说汉语的本族人应该很快就能达成共识:上面4组句子中划线的"了"用得都有问题:例(1)中该用"的"而不是"了",例(4)中该用"得"而不是"了";例(2)和例(3)中的"了"不该用,需要删去。

一般把"了"看作时态或体貌标记(当然还有其他功能),时态或体貌是很多语言都有的语法范畴,时体意义相对来说是客观的,容易为二语学习者理解和认知。尽管汉语的"了"算不上严格意义的时体标记,但充当时体标记可以算是"了"的基本功能。在汉语作为第二语言的教学(特别是初级阶段)中,"了"更是被解释为用在表示过去、已然的句子里。因此,我们必须回答汉语二语学习者经常遇到/提出的问题,明明是"已然/过去"语境,句子里边为什么不能用"了"?

(二) 已有相关解释

语法学界早就注意到"了"的隐现问题,也给出了一些规则和解释。如可以根据上面4组语境是"已然""过去"但句子不能用"了"的例子概括出4类不能用"了"的情况:

A类:句子有表示强调的"是……的"结构,如例(1)。
B类:句子中有主观性的时间副词"才""刚"等,如例(2)。
C类:句子中有量化成分(量化副词"常常""老是""每"等),如例(3)。

D类：情态补语标记词是"得"，不是"了"，如例(4)。

关于 A 类的解释主要有两种，一种可以称为"冗余"说。即"是……的"结构中的"的"是"时间助词"，因为已经有了表示已然的"的"，当然就不再需要"了"。这种说法很受教学界的欢迎，不少汉语国际教育教材也吸收采用了"的"表示时间的用法，在教"是……的"结构时也据此提醒学生不能用"了"。另一种说法可以称为"冲突"说。如袁毓林(2003)认为"(是)……的"是一种焦点化助词，能指示它所作用的谓词性成分是名词化形式的预设，即"V 了(O)"是"是……的"结构的预设；谢成名(2012)认为在语义预设情况下，强调算子"是"与体助词"了"的范围冲突导致"了"不能出现。

关于 B 类的解释也可以叫做"冲突说"。金立鑫、于秀金(2013)的解释是，"才"句中事件时间晚于预期时间，事件的实现不具新闻性，与句尾"了"无法兼容；杨凯荣(2013)认为，"才"的前面是焦点，句子既然通过"才"把后面变成旧信息，就不能用表示新信息的"了$_2$"，即"才"和"了$_2$"冲突。

关于 C 类，胡建华、石定栩(2006)的解释也是"冲突说"："常常""老是"等量化词语和"了"不能同现是因为违反了"空量化禁止律"。

对 A、B、C 三类作出比较集中的解释是杨凯荣(2013)。杨文认为，当说话人旨在报告事件的发生时，句末需要用"了"；但同样是已然的事件，当说话人对其进行说明或者对动作行为进行描摹时，句末则不需要用"了"。这种观点可以看作是"功能说"，即用不用"了"与句子的功能有关，说明句和描写句的句末都不需要用"了"。

这些解释都有一定的合理之处，但似乎都没有说明为什么"了"在与其他结构或虚词(如"的""才""常常""得"等)冲突或竞争的结局只能是失败。另外一个问题是，只从现代汉语共时层面的现象出发，即使能抽象规则，所做的解释也不一定能揭示真正的原因，有时甚至会把简单的问题复杂化。

（三）汉语史事实

从历时的角度看，说汉语的本族人并不是一开始就遵守上面那些所谓的规则的。例句：

(5) a. 我们姑娘何尝买过砒霜。若这么说，必<u>是宝蟾药死了的</u>。（《红楼梦》）
   b. 你们都是金枝玉叶，<u>天子脚底下长大了的</u>。（《儿女英雄传》）
   c. 宝钗听说，便笑道："<u>我是为抹骨牌才来了</u>?"（《红楼梦》）

(6) a. 偏生我没在跟前，打到半中间我<u>才听见了</u>。（《红楼梦》）
   b. 我往日见他赞你，我还不受用，昨儿我亲自经过，<u>才知道了</u>。（同上）

(7) a. 奶奶<u>刚出来了</u>，他就把银子收了起来。（《红楼梦》）
   b. 林丫头<u>刚起来了</u>，二姐姐又病了，终是七上八下的。（同上）
   c. 走到园中，一径往潇湘馆来。<u>刚进了门</u>，便放声大哭起来。（同上）

(8) a. 王太医和张太医<u>每常来了</u>，也并没个给钱的，不过每年四节大寿送礼，那是一定的年例。（《红楼梦》）
   b. 且现在……公馆里全是班女人，我<u>常常跑了去</u>亦很不便。（《官场现形记》）
   c. 他姓杨，……又是个好看书的，<u>经常在袖口内藏了一卷</u>，随处坐著，拿出来看。（《儒林外史》）

上面的语言事实告诉我们，本文讨论的 A、B、C 三类情况中的"了"并非一定不能出现。其中例(5)表明，今天的"是……的"结构在清代可以是"是……了的"，也可以是"是……了"；例(6)和例(7)则能证明近代汉语中"了"和主观性副词"才""刚"可以同现；例(8)在一定程度上可以说明，"了"与某些量化副词也可以同现。

可见,共时层面概括出来的规则以及相应的解释,可能并不那么可靠。

三、"了"的语法功能和语用制约优先

(一)"了"的语法功能

汉语史的事实表明,在本文讨论的 A、B、C 三类现象中,"了"很有可能是本族人在语言交际中慢慢放弃或者说省略的结果。省略的原因可能是:1)"了"标记的不是说话人的表达重点;2)"了"的存在会影响或妨碍说话人的表达重点;3)"了"标记的信息,说话人觉得用不着说听话人也能推导出来。无论是哪一种情况,都有必要对"了"的句法、语义和语用功能有一个基本的认识。

"了"的形式和功能都很复杂,本文尽量简化处理。从句法位置上看,可以把"了"大致分为"$了_1$"和"$了_2$",即一般所说的词尾"了"和句尾"了"。

"$了_1$"可以根据其后加成分作进一步分为两个小类。它们的区别是后面数量(包括名量和动量)成分是不是必有的。例如:

(9) a. 知道今天是中秋节专门为她做了点心,老师还请她去吃了晚饭。(《许爷》)

b. 我在院门口等米兰时,虚荣心得到了极大的满足。(《动物凶猛》)

(10) a. 从下午 5 点起,我们吃了一顿好饭,看了一场好电影,又在这个冷饮店里坐了几个小时。(《浮出海面》)

b. 安佳迅速把屋里归置了一遍,使一切井井有条,一尘不染。(《一点正经没有》)

本文把例(9)中的"$了_1$"记为"$了_{1a}$"(后面只有名词),把例(10)中的"$了_1$"记为"$了_{1b}$"(后面一定有数量成分)。"$了_1$"主要用于已然语

境,其中"了$_{1a}$"的基本语法功能是表示时体意义,"了$_{1b}$"既表示时体意义,同时也起到动作完成后计量的计量(与动作相关的名量和动量)作用,而这个数量往往就是说话人要表达的重点即句子的焦点,是句子的新信息。时体意义可以看作"了$_1$"是语义功能,而标记数量信息则是"了$_1$"的语用功能。

"了$_2$"即句尾"了"前面可以是动词性短语,也可以是形容词性成分甚至名词性成分。它也主要用于已然语境,既能表示时体意义,同时也能标记焦点或者新信息(报道一个事件或者一种新变化)。前者是它的语义功能,后者则是它的语用功能。例如:

(11) a. 老师<u>病了</u>,上午<u>改自习了</u>,我就<u>溜出来了</u>。(《动物凶猛》)

b. 我第一次见你,也对你印象深刻,看来咱们都<u>遇见知音了</u>。(《痴人》)

c. 她仰起脸,笑吟吟地望着我。我<u>脸红了</u>,感到不知所措。(《一半是海水,一半是火焰》)

d. 因为现在<u>冬天了</u>,冬天北京时兴吃涮羊肉,大家便给老师送"炭火"。(《一地鸡毛》)

从传递信息的角度看,一个独立的句子或具有独立性的小句(分句)的信息结构以"旧信息+新信息"为常,也就是说,常规/自然焦点的位置在句子的后半部分。如此一来,可以认为汉语"了"的基本语义功能是表示时体意义,基本语用功能是标记常规焦点。

(二)语用制约优先

焦点或者说表达重心是说话人可以调适的,即存在非常规焦点或者说特殊焦点。当说话人有特殊的表达重点或者焦点时,往往会使用特殊的标记词(特殊的结构或功能词)。

有了特殊焦点及相应形式之后,原来的常规焦点标记"了"就面临一个尴尬的处境。虽然它表示时体的语义功能已然存在,词尾和句尾的句法位置也没有强烈的竞争者,但问题是,它标记常规焦点的语用功能会影响表达和理解,也就是说,它与特殊焦点标记之间存在一定的冲突或竞争。因此,为了避免这种冲突和竞争,说话人就要对原有的句法—语义结构体进行一定的调整。语用制约的这种决定性可以叫做语用制约优先。

语用制约优先有两个基本的原则。一是强度原则,信息强度高者优先,当一个句子既有特殊焦点又有常规焦点的时候,特殊焦点的信息强度更高;二是最省力选择,即说话人在不影响表达和理解的前提下尽量少说,能省就省。(当然,说话人省略什么是建立在对听话人的认知能力和语用推理能力充分信任的基础之上的。)

根据信息强度原则,特殊焦点是说话人更想传达的信息,因此"了"标记的常规焦点在跟它的冲突和竞争中处于劣势;根据最省力原则,"了"表示的时体意义是听话人可以理解的,这样"了"逐渐被说话人放弃,其结局一开始只是倾向性省略,这种省略变成习惯之后,就会变成强制性的句法规则。

本文讨论的 A、B、C 三类"了"的必隐现象都是语用制约优先的产物。这三类句子的焦点都是特殊焦点,有其各自的算子。特殊建立在常规的基础之上,在特殊焦点结构中,"了"只能存在于预设/背景之中,在句子的表层得不到直接的表达,结果就是"必隐"。

四、"了"与预设、焦点

"了"在句法层面省略或者删除以后,听话人为什么还能理解它表达的时体意义?因为表达与理解之间存在着共同的基础——说话人出于语用的需要,会省略一些他认为不影响听话人理解的东西;听话人也能充分理解这一点,并能推导出说话人省略的东西。

说话人表达的时候不用"了",却不影响听话人对已然未然的理解。其中的原因是,省略是在交际双方拥有一个共享的背景知识或者所认知环境基础上产生的,这种可以根据认知环境推导出来的背景知识就是预设。

预设(presupposition)是交际双方共享的已知信息/背景知识,是以隐含的方式内嵌与句子或语段中的信息或命题(陈小兆 2009)。从句子的信息角度理解,预设是存在于句子中的背景信息。从表现形式上看,预设没有直接表达出来的语句,它隐藏在表达出来语句的内层。但预设常常与特定的词语或短语相联系,是句子结构意义的依存部分(殷志平 1997)。预设可以分为语义预设和语用预设。语义预设是语用预设的基础,但二者之间没有绝对的非此即彼的界限(范晓、陈忠 2002)。

可以这么理解,预设是说话人没有直接表达出来但听话人却可以推导出来(说话人也承认这种推导)的信息,属于已知信息,它和焦点有关。焦点是说话人强调、凸显或特别提醒听话人注意的信息,是表达重点。它的基础是旧信息或背景信息,也即预设。一般认为焦点结构由三部分组成,即算子、焦点和背景,预设属于背景部分。

徐盛桓(1993)曾指出,句义建筑在预设的基础之上,预设(P)是原句(A)的必要条件。有些事实是在句子中直接被表述的,有些事实并没有得到直接的表述。它们的存在,作为被陈述的事态的前提条件。预设性事态总是发生在原句事态之前,有先时性。

"了"所表达的时体意义正是这种"先时性"。句子可以分为事件句和事态句。前者是对动作及其结果的陈述,其焦点是常规/自然焦点,由"了"来标记;后者是对动作相关论元、结果/状态的说明、描写和评议,其焦点是非常规焦点。事件句是事态句的预设,"了"存在于事件句而非事态句中。

当然,能不能得到直接的表述,取决于语用需要,即要使用事件句还是事态句来表达说话人的意图。如果是后者,就会用一些特殊的结构或者功能词作为特殊焦点算子,这些算子从预设的角度来看可以是触发语(trigger),它们能触发已然预设。

本文讨论的 A、B、C 三类句子都是事态句而非事件句,说话人都使用了特殊焦点算子或者说预设触发语。在 A 类"是 X 的"句式中,"是……的"结构(主要是表示确认语气的"的")是焦点算子,X 是焦点(一般是时间、处所、方式等非必有论元,有时也可以是施事),它经常触发已然预设(如果是非已然性的,句中会有未然标记"会"等);在 B 类句子中,主观性副词"才""刚"是焦点算子,它们前面的部分是焦点(对它的关注可以推理出说话人的主观态度或情感等),这类副词也能触发已然预设;在 C 类句子中,"老是""常常""每"等量化词语是焦点算子,经常触发已然预设。即使是惯常句,也是对多次已然情况的经验总结。比较特殊的是,它们既是算子,同时也是焦点:说话人想表达的重点正是某人的一种高频甚至是惯常性的行为状态。这三类"原句"都有属于自己的预设(句),"了"存在于预设(句)之中。例如:

(12) a1. 他们是 2002 年 2 月 2 日结婚的。
　　 a2. 他们结婚了。
　　 b1. 我刚毕业。
　　 b2. 我毕业了。
　　 c1. 他那段时间常常生病。
　　 c2. 他那段时间生病了。

五、"得"与"了": 不同的焦点标记

现在来看很少有学者讨论过的 D 类。我们认为,情态补语句动词后面的"得"也是一个特殊焦点标记,它标记的是说话人对动作结果的描写或评价。"了"不能出现,也是语用制约的结果。

从语法化的角度看,"得"和"了"本来都是表示完结意义的动词,

它们虚化后都可以充当动作的结果。例如:

(13) a. 军汉中一个军校,接得酒肉过来看时,酒只半瓶,肉只十两。(《水浒传》)

b. 小二哥接了铜钱,自去门前安排茶饭,不在话下。(同上)

(14) a. 且说林冲在柴大官人东庄上,听得这话,如坐针毡。(《水浒传》)

b. 高太尉在北门上巡警,听了这话,带领军马,便来追赶。(同上)

例(13)和(14)中的"得"和"了"可以互换,且意义区别不大。可以据此认为,汉语史上曾经有过"V 得=V 了$_{1a}$"这样一个时期。与此同时,"V 得=V 了$_{1b}$"的情况也大量存在。例如:

(15) a. 只见他走到面前,唱得个诺,便哭倒在地。(《初刻拍案惊奇》)

b. 酒保上楼来,唱了个喏,下了帘子,请问道。(《水浒传》)

(16) a. "你等众人打甚么人?"众庄客答道:"昨夜捉得个偷米贼人。"(《水浒传》)

b. 俺略施一点小计,捉了个活二傻。(《聊斋俚曲集》)

上面是"V 得个"和"V 了个"后接名词性成分构成动宾结构的情况,其中"V 得个"基本上等于"V 了个",也即"得=了"。不仅如此,近代汉语中还存在不少"V 得个"和"V 了个"后接非名词性成分构成动补结构且意义一样的情况。例如:

(17) a. 翠翠哭得个发昏章第十一,报与将军知道,将军也着实可怜他。(《二刻拍案惊奇》)

b. 醮事完毕,换了淡素的衣裳,坟上哭了个发昏致命,(《醒世姻缘传》)

这种用法在现代汉语中也还能见到。例如：

(18) a.（苏小沪）曾获全年级最高分,而豆儿刚刚<u>混得个</u>及格。（《白雾》）

b. 这样跑来跑去,不仅仅<u>混了个脸熟</u>,还招了两个狂蜂浪蝶回来。（网络语料）

可见,"得"和"了"用在动词后面的时候,语义本来是相当接近的。不过,由于"得"的实义是"得到",结果意义相当于"到"；"了"的实义是"完结",因此进一步发展出时间意义。当"得"和"了"同时出现在动词后面的时候,语序是"V得了","得"表示结果意义,而"了"单纯表示时间意义。例如：

(19) 智深吃五七口,<u>听得了</u>这话,便撇了不吃。（《水浒传》）

也就是说,由于实词意义方面的一些细微差异导致"得"和"了"的功能差异和分工："得"表示结果,"了"主要表示时间。

"得"可以充当现实结果,也可以标记可能结果（如"听得懂"）。在充当现实结果、意义相当于"到"的用法中,句子的焦点标记是"了",如例(19)。但由于"了$_1$"兼有结果意义以及"到"的有力竞争,"得"的这种用法逐渐式微。例如：

(20) 我起先只管呆看,还莫名其妙,<u>听到了</u>这两句话,方才知道他是母子两个。（《二十年目睹之怪现状》）

充当现实结果的"得"后来又发展出标记情态补语的功能。例如：

(21) a. 宝玉起来时,袭人早已把书笔文物包好,<u>收拾得停停妥妥</u>。（《红楼梦》）

b. 书本纸片等至于笔砚之物撒了一桌,又把宝玉的一碗茶也<u>砸得碗碎茶流</u>。（同上）

c. 凤姐日夜不暇,<u>筹理得十分的整肃</u>。（同上）

情态补语是说话人对动作结果的描写或评议,具有主观性,是句子的表达重点或者焦点。因此,D类中的"得"可以看作焦点算子,它后面的情态补语部分是焦点,情态补语句是一种事态句而非事件句,它有一个预设(句),即"V 了"。也可以认为,"得"除了标记特殊焦点外,也可以触发已然预设。例如:

(22) a1. 我们把敌人打得落花流水。
　　　b1. 我们打了敌人。
　　　a2. 他被训斥得不说话了。
　　　b2. 他被训斥了。
　　　a3. 他汉语说得很好。
　　　b3. 他说了汉语。

与动作相关的数量不是对结果的描写或评价,因此不能用"得"来标记,如果它出现在句子里,自然可以是新信息或者焦点,不过这种焦点是由"了$_{1b}$"来标记的。因此,对例(4b)的修改方法不是只有把"了"换成"得",也可以是把"快"换成"多":

(23) 来上海以后,我的汉语水平提高了很多。

可以认为,同样由完结动词语法化而来的两个功能词"得"和"了"在充当焦点标记方面是有分工的,"得"标记的是说话人对动作结果或事件的描写或评价,是说话人的主观态度信息;"了"(了$_{1b}$)标记的则是动作或事件涉及的数量信息。

六、余　　论

"了"在语义上具有表示时体的功能,同时也有标记常规焦点的语用功能,后者比前者更重要。当它标记的新信息被作为旧信息背景化成为句子的预设以后,"了"就不重要了,就会被语言使用者省略。这可以看作是语用制约原则优先的结果：信息的强度改变以后，基于省力原则的驱动，"了"的结局就是从选择性省略到强制性删除。

从根本上说，"了"被强制性删除是因为汉语动词没有狭义的形态变化，"了"作为词尾也好，句尾也好，都不是严格意义上的形态。当说话人选择凸显非常规焦点的时候，由于"了"不是动词的形态变化，就可能会被省略直至删除。

需要指出的是，语用制约导致的成分删除并不是无条件的。它建立在不被误解或者说不会造成歧义的基础上。例如：

(24) a1. *我八点才起床了　　　b1. 我八点就起床了。
　　　a2. 我八点才起床。　　　b2. 我八点就起床。

(24a1)中的"了"必须删除，但(24b1)却中的"了"却不能，因为它和(24b2)的区别就是已然和未然的区别，这种时间意义需要"了"来表示。

关于"就……了"表达事件发生在预期时间之前而句尾"了"需要使用的现象，金立鑫、于秀金(2013)的解释是，一个早于预期时间发生的事件具有新闻价值。"就"表达了早于预期时间发生的事件，句尾"了"表示的事件就具有可报道性或新闻性。"就"与"了"之间不存在必然相关性，自然也就不冲突；杨凯荣(2013)也持相近的观点：在"就……了"句中，事件发生的时间发生得比预期早，不再成为说话人关注的焦点。

我们认为，"就……了"中的"了"是保证听话人理解已然未然的需要，因为副词"就"既能触发已然预设，也能触发未然预设（"才"只能触发已然预设），这跟新闻价值没有太大的关系——从新闻报道的角度来说，事件早于预期和晚于预期同样具有可报道性。

语用需要会产生一些特殊的结构或标记，语用制约随之产生，它可能要求对原来的句法-语义结构体进行一些改造，表现之一就是扔

掉一些成分或标记词。除了本文讨论的四类句子外,跟"了"相关的语用制约优先现象还有不少。例如:

(25) a. 今天才学了10个生词。　　b. 今天才学10个生词。

(25a)和(25b)几乎是等义的,区别只是不同说话人的个体或群体因素。这表明,由于"才"带来的语用制约优先,"了$_1$"也有省略不用的趋势。也许在不远的将来,这种趋势就会变成强制性的句法-语义规则:"才"和"了$_1$"在句法-语义上也不相容。但在今天,应该承认(25b)是(25a)省略"了"的结果。

语用制约优先原则还表现在"了"所在小句的背景化方面。例如:

(26) a1. 我吃饭了,就去南京路了。
　　　a2. 我吃了饭,就去南京路了。
　　　b1. 洗澡了以后,我出去客厅里坐一下。
　　　b2. 洗了澡以后,我出去客厅里坐一下。
　　　c1. 来了上海以前,我不喜欢冬天。
　　　c2. 来上海以前,我不喜欢冬天。

上面左列都是汉语中介语中跟"了"有关的偏误实例,右列是相应的正确说法——本族人对划线的"了"处理办法是改变位置或者直接删除。改变句法位置是为了让"了"不再标记焦点,如例(26b1);删除是不允许它标记焦点却又没有位置给它,如例(26c2)。这些都是语用制约优先的结果。因为上述划线的"了"处于背景句(小句)的位置,而背景句却不是说话人表达的重点,前景句才是。

本文的讨论表明,有些情况下,即使是已然语境,"了"也不能够得到直接的表达,而是表现为一种强制性的删除。这种强制性是语用制约优先的结果,它一开始可能只是一种倾向,省略成了多数本族人的习惯之后,语用倾向就会变成句法-语义规则。

三个平面之间互相制约是一个抽象的原则。就具体的语言事实来说,这一原则可能会表现为某一个平面的制约优先。我们相信,语用制约优先在汉语语法中可能更有特殊性,挖掘更多的语用制约优先个案,能够对汉语的某些特殊语法现象做出合理的解释。

参 考 文 献

胡裕树、范晓　1985　试论语法研究的三个平面,《新疆师范大学学报》第 2 期;《语言教学与研究》1993 年第 2 期重新发表。
胡裕树　1994　汉语语法研究的回顾与展望,《复旦学报》第 5 期。
陈小兆　2009　论预设与原句,《外语与外语教学》第 5 期。
范晓、陈忠　2002　预设和蕴涵,《信阳师范学院学报》第 5 期。
徐盛桓　1993　"预设"新论,《外语学刊》第 1 期。
金立鑫、于秀金　2013　"就/才"句法结构与"了"的兼容性问题,《汉语学习》第 3 期。
杨凯荣　2013　从表达功能看"了"的隐现动因,《汉语学习》第 5 期。
胡建华、石定栩　2006　量化副词与动态助词"了"和"过",《语法研究和探索(十三)》,商务印书馆。
袁毓林　2003　从焦点理论看句尾"的"的句法语义功能,《中国语文》第 1 期。
谢成名　2012　从预设看两种类型的"(是)……的"句及其时体特征,《世界汉语教学》第 4 期。
文炼　1991　句子的理解与信息分析,《语言研究》第 1 期。
殷志平　1997　预设分析与语法研究,《南京社会科学》第 6 期。

认知语言学背景下三个平面理论的价值[*]

卢英顺

(复旦大学中文系)

摘　要　三个平面理论有逐渐淡出学界的态势,本文从句法变换、对歧义现象的解释两方面论证了三个平面理论的独特价值,这些是认知语言学理论方法难以应付的;本文还以语言事实证明,图形/背景或者射体/陆标分析有失之粗糙之嫌,三个平面理论与构式语法理论在对不同句式/构式存在的必要性上有着相通的看法。因此,从继承和创新的角度来看,即使在今天,三个平面理论没有过时。

关键词　三个平面理论;认知语言学;句法变换;歧义

一、引　言

2018年是我国著名语言学家胡裕树先生100周年诞辰。胡先生对汉语语法研究的卓越贡献在学界是有目共睹的,在此我无须赘言。其突出贡献之一就是他和张斌先生、范晓先生在20世纪80年代构

---

[*] 本文曾在"2018语言的描写与解释　纪念胡裕树先生100周年诞辰学术研讨会"(2018年8月26—27日,复旦大学)上宣读过。

建的汉语语法研究的"三个平面"（句法平面、语义平面和语用平面）理论。随着岁月的流逝，新的理论方法不断涌现，三个平面理论有逐渐淡出学界的态势，甚至有人因此而认为三个平面理论已经过时了。这是本文写作的缘起。

上面所说的新的理论方法当然不限于认知语言学。但考虑到认知语言学理论方法（包括构式语法）在学界的广泛影响、笔者本人的学力以及标题的简洁，姑且采用了现在的标题。

二、三个平面理论的简单回顾

纵观语法学的发展历程，语法研究大致可分为三个阶段：规定性阶段、描写性阶段和解释性阶段（卢英顺 2015：64）。明确提出对语言现象进行解释的始于转换生成语法理论，后来的功能主义（包括认知语言学）也追求对语言现象进行解释[①]，虽然其追求解释的路径与前者不同。但众所周知，由于种种原因，转换生成语法理论对汉语语法研究的影响似乎并不是很大，运用生成语法理论研究汉语语法的学者和研究论文也不多。认知语言学理论方法引入汉语学界以后，备受大家的青睐。不过我们也知道，认知语言学理论方法引入汉语研究只是 20 世纪 90 年代后期的事，真正在学界产生广泛影响还是最近十几年的事。那么，此前在汉语语法学界追求解释并产生广泛影响的语法理论是什么？自然是"三个平面"理论。

三个平面理论思想萌芽于胡裕树主编的《现代汉语》（增订本）[②]，该理论框架的正式形成标志无疑是胡裕树和范晓（1985）《试论语法研究的三个平面》。该文明确指出，三个平面指的是句法平面、语义

---

① 学界也有人认为认知语言学理论方法不是解释，仍然是描写。
② 有关三个平面理论的萌芽和发展情况，可参阅施关淦的《关于语法研究的三个平面》，载《中国语文》1991 年第 6 期。

平面和语用平面；分别论述了各平面的主要研究内容以及它们之间的相互关系。此后，除胡裕树、张斌和范晓先生外，其他众多学者也积极参与，或从三个平面理论整体的角度或从该理论的某一方面（如语义指向、语义角色、语义特征分析），为三个平面理论的进一步完善和实践做出了不同的贡献，在汉语语法学界掀起了运用三个平面理论研究汉语语法的热潮①。以往研究中的一些认识问题得到了不同程度的澄清，汉语语法的研究视野也因此而得到拓宽，研究深度得到进一步加强（卢英顺 2014：143—144）。更应该值得我们注意的一个现象是，《试论语法研究的三个平面》这篇论文首发于《新疆师范大学学报》，而时过七八年之后，该文重刊于《语言教学与研究》1993 年第 2 期。这种现象在汉语语法学界似乎是绝无仅有的②。由此不难看出，三个平面理论在汉语语法研究中的影响力及其所起的重要作用。范晓和胡裕树（1992）《有关语法研究三个平面的几个问题》是对施关淦（1991）一文第四部分所提出深化三个平面理论的几个问题的回应，该文的论述使三个平面理论所研究的对象更加明确，所涉及的内容更加具体。

然而，随着认知语言学等理论方法在学界的扩散，三个平面理论是否过时了呢？笔者以为，没有过时！下面试从几个方面阐述我的这一看法。

三、对一些句法变换的解释力

请先看下面的例子：

---

① 袁晖、戴耀晶编《三个平面：汉语语法研究的多维视野》（语文出版社，1998）中收录了部分有影响的论文，可以参阅。
② 如果一篇论文先在某刊物上发表，后被某论文集收录，当不属此种现象。该文还收录在马庆株选编的《二十世纪现代汉语语法论文精选》（商务印书馆，2005），被列为第一篇。

(1) 他们买了《三国演义》。→

(1a)《三国演义》他们买了。

(2) 他们只买了《三国演义》。→

(2a) *《三国演义》他们只买了。

不难发现,例(1)可以变换为(1a),而与之相似的例(2)则不能相应地变换为(2a);而例(1)和例(2)唯一的差异就是有无"只"。可见造成例(2)不能变换的原因就在"只"身上。那么,为什么有了"只"就不能作类似变换呢?

再看下面的例子:

(3) 他们买了两套《三国演义》。→

(3a)《三国演义》他们买了两套。

(4) 他们只买了两套《三国演义》。→

(4a)《三国演义》他们只买了两套。

例(3)和例(4)分别与例(1)和例(2)类似,所不同的是前者比后者多了个数量短语"两套",而"两套"是作定语,修饰"《三国演义》",就这两例而言,它只是个扩展成分,而扩展并不影响句型的性质(胡裕树 1984)。因此,这四例可以概括为 SVO 型。问题在于,同为 SVO 型,例(2)不能变换为(2a),而例(4)却能变换为(4a)。原因何在?

就笔者所涉及的有限的认知语言学理论方法,上述现象似乎很难解释。不过,运用三个平面理论中的语义指向理论则能合理地解释上述现象。

句法成分的语义指向有"前指"和"后指"之分(卢英顺 1995;陆俭明 1997)。就"只"而言,其在语义的指向上只能是后指的。根据卢英顺(1996)的研究,"只"所指的对象既可以是名词性成分,包括数量短语,也可以是动词性成分。"只"的这些指向特点可以用来解释上述例子的句法变换情况。例(1)和例(3)的变换式(1a)和(3a)都能说,这两句不必讨论,因为它们不含"只";其实这两例是用来辅助说明例(2)和例(4)的变换情况的,起着对比的作用。

我们先看看(2a)为什么不能说。因为在(2a)中,当"《三国演义》"前移至句首之后,"只"在语义指向上落空了。从理论上说,"只"还可以指向动词"买",但实际上不可以,原因后叙。那么,与(2a)类似的(4a)为什么能说?在(4a)中,当"《三国演义》"前移至句首之后,"只"在语义上仍然可以指向"两套",其语义指向并没有落空。

当然,仅仅根据"只"的这些语义指向特点是无法充分解释上述(2a)这种现象的。要解释(2a)为什么不能说,还需要考虑"只"自身的语义特点。《现代汉语词典》(第6版)对"只"的解释有两项:一是"表示仅限于某个范围";二是"只有"。与本文讨论内容相关的是第一个义项,但该义项无助于解释(2a)为什么不能说的问题。吕叔湘主编(2001:678)列举了"只"的多种用法:

A. 限制与动作有关的事物,如"我只学过英语";

B. 限制与动作有关的事物的数量,如"教室里只有三四个人";

C. 限制动作本身以及动作的可能性等,如"这本书我只翻了翻,还没详细看";

D. 直接放在名词的前面,限制事物的数量。如"只你一个人去行吗?"。

在这几种用法中,与我们讨论的问题相关的是第三(C)种,但这种说法比较含糊。卢英顺(1996)认为,"只"的语义特点是其蕴含义为"量少"(说话者主观上认为的"量少")但这里的"量少"不能简单地理解为"数量的少",而要作更广泛的理解,可以理解为"行为或状态的程度没有达到极限"。就(2a)中动词"买"而言,"买"之于"拥有"状态已经达到了极限,不同于"借"之于"拥有"(暂时的)。这样,"买"的这种"拥有"语义特点与"只"的语义特点发生了冲突,因而"只"在语义上就不可能指向"买";而在(2a)中它又没有其他成分可指,致使其语义指向落空①。如果我们把其中的"只"换成语义指向上前指的"都"就没有问题：

(5)《三国演义》他们都买了。

四、认知语言学忽视对歧义的研究

任何语言都存在大量的歧义现象,"现代语言学史上,歧义问题不止一次成为某个新的语言学学派崛起时向传统阵地进击的突破口。美国描写语言学家批评传统语言学不能解释因结构层次不同而产生的歧义现象","乔姆斯基(N. Chomsky)则指出,描写语言学对于句法层次和句法关系都相同的组合的语义结构的歧义现象无法解释"(石安石 1993,2005：121—122)。而歧义研究对人工智能研究十

---

① 我的博士生张宝同学指出,"《三国演义》他们只借了"也不是那么顺畅。确实如此。不过如果我们把这句稍作改动就能证明这种解释本身是没有问题的,试比较"《三国演义》他们只是借的"和"＊《三国演义》他们只是买的"便一目了然。

　　至于"《三国演义》他们只借了"为什么不能说以及"《三国演义》他们只买了"在一定的语境下又能说这一点,则是另外一个问题。张宝运用认知图景理论对此所作的如下解释是可取的：

　　从认知图景理论来看,"书"的终极目的是"被看",从"买"到"看"、从"借"到"看",都在事件语义层面(或者动态认知图景上)存在一个程度上升的斜坡(由事件发生先后所映射而成的),所以下面四个句子是有存在可能性的：
　　A.《三国演义》他们只买了,但还没有看。
　　B.《三国演义》他们只借了,但还没有看。
　　C. 汽车我只看了,但还没有买。
　　D. 汽车我只买了,但还没有开。

　　同样,对于"汽车"来讲,其终极目的是"被开",但从"看"到"买"再到"开"也由于事件发生的先后映射成为一个程度上升的语义斜坡。但这一切,都基于动态的认知图景之上。

　　以上所述也可以归结为：就两个相关的行为事件 E_1 和 E_2 而言,如果 E_1 所指为行为本身,E_2 为该行为所要达到的目的,那么,就这整个复合事件来说,E_1 显然没有达到极限。这样看来,仍然符合我们对"只"的语义特点的解释。

分有意义,郭玉箐等(2016)在其《走向智能时代的语言信息化产业》一文中指出:"语言歧义现象多,语义理解困难,难以构建高质量翻译系统。"

就现代汉语而言,造成歧义的原因多种多样,吕叔湘(1984)、石安石(1993,2005:134—138)、卢英顺(2015:115—116)等对此都有比较详细的论述。有些歧义现象或许可以运用认知语言学理论方法加以解释,如克罗夫特和克鲁斯(Croft & Cruse 2006:138—139)曾举过这样两个有趣的例子:

(6) an overworked husband
(7) an overworked stallion

例(6)和(7)句法结构层次和结构关系完全一样,但例(6)只有一种理解,即"劳累过度的丈夫",而例(7)则有两种理解:一种理解与例(6)平行,即"因干活劳累过度的公马",另一种理解是"这匹公马因配种过度而劳累"。克罗夫特和克鲁斯以这两个例子来进行对比,还有一个值得关注的现象,就是 husband 和 stallion 都含有[雄性]这一义素。两个如此相近的短语,一个没有歧义,而另一个则有歧义,原因何在?他们只是指出上述这种现象,但并没有对产生这种现象的原因作出明确的说明。笔者以为,这种现象可以通过认知得到比较合理的解释:stallion 首先是一匹马,它会像其他的马一样干各种不同的活;但它又是"种马",这就能激活其常规作用的另一方面,即配种。而与此相对的 husband 在认知上不可能激活后一种情况。也就是说,overworked 的语义指向在例(6)中只有一种可能,而在例(7)中则有两种可能,产生了语义指向的模糊性,而语义指向的模糊性造成了歧义的理解(卢英顺 1996)。这就是说,对例(7)歧义的解释,既可以从认知的角度着手,也可以从三个平面理论中语义指向理论着手,而且后者似乎更为重要。为了证明上述解释的合理性,只要把 stallion 换成无标记的 horse 即可。an overworked horse 没有歧义,只有一种理解,而且这种理解与例(6)是平行的,即都是因干活过度而劳累。

但更多的歧义现象是认知语言学难以解释的,例如:

(8) 他语文就考了120分。

(9) 你们三个一组。

例(8)中,"语文"考了120分,是多还是少?其实两种理解都可以。是多还是少,与"就"的语义指向有关:指向"语文"时,意味着仅语文这一门课就考了120分,说的是分数考得多;指向"120分"时,意味着分数考得少。例(8)的语义指向不同于例(7),例(8)的语义指向与句法结构上的成分有关,而例(7)的语义指向与对 stallion 的认知有关。例(9)的歧义与对这句的句法分析有关,如果分析成"你们|三个一组",则意味着分组时,每组三个人;如果分析成"你们三个|一组",则是说"你们三个人"在一组。这两例的歧义,或从语义平面或从句法平面能得到合理的解释。(当然,在口语中伴随重音或停顿的不同。)然而在认知语言学理论框架中似乎难以得到解释。

五、图形/背景分析和射体/陆标分析有失之粗糙之嫌

图形(Figure)/背景(Ground)这对概念始于心理学,说的是感知上的凸显现象。在感知两个相关的物体时,在视觉上一次只能感知一个物体的图形,而另一个物体只能以背景的形式被感知。一般说来,在这两个相关的物体中,其中一个更容易被感知为图形,而另一个则更容易被感知为背景。图形一般具有相对较小、易移动、形状闭合等特点,而背景一般则相反(Talmy 2000:315-316; Ungerer & Schmid 2008:165)。广为人知的人脸/花瓶的感知只是一种特殊现象。

图形/背景这对概念被引进语言学之后,可以分析、解释诸如下

列现象：

(10a) The bike(F) is near the house(G). (Talmy 2000：314)

(10b) ?? The house(F) is near the bike(G).

(11a) The TV antenna(F) was above the house(G). (Talmy 2000：317)

(11b) ? The house(F) was below the TV antenna(G).

上述两组句子从逻辑上来看是等值的，但只有(a)句能说而(b)句不大能接受。究其原因，就是选择什么样的成分作主语的问题。在认知上易于看作图形的更适合作主语。以例(10)为例，bike 与 house 相比，bike 符合图形的特点，更适合作主语，而 house 则不然；因此句(10a)自然，而(10b)则很难接受。

图形/背景这对概念进而被用来分析其他类型的单句，将它们分别与主语和宾语对应起来，动词表示图形和背景之间的关系（参阅 Ungerer & Schmid 2008：177）。例如：

(12) Susan resembles my sister.

(13) Susan is peeling a banana.

(14) Susan loves bananas.

(15) Susan has a large library.

(16) The garden is swarming with bees.

上述例(12)按照这种分析方法把 Susan 看作图形，把 my sister 看作背景尚容易理解，而其余的例子(13)—(16)如作类似分析，似乎远离了语感，给人以只是贴了一个标签而已的印象。特别是例(16)中的 the garden 和 bees，单纯从认知的角度来看，bees 更容易作图形，而 garden 更容易作背景；按照目前的分析，只能把 the garden 分析为图形。

值得注意的是，即便在英语语法分析中，传统对单句分析的结果是，不仅有主语、宾语和谓语动词，还有不同的状语。在对单句进行认知分析的时候,如果只考虑前三者而不考虑后者,显然有失之粗糙之嫌。而且,当单句中的谓语动词为不及物动词时,所作的分析就容易牵强附会。

用图形/背景分析方法来分析汉语会遇到同样的问题。例如:

(17) 词典在书橱里。
(18) 他把词典放在书橱里。
(19) 我饺子吃了 10 个(,小笼包吃了 6 个)。
(20) 我闻到了一股香味。
(21) 我听到了鸟叫声。
(22) 河边种着一排柳树。
(23) 一排柳树种在河边。
(24) 兔子跑了。
(25) 她哭了。

就例(17)而言,"词典"是图形,"书橱里"为背景,这没有问题。而例(18)似乎有点麻烦,按照目前的分析方法,因为主语是"他",应该分析为图形,同时应该把"书橱里"分析为背景,而"词典"则作"把"的宾语,按照一般的分析,整个介词短语"把词典"是状语,是边缘成分,所以不可能分析为图形;这种分析显然有悖于语感和实际:例(18)表示的是"他"与"词典"的关系以及"词典"与"书橱里"之间的关系,而不是"他"与"书橱里"之间的关系。如果按照曹逢甫(1980:173)的分析,把"词典"看作次话题,这样,"词典"似乎就可以分析为图形,但问题是,"他"和"词典"能同时作为图形与背景"书橱里"相对吗?例(19)中,无论是把"我"或者"饺子"还是"我"和"饺子"分析为图形,把"10 个"分析为背景,都难以让人理解,都免不了让人觉得是为了分析而分析。例(20)和(21)分析起来又是个棘手问题,凭着生活经验,是"一股香味"传到"我"的鼻子里,是"鸟叫声"传到"我"的耳朵里,因此,它们似乎更应该分析为图形,那么这两例中的"我"是背景？如果硬要将图形与主语挂钩，将背景与宾语挂钩，这样的分析意义又何在？例(22)和(23)中都有"河边"和"一排柳树"，不管是立足于认知本身还是立足于句法结构，把其中的一个分析为图形，把另一个分析为背景，也都让人觉得是为了分析而分析。例(24)中是不及物动词"跑"，这句的图形是"兔子"，那么背景呢？如果说背景是"从什么地方"，隐含了，那么例(25)又如何分析？是隐含了背景"在哪里"吗？如果真的这样分析，是不是过于牵强附会而太随意了呢？

再看下面的例子：

(26) 今天中午我在食堂吃牛肉面吃了20分钟。

这句又该如何分析？

由上不难看出，用图形/背景分析方法来分析句子，虽然能较好地分析一部分句子，但如果对这种分析方法进行拓展，用来分析其他众多的句子，未免失之粗糙或牵强附会，有时也让他们自己在分析时感到棘手，如英语中由 put 构成的句子(Susan put the bananas into the basket)。昂格雷尔和施密德(Ungerer & Schmid 2008：187)认为其中的三个成分 Susan、the bananas 和 into the basket 都是凸显的成分，但他们不得不承认，如何分析诸如 into the basket 这样成分的问题尚未解决。但运用三个平面理论中语义平面的语义角色能够细致地分析上述句子中与动词相关的各种语义成分，运用语用平面话题/焦点的分析可以很好地解决相关句子在语用上的差异。

与图形/背景分析相类似的分析方法是射体(trajector)/陆标(landmark)[①]分析法。射体/陆标这对概念是兰加克(Langacker 1987)提出的，他把射体与主语挂钩，把陆标与宾语挂钩，它是图形/背景分析的一个个例(Ungerer & Schmid 2008：168；Evans &

---

① landmark 这一术语学界多译为"界标"，而"界标"的意思是"分界的标志"，显然与原意不符；故笔者将其译为"陆标"。

Green 2015:541)。例如:

(27) [Lily's mum]$_{TR}$ resembles [Botticelli's angel]$_{LM}$.
(28) [Botticelli's angel]$_{TR}$ resembles [Lily's mum]$_{LM}$.

因此,这种分析方法的不足同图形/背景分析,无须赘述。而实际上,兰加克对射体/陆标的定义和分析有时是矛盾的,即从语义上看是射体的,在句法结构上既可以体现为主语,也可能体现为宾语;反之,从语义上看是陆标的,在句法结构上既可以体现为宾语,也可能体现为主语。试比较:

(29) George ate all the caviar.
(30) All the caviar was eaten by George.

埃文斯和格林(Evans & Green 2015:541)解释说,例(29)中,George 是射体,the caviar 是陆标;而在例(30)中,情况相反,the caviar 是射体,George 是陆标,尽管 George 在这例中不是句子中谓语动词的宾语。造成这种尴尬的根本原因是在分析过程中没有有意识地区别句法平面和语义平面。如果注意到这点,对射体/陆标和主语/宾语之间的关系或许可以这样表述:射体与句法结构上的主语有自然的关联,陆标与句法结构上的宾语有自然的关联,但这些都不是必然的;有时,射体/陆标和主语/宾语的配置可能会倒置,倒置的原因是,有些情况下,说话人更愿意凸显陆标。

对射体/陆标与主语/宾语之间的关系即便作如上表述,但仍然忽略了语用平面的价值。因为这里所说的凸显是指句法平面的凸显(即主语位置和宾语位置),而不是语用平面的凸显,语用平面的凸显对象是话题和焦点,而焦点不总是句法上的宾语。实际上,一个具体句法结构形式的形成是句法、语义和语用三个平面综合作用的结果。

上面对射体/陆标的分析只涉及单句层次的主语和宾语。根据兰加克(1987:232—233)的说明,射体/陆标的分析可以用于不同层

次,例如:

(31) Helen left quickly before Jason entered the tiny Jaccuzzi.

例(31)中,不仅 left 有个射体 Helen 和一个隐含的陆标,quickly 也有射体和陆标,其射体就是 left,而没有明确说出的速度则是陆标;tiny 的射体是 Jaccuzzi,而其大小维度是陆标。而就整个句子来看,主句 Helen left quickly 是 before 的射体,从句 Jason entered the tiny Jaccuzzi 是其陆标。

由上不难看出,射体/陆标的分析对象所涵盖的范围,从传统的语法视角看比较芜杂,不仅动词有射体/陆标,形容词、介词、连词也有。我们虽然不好说这种分析一定有什么不妥,但仅仅从认知语义上作如此分析而不顾句法上的差异,至少可以说是不充分的。三个平面理论不仅重视语用平面的分析,而且把句法平面看作分析的出发点。

六、构式语法和三个平面理论

(一) 构式语法涵盖不了三个平面理论

对"构式"的界定,国内学者一般都采用戈德堡(Goldberg 1995:4)的定义。根据这一定义,构式名目下所能涵盖的特定语言的现象只是其中一部分,或许是较少的一部分。作为一种语言研究理论,如果把所研究的对象局限于少量的语言事实,那么其理论价值或者实际意义也就无须赘言。可能正是考虑到这一现实情况,戈德堡(2006,2013)在原来定义的基础上大大扩大了定义的范围,"包括语素、词、熟语、部分有词汇填充的短语格式和完全没有词汇填充的短语格式"(Goldberg 2006,2013:5)。我们姑且不论把语素等纳入构式范畴是否妥当,仅就格式而言,也不是所有的格式都在构式语法的研究范围。除了经常提及的双及物构式(ditransitive construction)、致使运动构式(caused motion construction)、WAY 构式(WAY construction)和被动构式(passive construction)等少数构式以外,不得不对格式层次的构式范围进行扩大:"即使有些语言格式可以得到完全预测,只要它们的出现频率够高,这些格式仍然会被语言使用者存储为构式。"(Goldberg 2006,2013:5)尽管如此,对常见的主语-谓语结构、修饰语-中心语结构仍然置之度外,对一些省略现象更是束手无策(参阅 Hillpert 2016:52-53)。例如:

(32) One sock lay on the sofa, the other one under it.

(33) John put the bowls in the dishwasher, and the plates, too.

例(32)(33)都有省略成分,构式语法理论的一个重要理念是,形式上的任何变化都会引起构式的不同,从而带来意义上的变化。问题是,例(32)(33)与未省略的情况是不同构式吗? 如果是,省略的构式与未省略的构式其意义差别是什么?

构式语法所面临的上述难题,在三个平面理论框架中似乎不成为问题。比如,主谓结构是一种重要的句型,自然在研究范围之内;而省略则不影响句型的确定,也就是说,省略的句子和相应的未省略的句子属于同一句型(胡裕树 1984)。

(二) 构式语法和三个平面理论有相通之处

早期的生成语法理论(相对最简方案而言)用"深层结构"和"表层结构"这样的概念来说明不同的表层结构(即现实的句子)之间的关系。但在认知语言学研究者看来,所有的现实的句子就是其本身,它们之间不存在转换或派生的关系。在认知语言学看来,形式上的任何变化都会引起意义上或大或小的变化。海曼(Haiman 1985,2009:71)曾经指出:"形式上的差异在某些方面是意义上差异的反映。"(The difference in form will in some respects be an icon of the difference in meaning.)戈德堡(1995:67)进一步提出构式的"无同义原则"(The Principle of No Synonymy)。

我们的问题是,像"武松打死了老虎"和"老虎被武松打死了""武松把老虎打死了"这几个句子,我们过去都说它们的意义基本相同。既然如此,那它们有同时存在的必要吗?如果按照一般对构式的理解,构式变了,意义也有或多或少的变化,这只是指出了变化的实质,但并没有说明为什么要有这些不同的构式。

戈德堡(1995:67)提出的构式的"无同义原则"具体内容是:

If two constructions are syntactically distinct, they must be semantically or pragmatically distinct. Pragmatic aspects of constructions involve particulars of information structure, including topic and focus, and additionally stylistic aspects of the construction such as register.

(如果两个构式在句法上有区别,那么它们一定在语义上或语用上存在差别。构式的语用方面包含信息结构的特点,包括话题和焦点,以及诸如语域的语体方面。——笔者译)

戈德堡(1995)尽管有如上所说,但对相关句子的不同构式的语用差别并没有论及。兰艾克(2008,2016:14)曾明确指出:"对具体构式的描写并不自足……只有将功能因素与描写层面结合起来,我们才能对语法现象有更好的认识。"希伯特(Hillpert 2016)在第五章("信息包装构式")就英语的分裂句作了比较详细的论述;但也没有论及众多的我们习以为常的构式。三个平面理论中的语用平面对不同句式主题和焦点的分析跟兰艾克的这一认识是一致的,而且对相关的句子都有具体的分析和说明。

尽管构式语法关注的不同构式的语用差异与三个平面理论所关注的具有相同命题意义的不同句式之间的语用价值并不平行,但它们都注重不同构式/句式在语用上的差异,这点是相通的。这就很好地解释了不同构式/句式存在的必要。由此看来,就三个平面理论和构式语法对语用价值的关注而言,三个平面理论不仅没有成为过去时,相反,在这方面它比构式语法所能覆盖的范围更广。

七、结　束　语

本文就三个平面理论与认知语言学的几个分析方法作了简单的对比,其目的不是要将三个平面理论与认知语言学理论方法比个高下,而是想证明这样一个事实:不同理论方法具有不同的价值,不同理论方法之间不是你死我活的竞争关系。但正如陆俭明(2002)所说:"科学上的任何理论、方法都有它一定的合理性,也都有它一定的局限性。合理性≠完全正确,局限性≠错误。"所以要做到兼收并蓄。卢英顺(2005,2008,2017)提出的认知图景理论试图将三个平面中语义角色与认知挂起钩来,引入两次"凸显"概念来解决认知语言学(包括构式语法理论)不曾解决或解决得不够好的不同句式的语用价值问题。因此,认知图景理论可看作是对三个平面理论和认知语言学理论方法合理的兼收并蓄。

对不同理论方法的掌握,更重要的一点或许是创新与继承的关系问题。霍凯特1984年7月在给《现代语言学教程》写的中译本序中曾不无感慨地说:"学术传统的继承性确实被切断了,目前有不少青年语言学家对前几代研究者的得失一无所知。这是很可惜的。因为无视前人的工作就不免重蹈覆辙。"关于创新和继承的关系问题,卢英顺(2014)在"不同理论学派之间关系观"一章,以语言学史上的几个事实作了较详细的论述。

总之,在认知语言学思潮日趋扩散的今天,三个平面理论没有过时。

参 考 文 献

曹逢甫　1980　《国语的句子与子句结构》(英文版),台北:台湾学生书局。

范晓、胡裕树 1992 有关语法研究三个平面的几个问题,《中国语文》第 4 期。

郭玉箐、徐俊、王海峰 2016 走向智能时代的语言信息化产业,《语言战略研究》第 6 期。

胡裕树 1984 如何确定句型,《中文自修》第 4 期。

胡裕树、范晓 1985 试论语法研究的三个平面,《新疆师范大学学报》第 2 期。

胡裕树主编 1981 《现代汉语》(增订本),上海教育出版社。

霍凯特 1986 《现代语言学教程》(上),索振羽、叶蜚声译,北京大学出版社。

卢英顺 1995 语义指向研究漫谈,《世界汉语教学》第 3 期。

卢英顺 1996 副词"只"的语义指向及其对句法变换的制约,《安徽师范大学学报》第 4 期。

卢英顺 2005 认知图景与句法、语义成分,《复旦学报》第 3 期。

卢英顺 2008 关于认知图景的几个问题,《语言科学》第 6 期。

卢英顺 2014 《语法、语汇研究 10 大认识问题》,学林出版社。

卢英顺 2015 《语言学讲义》,复旦大学出版社。

卢英顺 2017 《认知图景:理论构建及其运用》,学林出版社。

陆俭明 2002 《生成语法理论与汉语语法研究》序,《汉语学习》第 2 期。

罗纳德·W·兰艾克 2008/2016 《认知语法导论》(上卷),黄蓓译,商务印书馆。

吕叔湘 1984 歧义类例,《中国语文》第 5 期。

吕叔湘主编 2001 《现代汉语八百词》(增订本),商务印书馆。

施关淦 1991 关于语法研究的三个平面,《中国语文》第 6 期。

石安石 1993/2005 《语义论》,商务印书馆。

袁晖、戴耀晶编 1998 《三个平面:汉语语法研究的多维视野》,语文出版社。

Croft,William &. D. A. Cruse 2006 *Cognitive Linguistics*/《认知语言学》,北京大学出版社。

Cruse,D. A. 2009 *Lexical Semantics*/《词汇语义学》,世界图书出版公司。

Goldberg,Adele E. 1995 *Constructions: A Construction Grammar Approach to Argument Structure*,Chicago:The University of Chicago Press.

Goldberg,Adele E. 2006/2013《运作中的构式:语言概括的本质》/ *Construction at Work: The Nature of Generalization in Language*,吴海波译,北京大学出版社。

Haiman,John 1985/2009 *Natural Syntax: Iconicity and Erosion*/《自然句法——像似性与磨损》,世界图书出版公司。

Hillpert,Martin 2016 *Construction Grammar and Its Application to English*/《构式语法教程:构式语法及其在英语中的应用》,北京大学出版社。

Langacker,Ronald W. 1987 *Foundations of Cognitive Grammar*,Vol. I,Stanford:Stanford University Press.

Talmy,Leonard 2000 *Toward a Cognitive Semantics*,vol. 1,the MIT press.

Ungerer,F. &. H.-J. Schmid 2008 *An Introduction to Cognitive Linguistics*/《认知语言学入门》(第二版),外语教学与研究出版社。

再谈主题与主语
——汉语小句的句法配置

陈振宇
(复旦大学中文系)

  摘 要 世界上所有语言的句子,都分为动词性谓语句和非动词性谓语句。非动词性谓语句根本不反映外在的客观世界,而是用来表达说话者的断言,所以完全是按照"主题-说明"信息结构来构造句子,如判断句、处所句、存在句、领有句、数量对应句、比较句、强调句等,根本无需讨论"主语"。动词性谓语句用于叙述事件,必须以一个动词性成分担任小句核心,该动词性成分的论元需要投射到句法平面,因此区分为层级结构。其中对"主格-宾格"语言而言,施事性论元投射为最重要的第一论元,就是"主语",受事性论元投射为第二论元,就是"宾语",其他论元投射为"旁格"成分。汉语的论元分化,总的来讲是主—宾格型,分为三个主要类别:1)在施受性上表现突出的论元构成等级序列;从连续统中任意选取两个论元,如果它们在层级上居于不同位置,则施事性较强或受事性较弱的句法化为主语,而受事性较强或施事性较弱的句法化为宾语。2)与施受性关系不大,主要作为关涉的特定方面而存在的论元,一般只能允当第二论元。3)只能作次要论元(旁格)的论元。另外,在一些语言中(如汉语)还会将"主题-说明"关系与动词第一论元的选择这两种配置在同一句子中以套叠的方式融合在一起：外层是非动词性结构，内层是动词核心结构，可以说内层的是主语，外层的是主题，但也可以说这是多重主题。

关键词 主语；主题；非动词性谓语句；第一论元；多重主题

主语问题一直是汉语语法学长期以来没有妥善解决的问题之一。胡裕树先生(1994)提出，主语是相对谓语而言的，是句法平面上的概念；主题是相对于述题而言的，是语用平面上的概念；而施事则是语义平面上的概念。三者既有区别，又有联系。

胡裕树先生批评了一些观点，我们归纳一下，有以下几点：1)混淆了句法和语义平面，把主语和施事等同起来；2)主张单凭语序确定主语，凡谓语动词前的名词性成分都被看作主语；3)把主语与主题混淆起来；4)对主语持不可知论的观点。

胡裕树先生明确提出主语、主题、施事分别属于三个不同的平面的观点，这代表了20世纪末汉语学界在这一问题上的最高成就和普遍共识。不过时间已经过了二十余年，科学研究当然会有巨大的进步，因此今天我们很有必要对这一问题重新做出诠释。并不是胡先生的每一条观点我们都需要奉为金科玉律，我们应该站得更高，看得更远，如果今天还在延续陈说反倒是对前人的辜负。

我们认为，句子结构最大的矛盾是"无限的语义内容与有限的、线性排列的语音和信息传递结构的矛盾"，这是语法学第一矛盾！对这一矛盾的解决就是用语法手段来分化语义，这样的手段有：序列差别、标记差别、照应性差别等。同时也有两个维度的选择：以动词为小句核心和以"主题-说明"关系为小句的基本框架。

一、小句的核心性与非动词性谓语句

选择一个成分充当句子核心，即"核心小句"，这就是所谓的谓语核心词(即是且只是由一个单纯谓词或复合谓词担任);仅仅将成分前后排列,并无核心,称为"非核心小句"。人类语言有两种基本策略[①]:

1) 以动词为中心描写世界,并以动词为核心构成基本的支配和依赖结构,称为"动词性谓语句"。其基本分析是,先弄清楚动词所代表的事件有哪些论元,它们的语义功能,施事、受事就是其中最重要的两个语义角色,再看这些论元如何投射到句法的线性序列上来。这是一个类似于太阳系的核心结构模型。

动词性谓语句最有用的地方是对外在客观世界的描写,这些描写是以事件(活动、动作、变化、过程等)为核心的,所以把动词作为小句的核心,再根据与动词关系的不同来安排论元。从认知上讲,如果不分化出动词,我们无法描写外在的世界。

2) 以"主题—说明"为基本关系理解世界,称为"非动词性谓语句",它的实质是结构上的非核心关系,即主题和说明谁也不是核心;线性的并列形式操作,即将两个部分按照先后直接在语流中呈现。其基本分析是,先弄清楚所讨论的对象(主题),以及对该对象的说明部分。这是一个类似于前件后件"合二为一"的结构模型。

非动词性谓语是完全不同的认知观:从本质上讲不是对客观世界的描写,而是对主观认识的解释或说明。如判断关系(被判断项与判断项)、领有关系(领有者与领有物)、存在关系(处所和存在物)、比较关系(被比较项、比较项、比较结果)等都是一对或一组要素构成的,有单层结构也有多层结构(如比较中,被比较项是主题,而比较项是说明的一个部分;被比较项与比较项合在一起为主题,而比较结果是说明部分)。从本质和世界语言的发展来看,并不是非得需要一个

---

① 动词性谓语句和非动词性谓语句的区分见马修(Matthew 2007:224—274)。吕叔湘(1942:38—93)已经将句子分为两大类:第一类是叙事句;第二类是表态句、判断句和有无句。大致相当于本文的"动词性谓语"与"非动词性谓语"。

连接它们的词(linker),所以它们是合二为一。在结构中,我们需要确定的是主题和说明的相对位置,一般是主题在前,说明在后;但世界语言中也有相反的配置。在这一维度,并没有什么"主语、宾语"问题,甚至没有任何必然的"论元—谓词"语义结构。

"非动词"并非是一定不用动词,而是说从世界语言来看,这些功能与典型的动词功能无关:如果一个语言中动词范畴显赫,则也可以具有一些动词来表示它们,不过这些特殊的动词一般都是该语言动词系统中的边缘成员,不具有或缺乏某些动词的典型特征,或具有典型动词所不具备的某些特征。同时,也有大量的语言使用动词之外的成分,如名词、形容词、介词结构,以及一些特殊的"标记"(marker,如系词、话题标记等)以及"构式"(construction)等来表达这些述谓功能。而这些成分中有很大一部分的典型功能,本来是用作论元或修饰语的,因此作谓语是其特殊用法。当然,也有可能有这样的语言,部分非动词性功能用动词性成分表示,而其他功能则用非动词性成分表达。

非动词性谓语句的典型成员是表示断言的。"断言"(assertion/assertive),又译为"判断",在逻辑上称为"直言命题"(categorical proposition),包括性质断言、状态断言、归属或等同断言、存在断言、领属断言、事件真假断言、比较断言等,指一种由说话者使用特定的语言形式实施的言语行为,其内容是对事物或事物的特定性质或属性做出回答。

"断言"是和所谓"叙述"(narration/narrative)相对立的①。叙述是将事情的前后经过记载下来或说出来,它的对象是在时间进程中发生变化的事物及其变化过程,说话者使用语言形式将其展示出来。叙述包括时间、地点、主体、事件、原因、结果等各种要素,其中,叙述

---

① 这一二分性是沈家煊(2012)提出的,但本文与其在具体论述上有较大差异,请读者留意。

与时间关系最为密切,即它总是表现为过程性,称为"动态事件"(dynamic event),其中每一个片断都只是暂时的静止状态,因此动词往往由各种时、体表达方式。而断言正是在这一方面与之对立,断言是说话者对事物的判断,事物本身可以有过程性,但判断则没有过程性,称为"静态事件"(static event),因此如果使用动词,这些动词往往也缺乏时间特征。

在世界语言中,典型的非动词性谓语句至少有:

1) 判断句:同一性判断句"小王是他哥哥"、归属性判断句"小王上海人"、形容词性判断句"小王很高""衣服大了"等。

2) 处所句(他在家)和存在/存现句(桌上放着一本书、教室里来了一个人、动物园跑了一只猴子、王冕死了父亲)等。

3) 领有句(他有一辆车)和归属句(这车是小王的)。

4) 数量对应句:一斤鱼十块、十个人吃了一锅饭/一锅饭吃了十个人、一天就干了十天的活、这书卖了十块钱、三百元一个晚上。

5) 比较句:他比她还傻、他没有你高、他在班上最高。

6) 强调句:读是读过、他是没来。

……

它们选了处所、主体或被分配的数量、被判断的事物作为主题,可以抽象为一种特殊的论元,即"主事"(theme);由于句式已经完全不受句法化的限制,而是由句式的特殊配价要求来决定用于判断的事物的选择,所以其说明部分也可以抽象为一种特殊的论元,即"系事"(relative),其本质是说明部分中的那些关键的成分。

下表 1 中虽然也有谓词,但是整个句式就是一个构式,其中的成分如果称为论元,也是极为特殊的论元,其语义地位并不由谓词决定,而是由构式意义决定。谓词在这里可用可不用,用也主要是起到连接作用,或由构式决定的其他功能,如存在句中谓词起表示存在出现和消失的方式的功能。

表1 汉语非动词性谓语句式中的主事和系事

特殊句式	主题	说明		附
	主事	谓词	系事	
处所句	事物	存在/出现/消失的方式	处所	
	他	在	厨房	
	小王	来	上海	
存现句	处所	存在/出现/消失的方式	存在/出现/消失的事物	
	教室里	坐着/来了/走了	两个人	
	广场上	(立)有	一座石砌的牌楼	
	手上		好几个血泡	
发生句	受影响的主体	事件方式	发生变化的事物	
	村里	死了	两个人	
	他	红着	脸	走了过来
领有句1	领有者	领有的方式	领有物	
	我	有	十块钱	
	他	占了	两套房子	
领有句2	领有物	归属意义	领有者	
	这座桥	属于	棋盘镇	
	这书	归	你	
分配句	待分配物	分配方式	分配给的事物	
	大床	睡着	四个小孩	
	一锅饭	吃了	十个人	还没吃完
	每个人		一顶草帽	
判断句	待判断的事物	判断方式	判断的结论	
	他	是	美国太太	你是日本太太
	你	是	第一名	

续 表

特殊句式	主题	说明		附
	主事	谓词	系事	
判断句	张三	是	好人	
	小王		上海人	
	这座房子	是	殖民风格的	
	今天		星期三	
名词型同一性判断句	待判断的事物	判断方式	判断的结论	
	男人	(就/不)是	男人	女人(不)是女人
	(他)主任	(倒也)是	主任	但不管事
	张三(呢)			李四呢李四没空
			张三不肯来	
谓词型同一性判断句①	待判断的事件	判断方式	判断的结论	
	(这书)读	(倒/也)是	读过了	但没读懂
	(这人要说)傻(么)	(倒/也)是	(真/很)傻	但为人挺老实的
	(我螃蟹)吃	是	没吃过	但看别人吃过
比较句1	待比较的事物	比较方面/结果	用于比较的事物	比较数量	
	他	大	李四	一岁②	
比较句2	待比较的事物	有	用于比较的事物	比较方面	
	他	有/没有	李四	高	

---

① 也称"同一性话题-焦点结构""同一性话题句""拷贝式话题(焦点)"。参看刘丹青编著(2008:242—244)。据说,在东亚语言中常见,日语、韩语及中国境内不少少数民族语言都有这一特殊句式。

② 某些方言中可以直接以"他大我"(他比我大)。

再谈主题与主语 | 223

续 表

特殊句式	主题	说明		附
	主事	谓词	系事	
比较句3	待比较的事物	比	用于比较的事物	
	他	不比/比得上/比不上	李四	
比较句4	待比较的事物	比较方面/结果＋介词	用于比较的事物	
	他	高过	李四	
	苛政	猛于	虎	
	他讨厌橙子	甚于	讨厌苹果	
比较句5	待比较的事物	比较方面/结果	比较的数量	
	他(比李四/比去年)	大(了)	一岁	

二、第一和第二论元的配置

在动词性谓语句中,也有两种策略:

1) 确定核心之后,把不同的成分按重要性进行排列,建立所谓层级体系。

2) 仅仅只是区别,但区别出来的各个项目没有重要性上的等级,所谓非层级体系。

请注意,对非核心小句而言,没有这一配置的必要。

世界语言中,的确存在非层级的配置,在这样的句子中,主语、宾语、作格、通格等概念都没有任何意义。如菲律宾的 Tagalog 语,动词在句首,后面依次排列各个论元,论元间没有地位上的区别,唯一的区别是,需要在其中选择一个论元作为关键的论元,可能是定指的主题成分,在该成分前加上一个 ang(表示中枢 PIV)语缀;不过这一

操作是任意的,可以加在任何一个论元之上,所以论元的地位也没有区别(例引自 Avery 2007:203):

(1) a. Mag-a-alis　　　　ang babae ng bigas sa sako para sa bata
　　　AP-FUT-take. out PIV woman OBJ rice　DIR sack　BEN　　child
　　　'The woman will take some rice out of a/the sack for a/the child'

b. A-alis-in　　　　　ng babae ang bigas sa sako para sa bata
　　FUT-take. out-OP ACT woman PIV rice　DIR sack　BEN　　child
　　'A/the woman will take the rice out of a/the sack for a/the child'

c. A-alis-an　　　　　ng babac ng bigas ang sako para sa bata
　　FUT-take. out-DP ACT woman OBJ rice　PIV sack　BEN　　child
　　'A/the woman will take some rice out of the sack for a/the child'

d. Ipag-a-alis　　　　ng babae ng bigas sa sako ang bata
　　BP-FUT-take. out ACT woman OBJ rice　DIR sack　PIV child
　　'A/the woman will take some rice out of a/the sack for the child'

现代汉语中,也有将多个名词性成分前置于谓词的结构,对这些结构语义关系的识别,有赖于生命度、日常知识等。但是在信息传递上,这些信息有一定的区别,即需要确定"主题",越是外围的成分是更为典型的主题,例如:

(2) a. 我作业还没有做呢。
　　b. 作业我还没有做呢。

不过,世界上大多数语言都是层级配置,所以在一般的情况下,都需要从所有的成分中,抽取其中一个最为重要的成分,作为第一成分而赋予其特殊的语法地位。还会抽取第二、第三成分等。

有两种常见的模式:将施事性成分作为第一论元、受事性成分作为第二论元、其他角色作为旁格论元的"主-宾格语言";将受事性成分作为第一论元、施事性成分作为第二论元的"作-通格语言"。它们都受"施—受"等级体系的制约。在主-宾格语言中,那些既非施事也非受事的论元作为旁格,由语义标记如格标、介词等引入;而既有施事性又有受事性的论元(如工具)则有时作主语,有时作宾语,有时为旁格。

汉语的论元分化,总的来讲是主-宾格型,这些论元在句法化方面分为三个主要类别:

Ⅰ在施受性上表现突出的,即表2中的Ⅰ1到Ⅰ5共五个小类,它们构成的等级序列是:越往左,施事性越强;越往右,受事性越强;同一小类之内,施受性无显著差异①。

对这一序列,汉语的句法化规则是:

可以从连续统中任意选取两个论元。如果它们在层级上居于不同位置,则施事性较强或受事性较弱的句法化为主语,而受事性较强或施事性较弱的句法化为宾语;如果它们在层级上居于相同的位置(同一小类),则它们或者可以相互交换位置,轮流充当主、宾语[如"这堵墙(结果)砌红砖(材料)"和如"这些砖(材料)砌东墙(结果)"],或者一般就不共现。

Ⅱ与施受性关系不大,主要作为关涉的特定方面而存在,即表2中的Ⅱ区域,它们一般只能允当第二论元。

Ⅲ只能做次要论元(旁格)的那些论元,它们在表中没有出现,包括受益者②、伴随者、时间起点、时间终点等,在数量上十分少,而且都是十分边缘的论元。

表2中淡色的各行是合乎上述规则的配置,下面是这些配置的例子:

---

① 这一观念由陈平(1994)首创,并给予了较为充分的证明。但该文的考虑不宜细致,仅有"施事>感事>工具>系事>地点>对象>受事"这几个角色的简单序列,没有详尽的考察。

② 个别受益者在极为特殊情况可以作宾语,如"修了老张家一扇门"。但这仅仅是在双宾语句中出现,而且不能自由使用。

表 2　汉语论元句法化为第一、二论元时论元的序列
（"1"表示担任第一论元，"2"表示担任第二论元）

施事性 ←——————————————————→ 受事性

	I 1				I 2			I 3					I 4			I 5					II 关涉性						
	施事	致事	经事	主事	感事	时间	工具	处所	方式	凭依	方面	途径	对象	题旨	终点	材料	受事	结果	受损者	接受者	幅度	时量/动量	源点	目的	内容	原因	系事
	1																2										
	1																							2			
	1													2													
	1											2															
	1				2																						
	1						2																				
	1																		2								
	1																			2							
	1															2											
	1								2																		

续表

			1	2	3	4	5	6	7	8	9	10
II 关涉性		系事										
		原因										
		内容										
		目的										
		源点			2							
		时量/动量						2				
		幅度					2					
		接受者										
		受损者										
受事性 ←	I5	结果						2			2	
		受事								2		2
		材料										
		终点		2								
	I4	题旨										
		对象										
	I3	途径				2						
		方面										
		凭依										
		方式										
	I2	处所	2									
		工具										
		时间				2						
		感事							2			
↓ 施事性	I1	主事										
		经事										1
		致事							1	1	1	
		施事	1	1	1	1	1	1	1			

续表

II 关涉性	系事								2			
	原因											
	内容											
	目的											
	源点											
	时量/动量		2					2				
	幅度					2						
	接受者											
	受损者											
受事性 I5	结果			2				2				
	受事											
	材料											
	终点			2				2				
I4	话题											
	对象	2			2				2			
I3	途径											
	方面											
	凭依											
	方式											
	处所		2									
	工具											
I2	时间											
	感事									1		
I1	主事					1	1	1	1	1	1	
	经事	1	1	1	1							
	致事											
	施事											

施事性 → 受事性

续表

	施事性 ↔ 受事性 → 关涉性																					
	I1				I2		I3						I4			I5			II 关涉性							
	施事	致事	经事	主事	感事	时间	工具	处所	方式	凭依	方面	途径	对象	题旨	终点	材料	受事	结果	受损者	接受者	幅度	时量/动量	源点	目的	内容	原因	系事
					1																				2		
					1																						
					1																	2					
						1		2																			
						1							2														
						1																			2	2	
						1									2												
						1						2										2					
						1				2																	
						1											2										
						1										2											

续表

			1	2	3	4	5	6	7	8	9	10	11	12
II 关涉性		系事												
		原因												
		内容												
		目的												
		源点							2					
		时量/动量		2										
		幅度			2							2		
		接受者												
		受损者												
受事性	I5	结果			2					2				
		受事						2						2
		材料												
		终点							2					
	I4	题旨											2	
		对象										2		
	I3	途径												
		方面												
		凭依												
		方式												
		处所												1
		工具					2	1	1	1	1	1	1	1
	I2	时间	1	1	1	1								
		感事												
施事性	I1	主事												
		经事												
		致事												
		施事												

再谈主题与主语 | 231

续表

施事性←	I1	施事											
		致事											
		经事											
		主事											
	I2	感事											
		时间											
		工具											
→受事性	I3	处所	1										
		方式		1	1								
		凭依				1							
		方面					1	1					
		途径						1	1				
	I4	对象		2			2		2		1	1	1
		题旨								2			1
	I5	终点											
		材料											
		受事					2	2					
		结果								2			
		受损者											
II 关涉性		接受者											2
		幅度				2						2	
		时量/动量			2								2
		源点											
		目的											
		内容											
		原因											
		事系											

续表

I1 施事性→					I2	I3						I4 受事性→		I5				II 关涉性								
施事	致事	经事	主事	感事	时间	工具	处所	方式	凭依	方面	途径	对象	题旨	终点	材料	受事	结果	受损者	接受者	幅度	时量/动量	源点	目的	内容	原因	事系
													1	2												
													1				2									
													1	1	2							2				
														1		2	2									
														1	1											
															1	1	2									
																1	2				2					
																1	2			2						
																	1									

再谈主题与主语 | 233

续表

II 关涉性	系事															
	原因															
	内容															
	目的															
	源点															
	时量/动量	2														
	幅度															
	接受者	**1**														
	受损者															
↑受事性 I5	结果	1			1	1										
	受事					1	1									
	材料				2		2	1								
	终点			2		2		2	**1**							
I4	题旨		2					1	**2**							
	对象								**1**							
I3	途径															
	方面															
	凭依															
	方式								2							
	处所															
I2	工具								**2**							
	时间															
	感事															
I1	主事															
	经事															
	致事															
↓施事性	施事															

(3) 你(施事)别吓她(感事)

张三(施事)看过天文望远镜(工具)、妹妹(施事)在听耳机(工具)

两个人(施事)坐桌上(处所)高谈阔论、她(施事)在逛商场(处所)呢

少男少女们(施事)又跳起了交际舞(方式)

他(施事)从小就离开了老家(源点)

学生(施事)走前门(途径)

你们两个(施事)守上半夜(时间)

李四(施事)小声读着墙上的字(对象)

老汉(施事)昨了送了一车煤(题旨)

小王(施事)打了李四(受事)

爸爸(施事)在做一把椅子(结果)、妈妈(施事)炒了回锅肉(结果)

山贼(施事)抢了一伙商人(受损者)

我(施事)给他了(接收者)

他(施事)考博士(目的)

刘海(施事)去上海(终点)了

师傅(施事)正在刷石灰(材料)

他(施事)跑了一百米(幅度)

他(施事)跑了一个小时/两次(时量/动量)

这事(致事)吓着了他人(感事)

这个消息(致事)毁了所有人的希望(受事)

紧张关系(致事)在人们心中印下了一道深深的伤痕(结果)

张明(经事)遇见了李四(对象)

老张头(经事)临了死外头了(处所)

他(经事)不小心跌沟里(终点)了

老李(经事)摔了两次(动量)、老李(经事)病了一个多月/两

次(时量/动量)
前峰(经事)一下撞上了球门(受事)
妹妹(经事)长了几个痘痘(结果)、王老师(经事)患了感冒(结果)
房子(主事)向着东方(对象)
山墙(主事)歪了半拉(幅度)
大桥(主事)踢了两次(动量)
花瓣(主事)都落沟里(终点)
后墙(主事)破了个窟窿(结果)
他(主事)是好人(系事)
小明(感事)心里十分感谢她(对象)、她(感事)想儿子(对象)了①
莫愁(感事)伤心自己的往事(内容)
她(感事)怕风(原因)
莫愁(感事)伤心了一整天/好几次(时量/动量)
一大清早(时间)吃粥(受事)
上半年(时间)住北京(处所)
今年(时间)去上海(终点)
六月十二日(时间)离京(源点)

---

① 感事不与施事在同一小类,这在世界语言中是有一定普遍性的。在一些语言中,如韩语,感事用"与格",而非"主格"(Whaley 1997,2009:67):
Chelswu-eykey Swuni-ka　mopsi kuli-wess-ta
人名-与格　人名-主格　厉害　想念-过去-直陈(Chulsoo 十分想念 Sooni)
而英语的感事(不是施事),通常用介词 to 来标记,如" The party was quite pleasing to me/exciting to me/exasperating to me"。这是因为"感"本身具有两面性,既有主体性,又有被动性(为外界事物影响这才产生感觉或情感)。

这两次①(时间)走京沪线(途径)、下个月(时间)走小门(途径)吧

白天(时间)砌砖(材料)

这些日子(时间)都哭她那苦命的孩儿(内容)了

白天(时间)建房子(结果)

周末(时间)玩一天(时量)、一周(时间)去两次(动量)

一天(时间)走二十公里(幅度)、三月份(时间)走了一百万步(幅度)

上半月(时间)睡沙发(工具)

这段时间(时间)跳交谊舞(方式)

明天晚上(时间)观察哈雷彗星(对象)

斧子(工具)砍在树上(终点)

斧子(工具)脱了手(源点)

电钻(工具)打了一半(幅度)

耳机(工具)听音乐(对象)

小车(工具)送信件(题旨)

这把刀(工具)切肉(受事)、毛巾(工具)洗脸(受事)、磨子(工具)磨麦子(受事)

刺刀(工具)在他身上捅了一个窟窿(结果)、推子(工具)在他头上推了一个光头(结果)

---

① 请注意,汉语中表示时量、动量的短语可以在谓词之前,但要分两种情况:
一是仍为时量、动量短语,这时强调的也是事件进行的时间和次数,但一般只出现在否定句中,如"他一次也没去过""他一个小时也没读到"。
二是变为时间背景,而不再是后面事件进行的时间和次数,这种用法肯定句否定句皆可,如"这两次走京沪线"中,这两次是定指的,表示确定的时间,可以指"这两次去杭州",所以动量修饰的,在理论上并不是后面的事件"走京沪线"。再如"一周去两次","一周"并不是"去"的进行时间,很可能每次只去一天,总共才两天,不足一周,因此"一周"仅仅是"去两次"发生的时间背景而已。
这里特指后一种情况。

屋里(处所)在审问犯人(受事)
台上(处所)观察星座(对象)
大字(方式)写一个小时/两遍(时间/动量)
大字(方式)写一千字(幅度)
这部法典(凭依)处理民事纠纷(受事)
这件事(方面)得学他(对象)
这件事(方面)应该处罚守门人(受事)
望远镜里(途径)看星星(对象)
后门(途径)运货物(题旨)
土鸡(对象)看成了金凤凰(结果)
这片星云(对象)观察了两天/两遍(时量/动量)
书(对象)读了一半(幅度)
细胞(对象)要看显微镜(工具)
这些书(题旨)送图书馆(终点)
这些书(题旨)寄特快(方式)
信件(题旨)离开了邮局(终点)
一块钱(题旨)买三个包子(结果)、一车煤(题旨)卖了一百多块钱(结果)
这盒药(题旨)送你(接收者)了,宝刀(题旨)赠勇士(接收者)
门上(终点)贴着一张海报(受事)、院里(终点)种了许多树(受事)
合同上(终点)签了两个名字(结果)、衣服上(终点)绣了一朵花(结果)
墙上(终点)抹了厚厚一层水泥(材料)
施工队(终点)送了些水果(题旨)去
这些炸药(材料)炸敌人的碉堡(受事)、一块砖头(材料)垫着桌子(受事)、人参(材料)泡酒(受事)
番茄(材料)炒蛋(材料)[蛋(材料)炒西红柿(材料)]

这些砖(材料)砌墙(结果)、芹菜(材料)包饺子(结果)、卤水(材料)点豆腐(结果)

水泥(材料)抹墙上(终点)了

小车(受事)推门口(终点)了、海报(受事)贴外边墙上(终点)了、这酒(受事)泡了人参(材料)

地面(受事)要铺两层沙子(材料)、桌子(受事)垫着一块砖头(材料)

驴皮(受事)要熬三天/三次(时量/动量)了

大衣柜(受事)改了两张单人床(结果)、萝卜(受事)切丝儿(结果)

炮台(结果)建在山顶上(终点)、字(结果)写在墙上(终点)

这墙(结果)砌了一米多厚的青砖(材料)

大桥(结果)建了一半(幅度)

这条高速路(结果)建了三年/两回(时量/动量)

不过凡事总有例外。表中深色的各行是不合乎上述规则的配置,例子极少,可忽略不计,主要有:

(4) a. 接受者—题旨:
这次奖励,张宁都奖了一本笔记本,吴明却只奖了一支铅笔。
你到处送人,张三也送了一件衣裳,你究竟想干什么?!

b. 终点—题旨:(可以看成存现句)
钟粹宫(那儿)送了一千斤木炭。
小李家奖励了一百块钱。(可能是"小李家村上奖励了一百块钱"的省略形式,也可能是基础生成的形式)

c. 对象—工具:
星星得看天文望远镜。(可能是"星星我们得看天文望远镜"的省略形式,也可能是基础生成的形式)

再谈主题与主语 | 239

三、两种配置的结合以及多重主题的配置

更进一步的考察,揭示汉语"主题-说明"关系的强大,它不仅仅是在非动词谓语句中发生作用,而且侵入了动词谓语句的领地,这就是将"主题—说明"关系与动词第一论元的选择,两种配置在同一句子中以套叠的方式融合在一起:外层是非动词性结构,内层是动词核心结构,我们可以说内层的是主语,外层的是主题,但也可以说这是多重主题(但多重主语的说法是不合乎主语的第一论元的地位的),关于这一点学界仍有争议。

但不论如何,我们都得考虑在句首双重名词性结构时,究竟是什么在制约内外层的选择,是不是与第一论元的选择有关。我们认为是的,因为它们几乎都遵循同一张表格的分布,如表 3 所示,它实际上是把表 2 左右颠倒了一下而已,仅有极小的调整。

表中淡色的是合乎序列的组合,其例句为:

(5) 她(感事)我(施事)从来没能感功过。
　　昨天(时间)他(施事)来过。
　　这把刀(工具)我(施事)杀过一个人。
　　上海(处所)我(施事)上过大学。
　　圆舞曲(方式)我(施事)没跳过。
　　这件事(方面)他(施事)研究得很透。
　　小门(途径)我(施事)走过。
　　遗像(对象)我(施事)行过礼了。
　　蛋糕(题旨)我(施事)送她了。
　　第五站(终点)我们(施事)已经到了。
　　这些肉丝(材料)我(施事)来炒。
　　小车(受事)你(施事)来推。

表 3　汉语句首双重名词性结构时内外层的排列顺序

	内	内	内	内	内	内	内	内	内	内	内	内
施事												
致事												
经事												
感事	外											
时间		外										
工具			外									
处所				外								
方式					外							
方面						外						
途径							外					
对象								外				
题旨									外			
终点										外		
材料											外	
受事												外
结果												外
受益者												*外
受损者												
接受者												
伴随者												
幅度												
时量/动量												
源点												
目的												
原因												
系事												
内容												

续表

	1	2	3	4	5	6	7	8	9	10	11
施事	内	内	内	内	内	内					
致事					内	内	内				
经事								内	内	内	内
感事					*外						
时间						外		外			
工具											
处所							外		外		
方式											
方面											
途径											
对象							外				
题旨											
终点											
材料											
受事					外						
结果											
受益者											
受损者	外										
接受者		外									
伴随者			*外								
幅度				外							
时量/动量				★外						★外	
源点					*外						
目的											
原因											
系事											
内容											

续表

	1	2	3	4	5	6	7	8	9	10	11	12	13
施事													
致事													
经事	内												
感事		内	内	内	内	内							
时间		外				内	内	内	内	内	内	内	内
工具													
处所						外							
方式									外				
方面													
途径									外				
对象	外											外	
题旨													
终点						外							
材料											外		
受事					外								
结果	*外												
受益者													
受损者													
接受者													
伴随者													
幅度													
时量/动量				★外									
源点						外							
目的													
原因			外										
系事													
内容			外										

再谈主题与主语

续表

	1	2	3	4	5	6	7	8	9	10	11	12
施事												
致事												
经事												
感事												
时间	内	内	内	内	内	内	内	内				
工具				外				内	内	内	内	
处所											外	内
方式												
方面												
途径												
对象							外					
题旨					外			外				
终点												
材料												
受事									外		外	
结果		外										
受益者					*外							
受损者						外						
接受者							外					
伴随者								*外				
幅度												
时量/动量			外									
源点												
目的												
原因												
系事												
内容		外										

续表

	1	2	3	4	5	6	7	8	9	10	11	12
施事							外	外	外	外	外	外
致事												
经事												
感事												
时间							内					
工具												
处所	内	内						内				
方式		外							内			
方面										内		
途径			内	内							内	
对象	外		外									★内
题旨				外	内							
终点						内						
材料					内	内	外					
受事					外							
结果						外						
受益者												
受损者												
接受者				*外								
伴随者												
幅度												
时量/动量												
源点												
目的												
原因												
系事												
内容												

续表

施事	外	外	外	外	外											
致事						外	外	外								
经事								外	外	外						
感事				内★								外	外	内		
时间									内							
工具																
处所																
方式																
方面																
途径																
对象												内★				
题旨	内															
终点		内														
材料																
受事			内			内★										
结果				内			内★		*内							
受益者																
受损者																
接受者																
伴随者																
幅度			内													
时量/动量				内★				内		内						
源点																
目的																
原因																
系事																
内容																

续表

	施事	致事	经事	感事	时间	工具	处所	方式	方面	途径	对象	题旨	终点	材料	受事	结果	受益者	受损者	接受者	伴随者	时量/动量	幅度	源点	目的	原因	系事	内容
				外																							
					外	内																					
								内																			
					外																						
					外					内																	
					外						内																
					外							内															
					外								内														
													外	内													
															内	内											
							外									内											

表中有"★"的表示句子带有"(连)…都/也"的极性意义①。有"**"的表示只有在句中有代词回指外指的主题时句子才成立。

---

① 吕叔湘(1946)认为,"施事+受事+VP"句中,受事句前有"连"或隐含"连",表示对比、平行、周遍等特殊意义,而"受事+施事+VP"句则没有。因此陈平(1994)称"施事+受事+VP"为特殊句式。本书发现他们的结论仅是部分正确。

计划(结果)我(施事)做出来了。

小张(受益者)我(施事)替他值班。

这只商队(受损者)我们(施事)只抢了些钱,没伤人。

小张(接受者)我(施事)给了一支笔。

小张(伴随者)我(施事)和他一起去。

一万米(幅度)他(施事)已经跑了,还怕这一千米。

★(连)一个小时/一次(时量/动量)他(施事)也没跑。

北京(源点)他(施事)早离开了那儿。

小东(感事)呢,这个场景(致事)把他吓着了。

所有的道路、桥梁(受事)洪水(致事)都给冲毁了。

昨天(时间)洪水(致事)冲毁了地里的庄稼。

山脚下(终点)泥石流(致事)冲了一道深沟。

李四(对象)张明(经事)遇见了。

昨天(时间)张明(经事)遇见了李四。

球场上(处所)张明(经事)遇见了李四。

★(连)一天/一次(时量/动量)他(经事)也没病过。

痘痘(结果)妹妹(经事)长了好几个。

她(对象)小明(感事)心里十分感谢。儿子(对象)她(感事)想得不得了。

昨天(时间)她(感事)想儿子了。

自己的往事(内容),莫愁(感事)总是十分伤心。

风(原因)她(感事)不怕。

★(连)一天/一次(时量/动量)莫愁(感事)也没伤心过。

粥(受事)早上(时间)吃。小车(受事)下次(时间)推门口。

北京(处所)上半年(时间)住。

上海(终点)今年(时间)去。院里(终点)去年(时间)种了许多树。

北京(源点)六月十二日(时间)离开。

京沪线(途径)下次(时间)走。

砖(材料)白天(时间)砌。这些人参(材料)下回(时间)泡酒。

儿子(对象)晚上(时间)再想。书(对象)昨天(时间)只读了一半。

自己的命运(内容)没人的时候(时间)再来伤感吧。

地道(结果)夜里(时间)挖。炮台(结果)下次(时间)要建在山顶上。

二十公里(幅度)一天(时间)走完。

沙发(工具)上半夜(时间)睡。

交谊舞(方式)下次(时间)跳。

礼物(题旨)下次(时间)再送。这些书(题旨)明天(时间)送图书馆。

小小子(受益者)下次(时间)给他做。

张家(受损者)下次(时间)再偷。

小张(接受者)下次(时间)再送个礼物。

小张(方式)下次(时间)和他一起去。

音乐(对象),耳机(工具)听

普通信件(题旨)小车(工具)送

背脊肉(受事),这把刀(工具)不好切。

他肚子上(处所)鬼子的刺刀(工具)捅了一个窟窿。

犯人(受事)屋里(处所)审。

星星(对象)台上(处所)观察。

踢踏舞(方式)台上(处所)跳。

星星(对象)望远镜里(途径)看。

货物(题旨)后门(途径)运。

再谈主题与主语 | 249

小张(接收者)这盒药(题旨)送 他。
一张海报(受事)门上(终点)贴着。
桌子(受事)砖头(材料)垫。
外墙(结果)石头(材料)砌成。
水泥(材料)墙上(终点)多抹点。

表中深色的是与序列相反的组合,从表面来看,似乎这种例外有些多,但实际上是有规律可循。大致可分为以下几种:

1)"施事、致事、经事、感事"等倾句于作主语而非宾语的论元,本应在内层经置,但也有在外层位置的。其中施事最复杂:

(6) 您(施事)屋里(处所)坐。
　　我(施事)圆舞曲(方式)没跳过。
　　他(施事)这件事(方面)研究得很透。
　　我(施事)小门(途径)没走过。全体学生(施事)侧门(途径)入场。
　　★他(施事)(连)老师(对象)都不行礼。
　　我(施事)书(题旨)送她。
　　第二小队(施事)山顶(终点)已经到了,我们还在等什么!
　　五营(施事)大炮(受事)已经推出来了。他们(施事)交通问题(受事)还没解决呢,又来了一件事。
　　田大爷(施事)一小碗米(材料)煮了一大锅粥。咱们(施事)芹菜(材料)包饺子吧。
　　我(施事)计划(结果)已经做出来了。
　　我(施事)一万米(篇幅)已经跑了。
　　★他(施事)(连)一个小时/一次(时量/动量)也没跑。

这些例子不少不能用"(连)…都/也"极性意义解释,实际上,它们是现代汉语向SOV语序演化的产物,只不过这一演化主要是与施事有关,尚未影响到致事、经事、感事。在汉语研究中,往往把施事性主语前的主题称为"主话题",而施事性主语后的主题称为"次话题"(subtopic),参看徐烈炯、刘丹青(1998)。有的研究者则把介词"把"的宾语也称为次话题。但这其实是两回事。

施事性主语后的主题在吴、闽语等方言中更为常见,并在一些方言中已出现了可分析为谓词前宾语的苗头(SOV 语序化),如盛益民(2014:6.5 节)对绍兴柯桥话次话题的研究。而"把"字句则在北方方言流行,其功能是反映"高及物性"事件,即强调对"把"的宾语的高影响性、高有定性等语义要素,参看张伯江(2001)。

致事、经事、感事类论元后偶见其他论元,如下例所示,但这些"反例"相当少而且比较简单,一般只是由"(连)…都/也"极性意义造成的:

(7) ★他的事(致事)(连)一个观众(感事)也没感动。
   ★这一举措(致事)(连)一件提议(受事)也没能通过。
   ★他的故事(致事)(连)一个印象(结果)也没留下。
   ★他(经事)(连)一天/一次(时量/动量)也没病过。
   妹妹(经事)痘痘(结果)长了 好几个 。
   ★他(感事)(连)老师(对象)也不怕。小李(感事)(连)这样的女人(对象)也喜欢。
   ★莫愁(感事)(连)一天/一次(时量/动量)也没伤心过。

2) 在表 3 中序列中,"时间"是比较靠近右边的,因此与施事、致事、经事、感事比,它倾向于在外层,但实际上汉语中的时间是一个十分自由的浮动论元(floating argument),可以自由地在内层:

(8) 他(施事)昨天(时间)来过。
   就这事(致事)昨天(时间)毁了他俩十年的婚姻。
   张明(经事)昨天(时间)遇见了李四。
   她(感事)昨天(时间)想儿子了。

调查发现,与其他绝大多数论元(施事性论元以外的论元)同现时,时间更倾向于在内层,但也有在外层的:

(9) 从前的时候(时间),锯子(工具)锯木头,现在锯人大腿了!(指动手术时)

刚才(时间)大字(方式)写了一个小时,现在是不是换一换?

这些日子(时间)土鸡(对象)都看成了金凤凰。昨天(时间)书(对象)只读了一半。

明天(时间)这些书(题旨)送图书馆。

去年(时间)院里(终点)种了许多树。

下回(时间)人参(材料)泡酒。

下次(时间)小车(受事)推门口。

下次(时间)炮台(结果)要建在山顶上。

3) 其他情况,十分少,例如:

(10) 这刀(工具)排骨(受事)剁不动。

墙上(终点)水泥(材料)多抹点。

四、结　　语

解决汉语"主题与主语"之争的一个前提是,要对汉语的类型学性质进行澄清,即搞清楚哪些句子是需要考虑动词的论元选择问题(动词性谓语句),哪些句子实际上是完全受"主题-说明"关系的制约,与动词没有本质的联系(非动词性谓语句)。对后一种句式,根本就不应该用"主语—谓语"这样的句法关系来分析。不但汉语如此,其他语言也是如此,如英语中的存在句、处所句、判断句、领有句、比较句等都有特殊句式,其基本组成也与典型的动词无关,所谓系动词仅仅起到系联的作用。

在哪些动词性谓语句中,需要考虑如何让论元投射为第一、第二论元(也就是主-宾格语言中的主语与宾语)的问题。汉语实际上也是遵循施受等级序列进行投射的,即两个论元中施事性较强的一个投射为主语,另一个投射为宾语;但汉语还有一类"关涉性论元",它们也要争取占领宾语位置(称为"述题化操作"),所以如果两个论元中有一个是关涉性论元,则它会作宾语,另一个会作主语,即使另一个是受事性很强的论元,只要没有其他主要论元,也会作主语。后一点是汉语的特性,不具有世界语言的普遍性。

除此之外,汉语的两大策略可以结合在一起,从而出现多重主题(有的研究者称内层的为主语,外层的为主题)现象。其基本规律也与汉语的施受等级以及关涉性论元有关,即越靠近施事性的论元越容易在内层,另一在外层;同样的汉语特性是,如果其中一个是关涉性论元,则它更倾向于在外层,而另一个不论是否是受事性的论元,都在内层。当然,现代汉语中有一些特殊的变化:一是新的 SOV 语序的兴起,使施事在很多情况下会在外层;二是表示最小量的"(连)……(都/也)"句式,将这个最小量放在内层;三是时间论元在汉语中相当自由,在内外都有可能。

综上所述,我们认为汉语的小句结构深受语用法则的制约,汉语中所谓的"主语"在很大的程度上是主题[1],"宾语"也在很大的程度上是述题[2],所以呈现出与英语等语言很不一样的面貌;但这其中仍然有施受等级的制约在,只不过不如英语那么强势而已。

参 考 文 献

陈平　1994　试论汉语中三种句子成分与语义成分的配位原则,《中

---

[1] 汉语是否存在不是主题的主语,本文暂不讨论。
[2] "述题化"是袁毓林先生提出,参看袁毓林(2010:3.5.2 节)。他借用了系统功能语法的"述题"(rheme)这一名称,但是完全不同的概念。

国语文》第 3 期。

胡裕树　1994　汉语语法研究的回顾与展望,《复旦学报(社科版)》第 5 期。

刘丹青编著　2008　《语法调查研究手册》,上海教育出版社。

吕叔湘　1942/2014　《中国文法要略》,商务印书馆。

———　1946　从主语宾语的分别谈国语句子的分析,见《开明书店二十周年纪念文集》。另见《吕叔湘文集》第二卷,商务印书馆,1990。

沈家煊　2012　"零句"和"流水句"——为赵元任先生诞辰 120 周年而作,《中国语文》第 5 期。

盛益民　2014　《吴语绍兴柯桥话参考语法》,南开大学博士学位论文。

徐烈炯、刘丹青　1998　《话题的结构与功能》,上海教育出版社。

袁毓林　2010　《汉语配价语法研究》,商务印书馆。

Andrews, Avery D. 2007 The major functions of the noun phrase. In Timothy Shopen (ed.), *Language Typology and Syntactic Description* (2nd edition) *Volume Ⅰ: Clause structure*. Cambridge: Cambridge University Press, 132-224.

Dryer, Matthew S. 2007 Clause types. In Timothy Shopen (ed.), *Language Typology and Syntactic Description* (2nd edition) *Volume Ⅰ: Clause structure*. Cambridge: Cambridge University Press, 224-275.

Whaley, L. J. 1997 《类型学导论——语言的共性和差异》,世界图书出版公司 2009 年。

胡裕树先生与广义形态理论[*]

李双剑

(上海外国语大学国际文化交流学院)

摘　要　本文相对全面地梳理了广义形态理论的发生发展脉络及相关问题,主要讨论了与广义形态理论相关的四个方面:一、广义形态理论的渊源;二、胡裕树先生对广义形态理论的学术贡献;三、目前语言学界对广义形态外延理解的分歧;四、广义形态理论研究对当代语言学研究的重要启示。

关键词　方光焘;胡裕树;广义形态理论

引　言

胡裕树先生(1918—2001)是我国著名的语言学家,他一生研究兴趣颇为广泛,其学术研究涉及了语言学、修辞学、古典文学、辞书编

---

[*] 本文是复旦大学举办的"纪念胡裕树先生100周年诞辰学术研讨会"(2018年8月26—27日)上的报告论文,在场的师生提出了宝贵的意见。本项研究得到了上海市社科规划基金青年课题(2018EYY008)、中国博士后科学基金第61批面上资助项目(2017M611600)和第10批特别资助项目(2017T100306)、上海外国语大学校级重大项目(KX161076)和校级规划项目(2018114039)的资助。谨此一并致以诚挚的谢意!文责自负。

撰、汉语国际教育等多个领域。胡裕树先生在汉语语法研究上也是成就卓著、影响深远的。例如，胡裕树先生继承并发扬了广义形态理论，建立了相对完善的句子分析理论，与张斌等先生一起创建了三个平面的语法理论，等等。

虽然都是重要的语法学理论，但与句子分析理论、三个平面的语法理论相比，广义形态理论的境遇稍有不同。句子分析理论在胡裕树先生主编的《现代汉语》教材中得到了比较彻底的运用，一直以来学界也接受胡裕树先生的基本看法。三个平面理论在20世纪80年代提出之后，一直到90年代都是语法学研究中的热点问题；一般认为，三个平面的语法理论是胡裕树先生对语法学研究最大的贡献。广义形态理论虽然提出相对较早，但是受到的关注度似乎不是太高，好像也并未引起语言学界的集中讨论，并且关于所谓"广义形态"也有不少争议。

本文在前人时贤研究的基础上，全面梳理广义形态理论的发生发展脉络及相关问题，主要讨论广义形态理论的如下几个方面：一、广义形态理论的渊源；二、胡裕树先生对广义形态理论的学术贡献；三、目前语言学界对广义形态外延理解的分歧；四、广义形态理论研究对当代语言学研究的重要启示。

一、广义形态理论的渊源

"形态"（morphology）在语言学研究中一般指词的结构或形式，也就是构词研究或屈折形式研究。

"广义形态"这一术语最早见于方光焘先生的《体系与方法》（1939）一文："我认为词与词的互相关系，词与词的结合，也不外是一种广义的形态，中国单语本身的形态，既然缺少，那么辨别词性，自不能不求助于这广义的形态了。"按照方光焘先生的看法，"广义形态"与狭义形态相对，指的是具有一定的形式标志、表示出一定的关系的构造、结构(方光焘 1958)。实际上,方光焘先生多次论述到了广义形态问题。我们粗略地查了一下,在《方光焘语言学论文集》中,他或多或少地谈到广义形态的文献数量不下十七种。

一般认为,广义形态理论是方光焘先生对汉语语法学和一般语言学的一个重大贡献(胡裕树 1997;王希杰 2002)。那么,方光焘先生的广义形态理论的来源是哪儿呢?

方光焘先生说的很明确:"我提出的广义形态是根据索绪尔的语言学说,从结构、构造、关系来沟通词法、句法。"(方光焘 1962a:308)作为"我国语言学界全面系统地、严肃认真地介绍索绪尔语言学说的第一人"(胡裕树 1997),方光焘先生从索绪尔的语言学理论中汲取营养,形成广义形态理论,是自然而然的事情。但是,要是认为方光焘先生的广义形态仅仅来自索绪尔就不全面了。方光焘先生(1954—1955,1956,1962a)都明确引用了房德里耶斯(1921)对形态(即方光焘所提出的"广义形态")的观点,并且都是赞同房德里耶斯的,本文在第二部分会具体讨论。所以我们说方光焘先生的广义形态的理论来源是索绪尔,直接来源是房德里耶斯。

二、胡裕树先生对广义形态理论的贡献

胡裕树先生作为方光焘先生的学生,学术上受方光焘先生的影响极大。胡裕树先生从在上海暨南大学读书时就是方光焘先生的学生,后来留校任教,还做了方光焘先生的助教。即使在方光焘先生去了南京大学工作,他们的联系也是非常密切的。胡裕树先生(2002)曾说:"一有机会我就到南京来聆听先生的教诲,或汇报学习心得,或请教疑难问题,先生每次都给我指点迷津,使我获益良多。多年来,我所以能够在语言学上做点教学和研究工作,应该归功于老师的教诲和培养。"的确,胡裕树先生不但继承和发扬了方光焘先生的语言学思想和治学精神,而且学术研究上有很多的创新。

无论是方光焘先生还是胡裕树先生对于广义形态理论都是有着巨大的贡献。"方光焘早在三十年代提出的'广义的形态',是对传统语法学的革命,是对汉语语法学的重大发展,是对理论语言学的新贡献。"(徐思益 1988)胡裕树先生"并不以广义形态理论解决了汉语词类问题为满足,而是把它升华到语言学理论的高度作更深入的论述"(高顺全 1995)。

集中体现胡裕树先生对广义形态理论贡献的文献是张斌和胡裕树(1954)、胡裕树和张斌(1954)、胡裕树和张斌(1955:27—36)。正如高顺全(1995)所说,胡裕树先生"师承和发展了广义形态理论"。我们也要看到,尽管在广义形态的核心内容上胡裕树先生继承了方光焘先生的观点,但是在某些方面,胡、方两位先生的看法并不完全一致。

(一) 胡裕树先生对广义形态理论上的探索

胡裕树和张斌两位先生(1954)认为:"词与词的相互关系,词与词的结合,这就是广义形态。"这句话基本就是方光焘先生(1939)的原话。关于广义形态和狭义形态的关系,胡、方两位先生都认为二者并不是对立的,而是广义形态包括了狭义形态(胡裕树、张斌 1955;方光焘 1952:563)。并且,他们都认为广义形态研究的重要性,用方光焘先生的原话就是"凭形态而建立范畴,集范畴而构成体系"(方光焘 1939;张斌、胡裕树 1954)。

但是,胡裕树先生对广义形态理论的看法又有别于方光焘先生,至少表现在以下两个方面。

1. 关于"形态部""意义部"

"形态部""意义部"是方光焘先生多次讨论到的两个术语,这两个术语直接来自于房德里耶斯(方光焘 1954—1955:145;1956:44;1962d:317)。并且这两个术语也是方光焘先生比较重视的。但是,胡裕树先生在论述广义形态相关问题时并没有涉及"形态部""意义部"。为什么会这样呢?我们先来看看什么是"形态部""意义部"。

根据房德里耶斯(1921),"形态部"指的是表示观念间的关系的语言要素。"意义部"指的是表示表象的观念的语言要素。比如,英语 books,其中 book 是意义部,-s 是形态部(方光焘 1954—1955：147)。"桌子"一词中,"桌"是意义部,"子"是形态部(方光焘 1958：284)。更明确地说："形态部表示一定的关系意义(或结构意义)。这是一种抽象的、语法上的意义。它不同于意义部所表示的可以与个别、特殊事物相联系的词汇意义。"(方光焘 1954—1955：148)"至于意义部也可能有的语法意义,仅是一种类的意义。"(方光焘 1962d：317)方光焘先生(1956：45)把意义部与形态部相结合的整个结构、构造叫做形态,所以形态并不等于形态部。"形态包括各种形态部。"(方光焘 1952：572)

我们认为,"意义部"这个术语有重大的漏洞,或者说在广义形态研究中"意义部"是否有存在的必要。按照方光焘先生的看法,意义部要么指词汇意义,要么指类意义,但这与语法研究又有多少关系呢？我们需要的是"语法意义"。其实,方光焘先生(1954—1955：118)自己说的很明确："用形态部作为手段,显示出一定的抽象的语法意义叫做语法范畴。"既然形态部可以与语法意义对应,还有必要出现"意义部"这个术语吗？

方光焘先生把意义部局限于词汇意义或类意义,也许与他对"词"的看法有关。方光焘先生(1962d：317)认为："词有双重性,既表现一定的意义,也有一定的关系的体现。但如果把词看成语法学的单位,也是错误的。词是词汇学的单位。""我们可以说语法学的单位就是与一定的意义部相结合的形态部。当然,形态部离不开意义部,意义部是词汇学的东西。"

另外,对于形态部和意义部的关系,好像也存在着问题。"形态部是否独立于意义部,在不同的语言里是各不相同的。"(方光焘 1954—1955：147)"形态部离不开意义部"(方光焘 1962d：317)；"形态部是依存于意义部的,形态部自身不独立"(方光焘 1962b：330)。

方光焘先生不同时间的表述是有差别的。

也许胡裕树先生看出了包括以上说到的关于广义形态理论中的问题,所以胡裕树先生讨论广义形态时,并没有提及形态部、意义部。胡裕树先生用得比较多的是广义形态、语法形式(或关系形式、结构形式、功能形式、形式)、语法意义(或关系意义、结构意义、功能意义、意义)这些术语。比如,胡裕树和范晓(1993)认为:"功能形式,就是一个词在句法结构里所能安排的位置,可称之为'分布'或'广义形态'。"再如,胡裕树(1981)在研究句子分析时指出:"语法有它自己的任务,它分析的是句子中结构形式所表示的结构意义。"

胡裕树先生对于广义形态理论不同于方光焘先生的看法,可能对年轻学者尤其是他自己的学生产生了一定的影响,似乎有"承上启下"的作用。所以,后来卢英顺先生(2005:18)在同意方光焘先生对形态部理解的同时,也修正了意义部的定义,认为"意义部指的是通过一定的形态部(即形态标记)所表示出的'语法意义'"。对此,胡裕树先生(1998)是赞同的:"这样就更符合形式和意义相结合的原则,也更容易被人接受。"卢英顺先生准确地解决了这个问题。

2."功能"与"形态"的关系

首先需要指出,方光焘先生在不同文献中对"功能"有不同的看法。例如:"词专门和某些词相结合,而排斥和另一些词相结合的作用。"(当时称"机能",方光焘 1952:563)"一语言要素与另一语言要素排他地相结合的能力。"(方光焘 1956:45;1962b:330)"一定的意义部和一定的形态部相结合的能力。"(方光焘 1958:284)"词(或词组)与词(或词组)相结合的一种结构关系。"(方光焘 1962c:84)

而胡裕树先生对"功能"的理解就比较一致。例如:"词与词结合的能力"(胡裕树、张斌,1954),"一个词能与其他的词结合的能力"(胡裕树、张斌 1955),"词在句法结构里的活动能力,也就是词和词的互相结合能力"(胡裕树、范晓 1993)。

最重要的问题倒是如何理解功能和形态间的关系,在此问题上胡、方两位先生差别明显。

方光焘先生(1956：46；1958：284；1962b：330)认为虽然形态包括形态部和意义部，但只有意义部才具有和其他要素相结合的能力，功能是由意义部产生的，所以功能属于意义部；形态部本身缺乏功能。并且方光焘先生(1962b：330)认为，语法功能属于意义部又分为两种情况：专与某种既定的形态部相结合的能力，是意义部所有的；专以某种既定的形态部为媒介，与其他意义部相结合的能力，也是意义部所有的。整体上看，方光焘先生(1962b：331)认为："功能不外是一种形态，因为功能指一种排他地相结合的能力，一经结合就有表现形式，就有形态。"

上面我们谈到，意义部本身可能就是一个没有必要存在的概念，有(广义)形态与语法意义这样两个相对应的术语就可以了。方光焘先生对功能不但存在不同的理解，并且认为功能是由意义部产生的。一旦把意义部这个概念抛弃掉，功能岂不是也无法存在了？

胡裕树先生的看法相对简单得多。胡裕树先生认为："词的语法功能既包含着语法意义(关系意义)，也包含着形式(关系形式)，所以功能是词的语法意义和语法形式的统一。"(胡裕树、范晓1993)这种观点应该是目前学界比较认同也是比较占主流的。

（二）胡裕树先生对广义形态理论的运用

方光焘先生提出广义形态理论主要是为了解决汉语的词类划分问题(方光焘1939)。胡裕树先生在20世纪50年代讨论(汉语)词类问题时也是运用了广义形态理论。方、胡两位先生都主张划分词类的主要标准只能是广义形态(方光焘1952：564；1956：43；张斌、胡裕树1954)。但是，胡裕树先生对广义形态理论的运用并不仅仅限于(汉语)的词类划分问题，以下我们具体论述。

语序(或称词序)都是方、胡两位先生所认为的广义形态之一(方光焘1952：571；胡裕树、张斌1954)，《汉语语序研究中的几个问题》

一文深入讨论了语序问题(张斌、胡裕树 1984)。该文指出,语序作为一种句法手段,包含着两层意思:第一,语序是语言单位的序列,不是指具体的词的序列;第二,句法手段是用来表示句法意义的。此文讨论了语序的条件限制问题:1) 名词的位置与动词的性质有关;2) 语序的安排与虚词的使用有关;3) 语序包括语法的、语义的和语用的。该文还从语言类型学的研究方法和汉语的语言事实纠正了关于汉语语序类型变化的看法。此文说理透彻、例证丰富,极富说服力。

胡裕树先生(1985)对汉语表示数范畴的复数后缀形态"们"进行了研究,认为"们"字是表示不计量的复数(群)的后缀。[彭晓辉(2013)在此基础上又作了一些补充。]他既比较了汉语"们"与英语中的"-s"的不同之处,也找到了"们"与"-s"的共同之处。胡裕树先生认为,汉语名词是有"数"范畴的,只不过不同于印欧语而已;"们"和名词的结合,表达了一定的语法意义,可以看作一种形态,只是不同于印欧语的形态罢了。

三、目前学界对广义形态外延的理解

广义形态理论确实深刻地影响了语言学界的研究,围绕广义形态理论也有不少讨论,包括甚至还有学者认为汉语没有形态,例如,周国辉(2007);陆丙甫、罗彬彬(2018)认为:"在语序类型学已经蓬勃发展的现代,已无需再用这个术语自我束缚。"①我们在此讨论关于广义形态的一个重要问题,即不同学者对广义形态外延的理解,也就是广义形态的范围到底有多大。

方光焘先生曾引用房德里耶斯(1921),指出形态部包括六种:屈折语的语尾、虚字、重音、元音交替、词序、零形态(方光焘 1954—1955:146—147)。其实,方光焘先生(1952:571)认为的形态部种类

---

① "这个术语"即指广义形态。

是：元音的变化、屈折语尾、语序（词序）、虚词、语调、零形态。后来方光焘先生(1962d：317)又说："词形变化、虚词、元音变化、重音、语调、词序等都是形态部。"可以看出，方光焘先生在不同时间所说的形态部类别大同小异。

胡裕树、张斌(1954)引用了何容在《中国文法论》中各种语言的表意方法，包括词的顺序、词的结合、重叠、音变、重音和声调、依附成分等六种，并且认为都属于其所说的形态。

胡明扬(1958)认为："不管西方传统的形态也好，广义的形态也好，助词(虚词)也好，不管什么名儿，都是语法形式。"胡明扬给出的语法形式的分类如下：

$$
语法形式\begin{cases}形态\begin{cases}词形态（传统的形态，助词等）\\句形态（句助词）\end{cases}\\无形形态：语序、语调、重音等\end{cases}
$$

实际上，这里面还有一个比较纠结的问题，就是不同学者对于（广义）形态和语法形式的关系的看法是有差异的。一些学者认为广义形态就等于语法形式，如胡裕树、范晓(1993)，华玉明(2014)等。但也有学者认为形态和语法形式并不是一回事。邵敬敏(1988)指出："每个语法结构体都是语法形式与语法意义的统一体。"但他认为语法形式不等于语法形态，形态只是形式的一部分。不过，他好像并未给出形态的定义，以及如何区分语法形式和形态。邵敬敏、赵春利(2006)在胡明扬(1992)等基础上，总结了语法形式的类别（见表1）：

表1

显性语法形式	语音层面	语缀、语音交替、辅音交替、错根、停顿、声调、语调、重音、轻声等
	词汇层面	虚词、重叠
	句法层面	词类、词组、单句、复句、语序、重叠等
隐形语法形式	结构层面	分布、组合、层次、变换等

其中,显性语法形式包括狭义形态与广义形态,隐性语法形式包括分布、组合、层次、变换等。

卢英顺先生(2005)在充分认识汉语形态研究的历史和现状的基础上,认为形态既包括词和词的相互结合能力和结合关系,又包括以词形变化、语序、虚词为标志的形态。他对形态的分类是:

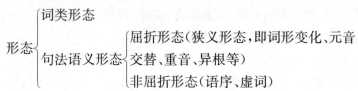

上述这些学者对于广义形态的范围有重合之处,但有的学者之间的看法差别很大。究其原因,一是对(广义)形态的定义不同,二是有的学者又明确区分了形态和语法形式这两个术语,从而可能又导致在形态的外延上的不一致。

四、广义形态理论研究对当代语言学研究的启示

广义形态理论的发展过程对于当代语言学的研究极有启示意义。以下我们简要论述。

首先,善于借鉴国外语言学理论。我们知道,方光焘先生提出广义形态是受了索绪尔和房德里耶斯两人的影响,而索绪尔和房德里耶斯都是世界著名的语言学家,在普通语言学上贡献巨大。方光焘之所以在广义形态理论上有所成就,就是善于借鉴国外语言学的先进理论。

其次,重视语言学理论的创建。无论是方光焘先生还是胡裕树先生,他们在语言学理论上都有着不凡的建树,这是他们在吸取西方语言学理论基础上所做的理论创新,并且这种理论创新是经得起时间检验的。

再次,语言学理论和语言事实并重。众所周知,中国语言研究的

传统是重事实轻理论、重细节轻系统。胡裕树先生对广义形态理论的发展,不仅体现在理论探索上,而且也运用广义形态理论来研究汉语事实。这种理论与事实并重的语言研究路子在中国当代尤其是需要大力提倡的。

最后,从人类语言的共性与差异来看汉语的特点。在方光焘先生首倡广义形态理论时,就是从人类语言的共性与差异来看汉语的特点的,所以方光焘先生认为词序也是广义形态。胡裕树先生也是从人类语言的共性与差异来研究汉语问题的,例如胡裕树先生(1985)对汉语表示数范畴的复数后缀形态"们"的研究,就是既比较了"们"与英语中的"-s"的不同之处,也比较了"们"与"-s"的共同之处。这种从世界语言的眼光来看待汉语的视野对于当代语言学的研究尤其重要。

参 考 文 献

方光焘　1939/1997　体系与方法,《方光焘语言学论文集》,商务印书馆。

方光焘　1952/1997　语言学引论,《方光焘语言学论文集》,商务印书馆。

方光焘　1954—1955/1997　语法学原理,《方光焘语言学论文集》,商务印书馆。

方光焘　1956/1997　汉语词类研究中的几个根本问题(提纲),《方光焘语言学论文集》,商务印书馆。

方光焘　1958/1997　汉语形态问题,《方光焘语言学论文集》,商务印书馆。

方光焘　1962a/1997　谈现代汉语语法中的主要问题,《方光焘语言学论文集》,商务印书馆。

方光焘　1962b/1997　形态与功能,《方光焘语言学论文集》,商务印书馆。

方光焘　1962c/1997　论语言记号的同一性(提纲),《方光焘语言学论文集》,商务印书馆。

方光焘　1962d/1997　写在《形态与功能》之前,《方光焘语言学论文集》,商务印书馆。

[法]房德里耶斯　1921/2012　《语言》,岑麒祥、叶蜚声译,商务印书馆。

高顺全　1995　胡裕树教授和现代汉语语法研究,《复旦学报》(社会科学版)第6期。

胡明扬　1992　再论语法形式和语法意义,《中国语文》第5期。

胡明扬　1958　论语法形式和语法意义,《中国语文》第3期。

胡裕树　1981　有关句子分析的几个问题,[日]《中国语》第1期。

胡裕树　1985　从"们"字谈到汉语语法的特点,《语文园地》第12期。

胡裕树、范晓　1993　现代汉语动词的次范畴,《营口师专学报》(哲学社会科学版)第1期。

胡裕树、张斌　1954　词的范围、形态、功能,《中国语文》第8期。

胡裕树、张斌　1955　《现代汉语语法探索》,东方书店。

胡裕树　2002　缅怀先生业绩,学习先生做人(代序),《方光焘与中国语言学——方光焘先生纪念文集》,北京语言大学出版社。

华玉明　2014　现代汉语动词的形态及其特点,《语文研究》第3期。

卢英顺　2005　《形态和汉语语法研究》,学林出版社。

陆丙甫、罗彬彬　2018　形态与语序,《语文研究》第2期。

彭晓辉　2013　现代汉语数范畴构建论,《湖南社会科学》第3期。

邵敬敏　1988　形式与意义四论,《语法研究和探索》(四),北京大学出版社。

邵敬敏、赵春利　2006　关于语义范畴的理论思考,《世界汉语教学》第1期。

王希杰　2002　方光焘先生与现代语言学,《方光焘与中国语言学——方光焘先生纪念文集》,北京语言大学出版社。

徐思益　1988　形态、功能和结构关系——论方光焘语法学说,《语言与翻译》第3期。

张斌、胡裕树　1954　谈词的分类,《中国语文》第2、3期。

张斌、胡裕树　1984　汉语语序研究中的几个问题,《中国语文》第3期。

周国辉　2007　汉语无形态论,《烟台大学学报》(哲学社会科学版)第3期。

汉语语法事实描写解释篇

当代汉语区别词形容词化的功用与成因分析*

——以"袖珍"的功能扩展与分化为例

张谊生
(上海师范大学)

摘 要 "袖珍"的表达方式与形化功用表现在能陈述也能兼表指称,表达需求则重在修饰与配合,表达效果既雅致又兼备。"袖珍"的扩展趋势与功能性质涉及到从语用需要到功能定型,从临时活用到词性转类,从句子成分到句法成分。"袖珍"的演化动因与扩展机制包括从句子成分到句法成分,转喻与类推化的机制,感染与精细化。"袖珍"的发展与演化无疑是当代汉语逆向语法化趋势中的典型个案。

关键词 区别词;袖珍;形容词化;功能分化

前 言

这四十年来,随着我国社会、经济发展的加速进步,社会生活、科

---

* 本文是国家社科基金(15BYY131)"程度副词的生成、演化及其当代功能扩展的新趋势研究"、教育部规划基金项目(13YJA740079)"介词演化的规律、机制及其句法后果研究"、上海市哲学社会科学规划课题(2012BYY002)"当代汉语流行构式研究"的阶段性成果。本文曾经在纪念著名语言学家胡裕树先生100周年诞辰学术研讨会(2018年8月26日—27日)上宣读。根据与会专家意见,作了多方面修改。对于各方面的资助与帮助,笔者表示由衷的谢意。

学技术飞速发展,语言运用与演化也出现了许多新现象,产生了许多新倾向与趋势,尤其是借助于网络传播的优势,各种新词、新用法、新构造,乃至一系列逆向语法化的现象开始趋向大量涌现。这就表明,当前社会处于大步迈进的新时代,随着交际手段的不断更新,为了适应社会生活的发展,反映活跃的思想、变化乃至时代风尚,当代汉语的功用已经发生了深刻的转变。

纵观近年来的语法研究,关注语言虚化的研究可谓层出不穷,然而探讨语言逆向演化发展的研究则相对不多。其中一直较少引起注意的一个语言现象就是,区别词的逆向发展——形容词化现象。众所周知,区别词最初之所以被从形容词中分离出来单独建类,就是因为不能充当谓语,所以,吕叔湘、饶长溶(1981)一开始就称之为"非谓形容词",后来李宇明(1996)进一步阐释了"非谓形容词"的词类定位。然而,当年一些确实不能充当谓语的区别词,现在又发展出了可以充当谓语的功能,又回到形容词中来了。因此,本文通过对汉语中的一个曾经非常典型的区别词"袖珍"的功能扩展加以全面调查、考察与分析,以揭示当代区别词的功能演化与扩展的现象,以引起语言学界与教学界的关注与重视[①]。

本文采用语料全部来源于当代网络人民网、新华网等,所有例句全部注明出处。

一、表达方式与形化功用

(一) 表达方式:陈述与指称

在当代汉语中,形容词化的"袖珍"既可以用于陈述,也可以用来

[①] 相关研究,还有张谊生 2018《当代汉语区别词指称化、名词化的趋势、功用与成因——兼论现代汉语教学对新兴语言现象的吸收》全国高等院校现代汉语教学研究会第十六届学术研讨会(6月23日—24日,贵阳)报告。

指称,已经完全不限于只能用来充当定语的限定与区别功能了。例如:

(1) 中国跆拳道这个小门派,经过二十年修炼,成为神一般的存在,规模袖珍,深藏不露,当年女将陈中是一鸣惊人,这次赵帅也是石破天惊,外界看来毫无征兆,只有他们自己知道功到自然成。(《赵帅的世界没网红,有侠之大者》2016-08-19《钱江晚报》)

(2) 这款汽车外形袖珍,类似小货车,配备电动引擎,这意味着其目标客户是日本当地的送货员。(《本田发布3D打印电动车 将亮相日本科技展》2016-10-15 环球网)

当年之所以建类,就是从非谓功能开始的,能够自如充当谓语当然就不再是区别词了。再如:

(3) 文字的长度变了,书信的绵长缩减至短信的袖珍,恋爱中的男女再也不用绞尽脑汁、搜肠刮肚地遣词造句,有时一两个字甚至发一个表情就能倾诉彼此的相思之苦。(《移动互联网时代的爱情:双11何不约会?》2014-11-09《广州日报》)

(4) 许多幽默诙谐的澳洲人通常把阿德莱德市称为"迷人的乡村小镇",以此形容阿德莱德市区之袖珍、生活节奏之舒缓和安逸。(《澳大利亚精品产酒区之走入巴罗萨谷——意料之外的世界老藤之乡》2015-08-10 人民网)

从与之对举共现的形容词"绵长、舒缓、安逸",可以推断,这类充当宾语、主语的"袖珍",显然不是区别词"袖珍"的名词化,而只是形容词"袖珍"临时指称化的语用功能。

(二) 表达需求:修饰与配合

对举、配合使用时,有时须要凸显程度化的用法。例如:

(5) 就像"广州雪",虽然袖珍玲珑,但却是雪的另一种形态而已,不能说大雪纷飞才是雪的"标准"。(《"广州雪"段子的文化启示》

2016-01-29《光明日报》)

(6) 这个代表证如此精致、袖珍,既体现了那个年代的艰苦条件,又说明了大会准备工作中的细致和用心。(《中共七大幕后之谜》2015-04-29 中国共产党新闻网)

"玲珑、精致"是形容词,而共现、并举充当谓语的"袖珍",自然也是形容词了。再比如:

(7) 时至今日,香港是全球经济自由度指数最高的城市,同时也是世界上最袖珍、最重要的艺术品交易集散地之一。(《香港回归20年:如何造就了今天亚洲艺术市场中心》2017-07-03 雅昌艺术网)

(8) 邢立达介绍说,这种恐龙足迹,不仅袖珍,而且珍稀,其中谜团还相当多。(《四川昭觉发现最小恐龙足迹 首批足迹已被破坏》2016-05-04《华西都市报》)

很显然,在上述表达格式中,"袖珍"与形容词"重要"以及同样正在形容词化的"珍稀"等互相配合、共现,一起充当谓语表陈述[1],并且一同接受程度副词、代词的修饰,表明其句法功能显然已经趋向典型的形容词化了。

(三) 表达效果:雅致与兼备

比起"小型、微型"来,"袖珍"的优势就在于:不仅表示"体积小"的词汇义,而且,同时还表达了"小巧而精致"的雅致义。正因为表达效果更佳,所以,当代人们尤其是年轻人在选用时,必定会更加倾向于兼备的"袖珍"。例如:

(9) 记者看到,这部手机超级袖珍迷你,只有一张银行卡大小,可以塞进钱包里,翠绿的颜色也非常时尚。(《山寨厂转型做"儿童手

---

[1] 张谊生(2013)认为,充当主宾语定语内的或谓补语状语内的内在状语,都是句法成分而不是句子成分。

机"质量堪忧请家长谨慎》2014-08-29《杭州日报》)

(10) 虽然在大象面前,日本队显得<u>太袖珍了一点</u>,但是日本队完全可以凭借技术与科特迪瓦队抗争。(《刘建宏:德罗巴率队逆转日本首战失利前景堪忧》2014-06-15 人民网)

如果将"袖珍"换成"微小"太直接、不含蓄,换成"规模小"又太累赘、不协调。再如:

(11) 记者现场调查发现,今年的核桃特别小,<u>很袖珍</u>,跟往年比几乎要小了一半,今年的核桃缩水了。(《揭秘文玩核桃青皮市场行业内幕》2014-09-19 人民网)

(12) 不过,这个眼镜店相比传统眼镜店<u>"袖珍"了很多</u>,"我们的线下体验店和线上网站价格一致,顾客可到体验店验光试镜购买,不来体验店的话,也可手机下单眼镜配送到家。"店长介绍。(《眼镜加价30倍成常态"互联网+"打破实体店暴利》2015-10-12《北京日报》)

以上的"袖珍"比起"小型、微小"来,表达效果自然显得雅致而兼备、更加生动而时尚。

二、扩展趋势与功能性质

(一) 从语用需要到功能定型

"袖珍"的陈述化从语用开始,经过网络表达的临界语境中的不断类推,表达方式逐渐改变,陈述功能逐渐趋向定型。例如:

(13) 小记们秀笔一挥,农家坐骑由两轮变四轮了。网络时代令山乡巨变无一漏"网",只是不知时间都去哪儿了……<u>稿子袖珍情味浓</u>,地方版《身边》好亲切。(《缩水而不"水"清淡小清新》2014-02-18《齐鲁晚报》)

(14) 院内的三间南房为正房,门窗雕花细致,图案精美。南屋前是一个小院,院墙为石砌。院外巨石下有一古井,到现在居然还有水。其院落之小,可为"北京之最",<u>院落虽袖珍</u>,却五脏俱全。(《到双石头村观赏"石上宅"》2013-08-30《北京日报》)

毫无疑问,"袖珍"的形容词用法,一开始确实是临时的语用法,因为用频还不高。再比如:

(15) 如今的收音机由于<u>越做越袖珍</u>,只能用残肢去蹭按钮的张友贤,在收听广播时极不方便。(《优抚对象的贴心人——记和平区民政局副局长徐建强》2014-06-16 天津网)

(16) 6平方米左右的"立锥之地",即便逼仄也能撑起一个"家"的内涵,即便局促也依然有不可小觑的功能性价值和无穷的可能性,即便<u>袖珍</u>也能承载一个普通人的"梦想"和对生活的热忱。(《即便6平方米也有无限可能》2016-09-26《杭州日报》)

通过调查分析可知,"袖珍"的形容词用法,随着这类分布的逐渐经常化、格式化、协调化,一开始临时的语用法,现在"袖珍"的形容词功能就已基本趋向定型了[①]。

(二) 从临时活用到词性转类

发展到现在,"袖珍"的形容词功能已完全成熟。例如:

(17) 说其特殊,是因为这所大学地处北京的三环与四环之间,寸土寸金之地,学校不大,占地仅500余亩,<u>可谓精致</u>,<u>甚至袖珍</u>。(《对外经贸大学探索国际化人才培养模式 让每个学生成为精品》2013-12-05《人民日报》)

(18) 7楼是电视编辑室、画质管理间,一排排机器排列在机房中。5楼的新闻直播间,则是SBS各档新闻类节目的演播室,不同的

---

① 《现代汉语词典》(第七版),"珍稀"一词,也是标注为形容词的。

位置分别供体育节目、天气预报、观众连线等不同节目使用,和国内演播室比起来袖珍、简单得多。(《揭秘韩流"吸金术":专业先行 粉丝至上》2014-07-22《新闻晨报》)

(19) 六面体,两头柱轴——这个小东西堪称中西合璧,之所以这么"袖珍",专家推测是当时小朋友的玩具。(《德阳出土"陀螺骰子"疑是麻将骰子2 000岁老祖宗》2015-10-30《华西都市报》)

(20) 规模如此袖珍,产品也只有寥寥几只。华宸未来基金、恒生前海基金、南华基金、中航基金四家基金公司目前都只有一只基金产品。(《规模10亿以下的公募靠什么生存?》2017-12-04《国际金融报》)

既然"袖珍"现在已经可以接受副词"甚至"、代词"这么、如此"强化程度,并且进入"X得多"格式,那么,可以基本肯定,其逆向的形容词化现在已经完成了。

(三) 从句子成分到句法成分

"程度副词+袖珍"的搭配,现已可以充当定语了。例如:

(21) 相比周围的几个大型商场,摩方显得袖珍了许多。然而,摩方购物中心紧邻崇文门地铁站出站口,东临崇文门外大街,地理位置优势更为明显。(《北京崇文门商圈年轻化 摩方预计今年10月开业》2018-01-08《中国商报》)

(22) 三个人首先想要破解的难题是,有没有可能将目前的盲文点显器变得"袖珍"起来,让它真正成为一本便携的电子书。(《为用手指和耳朵感知的人:学子为失明者造电子书》2015-02-12《北京晚报》)

上面两例"袖珍",都在后附趋向补语之后,分别充当"显得"和"变"的宾语和补语,这种分布与充当谓语不一样,是"袖珍"充当的句内的句法成分①。

再进一步发展,受程度副词修饰的形容词"袖珍"就可以充当句子成分定语了。例如:

(23)他所领军的和平里九小是一所十分袖珍的小学校,生均占有面积只有1.66平方米,生均活动面积仅为1.06平方米……(《让每个孩子都有机会拥抱体育》2015-04-22《人民政协报》)

(24)相比之下,此次朝阳区规划的则是更加袖珍的小型绿楔,其目的是与巨型绿楔配合,共同为城区输送清新空气,吹散雾霾。(《北京市朝阳区建5条绿楔送清风进城》2017-11-15《北京日报》)

众所周知,区别词的基本功能就是充当定语,但是,典型的区别词都是不能受程度副词修饰的,所以,上面两例的充当定语"袖珍",只能分析为充当句法成分的形容词。

三、演化动因与扩展机制

(一)求新与简捷化的动因

"袖珍"形容词化与表达方式的简捷与求新密切相关。例如:

(25)贾复介绍,他在现场体验了 Apple Watch 和 WatchKit 共四款产品,总体感觉是真机佩戴后有点偏小。其中,42 mm 版本的对于体型稍大的男同胞肯定会觉得比较袖珍。(《苹果手表内地首发微博微信支付宝等成首批应用》2015-03-11《北京青年报》)

(26)但就在这有限的空间内,却如春笋般迸发出了不少规模袖珍却"五脏俱全"的足球场地,原本就不宽敞的人行道也硬生生地用围栏与红漆,为滑板与自行车辟出了专用车道。(《奥运会让巴塞罗

---

① 本文着重调查、分析的当代汉语语料,主要是人民网以及北京语言大学的BCC语料库。

那"重生" 多样化运营拒绝"白象"》2014－09－10《文汇报》)

(27)记者在现场看到,展出的藏书票和小版画的规格大小不一,长宽随形而制,虽然<u>外形袖珍</u>,但是每一款作品上都被作者赋予了丰富的艺术内涵,很多作品内容丰富,色彩鲜艳,带给人一种别样的艺术美感。(《海内外450件藏书票作品亮相广东东莞》2015－05－12 中国新闻网)

(28)场景虽然<u>迷你袖珍</u>,但是其中充满妙趣,看了就让人跃跃欲试。(《70 余种场景 iPhone 游戏迷你高尔夫赛》2013－03－25 人民网)

很显然,"袖珍"形容词化用法的开始使用,与发话人语言使用中求新求变的意识,以及追求简捷性、经济性的需求,都是密切相关的。

(二)转喻与类推化的机制

通过相关性与模仿,"袖珍"的形容词化日趋成熟。例如:

(29)科雷傲的后副车架显得<u>颇为袖珍</u>,这与其独特的后悬挂形式密不可分。(《7 款紧凑型 SUV 对比 下盘功夫哪家强?》2017－12－22 爱卡汽车网)

(30)这一代两厢版夏利 TJ7100 的长宽高分别为 3 610 mm×1 600 mm×1 385 mm,轴距为 2 340 mm,无论以什么标准来衡量它,都<u>绝对算得上袖珍</u>。(《70、80 后独家记忆 夏利品牌历史回顾》2013－05－24 人民网)

很显然,从语法化的机制来看,区别词"袖珍"的形容词化,转喻(metonymy)机制无疑起了重要的作用。转喻是相邻概念之间的索引性过渡与替代,是一种运用的过程。"袖珍"的本义是"将小型物品在衣袖中珍藏起来",后来逐渐失去动词性,只保留了"小型便于携带的"属性义,而近年来在运用中又衍生出"小巧而精致"的性状义了。例如:

(31) 在 86 与 BRZ 抱憾退出中国市场后,全新 MX-5 成为了入门跑车的新选择。马自达将家族设计巧妙融入了精悍的车身中,虽然<u>尺寸袖珍</u>,但整车散发出的气场非常独特。(《享受甜蜜二人世界 各级别双座车型推荐》2018-02-14 爱卡汽车网)

(32) 至于保时捷 911 Carrera 4S Cabriolet 敞篷版,则是三款车中<u>最袖珍</u>,售价也最便宜的,但跑车的身份无疑是最拉风的。(《"土豪"三件套 200 万区间 S 级/揽胜/911 对比》2013-11-04 百度网)

与此同时,语法化的类推(analogy)机制在"袖珍"的功能转化与逐渐定型的过程中,无疑也起到了重要的作用。

(三) 感染与精细化的促发

发展到当下,几乎所有不同量级的相对程度副词与绝对程度副词都可以修饰语限制形容词"袖珍"。例如:

(33) 在已披露业绩预报的央企队伍中,共有 8 家属于 ST 类公司,这 8 家公司有 5 家称已在 2013 年实现扭亏,扭亏的公司中,也有少数公司赢利金额<u>非常袖珍</u>,不足千万元。(《上市央企忙打保壳战 七公司连续亏损保壳"千钧一发"》2014-01-17《证券日报》)

(34) 叙利亚的海军显得<u>十分袖珍</u>,总兵力只有 4 000 人。主力是 2 艘俄制"别佳"级轻型护卫舰和 12 艘导弹艇,这些军舰技术落后,携带的"蚕"式导弹易受干扰。(《战略武器令人生畏 叙利亚陆海空三军部队有多少家底?》2011-12-08 手机看新闻)

而且,绝对高量级程度副词"极其",相对低量级副词"有些",也可以修饰"袖珍"。例如:

(35) 本次展览就展出了 5 件"侯马盟书",多为不规则的碎片,文字<u>极其袖珍</u>,大多是红色。(《3 000 年前历史风云:山西出土两周时期文物精华展》2016-08-25《燕赵晚报》)

(36) 从空中俯瞰,整个城市的中心地带被设计成一架飞机的形状,但这座城市的机场却<u>有些</u>"袖珍":每天起降的国际航班平均只有 6 班。(《总理出访微镜头:这是一盘大棋局》2015 - 05 - 20 新华网)

总之,经过逆向形容词化进程的不断发展,当代汉语的"袖珍",在保留原有区别词功用的基础上,现在又衍生出典型的形容词功能了。

四、结论与余论

综上所述,可以归纳如下:首先,"袖珍"的表达方式与形化功用表现在能陈述也能表指称,表达需求则重在修饰与配合,表达效果既雅致又兼备三个方面;其次,"袖珍"的扩展趋势与功能性质涉及从语用需要到功能定型,从临时活用到词性转类,从句子成分到句法成分三个方面;最后,"袖珍"的演变动因与扩展机制包括从句子成分到句法成分,转喻与类推化的机制,感染与精细化的促发三个方面。而且,需要指出的是:总体而言,"袖珍"的形容词功用,在当前各种正规语体的分布中,频率还不是很高,所以,只能说是从区别词分化出形容词用法。但是,如果这类用法日益普及,那么,就必须认为是区别词"袖珍"逆向转化为形容词了,因为充当定语本来就是形容词的基本分布与功能。

毫无疑问,发展到 21 世纪的今天,现代汉语中典型的区别词"袖珍"已经分化出特定的形容词用法。通过对当代汉语中一个区别词兼形容词"袖珍"的个案分析,给我们的启示是:由于没有严格意义上的形态变化,汉语词类的功能只要具有特定的语用需要,就会发生演变,既可以分化,也可以转化。只是进入新时期以来,这种逆向的语法化过程跟近代汉语、现代汉语已经完全不同了,由于生活节奏的加快与语言传播方式的转变,词类功能的转变,可以在短短几十年甚至十几年中就基本完成。而这一点,正是我们广大语法研究者与语言教学工作者,在处理与教学汉语词类时,需要密切注意,甚至需要改变观念了①。

参 考 文 献

李宇明　1996　论非谓形容词的词类地位,《中国语文》第 1 期。

刘大为　巢宗祺　1995　两种能力的课程分化——关于"现代汉语"教学改革的思考,《语言文字应用》第 2 期。

吕叔湘、饶长溶　1981　论非谓形容词,《中国语文》第 2 期。

庞可慧　2003　区别词兼类问题分析,《商丘师范学院学报》第 3 期。

齐沪扬、张素玲　2008　区别词功能游移的原因,《汉语学习》第 4 期。

仝国斌　2011　区别词的语义类聚与功能游移,《河南师范大学学报》第 6 期。

王梅　2011　《现代汉语词典(第五版)》属性词佩例研究,四川外语学院硕士学位论文。

邵敬敏　2017　主观性的类型与主观化的途径,《汉语学报》第 6 期。

邵敬敏主编　2016　《现代汉语通论》(第三版),上海教育出版社。

吴丽梅　2012　区别词与名词、动词、形容词的关系研究,河北师范大学硕士学位论文。

张素玲　2006　现代汉语区别词研究,上海师范大学硕士学位论文。

张斌主编　2008　《新编现代汉语(增订本)》《现代汉语练习与参考》,复旦大学出版社。

---

① 迄今为止,现行的教科书,比如黄伯荣与廖序东、胡裕树、张静、张斌、邵敬敏等诸位前辈主编的《现代汉语》以及绝大多数新编的教科书,包括张谊生主编的《现代汉语》,都没有提到区别词的形容词化。

张谊生　2013　句法层面的语序与句子层面的语序——兼论一价谓词带宾语与副词状语表程度,《语言研究》第 3 期。

张谊生主编　2013　《现代汉语》《现代汉语练习与参考》,中国人民大学出版社。

Heine, Bernd, Ulrike Claudi, and Fruederike Uünnemeyer. 1991 *Grammaticalization: A Conceptual Framework*. Chicago The University of Chicago Press.

Li, Charles, N. 2000 Beyond borrowing and interface: Contacted-induced morpho-syntactic change in Chinese. Presented at the 9th international Chinese Linguistic Conference, Singapore.

由语气结构看普通话述题语气词的上位范畴[*]

——将语气词关进语气结构的笼子里研究其功能(二)

王 珏

(上海交通大学人文学院)

摘 要 在前期研究的基础上,本文分别依据功能一致性依次递减的3类语气结构及其中的语调或疑问标记和语气词之间的功能关系进行推论,初步得出如下结论。(一)已知升调和不定语气词、降调和建议语气词绝对高频共现构成功能一致语气结构,且升调表示是非问语气,降调表示祈使语气,可以肯定地推知,不定语气词的上位范畴是疑问语气,建议语气词的上位范畴是祈使语气。(二)已知平调和肯定语气词、曲调和惊讶语气词相对高频共现构成功能一致语气结构,且平调表示陈述语气,曲调表示感叹语气,可以基本地肯定地推知,肯定语气词的上位范畴是陈述语气,惊讶语气词的上位范畴是感叹语气。

---

[*] 本文系"将语气词关进语气结构的笼子里研究其功能"系列研究第二篇,之一和之二分别是王珏(2018a,2018c)。主要内容曾在语言教学与研究国际学术研讨会(芜湖,2018,6,16—17)、第八届现代汉语虚词研究与对外汉语教学国际学术研讨会(泉州,2018,7,13—15)、2018语言的描写与解释——纪念胡裕树先生100周年诞辰学术研讨会(上海,2018,8,26—27)以及浙江大学、上海师范大学、上海外国语大学报告过,此次发表又作了大幅度修改。写作过程中,先后得到金立鑫、卢英顺、陆丙甫、沈家煊、史有为、汪化云、汪维辉、吴为善、钟华等先生的热情鼓励和无私帮助,在此谨致以诚挚谢意。尚存错谬,概由作者负责。最后,本研究得到国家社会科学学术基金资助,项目名称为"现代汉语语气词系统研究",批准号为13BYY119。

（三）已知肯定语气词、惊讶语气词还分别和其余语调或疑问标记低频共现构成功能不一致语气结构，不能依据这些语气结构及其中的语调或疑问标记推知这两类语气词的上位范畴。

关键词 语调和语气词；语气结构；语气词的上位范畴；功能一致；功能不一致

一、引　言

题目中的述题语气词即通常所谓句末语气词，下文除特别需要外一律简称语气词。

（一）语调（以调尾为标志）和语气词分布于述题后并高于述题的语气层，音高与所表功能之间都具有一定象似性，音高在语流中互动变异规律都相同，且历史同源、共时互补。疑问标记作为与升调对立的非是非问语气手段，和升调一起构成普通话疑问范畴。换言之，当句末暨述题后出现语气词时，语调或疑问标记必然与之强制性共现（反之则否），它们合作并分工表达语气（mood）及其下位口气（tone）范畴。

（二）依据共现种类及其频次高低、层次异同和功能一致与否，语调及疑问标记和语气词共现关系分为 3 类 12 种，即绝对高频同层共现、相对高频同层共现和低频跨层或同层共现。三种共现关系里，语调和语气词的功能一致性依次递减："升调＋不定语气词"和"降调＋建议语气词"功能绝对一致，"平调＋肯定语气词"和"曲调＋惊讶语气词"基本一致[①]，其余都不一致。

[①] 本文所说"肯定语气词""不定语气词""建议语气词"和"惊讶语气词"，即学界通常所谓的陈述、疑问、祈使和感叹语气词。各自功能姑且表示为"不定""建议""肯定"和"惊讶"口气，更具体的表述参见王珏（2018c）。

（三）依据语调与语气词之间的多种相同性和语调及疑问标记和语气词之间的共现关系，假设述题后有一个语气结构，其结构模式为：语调/疑问标记$_{语气}^{n=1}$＋语气词$_{口气}^{n=0\geq3}$。语调和疑问标记强制性表示上位语气（mood），语气词可选性表示其下位口气（tone），三者共现组合构成 3 类 12 种共现关系，分别表示 3 类 12 种语气结构（mood structure）即"语气＋口气"结构。

（四）将 25 个语气词逐一代入 3 类 12 种语气结构并在验证以语料库，最终发现 73 个语气结构（孤例不计），分别表示 73 种"语气＋口气"，构成普通话述题的语气结构类型系统。

表 1　语气结构类型系统（＋表示前后项同层共现，＞表示前后项跨层共现）

功能关系 语气词	绝对高频、 同层共现且 功能一致	相对高频、 同层共现且 功能基本一致	相对低频、 同层共现且 功能不一致	合计
不定语气词	A1.升调＋不定语气词(6)			10
建议语气词	A2.降调＋建议语气词(4)			
肯定语气词		B1.平调＋肯定语气词(10)	Ck1.肯定语气词＞升调(9)	42
			Ck2.肯定语气词＞降调(4)	
			Ck3.肯定语气词＞曲调(10)	
			Ck4.疑问标记＞肯定语气词(9)	
惊讶语气词		B2.曲调＋惊讶语气词(5)	Cj1.升调＋惊讶语词(3)	21
			Cj2.降调＋惊讶语气词(5)	

续 表

功能关系 语气词	绝对高频、同层共现且功能一致	相对高频、同层共现且功能基本一致	相对低频、同层共现且功能不一致	合计
			Cj3. 平调＞惊讶语气词(5)	
			Cj4. 疑问标记＞惊讶语气词(3)	
合计	10	15	48	73

上表 1 所列语气结构类型系统正是胡明扬(1988)预测的语调(以及疑问标记)和语气词"交叉重合"构成的全部"变化"。其中,每个语气词都和特定语调或疑问标记、以特定的频次、层次关系和功能关系、在特定语气结构里共现组合,并各处其位(分布),也理应各司其职(功能)。这无疑等于将语气词这群不便观察其分布、更难以把握其功能的泥鳅逐一装进了语气结构的笼子,为观察其令人眼花缭乱的分布提供了一扇窗口,也为准确描述其变色龙般的功能提供了一个可靠的操作平台。

关于语气词的功能,学界向有单、多功能两说[①]。但就整个语气结构类型系统看,3 类 12 种 73 个语气结构表示同样数量的"语气＋口气"综合值,其中 4 种语调和 3 种疑问标记所表语气类型都是已知的、固定不变的,那么决定 73 个语气结构之综合值的唯一变量就是语气词了。其次,从所分布的语气结构类型看,语气词都只和特定语调绝对或相对高频同层共现,分别与之构成功能绝对一致的 A 类和功能基本一致的 B 类语气结构,并表示其语气的下位口气。只有肯定、惊讶语气词和其他语调或疑问标记低频共现构成功能不一致的

---

① 单功能观以黎锦熙(1924,2002:260)和郭锡良(1988)为代表,他们主张语气词都表示一种语气。多功能观以赵元任(1979:354—356,357—360)和杨树达(1984:368—406)为代表,他们主张语气词表示多种语气或口气。

C类语气结构。这明明告诉我们，A类是不定、建议语气词分布的唯一一种语气结构；B类是肯定、惊讶语气词分布的原型语气结构，C类是其非原型或边缘语气结构。因此，据A类语气结构及其中语调所表语气应该可以推导出不定、建议语气词所属上位范畴，据B类语气结构及其中语调所表语气可推导出肯定、惊讶语气词所属上位范畴，但据C类语气结构及其中语调或疑问标记所表语气则不能推导出肯定、惊讶语气词的上位范畴，至多只能作为参考。由此出发，下文将在语气结构类型系统这个平台上，逐类讨论4类25个语气词所在语气结构及其与之强制性共现的语调或疑问标记的种类、频次、层次异同和功能关系，据以确定各自所属上位语气范畴，为进一步研究其口气功能铺平道路。方法上，参照胡明扬（1988）等[①]，在A类语气结构里对比不定、建议语气词的上位范畴是否一致，在B、C类语气结构里对比肯定、惊讶语气词的上位范畴有无异同。例句除注明者外，均来自北京大学现代汉语语料库，恕不一一注明文本出处。

二、由A类语气结构看不定语气词、建议语气词的上位范畴

（一）由A1类语气结构看不定语气词的上位范畴

不定语气词有"不、没（有）、吧$_1$、吗、不是、不成"6个，都只和升调绝对高频在上层共现，分别构成如下6个语气结构。如（各举一例）：

（1）你现在办个民办大学，你试试。你看你能招来生不？你看经济上能运转不？

（2）白雪娘又说："在你家里，可别说这话！记住啦没？"

（3）他们都是，他们不是，他们不是在旗的人吧？后来入的吧？

[①] 关于这种方法的优越处，胡文指出："在同样的句子，使用同样的语调的前提下加用不同的语气助词，这是直接考察语气助词的语气意义的一种可行的办法，因为这种办法基本上排除了可能有的干扰因素，即使还有，至少也是'机会均等'的。"

（4）娘说："军儿，看人家多光彩。将来你能吗？"

（5）他的侍者急得跺脚：这可怎么办？你平生呵佛骂祖，现在报应了不是？

（6）门子道："老爷荣任到此，难道就没抄一本本省的'护官符'来不成？"

以上例句里的语气结构具有如下特点：

第一，不定语气词只能分别和升调绝对高频同层共现，构成上下位功能一致的语气结构，表示"是非问语气＋不定口气"。已知升调表示是非问语气，表示其下位口气的不定语气词自然属于是非问这个上位范畴（注意：不是通常所说疑问语气）。

第二，不定语气词可以附着特指问句构成所谓特指性是非问句。实际上，"特指问句后头，如果用'吗'，就把疑问点移动了"（吕叔湘1944，2002：288），或者说"吗"的疑问域大于疑问标记（张伯江1997）。当然也可解释为，后位、上层的"吗"压制了前位、下层的疑问标记（王珏2018a）。因此，不定语气词的上位范畴不可能是任一非是非问语气。

第三，"吧$_1$、吗"可以和所谓平调（或甚低调）共现构成是非问句。但其中的平调其实不是表示陈述语气的平调，也不是特殊的甚低调，而是弱升调和语气词的轻声这两种音高要素在语流里因同层叠加而临时构成的弱升调——与陈述平调音高相近（甚至相同）的假平调。与原型升调相比，这个弱升调、假平调的功能相对减弱，与之共现的不定语气词的功能相对凸显（王珏2017a），两两构成的语气结构可表示如下：

"弱升调＋吧$_1$"→"弱是非问语气＋揣测口气"；

"弱升调＋吗"→表示"弱是非问语气＋中确信度口气"（王珏2018c）。

与之相反，一旦升调得到加强，是非问句很可能就变成了反问句

(黄国营 1986),其中的"吗"仍然表示不定口气而非反问语气。

最后,不定语气词源自反复问句里的否定词,并经过句末否定词阶段语法化而来,所以至今还都保留着历史上的唇音声母。

由上可知,不定语气词都属于是否问语气并表示其下位不定口气,而不表示是非问语气,更不表示反问语气[①]。

(二) 由 A2 类语气结构看建议语气词的上位范畴

建议语气词有"得了、好了、算了、吧$_2$"4 个,都只和降调绝对高频在上层共现,分别构成如下 4 个语气结构。例如:

(7) 您同志想要花(儿),就挖去得了,我赶明个再压上几个枝条,又是几棵。

(8) 郝又三并不同意田老兄的见解,但他又愿多听一些葛寰中语中有刺的话,遂说:"世伯只管说下去好了!"

(9) 陈先生,中共只有两三千兵力,如果他们不听话,你们就把他们消灭算了!

(10) 据说菜汤的营养价值更高,请你喝了吧!

以上 4 例里,建议语气词都和降调绝对高频同层共现,构成上下位功能绝对一致的语气结构,表示"祈使语气+建议口气"。已知降调表示祈使语气,表示其下位口气的建议语气词自然属于祈使语气这个上位范畴。

(三) 个案分析:"吧$_1$"和"吧$_2$"的分合

综合赵元任(1979)、朱德熙(1982)、吕叔湘主编(2002)所列功能和谢赣萍(2015)的统计,"吧"的功能及其和语调的共现关系、频次可

[①] 有学者认为,"升调+0"句由升调表示疑问语气,"平调+吗"句由"吗"表示疑问语气,"升调+吗"句由升调和"吗"分别表示一部分疑问语气,其中之一是羡余。但这无法解释哪个羡余及其原因。至于认为"吗"表示反问语气,其实是将其功能混同于反问语调的功能了。

表示如下表 2 所示。

表 2 "吧"的功能和语调的对应关系

	赵元任 (1979：365)	朱德熙 (1982：211)	吕叔湘主编(2002)
升调＋吧(30.22%)	询问	证实问	揣测
平调＞吧(16.73%)			同意；举例；左右为难、犹豫不决；没关系、不要紧
降调＋吧(30.66%)	劝令	祈使	命令、请求、催促、建议

上表 2 中的平调就是前面所说假平调、弱升调，据此可得到如下两个功能绝对一致的"吧"字语气结构。

第一，"升调/平调变体＋吧$_1$"。吕叔湘指出，这是一种"传疑而不发问的句子"，"介于疑信之间"，"可以用问话的语调，也可以不用问话的语调"(吕叔湘 1944，2002：282)。例如(同前：299)：

(11) a. 客人：我们走了有半个多钟头。从饭馆到家总有五里多路吧？(升调)
　　 b. 主人(心不在焉的)：总有吧。(平调变体)

升调或平调变体与"吧$_1$"之间都是功能绝对一致关系，表示"是非问语气＋测度口气"。据此可以肯定地推知，"吧$_1$"的上位范畴属于是非问语气。但作为始发句的升调往往较强，所表是非问语气较强；作为应答句的升调往往较弱，是升调的平调变体，所表是非问语气较弱(王珏 2018c)。

第二，"降调＋吧$_2$"。降调和"吧$_2$"功能绝对一致，表示"祈使语气＋建议口气"。据此可以肯定地推知，"吧$_2$"的上位范畴是祈使语气。至于"战斗吧！/滚吧！/死去吧！/杀了我吧！"之类强祈使句，乃是强势降调和动词词义共同造成的，"吧$_2$"的声调在被强势降调同化的同时，其口气功能也随之变弱乃至完全失去而徒具空壳。

正如赵元任所指出的:"在劝令口气里句中字都是满声调,末了'罢'字很低或短或长,在询问口气句中字的音高都平些升降的范围窄些,'罢'字的音高也居中些,所以同时'你去罢'三字可以从句调上听出来是命令还是问话。"(赵元任 1979:365)就历史来源看,是非问句里的"吧$_1$"源自"不啊"熔合,祈使句里的"吧$_2$"源自句末动词"罢"(赵元任 1926,1979:361)。共时的句类分布不同与历史来源不同,都说明将"吧"分为"吧$_1$"和"吧$_2$"是有充分依据的。

(四)小结

以上首先从正反两个方面证明,不定语气词的上位范畴属是非问语气,建议语气词的上位范畴是祈使语气。同时,个案分析也说明,"吧$_1$"的上位范畴属是非问语气,"吧$_2$"的上位范畴是祈使语气。

三、由 B1 类和 Ck 类语气结构看肯定语气词的上位范畴

肯定语气词有"来着、而已、罢了、就是了、的、似的、了、呢、着呢"等 10 个,它们既和平调相对高频共现构成功能一致的 B1 类语气结构,也和其余语调或疑问标记构成功能不一致的 Ck 类语气结构。分别讨论如下。

(一)由 B1 类语气结构看肯定语气词的上位范畴

肯定语气词和平调相对高频同在下层共现,构成如下 10 个语气结构。例如:

(12)"爹,你回吧,"我说,"我认识路,我带着地图来着。"

(13)世人所谓的明白,不过是世智辩聪,耍耍小聪明而已。

(14)我可没有曹导说得么好,我只不过敢管敢骂罢了。

(15) 一个小组长赶紧说:"我一定好好干,不给上级丢脸就是了。"

(16) 这、那、那个、那个酒杯啊,这旁边儿有俩、有俩拿手儿,耳朵似的。

(17) 我们来喝茶的。

(18) 绝对理念发展到了黑格尔本人,就到了顶峰了。

(19) "晶晶,慌慌张张往哪儿跑?""还能上哪儿?我朋友那儿呗。"

(20) 说不定,通过读这本书,你还会不知不觉地学到一些会计知识呢。

(21) 家里的酒还多着呢。

以上 10 例的语气结构具有如下特点:

第一,平调和肯定语气词表示"陈述语气+肯定口气",两两之间是上下位功能基本一致关系。已知其中的平调表示陈述语气,即可基本肯定地据以推知,肯定语气词的上位范畴都是陈述语气。

第二,由于陈述语调的调阶较低、调域窄且没有强重音(陈虎 2007),往往带动肯定语气词发音较弱而成为所谓甚低调。只有在强势平调的同化之下,肯定语气词才会强势发音。但这两种情况都不能改变肯定语气词的上位范畴。

(二) 由 Ck1 类语气结构看肯定语气词的上位范畴

除"就是了"外,其余肯定语气词都和升调低频且跨层共现,构成如下 9 个语气结构。例如:

(22) 丁四:我没出去拉车?我天天光闲着来着?

(23) "你以为我只是说说而已?"母亲问。

(24) 或许这孩子毕竟不是弱智,只不过发育比其他孩子迟一点罢了。

(25) 小胡不高兴:所长,每次你都干这个,好像你怕什么似的?

(26) 问:你太矛盾了吧?听说你是且战且救人的?

(27) 鲁豫:听说你们的演出票在黑市已经炒到一千五了?

(28) 主任:这就是传说中的反恐游戏呗?(李咸菊 2010)

(29) "怎么,替儿子写检查呢?"他问,大咧咧地在一旁坐下。(金智妍 2011)

(30) 我也——你想不到的事情多着呢?

以上 9 例的语气结构具有如下特点:

第一,升调和肯定语气词构成"肯定语气词>升调"语气结构,即下层肯定语气词和上层升调跨层共现构成双层语气结构。由于上层语气结构压制下层语气结构,肯定语气词首先与述题构成"述题>肯定语气词"结构而表示下层口气,然后升调再与之构成"[述题>肯定语气词]>升调"结构而表示上层语气。换言之,升调与不定语气词是绝对高频、同层共现且功能一致关系,和肯定语气词只是低频跨层共现且功能不一致。所以,已知其中升调表示是非问语气,却不能据此推知肯定语气词属于是非问语气①。

第二,弱势升调往往导致肯定语气词弱势发音,强势升调则往往导致肯定语气词强势发音。但这不会改变肯定语气词所属上位范畴。

第三,由于肯定语气词所表口气强于不定语气词,句子的语气综合值往往强于 A1 类语气结构而接近反诘,"呢、着呢"字句表现最为明显②。即便如此,"呢、着呢"也仍然属于陈述语气而不属于是否问。

---

① 黎锦熙(1924,2007:284)早就指出:"有些疑问句因句末用了他种助词,而把疑问助词省去了,声调却也要上扬,以表疑问的语气(但语气虽是疑问,那助词却仍旧没有疑问的意味)。"

② 在金智妍(2011)统计的 348 个"呢"字问句里,"呢"字是非问句仅有 13 例,且多为假性问。

(三) 由 Ck2 类语气结构看肯定语气词的上位范畴

肯定语气词里,"就是了、了、呗、呢"4 个和降调低频且跨层共现①,构成如下 4 个语气结构。例如:

(31) 有人在曹丕耳边小声说:"大王要离开了,你只要表示伤心就是了。"

(32) 此时,皇太极已带领兵马进院,忙喊:"快放箭!别让他跑了!"

(33) 我说:"那你挑一个呗!你不是希望寻找一个中国姑娘作你的妻子吗?"

(34) 吴大印兴奋地说,"……论乡亲辈儿,你该跟我叫爷爷呢!"

以上 4 例的语气结构具有如下特点:

第一,降调和肯定语气词构成"肯定语气词＞降调"结构,即下层肯定语气词和上层降调跨层共现构成双层语气结构。同样,由于上层语气结构压制下层语气结构,肯定语气词先和述题构成"述题＞肯定语气词"结构而表示下层口气,然后降调再与之构成"[述题＞肯定口气]＞降调"结构而表示上层语气。也就是说,降调和建议语气词绝对高频、同层共现且功能一致关系(见本文第二部分),和肯定语气词只是相对低频、跨层共现且功能不一致关系。因此,虽然已知其中的降调表示祈使语气,也不能据以推知肯定语气词属于祈使语气。

第二,强势降调会同化肯定语气词强势发音,但不会改变其上位范畴的归属。

第三,由于肯定语气词的口气强于建议语气词,句子的口气往往比 A2 更为直接。以例(10)为例对比如下:

---

① 原因可能是,"的、似的、着呢"指向静态事件的特征和祈使句的"祈请实施行为"特征相冲突,而"来着、似的"往往指向已然,"的"指向已然或必然,则和祈使句的"将然"特征相冲突。

(10) 据说菜汤的营养价值更高,请你喝了吧!

　　　对比:请你喝了∨!

例(10)的语气结构是"祈使语气+建议口气",对比句的语气结构是"祈使语气+肯定口气",所以后者的口气明显比前者直接。

(四) 由 Ck3 类语气结构看肯定语气词的上位范畴

肯定语气词都和曲调低频且跨层共现,构成如下 10 个语气结构。例如:

(35) "中午我们还见他来着!"赵新明又嚷了一声。

(36) "你我之间,如此而已!"罗隆基把断了的手杖往地上一扔,扬长而去……

(37) 李鸿章只是执行了清政府的妥协投降路线罢了!

(38) 我会变法术——总之,让你跟着鸽子一起飞行就是啦!

(39) 长安在穿衣镜里端详着自己……一扭头笑了起来道:"把我打扮得天女散花似的!"

(40) 我不信地看着刘招华。刘招华说,你不要不信,我不会骗你的!

(41) 齐国兵丁一瞧:"坏了!娘娘中了暗器了!!赶紧!!抢娘娘!!"

(42) 托福考了 600 多分也没能出去,为什么?欧洲的情况不景气呗!

(43) 陈胜叹口气,自言自语说:"唉,燕雀怎么会懂得鸿雁的志向呢!"

(44) 一个男孩扶着桥栏答:"外面的天地大着呢!"

以上 10 例的语气结构具有如下特点:

第一,曲调和肯定语气词构成"肯定语气词>曲调"结构,表示"肯定口气>感叹语气"。由于上层语气结构的压制,肯定语气词和述题构成"述题＞肯定语气词"结构而表示下层肯定口气,然后再曲调与之构成"[述题＞肯定口气]＞曲调"结构,并表示上层语气。换言之,曲调和肯定语气词低频、跨层共现且功能不一致。虽然已知其中的曲调表示感叹语气,也不能据以推知肯定语气词属于感叹语气。

第二,曲调的调域较宽或很宽(陈虎 2007),使得肯定语气词往往强势发音。但这不影响其上位范畴的归属。

第三,"肯定口气＞感叹语气"是在肯定口气之上再加上感叹语气,往往给人以夸张意味,"呢"字感叹句尤其明显。但这是肯定口气和感叹语气跨层共现的结果,不宜认为"呢"等在该类句式里的肯定语气词具有夸张功能。

(五)由 Ck4 类语气结构看肯定语气词的上位范畴

肯定语气词里,只有"来着、的、了、呢"[①]和疑问代词低频且跨层共现构成 4 个语气结构[②];"的、了、呢"和析取连词低频且跨层共现构成 3 个语气结构,"了、呢"和反复谓语低频且跨层共现构成两个语气结构。例如:

(45)春玲跑到前面堵着他:"她和你说<u>什么</u>来着?"

(46)他看我笑他,也笑着说,吃糖有<u>什么</u>好笑的?吃糖可以防止老年痴呆!

(47)一时在旁的群众好奇了:这么大热的天,孙夫人到苏州干<u>什么</u>来了?

(48)邓析说:"不要急,他不卖给你。卖给<u>谁</u>呢?"

(49)总理……询问起先生的情况:哪年去世的?在外地<u>还是</u>在

[①] 首先,"而已、就是了、罢了、似的、着呢"等 6 个肯定语气词,都不能和疑问标记构成语气结构,原因待考。

[②] 疑问代词包括"谁、啥、何、几、什么、多少、哪儿、哪里"等。但它们分别和"来着、的、了、呢"构成的语气结构只有 4 种。

老家病故的?

(50) 青青吃惊地问我,可乐你是不是疯了哟,你最近打麻将赢了还是手镯有线索了?

(51) 有人会问,如以"见兴"为例,究竟是先有色相,还是先有见呢?

(52) 明天咱们去不去读书了?"

(53) 这种甲醛有没有人买呢?

以上9例的语气结构具有如下特点:

第一,"来着、的、了、呢"和疑问标记低频且跨层构成的语气结构,除疑问代词和"来着、呢"中频共现外,其余的频次都极低(见下表3)。

表3 肯定语气词和疑问标记构成的语气结构类型及其频次

	疑问代词(4)	析取连词(3)	正反谓语(2)
来着	疑问代词＞来着(60%)	0	0
的	疑问代词＞的	析取连词＞的	0
了	疑问代词＞了	析取连词＞了	正反谓语＞了
呢	疑问代词＞呢(47%)	析取连词＞呢	正反谓语＞呢

第二,疑问标记能充当各种句法成分,句法层次低于述题之末的语气词。它们首先和述题构成"述题＞疑问标记"结构,而后再由肯定语气词与之构成"[述题＞疑问标记]＞肯定语气词"结构,表示"非是非问语气＞肯定口气",即"肯定口气的特指问/选择问/反复问语气"。简言之,疑问标记和肯定语气词之间是低频、跨层共现且功能不一致。所以不能据以推论,肯定语气词属于特指问、选择问或反复问语气范畴。

（六）个案分析

关于肯定语气词的上位范畴,学界观点聚讼于"了""呢"两个,很有澄清的必要。

1. 了

"了"和 4 种基本语调、3 种疑问标记共现组合的种类及其频次可列如下表 4 所示(参见谢赣萍 2015)。

表 4 "了"和语调、疑问标记共现种类及其频次

语调和"了"构成语气结构	疑问标记和"了"构成语气结构
平调＋了(90.3%)	疑问代词＞了(4.7%)
了＞升调(1.9%)	正反谓语＞了(0.8%)
了＞曲调(1.6%)	析取连词＞了(0.1%)
了＞降调(0.6%)	反问(0.2%)

上表 4 所列显示出如下规律:

第一,"平调＋了"(92%)里,二者相对高频且同在下层共现。例如:

(54) 这本书我看了三天了。

(55)（我想)这双鞋太小了。

已知以上例句的语气结构"平调＋了"里,平调表示陈述语气,"了"表示其下位肯定口气,两者功能相对一致,一起表示"陈述语气＋肯定口气"。据此,可基本肯定地推知,"了"的上位范畴属于陈述语气。

第二,"了＞升调"(1.9%)、"了＞降调"(1.6%)和"了＞曲调"(0.6%)里,"了"分别和升调、降调或曲调低频且跨层共现。例如:

(56) 这本书你看了三天了?（肖治野、沈家煊 2009)

(57) 主席：现在开会了。（同上）
(58) 天太热啦！

已知以上例句的语气结构"了＞升调"、"了＞降调"和"了＞曲调"里，"了"表示下层肯定口气，升调、降调和曲调依次表示上层是非问、祈使或感叹语气，两两之间极低频且跨层共现，功能自然都不一致。所以，不能据此推论出"了"的上位范畴属于是非问、祈使或感叹语气。

第三，"疑问代词＞了"(4.7%)、"正反谓语＞了(0.8%)"和"析取连词＞了(0.1%)"里，"了"分别和疑问代词、正反谓语或析取连词都是极低频且跨层共现。例如：

(59) 鲁豫：当年考上海滑稽戏团的时候都考什么了？
(60) 她的手刚一接触张大妈的皮肤，张大妈就说话了："淑珍啊，你是不是戴手套了？"
(61) 一阵忧虑，一霎间突然压上道静的心头，"他怎么样了？被捕了？还是又受伤了？

已知以上例句的语气结构"疑问代词＞了""正反谓语＞了"和"析取连词＞了"里，疑问代词、正反谓语和析取连词分别在句法层表示非是非问语气，"了"在语气层表示肯定口气，两两之间极低频且跨层共现，功能当然也不一致。所以，同样不能据此推论出"了"的上位范畴属于特指问、正反问或选择问语气。

以上从正反两个方面论证了，肯定语气词"了"的上位范畴只能是陈述语气。因此，学界所谓"了"具有陈述、确定、疑问、反问、祈使或指令语气以及行、知、言态功能等，可能都将与之共现的各种语调的功能误加在"了"头上了。

2. 呢

"呢"和4种基本语调、3种疑问标记的共现种类及其频次如下表5所示[数据是金智妍(2011)和谢赣萍(2015)统计数据的平均值]。

表 5　"呢"和语调、疑问标记共现种类及其频次

语调和"呢"构成语气结构	疑问标记和"呢"构成语气结构
平调＋呢(51.22%)	疑问代词＋呢(47.4%)
升调＋呢(0.9%)	正反谓语＋呢(0.11%)
曲调＋呢(1.85%)	析取连词＋呢(2.3%)
降调＋呢(0.73%)	反问＋呢(2.35%)

上面所列显示出如下规律：

第一，"平调＋呢"(51.22%)语气结构里，平调和"呢"相对高频且同层共现。例如：

(62) 大妈在跳舞呢。（自拟）

上例的语气结构里，平调表示陈述语气，"呢"表示其下位肯定口气，两者功能相对一致。据此，可基本肯定地推知"呢"的上位范畴属于陈述语气。

第二，"呢＞升调"(0.9%)、"呢＞降调"(0.73%)和"呢＞曲调"(1.85%)等语气结构里，升调、降调、曲调依次和"呢"相对低频且跨层共现。例如：

(63) 大妈，您跳舞呢？（自拟）

(64) 大妈，别站着了，您跳舞呢！（自拟）

(65) 大妈跳舞呢！！（自拟）

以上例句的"呢＞升调"、"呢＞曲调"和"呢＞降调"里，"呢"都表示下层肯定口气，升调表示上层是非问语气，曲调表示上层感叹语气，降调表示上层祈使语气，两两之间功能都不一致。所以，不能据此推知"呢"属于是非问、感叹或祈使语气。

第三，"疑问代词＞呢"(47.4%)、"反复谓语＞呢"(0.11%)和"析取连词＞呢"(2.3%)等语气结构里，疑问代词、反复谓语、析取连词依次和"呢"相对低频且跨层共现。例如：

(66) 谁跳舞呢？（自拟）
(67) 大妈跳没/不跳舞呢？（自拟）
(68) 大妈跳舞还是唱歌呢？（自拟）

以上例句的"疑问代词＞呢""反复谓语＞呢"和"析取连词＞呢"等语气结构里，疑问代词、正反谓语和析取连词分别在句法层表示特指问、反复问或选择问语气，"呢"在述题末的语气层表示肯定口气。"呢＞疑问代词"的频次高达47.3%，但因跨层共现，也只能是功能不一致共现，不能据以推论"呢"属于特指问语气。至于正反谓语、析取连词和"呢"都是极低频且跨层共现，功能都不一致，自然更不能据以推知"呢"的上位范畴是反复问或选择问语气了。

以上从正反两个方面论证了，"呢"的上位范畴是陈述语气。据此可知，学界所谓"呢""呢"具有直陈、疑问、祈使、感叹语气或铺张、讽喻意味等[①]，实际上也都误将各种语调的功能算在"呢"的头上了。

（七）小结

肯定语气词和平调构成功能相对一致的B1类10个语气结构，也分别和升调、曲调、降调构成功能不一致的Ck类4种32个语气结构。但只能据B1类语气结构及其中的平调，较为肯定地推知肯定语气词属于陈述语气，而不能据Ck类语气结构及其中的升调、降调或曲调推知肯定语气词属于是非问、祈使或感叹语气，也不能依据其中

[①] 如吕叔湘(1944/2002)认为"呢"有四种功能。（一）作为直陈语气词，"'呢'字之表确认，有指示而兼铺张的语气"（吕叔湘 1944，2002：263）。（二）作为两个重要的疑问语气词之一（另一个是"吗"），不能用在单纯是非问句之后。因为单纯是非问"用了'呢'字容易误会是肯定句。例如'他恼了呢'，这是肯定句，'他恼了吗？'才是问句"。（三）作为祈使语气词，"用'呢'字是讽谕的口气"（同前：303—304）。（四）作为感叹语气词，"呢"虽然主要的作用不在表示感情，却往往可以带有感情色彩"（同前：315）。吕叔湘主编(2002)认为"呢"具有"表示疑问""指明事实而略带夸张"和"用在叙述句的末尾，表示持续的状态"三种功能。

的疑问标记推知它们属于3种非是非问语气之一。最后,对个案的分析也证明,"了""呢"的上位范畴只能是陈述语气。

四、由 B2 类和 Cj 类语气结构看惊讶语气词的上位范畴

惊讶语气词有"啊、哎、哦、嘛、哈"5个,既和曲调构成功能相对一致的 B2 类语气结构,也和降调、曲调或疑问标记构成功能不一致的 Cj 类语气结构。分别讨论。

(一)由 B2 类语气结构看惊讶语气词的上位范畴

惊讶语气词都和曲调共现,构成如下5个语气结构。例如:

(69)他捡起地上的碎片一看,不禁惊呼一声:"这可是宝贝啊!"
(70)娟子双手一拍,"哎,小枫姐,我发现你这人特有悟性哎!"
(71)一个女人,只要符合这几个表现,一定是最美的女人哦!
(72)邓小平同志笑了笑,说:"自由港好嘛!"
(73)最新网络句子,绝对经典哈!(网语)

以上6例的语气结构具有如下特点:

第一,曲调和惊讶语气词相对高频、同层共现,且功能基本一致,表示"感叹语气+惊讶口气"。已知其中的曲调表示感叹语气,可较为肯定地推知,与之相对高频且同层共现、功能一致的惊讶语气词的上位范畴是感叹语气。

第二,曲调的强弱往往导致惊讶语气词产生强弱变体,但不影响惊讶语气词的上位范畴归属。

第三,惊讶口气蕴含着对意外命题的肯定态度,所以前面述题里经常出现强调性语气副词与之共现,如例(69)—(73)里的"可、特、一定、绝对"。

(二)由 Cj1 类语气结构看惊讶语气词的上位范畴

惊讶语气词里,只发现"啊、哦、哈"3 个和升调共现[①],构成如下 3 个语气结构。例如:

(74)(那妹叫什么?)妹就叫妹啊?

(75)恐怕要到密支那才有大休息哦?

(76)你在看书哈?

以上例句的语气结构具有如下特点:

第一,升调本来与不定语气词绝对高频、同层共现且功能一致,和惊讶语气词只是低频、同层共现且功能不一致关系,"升调+惊讶语气词"语气结构表示"是非问语气+惊讶口气"[②]。所以,已知其中的升调表示是非问语气,但不能据以推知惊讶语气词属于该语气范畴。

第二,由于升调的同化作用,惊讶语气词往往发音完足,但这不影响其上位范畴的归属。

(三)由 Cj2 类语气结构看惊讶语气词的上位范畴

惊讶语气词都和降调低频同在上层共现,构成如下 5 个语气结构。例如:

(77)你一定好好看书啊!

(78)亚三刚抓起酒杯,手机"嘀嘀"响了:"喝酒可以,但千万不要贪杯哎!"

(79)下面向大家介绍一下具体做法,一定要认真对照哦!

(80)为官一任,就要造福一方嘛!

(81)可不许跑哈!

[①] 另外,"哎"仅有孤例,"嘛"的用例极少,因为书语里"X+嘛?"句里的"嘛"几乎都是"吗"的误写。

[②] 这或许和邵敬敏(2012)所说"啊"字是否问句具有"又惊又疑"的功能是相通的。

以上例句的语气结构具有如下特点：

第一，降调和惊讶语气词低频、同层共现，且功能不一致关系，表示"祈使语气＋惊讶口气"。已知其中降调表示祈使语气，却不能据以推知惊讶语气词的上位范畴是祈使语气。

第二，由于降调的同化作用，惊讶语气词往往弱势发音，但不影响其上位范畴的归属。

第三，惊讶语气词所表口气强于建议语气词，往往使句子带有一定程度的催促意味。与 B2 对比如下：

(82) 你看书吧！

(83) 你看书啊/哎/哦/嘛/哈！

上面两个例句里，前例用"吧₂"，后例用"啊、哎、哦、嘛、哈"，后者明显带有催促意味。这是祈使语气和惊讶口气共同作用的结果，也不宜视为惊讶语气词自身的功能。

（四）由 Cj3 类语气结构看惊讶语气词的上位范畴

将惊讶语气词逐一代入 Cj3，得到如下 5 个功能不一致的语气结构。例如：

(84) 哪里你觉得没写清楚，哪里你不太懂？你给我指出来，我好改啊。

(85) 我曾笑他，你是一个哲学家哎。

(86) 中医在排毒的治疗上可比西医有更大的优势哦。

(87) 这个很难抹杀的嘛，对不对。我的意思是，这个是可以考虑的嘛。

(88) 曲黎敏：所以这里边就是说，它里边是有同和异之分的哈。

以上例句的语气结构具有如下特点：

第一，5 个惊讶语气词都能和平调低频、跨层共现构成"平调＞惊讶语气词"结构，表示"陈述语气＞惊讶口气"。平调表示下层陈述语气,惊讶语气词表示上层口气,两者功能不一致。因此,已知曲调表示感叹语气,却不能据以推知肯定语气词属于感叹语气。特别是最后两例里,平调和"的"都同处下层且功能一致,更直接证明了,平调和惊讶语气词层次不同且功能不一致。

第二,惊讶口气蕴含着对命题的肯定态度,所以惊讶口气实际上是以对意外信息的肯定为基础的惊讶。换言之,惊讶口气强于肯定口气。所以此类句式的口气强于 B1 的"平调＋肯定语气词"。直接证据是,和肯定语气词迭用时,惊讶语气词必须位于其后并层次高于它(如末了两例中的"的">嘛"和"的">哈")。

(五) 由 Cj4 类语气结构看惊讶语气词的上位范畴

惊讶语气词里,只有"啊"和疑问标记低频跨层共现①,构成如下 3 个语气结构。例如:

(89) 鲁豫:你当体委主任的时候,后面那个"长胡子"的人是谁啊?

(90) 一次他回到杭州,他爱人没头没脑一阵数落:"老杨,你是 62 岁还是 26 岁啊?你要再玩命,我就去省领导辞掉你的职。"

(91) 吴宗宪:哦,好好,香港好。香港香不香啊?

以上例句里,疑问标记分别和"啊"构成 3 种"疑问标>啊"结构,分别表示"特指问/选择问/反复问语气>惊讶口气",都是功能不一致关系。其中的疑问标记先和述题构成"述题>疑问标记"结构,然后"啊"再与之构成"[述题>疑问标记]>啊"结构。所以,虽然已知其中的 3 种疑问标记依次表示特指问、选择问和反复问语气,却不能据以推知与之低频跨层共现且功能不一致的"啊"的上位范畴属于任

---

① 此外,"哎、哦"各发现一例。例如:
哎,是谁帮咱们修公路哎?是谁帮咱们架桥梁哎?是亲人解放军,是救星共产党。
他猛地扑向她,紧紧搂着她:"哦,我们这是在干什么哦?难道还得自相残杀?两颗心还苦得不够吗?"

何一种非是非问语气。

（六）个案分析

关于惊讶语气词的上位范畴，学界观点聚讼于"啊、嘛"2个。下面分别讨论。

1. 啊

"啊"和4种基本语调或3种疑问标记共现的种类及其频次可表示如下表6所示(据谢赣萍2015)。

表6 "啊"和语调、疑问标记共现种类及其频次

高频同层共现且功能一致	B2. 曲调＋啊(44.12%)①
低频同层或跨层共现且功能不一致	Cj.1 升调＋啊(15.52%)
	Cj2. 降调＋啊(15.52%)
	Cj3. 平调＞啊(?)
	Cj4. 疑问标记＞啊(26.76%)

上面所列显示出如下规律：

第一，在"曲调＋啊"语气结构里，曲调和"啊"相对高频同层共现，且功能一致，表示"感叹语气＋惊讶口气"。据此可以较为肯定地推知，"啊"的上位范畴是感叹语气。

第二，在"升调＋啊""降调＋啊"和"平调＞啊"里，升调、降调、平调分别和"啊"低频同层或跨层共现。例如：

(92) 就那个桥那边儿啊？

(93) "失火了！失火了！失火了！"接着，屋子里跑出人了，又喊道："快来救火啊！快来救火！快来救火啊！"

---

① 据谢赣萍(2015)，"曲调＋啊"共现频次的百分比为3.98%，"平调＞啊"共现频次的百分比为40.13%。此处王珏(2018a)的原则予以合并。另据盛译元(2009)，"曲调＋啊"的共现频次百分比高达57.12%。

(94)你看那个,那个《四郎探母》那个铁镜公主那身衣裳,就像那身衣裳啊。

例(92)表示"是非问语气+惊讶口气",例(93)表示"祈使语气+惊讶口气",例(94)表示"陈述语气>惊讶口气",3种语气和惊讶口气功能都不一致。所以不能据以推论"啊"的上位范畴属于是非问、祈使语气或陈述语气。

第三,在"疑问代词>啊""正反谓语>啊"和"析取连词>啊"里,疑问标记分别和"啊"低频跨层共现。例如:

(95)方:那个老家呢,你爸爸那头儿,是谁啊?

(96)"桂姨娘!"绍谦挺身而出。"你有没有好好找啊?也许她把它放到别的盒子里去了……"

(97)他问:"这家不冷啊。常烧煤还是常烧柴啊?"

例(95)表示"特指问>惊讶口气",例(96)表示"正反问>惊讶口气",例(97)表示"选择问>惊讶口气",三种语气和惊讶口气功能都不一致。所以也不能据以推论"啊"的上位范畴是特指、正反问或选择问。

以上从正反两方面证明,"啊"的上位范畴只能是感叹语气,而不能是其他任何语气类型[①]。学界所谓"啊"有证实问、劝说、敦促和夸

---

① 正如吕叔湘所指出的那样:"'啊'字的作用是表示说话的人有相当的情绪激动,凡是用'啊'的句子都比不用的生动些,就是因为加入了感情成分。"(1944,2002:315)"是在普通的直陈语气上加上一层感情色彩,使语气更加精辟,更加敏锐。"(吕叔湘1944,2002:268)"'啊'字在语气上的特色是他的感情作用。这并不是说,用了'啊'字就该算是感叹语气。不,不能一概而论,有时可算作('啊'音较长较沉),但多数语句只表示说话的人的精神相当紧张或兴奋。说话带这种情调,自然更有活力。问话的'啊'和劝说的'啊'也都有这种紧张和兴奋的情调。"(1944,2002:269)即使随着感叹语气强弱而曲调有强弱变化,也不会影响"啊"的上位范畴的归属。

张意味等①,大都是随文释义的结论。

2. 嘛

据学者表述,"嘛"和语调或疑问标记的共现种类及其频次可表示如下表 7 所示。

表 7 "嘛"和语调、疑问标记共现种类及其频次

	平调	降调	曲调	升调	非是非问			反问
					疑问代词	正反谓语	析取连词	
吕叔湘(1944/2002)	+		+					
胡明扬(1981)	+							
语言班(1982)	+							
吕叔湘主编(2002)	+	+						
邵敬敏主编(2007)	+	+	+	+				
强星娜(2007)	+				+	+		
徐晶凝(2008)	+	+						+
杜建鑫(2011)	+							+
郭红(2012)	77.9%	8.7%						11.8%
谢赣萍(2015)	53.51%	2.14%			2.14%	0.31		41.89%

由上表 7 可知,学者大都公认"嘛"主要和平调高频共现,少数认

---

① 储诚志(1994)将学界对"啊"的功能的提法归纳如右:表示是非问、选择问、设问、发问、求证问;表示赞美、赞叹、咏叹、惊讶、感慨、激愤、紧张、兴奋;表示命令、警戒、警告、告诫、责备、敦促、劝听、劝勉、劝止、催促、提议、提醒、请求;表示陈述、确认、申明、解释、理论、辩解;表示停顿、暂顿、犹豫、着重以引人注意;表示呼告、称呼、招呼;表示假设、条件;表示和缓、随便;表示精辟、敏锐;表示过程长;表示夸张;表示欣然同意;表示无可奈何。

为还能和升调、降调和曲调共现,徐晶凝(2008)和郭红(2012)还认为,"嘛"不能构成感叹句,"它的客观性外衣与感叹的个体主观性之间是矛盾的"。显然,上述认识可能都受到了书语"嘛"字句多标为句号的误导。实际上,"嘛"是个典型的惊讶语气词。理由如次:

第一,形式上,"嘛"与其他惊讶语气词同处肯定语气词迭用段之后与之迭用。

强星娜(2008)将"嘛"视为直陈语气词,重要理由是"'嘛'如果出现,一定是句子最外围的成分",而且"位于同类语气词'的、呢'之后"。这无疑是正确的,但还不够全面。事实上,在语气词句末迭用顺序里,不定、建议和惊讶语气词同是"句子最外围的成分",三者只能择一用于肯定语气词迭用段之后与之迭用(王珏 2018b):来着/而已＞就是/罢了/似的/的＞了＞呢/着呢(肯定语气词)＞不/不是/不成/没有/吗/吧₁(不定语气词)//得了/好了/算了/吧₂(建议语气词)//啊/哎/哦/嘛/哈(惊讶语气词)。其中,仅"肯定语气词＞惊讶语气词"迭用式至少就有 4 类 38 种,而惊讶语气词参与迭用式的数量多寡可排列如右:啊(10)＞嘛(7)＞哦/哈(6)＞哎(5)(王珏 2017b)。这说明,"嘛"位于末位而参与迭用式的数量仅次于"啊"而多于其余 3 个。这有力地证明了,"嘛"不是与"的、呢"同类的肯定语气词,而是位于其后的惊讶语气词,且原型性仅次于"啊"。

第二,功能上,"嘛(么)"与"啊"都表示惊讶口气而分工明确。吕叔湘(1944,2002:270)指出:"'么'字的语气和'啊'有几分相似……'啊'字有感情作用,'么'字也有感情作用,但'啊'字的显豁,一冲而出,'么'字含蓄,闷在里头。"此外,语言班(1982)和吕叔湘主编(2002)认为"嘛"表示"本应如此或理由显而易见";赵元任(1979:358)认为"有固执味道的肯定";屈承熹(2008)认为是"坚信不疑";徐晶凝(2008:177)认为是"强传信";强星娜(2008)认为是"对命题为真的强确定","嘛"字句"传递'理应为旧信息'的新信息","断言一个事实:'听话人最可能不知道这个'出乎意料地为真";郭红(2012)认为是"往大处说的意味"且"语气强烈"。综合诸家高论,可以认为,与"啊"表示"始料不及"的感性惊讶相比,"嘛"表示"本应或理应如此(而听者竟然不知)"的理性惊讶。所以,"啊"给人以"显豁,一冲而出"的感觉,"嘛"则"含蓄,闷在里头"。这很可能就是学者大都误以为它是肯定语气词的根本原因。

第三,"嘛"与"啊"有大体相同的共现词语(陈虎 2007;郭红 2012)。

第四,"嘛(么/噻)"最初来自疑问语气词"吗"(太田辰夫 1987,2003:330;吴福祥 1997),且很可能来自"不……吗"反问语气结构里的用法(强星娜 2008),并在元曲里已经开始表示感叹语气(孙锡信 1999:104)。据此或许可以推测,"吗"由于长期高频用于反问句(黄国营 1986)而逐渐发展出惊讶口气功能,书语句往往将这个新功能写作"嘛"以有别于不定口气的"吗"。

就以上所论可知,"嘛"虽位于"的""呢"之后,却并非与之同类,而是原型性仅次于"啊"的惊讶语气词。据此,学者视为陈述句的"嘛"字句其实都是感叹句①。首先,所谓"平调+嘛"语气结构,都是"曲调(弱势)+嘛"语气结构。其中,曲调表示感叹语气,"嘛"表示其下位惊讶口气,两者相对高频、同层共现且功能基本一致(77.9%或53.51%)。据此可以基本肯定地推知,"啊"的上位范畴是感叹语气。例如:

(98) 群众对此很气愤:灾情确实有,哪有那么大?简直是报

---

① 如某学者视为陈述句的 10 个"嘛"字句,有 3 个明明标有感叹号。抄录如下(序码重编):
(1) 话不能说得太绝对,啊?实践是检验真理的唯一标准嘛!
(2) 大水说:"上级说的:枪不离人、人不离枪嘛!"
(3) 我儿子忍不住说:"这么简单的问题都回答不上来?老三叫小明呗!问题中已经告诉得明明白白了嘛!"
其余 7 个标有句号的"嘛"字句,即使换用感叹号也无改于原句的意义。

"水"灾嘛!

(99) 如果此刻下海一游,这狂暴海洋的平息时刻也很有趣嘛!

(100) 她嘴角上挂着一丝疲倦的微笑,用手抚摸着弟弟的头发,温柔地说:"小波!你睡吧!姐姐不困。""不嘛!姐姐,你不睡我也不睡!"①

其次,"降调+嘛"(8.7%或2.14%)里,两者低频、同层共现且功能不一致,不能据以推知其上位范畴是祈使语气。例如:

(101) 叫你去你就去嘛!

最后,"疑问代词>嘛"(2.14%)和"正反谓语>嘛"(0.31%)里,两两低频跨层共现且功能不一致,也不能据以推知"嘛"的上位范畴特指问或反复问语气。例如:

(102) 男子喊道:"你是警察还是土匪?你啥意思嘛?"

(103) 柔:那你有没有意思嘛?

据上,学界所谓"嘛"的责备意味等功能,也不是它自身的功能,而是它和疑问代词共同作用的结果。

此外,"嘛"和反诘调中低频(47.89%或11.8%)共现构成"反诘调+嘛"语气结构,表示理性惊讶口气的反问语气,两者功能不一致,也不能据以认为其上位范畴属于反问语气。因为,"嘛"问字往往就是反问句或者"上下文常用反诘句,语气最合"(吕叔湘 1944,2002:270)。例如:

(104) 就快过节了,我要是一分钱不给职工发,我这个厂长还是人嘛?

(105) 宋子文点点头:"她是我的妹妹,亲情胜于政治嘛!怎么

---

① 顺便提一句,末例的"不嘛"有时带有撒娇意味,大多是由言听关系决定的,而非"嘛"自身的功能。

不可见面?"

(七)小结

惊讶语气词能和曲调构成 B2 类 5 个功能基本一致的语气结构,也能和升调、降调或疑问标记构成 Cj 类 11 个功能不一致的语气结构。据 B2 及其中的曲调可以基本肯定推知惊讶语气词属于感叹语气,而据 Cj1—2 里的升调、降调不能推知惊讶语气词属于是非问或祈使语气,据 Cj3 里的疑问标记也不能推知惊讶语气词属于非是非问语气。最后,"啊""嘛"个案的分析也说明,它们的上位范畴只能是感叹语气。

五、结　语

回顾上文,我们从语调或疑问标记和语气词共现组合而成的语气结构系统出发,依次走过如下三个论证过程。

首先,已知 A 类语气结构里,语调和语气词功能绝对一致,且升调表示是非问,降调表示祈使,据以肯定地推知,与之功能绝对一致的不定语气词属于上位是非问语气,建议语气词属于上位祈使语气。

其次,已知 B 类语气结构里,语调和语气词功能相对一致,且平调表示陈述语气,曲调表示感叹语气,据以基本肯定地推论出,与之功能相对一致的肯定语气词属于上位陈述语气,惊讶语气词属于上位感叹语气。

最后,已知 Ck 类语气结构里,语调或疑问标记和肯定语气词的功能都不一致,且升调表示是非问,降调表示祈使,曲调表示感叹,疑问标记表示各种非是非问,据此不能推论出肯定语气词所属上位范畴。而已知 Cj 类语气结构里,语调或疑问标记和惊讶语气词功能都不一致,且升调表示是非问,降调表示祈使,疑问标记表示各种非是非问,据此也不能推论出惊讶语气词所属于上位范畴[①]。

总之,由功能绝对或相对一致的语气结构及其中的语调可以肯定或基本肯定地推知四类语气词的上位范畴,而由功能不一致的语气结构及其中的语调或疑问标记不能推知语气词的上位范畴。正反两方面都证明,不定语气词以是非问语气为上位范畴,建议语气词以祈使语气为上位范畴,肯定语气词以陈述语气为上位范畴,惊讶语气词以感叹语气为上位范畴。更重要的是,各类语气词的上位范畴既定,等于锁定了各自口气功能的边界。在各自所属边界内研究其口气功能,将有助于进一步摆脱随文释义的阴影,也有助于"从逻辑上彻底说明"(张伯江 1997)语气词的口气功能。

参 考 文 献

北京大学中文系 1955、1957 级语言班　1982　《现代汉语虚词例释》,商务印书馆。
陈虎　2007　基于语音库的汉语感叹句与感叹语调研究,《汉语学习》第 5 期。
杜建鑫　2011　语气词"嘛、吗"混用问题研究,《理论界》第 4 期。
郭锡良　1988　先秦语气词新探(一),《古汉语研究》第 1 期。
黄国营　1986　"吗"字句用法初探,《语言研究》第 2 期。
胡明扬　1981　北京话的语气助词和叹词(上、下),《中国语文》第 5、6 期。

[①] 当然也不能否认,语气词和某种语调或疑问标记长期共现,有可能吸收语境因素而产生新的口气功能。如"嘛"最初来自疑问语气词"吗"(太田辰夫 1987,2003:330;吴福祥 1997),且很可能来自"不……吗"反问语气结构(强星娜 2008),并在元曲里已经开始表示感叹语气(孙锡信 1999:104)。或许可以据此认为,"吗"在与反问语气结构长期共现过程中,逐渐发展出惊讶口气,并将这个新功能写作"嘛",而把是非问功能留给"吗"。

胡明扬　1987　《北京话初探》,语文出版社。
胡明扬　1988　语气助词的语气意义,《汉语学习》第 6 期。
金立鑫　1996　关于疑问句中的"呢",《语言教学与研究》第 4 期。
金智妍　2011　现代汉语句末语气词意义研究,复旦大学博士学位论文。
黎锦熙　1924/2007　《新著国语文法》,湖南教育出版社。
吕叔湘　1944/2002　《中国文法要略》,商务印书馆。
吕叔湘主编　2002　《现代汉语八百词(增订本)》,辽宁人民出版社。
强星娜　2007　"他问"与"自问"——从普通话"嘛"和"呢"说起,《语言科学》第 3 期。
强星娜　2008　知情状态与直陈语气词"嘛",《世界汉语教学》第 2 期。
屈承熹　2008　关联理论与汉语句末虚词的语篇功能,《华东师范大学学报》第 3 期。
邵敬敏　2012　论语气词"啊"在疑问句中的作用暨方法论的反思,《语言科学》第 6 期。
邵敬敏主编　2007　《现代汉语通论》(第 2 版),上海教育出版社。
盛译元　2009　现代汉语语气词 A 的用法研究,中国传媒大学硕士学位论文。
孙锡信　1999　《近代汉语语气词》,语文出版社。
太田辰夫　1987/2003　《中国语历史文法(修订版)》,蒋绍愚、徐昌华译,北京大学出版社。
完权　2018　事态句中的"的",《中国语文》第 1 期。
王珏　2017a　由非语气词与语气词声调的共时对立看语气词的历时来源,(南昌)全国汉语方言学会第十九届年会暨国际学术研讨会,2017 年 10 月 13—15 日。
王珏　2017b　语气词句末迭用式及其系统研究,《当代修辞学》第 3 期。

王珏　2018a　普通话述题的语气结构研究——将语气词关进语气结构的笼子里研究其功能(一),(芜湖)语言教学与研究国际学术研讨会(2018),2018,6,16—17;(泉州)第八届现代汉语虚词研究与对外汉语教学国际学术研讨会,2018,7,13—15。

王珏　2018b　语气词句末选用顺序研究,《语言教学与研究》第1期。

王珏　2018c　由语气结构看普通话述题语气词的口气功能——将语气词关进语气结构的笼子里研究其功能(一),待刊。

吴福祥　1997　从"VP+neg"式反复问句的分化谈语气词"麼"的产生,《中国语文》第1期。

肖治野、沈家煊　2009　"了$_2$"的行、知、言三域,《中国语文》第6期。

谢赣萍　2015　现代汉语气词语体、句类选择趋向研究,江西师范大学硕士学位论文。

徐晶凝　2007　语气助词"呗"的情态解释,《语言教学与研究》第3期。

徐晶凝　2008　《汉语话语情态功能研究》,昆仑出版社。

杨树达　1984　《高等国文法》,商务印书馆。

张伯江　1997　疑问句功能琐议,《中国语文》第2期。

张谊生　2002　《现代汉语虚词》,华东师范大学出版社。

赵元任　1979　《汉语口语语法》,吕叔湘节译,商务印书馆。

朱德熙　1982　《语法讲义》,商务印书馆。

辩证性——"毕竟"的使用基础

储泽祥

(中国社会科学院语言研究所)

摘　要　语气副词"毕竟"在小句中的追根究底作用,与在复句中的强调事实或原因的作用,是辩证的,不能突出一方面而忽视另一方面。转折复句中,"毕竟"的使用是为突出对立面而追根究底找到依据;因果复句中,"毕竟"的使用是为认可结果而追根究底找到原因。"毕竟"隐含着追根究底的过程,以及说话人的比较和选择,虽然说话人的选择会带有主观性,但是,使用"毕竟"表明说话人能够辩证地看待问题。因此,用带"毕竟"的句子来劝说别人,可以减少负面效果,便于听话人接受,有委婉作用。

关键词　"毕竟";副词;追根究底;辩证性;委婉

一、引　言

(一)"毕竟"的主要用法

现代汉语里,"毕竟"是语气副词,用于议论,有强调事实或原因的作用。《现代汉语词典》(第七版,第71页)是这样解释"毕竟"的:

【毕竟】bìjìng 副 表示追根究底所得的结论,强调事实或原因:这部书虽然有缺页,～是珍本|孩子～小,不懂事。

《现代汉语词典》的释义配例说明了"毕竟"的主要用法:用在转折复句中强调事实(这部书虽然有缺页,毕竟是珍本),或用在因果复句中强调原因(孩子毕竟小,不懂事)。

"毕竟"可以出现在单句或分句中,实际上联系了上下文(包括隐含的上下文),换个角度看就是对上下文有依赖。例如:

(1) 作家毕竟是作家。(强调原因)

(2) 把历史当作一个十分复杂并充满矛盾但毕竟是有规律的统一过程。(强调事实)

(3) 女儿毕竟还是个孩子,她也动摇过。(强调原因)

(4) 虽然老人家的态度是明显的不悦,但毕竟还是接受了现实。(强调事实)

(5) 的确,人到老年,或多或少都会产生失落感。毕竟"青春无二次",而曾经的意气风发、闪光业绩统统都成为了过去。(强调原因)

例(1)是单句,"毕竟"充当状语,强调某种性状的原因,如可以构成下面这样的因果句群:"作家毕竟是作家。他们善于捕捉人的心灵美。""我写不出他这样的作品。作家毕竟是作家。"例(2)也是单句,"毕竟"位于复杂的定语之中,"十分复杂并充满矛盾但毕竟是有规律"是转折复句形式作定语,强调"有规律"这个事实。例(3)是因果复句,"毕竟"用在原因小句中;例(4)是转折复句,"毕竟"用在转折连词"但"的后边。例(5)是因果句群,"毕竟"用在并列复句"'青春无二次',而曾经的意气风发、闪光业绩统统都成为了过去"的前边,强调原因。

从上述用例中可以得到两个基本的观察结果:一是"毕竟"用在

表示"追根究底所得到的事实或原因"的句子中,表示追根究底。换句话说,"毕竟"隐含着说话人追根究底的过程,而"毕竟"所在的小句,呈现了追根究底过后的结论。如例(3)"她也动摇过"的原因是什么?说话人追究起来,觉得是"女儿(她)还是个孩子"的缘故,孩子心智还不够成熟,所以会产生动摇。这里面包含了认知、推理过程,祖人植、任雪梅(1997)已作了具体的分析。二是"毕竟"无论是联系两个分句,还是在句群中起联系作用,其表意功能都可以在复句中表现出来——说话人强调某个事实或原因。如例(3),产生动摇的原因可能不止一种(如性格因素、年龄因素等),但说话人选择了年龄因素,并用"毕竟"强调了自己追根究底所得到的原因。

(二)"毕竟"的研究现状及存在的问题

共时角度的研究情况。祖人植、任雪梅(1997)较早地对"毕竟"进行了系统的研究。他们细致地描写、分析了"毕竟"的两种语义结构模式(用于表转折和表因果),并从信息表达的角度分析了"毕竟"的语篇功能。高书贵(2000)、董付兰(2002)、张秋杭(2006)等在这个基础上作了进一步的研究,吕海燕(2014)有较为全面的综述。有的从相关副词辨析角度对"毕竟"作了描写、分析,如赵舸(2017)。另外,高文利(2004)专门讨论了"N毕竟是N"的特定句式,认为它主要表达印证性的分辩。

历时角度的研究情况。如史金生(2003)给出了"毕竟"的语法化历程:终了义动词→"最终"义时间副词→强调事物本质属性不变的语气副词。史文认为由空间时间义发展到性质义,表示说话人的语气,形成了"毕竟"在现代汉语中的基本功能。张秀松(2015)对"毕竟"的词汇化和语法化作了细致深入的探讨,并指出在语法化过程中,"毕竟"发生语义演变的机制是"不因……而不……"这种转折义从行域向言域的隐喻投射。

本文主要关注"毕竟"的共时研究。已有共时研究成果存在的普遍问题是过于突出"毕竟"在复句或语篇中强调事实或原因的作用,忽视了"毕竟"在分句或单句内部的"追根究底"功能。因此,本文重视从"毕竟"所在的小句(包括分句和单句)来观察"毕竟"的功能。我们从两个角度来观察"毕竟"的追根究底功能:

第一,从分析角度看,"毕竟"表示追根究底,用于转折句和用于因果句有没有差别?

第二,从综合角度看,"毕竟"的使用基础是什么?也就是说,追根究底的依据是什么?

本文的研究试图回答这两个问题,同时也将证明《现代汉语词典》对"毕竟"的解释是相当精准的:既"表示追根究底所得的结论",又"强调事实或原因"。

(三) 几点说明

第一,为了便于观察和集中讨论问题,本文所涉及的"毕竟",一般限于两个分句复合而成的二合复句之中。这种限定的依据在分析例(1)—(5)时已经作了说明,同时,这样的限定也便于我们理解"毕竟"的表意功能,包括两个层面:一是在分句的低层面,"毕竟"表示追根究底;二是在复句的高层面,"毕竟"强调追根究底所得到的结论(事实或原因)。

第二,单纯地看,原因与事实并不是对立的,原因可以由事实构成,但"毕竟"所在小句在不同类型复句中的作用是不同的,在因果复句中主要表示原因,在转折复句中不是表示原因,而是表示事实依据,本文临时把它们对立起来,以示区别,主要是为了称说方便。

第三,"毕竟"偶尔还有表时间的用法,相当于"最终"或"到底",这是"毕竟"语法化过程中的遗留用法(张秋杭 2006),本文不作专门的讨论。例如:

(6) 魏忠贤气得火冒三丈六尺高,真想去扇他几个耳瓜子。但是,他毕竟忍住了,没有去动手。

第四,除少数标明出处的例句外,本文多数例句来自于 CCL、BCC 等语料库。

二、为突出对立面而追根究底找到依据——转折句中

(一) 前分句与带"毕竟"的后分句处在同一个层次

祖人植和任雪梅(1997)、董付兰(2002)基本不承认"毕竟"可以出现在前后两个分句复合而成的二合转折复句中,本文不同意这种看法。这要从什么是复句说起。

邢福义(2001:1—6)指出,复句是包含两个或两个以上分句的句子。复句里的各个分句具有相对独立和相互依存的特征。所谓相对独立,是指甲分句不是乙分句里的一个成分,乙分句也不是甲分句里的一个成分。所谓相互依存,主要包括以下几个方面:第一,甲分句与乙分句处在一定的逻辑语义关系之中;第二,甲分句和乙分句往往由特定的关系词语联系起来;第三,甲乙两个分句可以相互依赖而有所简省。我们在邢福义先生论述的基础上再补充一点:第四,甲分句和乙分句还必须处在同一个层次。

根据上面的讨论,我们可以判断什么是二合转折复句。由前后两个分句复合而成的转折复句,必须符合下列条件:第一,前后两个分句处在转折关系之中;第二,前后两个分句是相对独立和相互依存的;第三,前后两个分句处在同一个层次;d.一般都需要转折连词出现,如"但是""尽管""虽然"等。下面的例子都是"毕竟"出现在后一个分句中的转折复句:

(7) 每个女人都希望能拥有光滑柔嫩的肌肤,但是,天生丽质毕竟是少数。

(8) 虽然只差一点,但毕竟没考上。

(9) 尽管早期的管理思想有其科学的一面,但毕竟非常零散且

没有系统化。

(10) 谈判虽有挫折,最后毕竟达成了共识。

例中的前后分句都在同一个层次,都能构成转折关系。例(7)是希望(所有女人肌肤光滑柔嫩)与现实(天生丽质是少数)构成转折关系;例(8)是条件(分数只差一点,条件非常接近)与结果(没考上)构成转折关系;例(9)是一种性状(有科学的一面)与另一种性状(非常零散且没有系统化)构成转折关系;例(10)是过程(有挫折)与结果(达成共识)构成转折关系。

我们强调前后分句必须在同一个层次,是为了对下面的情形进行甄别时有可以参照的标准。请看下面的例子:

(11) 尽管内心十分不快,但校长毕竟是校长,应付这种场面对他还是不难的。

例(11)里"校长毕竟是校长"表示"应付这种场面不难"的原因,与"内心十分不快"不在同一个层次,也没有依存关系,如果去掉"校长毕竟是校长",句子的基本意思没有根本的变化:"尽管内心十分不快,但应付这种场面对他还是不难的。"例(11)全句的逻辑语义关系可以通过添加关联词语显示出来:"尽管内心十分不快,但(因为)校长毕竟是校长,(所以)应付这种场面对他还是不难的。"

例(11)的情形告诉我们,即使"毕竟"出现在转折连词"但(是)"的后面,"毕竟"所在小句也不一定都是处在转折关系之中,也有可能是因果关系。在这一点上,祖人植和任雪梅(1997)、董付兰(2002)都观察得很仔细,但如果只看到例(11)的情形,就会忽视例(7)—(10)的语言事实。

(二) 带"毕竟"的后分句是前分句的对立面

转折复句中,"毕竟"所在的后分句与前分句语义上是对立的,这既是转折关系的语义基础,也是"毕竟"所在分句得到强调的语义基

础。如例(7)—(10)分别是希望与现实、条件与结果、一种性状与另一种性状、过程与结果的对立。再如:

(12)（无聊之余,我上网了。）虽然我讨厌网上聊天屋里乱七八糟的语言,可那毕竟是个热闹的地方。(董付兰2002:67用例)

例中的情形表明,网络有让人讨厌的方面（有乱七八糟的语言）,也有让人喜欢的方面（很热闹）,这两个方面是对立的,但归根究底"我"还是喜欢网络上的热闹。转折复句里,"毕竟"强调、突出的是后分句的语义。

（三）后分句中"毕竟"追根究底的作用：树立说话人的观点

"毕竟"所在小句作为前分句的对立面,是说话人经过追根究底才得到的。在说话人看来,追根究底得到的事实是能影响全局的关键因素,它能决定事物的性质,决定事情发展的走向和结果,因此,说话人通过"毕竟"所在小句树立了自己的观点,张秋杭(2006)概括为"强调结论"。例如:

(13)李后主叫人在宫里堆了柴草准备放火自杀,但是毕竟没有这个勇气。（最后还是带着大臣出宫门,向曹彬投降。）

(14)古代筑有城墙的城市,城圈以内尽管也常常有大片的农田,但城墙毕竟还可以作为城乡划分的明显界线。

(15)市场营销虽然和商品交换、市场有关,但是市场营销毕竟不等于商品交换。

(16)第一次世界大战中,国际法遭到严重的破坏,但是,国际关系毕竟还在发展。

例(13)里是准备自杀而没勇气自杀的对立,李后主没有自杀成功,追根究底是不具备"有勇气"这个条件。例(14)里,城墙以内常有大片农田（有乡村特征）,与城墙作为城乡划分的明显界线有对立的、不相符的一面,追根究底的结果是没有比城墙作为城乡划分的明显界线更为合适的事物了。例(15)是局部有联系与整体性质不同的对立,市场营销与商品交换有关,追根究底二者性质不同。例(16)里,国际关系包含国际法,局部的破坏与整体的发展形成对立,追根究底整体还是发展、进步了。

在说话人看来,追根究底得到的结论是主要的,代表了自己的观点,而前分句的内容是次要的。

(四) 关于让步转折

高书贵(2000)通过对"毕竟"类词语在陈述句中的预设及与让转句之间逻辑语义关系的分析,提出并证明"毕竟"类词语具有表示让转关系的隐性语法功能。本文虽然不太认可高书贵的看法,但是注意到下面的两种情况,与让步转折有一定的联系。

首先,有时候,"毕竟"可以用在无条件复句中,强调事实、结果。例如:

(17) 无论创业过程如何,他们毕竟走了过来。

(18) 机器的能耐不管多大,毕竟是人造的没有"灵性"的装置。

(19) 不管怎样,公司资金流动不足的事实毕竟摆在面前。

上述例子中,前分句使用了"无论"或"不管"等表示无条件的连词,没有转折连词(也不能添加),后分句用"毕竟"呼应,表示情况虽然复杂多变,但结果或性质不会因此而改变。说话人用"毕竟"来追根究底,得到的结论是"结果既成事实",过程是否顺利、条件是否具备、情形是否纷繁复杂都是次要的。

我们认为,让步的极致之一是不管情况如何,只在意事实结果。如果这种看法有一定道理,那么,例(17)—(19)就带有让步转折的语义色彩。

其次,"毕竟"偶尔可以用在"再……,不……"格式中,表示即使一直如此事实也不会改变,明显具有让步转折的意义。例如:

(20) 石季龙再能干,毕竟不是皇上的儿子。

例中的"再"具有让步功能,"毕竟"前边可以添加"但"类转折连词。因此,这种情形是让步转折句。用"毕竟"追根究底得到的结论"石季龙不是皇上的儿子"是不能改变的事实。

三、为认可结果而追根究底找到原因——因果句中

(一)"毕竟"用于因果复句时因果连词的使用情况

"毕竟"用于转折复句时,转折连词一般必须出现。但是,"毕竟"用于因果复句时,因果连词不一定要出现。例如:

(21)(我说非常清楚!他说怎么清楚?我说哎呀!那真是黑白分明啊!)毕竟小时候知道的形容词有限,所以要描述什么叫清楚只会用个"黑白分明"。

(22) 我觉得应该不会拿到最佳男演员,毕竟还是新人嘛。

前一例用了"所以";后一例没有使用因果连词,可以在"毕竟"前边添加"因为"。

(二)"毕竟"只出现在原因分句

根据董付兰(2002)的统计结果可以知道,"毕竟"用于因果关系语句时,主要是"前果后因"式,而且"毕竟"一般出现在原因部分。本文的考察证实了董付兰的结论。略举几例简单说明如下:

(23)(公司稀里糊涂地"捡"了一笔债。)你说冤枉也没用,因为法律毕竟是严肃的。

(24) 相对来说我最大的缺陷就是出门,毕竟我还不能够独立行走。

(25) 人参果毕竟是鲜果,不宜久放。

例(23)(24)代表多数情况,"毕竟"所在的原因分句位于结果分句的后边;例(25)的顺序相反,原因分句在前边,是少数情况。

"毕竟"只能用于原因分句,如上述三例。下面的用法不能算是例外:

(26)贾充手下的兵士一见皇帝自己动手,毕竟有点胆怯,有的准备逃了。

纯粹从事理关系看,例中的"毕竟有点胆怯"对于"一见皇帝自己动手"来说是结果,但对于"有的准备逃了"来说是原因。实际上,"毕竟有点胆怯"主要表示原因,基于两个理由:一是"毕竟"前边勉强可以添加"因为",但是不能添加"所以";二是"毕竟有点胆怯"可以移位到句末,说成"贾充手下的兵士一见皇帝自己动手,有的准备逃了,毕竟有点胆怯",这可以证明"毕竟有点胆怯"主要表示原因。

可以这么认为,"毕竟"不能出现在纯粹的结果分句中,这也就意味着"因此""所以"等表示结果的连词不能与"毕竟"出现在同一个小句中。

(三)原因分句中"毕竟"追根究底的作用:寻找结果句的原因

上文的讨论表明:"毕竟"只用于原因分句;"毕竟"所在的原因分句大多位于结果分句之后。为什么会这样?这与"毕竟"的作用有关。

在分句中,"毕竟"的作用是追根究底。原因和结果哪个更适合追根究底?显然是结果。结果分两种情况:一是客观存在的结果,如"资金链断裂后公司就垮了,公司的运转毕竟离不开资金","公司垮了"是客观存在的;二是说话人主张的观点,是主观的结果,如"在家庭关系中,理止于情,毕竟是夫妻","家庭关系中理止于情"是说话人的主张。对于客观的结果,人们需要知道成因;对于主观的结果,说话人需要解释原因、提供依据,才能让听话人信服。原因先发生,结果后发生;原因是隐性的,结果是显性的。对结果进行追究、深挖,得到的结论正是先发生的、隐性的原因。因此,"毕竟"只出现在原因分句。

结果分句在前、原因分句在后是为了强调原因。在因果复句中,惯常的语序是先因后果,结果是这种惯常因果复句的语义重心。要想强调原因,使原因成为复句的语义重心,改变语序就是一种实现手段,即采用果在前、因在后的语序(张秋杭2006),因此,"毕竟"所在的原因分句大多位于结果分句之后。不管有没有"毕竟",把原因分句放在结果分句后边,都能突出原因分句。

那么,原因分句在后是不是与"毕竟"无关呢?回答是否定的。我们可以通过比较先因后果与先果后因语序来看"毕竟"的作用。如果"毕竟"所在分句出现在结果句前边,那么,一般不能使用因果连词;如果"毕竟"所在分句出现在结果句后边,那么,一般都可以使用因果连词。比较:

(27)(*因为)神话毕竟只是神话,(*所以)现在谁也不会相信真有这样的事。

(28)(*因为)学车的日子毕竟是有限的,(*所以)拿到驾驶执照的那天,也就是我们要分开的那天了。

(29)当时,徐良自己确实没有想过这些,(因为)毕竟眼下最需要时间去适应生活中的变化。

(30)其实我是发自内心的难受,(因为)毕竟是第一次离开家独自闯荡。

例(27)(28)是先因后果,不能添加"因为",甚至结果分句前也不能添加"所以"。例(29)(30)是先果后因,可以添加"因为"。

从上述例子中可以得到两点启示:第一,"毕竟"所在小句在前时,前后分句之间因果关系不是那么典型,带有并列色彩,不能添加因果连词;第二,"毕竟"表示追根究底,通常要先交代追谁的根、究谁的底。如果把结果分句看作"话题",那"毕竟"所在原因分句就是"说明","话题—说明"与"结果—原因"在语序上是和谐的。"毕竟"所在原因分句具有后续说明性,适合用来说明前边呈现的结果为什么会这样。因此,"毕竟"所在原因分句总是位于结果分句之后,与"毕竟"的追根究底作用也有关联。

四、"毕竟"所在小句的说话人立场——辩证地看待问题

(一)"毕竟"所在小句的语义不自足现象

"毕竟"所在小句表示说话人追根究底所得到的结论,这个结论是用来作评述依据的,离不开评述的对象。高文利(2004)认为"N毕竟是N"的语义不自足,如"棋王毕竟是棋王"是用来说明问题的(如脑力过人、一般人很难赢他等),通常要求上下文对所要说明的问题作出明确的交代,因此,"N毕竟是N"语义不自足,也极少单独使用。本文注意到,所有带"毕竟"的小句语义都不能自足,对上下文都有依赖性。例如:

(31) 说、听、写、译上过得去,我也就不再强求她了。一个人的精力毕竟有限。

例中"一个人的精力毕竟有限"是个单句,但语义上是用来表示前文的原因,可以合并成一个复句,例如:"说、听、写、译上过得去,我也就不再强求她了,因为一个人的精力毕竟有限。"

为什么"毕竟"所在小句语义不能自足?因为它处在辩证关系之中。转折复句体现矛盾关系,"毕竟"所在分句与另一分句语义上相互对立,既有联系又有区别,是对立统一的辩证关系,不能把二者割裂开来,孤立地看待"毕竟"所在小句;因果复句体现因果联系原理,"毕竟"所在小句通常表示原因,因果之间既有先行后续,又有引起和被引起的关系,原因与结果相互区别相互依存。因此,单纯的"毕竟"

小句语义上不能自足,不能把它从上下文中割裂开来。说话人运用"毕竟",就反映了他辩证地看待问题的立场。

(二)追根究底所得结论的无法忽视性

"毕竟"所在小句表述的是追根究底所得到的结论,不仅说话人认为这个结论重要,听话人也无法忽视这个结论。为什么这么说?有以下三点理由。

第一,追根究底所得到的结论有些是不可否认的事实。例如:

(32)我行动比较慢,我毕竟还拄着拐杖。

(33)虽说"文无第一、武无第二",但冠军毕竟只有一个。

例(32)里行动比较慢的原因是受伤没有恢复还拄着拐杖,这是客观事实。例(33)里"冠军只有一个"是通常的情况,无法否认。

第二,追根究底所得到的结论不少都符合多数人的认知。例如:

(34)尽管大舅庄静庵不断接济他一些钱粮,但这毕竟不是长久之计。

例中的情形表明靠亲戚接济过日子不是长久之计,一般人也是这么认为。

第三,最为关键的是,追根究底所得到的结论处在辩证关系之中。这在转折复句中尤为显著。说话人辩证地看待问题,并不否认前分句的内容,只是强调"毕竟"所在小句的内容是根本性的,更加重要。例如:

(35)(市领导的观点充满辩证法:)资金紧张,但毕竟存在。

(36)尽管夏朝的职官设置十分简略,但其官僚机构毕竟已具雏形。

例中,"毕竟"所在分句强调了事物的根本性质。例(35)里,资金是否存在属于"有无"问题,资金紧张与否属于数量"多少"的问题,有资金是根本;例(36)里,官僚机构形成与否也属于"有无"问题,职官设置是否繁丰属于机构成熟与否的问题,机构初步形成是根本。

说话人强调根本方面,但并不否认其他的方面,如强调资金存在时也承认资金紧张,强调官僚机构已具雏形时也承认职官设置十分简略,这就是辩证性的体现。例(36)的前文就点明"市领导的观点充满辩证法"。

五、"毕竟"使用的主观性和委婉作用

(一)"毕竟"所隐含的比较性和选择性

副词"毕竟"是从终了义动词虚化来的(史金生 2003),终了义动词带有过程性,虚化以后,这种过程性还是隐含在里边。"毕竟"用来追根究底,就隐含着说话人追根究底的过程,"毕竟"所在的小句呈现了追根究底过后的结论。什么是追根究底?就是在寻找重要的或根本性的事实或原因的过程中,说话人对两个或两个以上不同的事实或原因进行比较,并作出最终选择。有时这种比较和选择会显示出来。例如:

(37)我每天抠十个八个小洞谁也不会发现,毕竟报纸的字非常小,而且到回去时团得差不多烂了,何况那时候报纸纸质又差。

例(37)中,说话人在说明"(为了把字抠下来,每天把报纸抠十八个小洞,)谁也不会发现"的原因时,举出了三个方面:报纸的字非常小;到家时报纸团得差不多烂了;报纸的纸质比较差。说话人通过比较而选择"报纸的字非常小"作为最主要的原因,其他两方面都是次要原因。因为字大的话抠掉字而形成的洞就比较大,即使纸质不好,被揉得乱七八糟,也可能发现那些抠出来的洞。既然确认"报纸的字非常小"是主要原因,就只在它的前边用上"毕竟",来强调追根究底得出的结论。

(二)"毕竟"所体现的主观性

从小句层面看,"毕竟"表示为寻找依据而追根究底,但从交际角度看,寻找依据的意图是为了作出评判、说服别人。"毕竟"的使用,带有主观性。张谊生(2003)认为"毕竟是"主要是评判性的,既有判断的作用,又有强调的功用,主观色彩明显。

虽然追根究底所得到的结论不可忽视,但并不意味着这个结论就一定是客观的、正确的。说话人使用"毕竟"追根究底,追究过程中的比较、选择带有主观性。

因果复句中,"毕竟"所在分句强调原因,这个原因的重要性是说话人所赋予的,是说话人带有倾向性的选择(董付兰 2002;张秋杭 2006)。例如:

(38)女人毕竟是女人,她们温柔、善良、胆小、怕羞、爱漂亮。

(39)(你搞定事情的心情比老板还迫切,老板就会说:)"你看,这钱该花,毕竟人家是名校的。"

例中所表现出的说话人的观念未必是客观的、正确的,譬如让女人与善良构成因果,譬如让名校生与薪水构成因果。这都与说话人的主观认识有关。

转折复句中,前分句和"毕竟"所在分句哪个是根本性的、哪个更重要,并不都是客观、准确的,有时只是说话人的关注对象不同。如前文的例(15)(16)可以根据说话人的需要颠倒过来说:

市场营销虽然和商品交换、市场有关,但是市场营销毕竟不等于商品交换。→市场营销虽然不等于商品交换,但是市场营销毕竟和商品交换、市场有关。

第一次世界大战中,国际法遭到严重的破坏,但是,国际关系毕竟还在发展。→第一次世界大战中,国际关系虽然还在发展,但是,国际法毕竟遭到了严重的破坏。

颠倒前后句子都能成立,观点也都能接受。这说明强调谁不强调谁有时是主观性的选择,并不是某个分句表示的内容比另一个分句更客观、更重要。

(三)"毕竟"的互动强度和委婉作用

董付兰(2002)认为"毕竟"的作用是标示原因焦点,使之突出、醒目,引起听话人注意。"毕竟"无论用于因果复句还是转折复句,它所强调的原因或事实,都代表了说话人的立场,包含着说话人对听话人的关注,并希望说服听话人接受自己的看法,互动性比较明显。我们从互动双方通过言语相互作用、相互影响的性质出发,根据"说话人要求"和"听话人遵从"两个方面的因素,来考察使用"毕竟"时互动性的强弱。说话人使用祈使、疑问语气,迫切要求听话人作出反应,互动强度高;而说话人使用陈述语气,要求听话人作出反应并不迫切,互动强度要低一些(方梅、乐耀 2017:64)。带"毕竟"的句子通常都是陈述句,所以互动强度并不高。"毕竟"有强调事实或原因的作用,强调就是为了引起听话人注意,因此有提高互动强度的作用。但总体看来,"毕竟"所在句子的互动强度并不是很高。这会带来一个表达效果:委婉。

使用"毕竟"说服别人时有委婉作用。请看下面的例子:

(40)葡萄酒饮量也要适宜,因为它毕竟含有一定数量的酒精。

(41)这款电脑虽然大多是些小毛病,但毕竟让客户用起来心里不痛快。

如果去掉"毕竟",这两个句子就要生硬一些,这说明"毕竟"的使用有委婉作用。

"毕竟"的委婉作用有赖于以下几个方面。首先,"毕竟"所在的句子互动强度不高,对听话人的要求不急迫,这为"毕竟"的委婉作用提供了根本条件。其次,因果复句中,使用"毕竟"追根究底的过程中有比较、有选择,实际上说话人知晓原因不止一个,只不过说话人认为其中一个是最主要或最根本的,如例(40)葡萄酒不能过量,原因可能是含有酒精,或糖分高,或有色素添加剂等,说话人通过比较选择了"含有一定数量的酒精",并不意味着其他原因不存在。总之,"毕竟"隐含的比较性减少了负面效果。再次,转折复句中,先对"虽然"类前分句的内容进行了确认,为即将说出来的带"毕竟"分句作出铺垫,既强调了事实这一方面,但也忽视不了另一方面,这样辩证地看待问题,可以缓和交际,便于听话人接受。如例(41)强调了客户的感受,但也认可电脑的毛病很小,这样说话,听话人就更容易接受一些。

六、结　语

（一）辩证性是"毕竟"的使用基础

第一,"毕竟"在小句中的追根究底作用,与在复句中的强调事实或原因的作用,是辩证的,不能突出一方面而忽视另一方面。

第二,带"毕竟"的因果复句和转折复句里,原因分句和结果分句、转折前分句与后分句都处在辩证关系之中。

第三,使用"毕竟"表示追根究底,既有客观的一面,也有主观的一面,也是辩证的。

（二）"毕竟"的使用能起委婉作用

可以从两个方面来概括"毕竟"的委婉作用。第一,使用"毕竟",不要求对方马上接受自己的看法。"毕竟"所在的句子互动强度不高,对听话人的要求不急迫,适合用来劝说别人。第二,使用"毕竟",目的是"晓之以理",不是强迫命令。使用"毕竟"包含着对事实或原因的比较和选择,强调一个因素的同时,也不忽视另一个因素,体现了辩证地看待问题的态度,让人容易接受。

（三）如何准确理解《现代汉语词典》对"毕竟"的释义

如果把《现代汉语词典》对"毕竟"的解释重新表述为"用在追根究底所得结论的小句中，表示追根究底所得的结论，针对上下文强调事实或原因"，理解起来是容易一些，但太啰嗦。《现代汉语词典》抓住关键的两个方面，即"表示追根究底所得的结论，强调事实或原因"，不仅释义十分精准，表述也非常简洁。如果一定要有所调整，那么第二个例子可以换成更常见的"前果后因"句，如"孩子不懂事，毕竟还小"。

参 考 文 献

董付兰　2002　"毕竟"的语义语用分析，《首都师范大学学报（社会科学版）》第3期。

方梅　乐耀　2017　《规约化与立场表达》，北京大学出版社。

高书贵　2000　"毕竟"类语气副词与预设，《天津大学学报（社会科学版）》第2期。

高文利　2004　浅议"N毕竟是N"，《本溪冶金高等专科学校学报》第4期。

吕海燕　2014　语气副词"毕竟"的语义语用研究综述，《现代语文》第1期。

史金生　2003　"毕竟"类副词的功能差异及语法化历程，见吴福祥、洪波主编《语法化与语法研究（一）》，商务印书馆。

邢福义　2001　《汉语复句研究》，商务印书馆。

张秋杭　2006　语气副词"毕竟"的语义分析，《汉语学习》第4期。

张秀松　2015　"毕竟"的词汇化和语法化，《语言教学与研究》第1期。

张谊生　2003　"副＋是"的历时演化和共时变异——兼论现代汉语

"副+是"的表达功用和分布范围,《语言科学》第 3 期。

赵舸 2017 "毕竟"、"到底"和"究竟"语义分析,《长春大学学报》第 3 期。

中国社会科学院语言研究所词典编辑室 2016 《现代汉语词典》,商务印书馆。

祖人植、任雪梅 1997 "毕竟"的语篇分析,《中国语文》第 1 期。

"山寨"和"雷"新义新用法的社会文化背景论析

戴昭铭

(黑龙江大学文学院)

摘 要 本文讨论并分析了新词"山寨"和"雷"于2008年爆红的社会文化背景,描述了滋生出的新义、新用法和新短语,据此考察造成所谓"山寨文化"和"雷文化"的社会现实、大众心理和民情民风。结论是:"山寨"和"雷"的新义流行是中国大陆民间势力和草根文化兴起的语言见证。

关键词 山寨;雷;变体;民间势力;草根文化

2008年中国内地最为引人瞩目的语言现象,就是"山寨"和"雷"两个词突然爆红。当年年底某日用"谷歌"搜索"山寨"和"雷人",结果分别是10 300 000项和17 300 000项。含有"山寨"和"雷"的其他字符串,数量也相当巨大。严格地说,"山寨"和"雷"并非真正的新词,只是增加了新义新用法的旧词。但是一般的旧词增添新义新用法,人们往往习焉不察,而"山寨"和"雷"在网上的流行却如转世灵童一般广受关注,使人只觉其新而忽略其旧。按照社会语言学的理论,新义的"山寨"应该是"仿冒""模仿""草根""民间"等词语的变体,新义的"雷"应该是"惊""吓""奇怪""惊人"等词语的变体。然而,仅仅用"变体"的说法仍难以解释"山寨"和"雷"突然流行的社会原因,更难以说明它们所涵盖的丰富的社会意义。本文拟从两词使用的社会背景和社会心理角度加以分析。

一、"山寨"爆红小史

"山寨"一词原有两个义项：①在山林中设有防守栅栏的地方；②有寨子的山区村庄(《现代汉语词典》)。在一般人心目中,"山寨"是相对于城市的山村,因此,在"山寨机"一词尚未流行时,香港粤语中就有"山寨厂"一词,指那些"没有自己的品牌,规模小,设备较简单,低成本运作"的厂商(沙玉伟 2008)。当时的这个"山寨"尚无"仿冒"义。由于旧时盗匪多占山设寨,"山寨"一词在小说中往往专指匪巢。盗匪是非法群体,工商经营中的仿冒行为也是非法的,这就是"山寨"一词滋生出"仿冒"意义的词源学理据。然而,尽管这一理据合乎逻辑,倘无适当的社会契机,"山寨"也不会滋生出"仿冒"的意义。

20世纪90年代,国内手机制造业蓬勃发展,手机市场空前繁荣,又鱼龙混杂。1998年,信息产业部发布了"电信产品入网条例",规定所有生产手机的厂家必须有牌照。这个"条例"保护了那些名牌大厂,却打击了那些无名小厂。这些小厂为了生存,只好走"贴牌"的路,就是交一定的钱,借用对方的牌子来卖自己生产的手机。这还算是擦边的"合法"。但是交钱又觉得不合算,有的小厂就干脆连牌也不贴,直接卖,于是就有了"黑手机"的概念。这时黑手机还不叫"山寨机"。黑手机虽"黑",但工商局却因没有必须查处的法律依据,只能听之任之。有些"黑手机"往往模仿一些知名品牌的外形,甚至打着与名牌商标极为相似的"品牌"以"假"乱真,于是人们就称之为"山寨机"。这是"山寨"获得"仿冒"意义的关键一步。这时的"山寨"由于与"黑"(仿冒)相联系,含有贬义。

几年下来,"山寨机"以其低价位和多功能的优势,在极为险恶的市场竞争中站稳了脚跟,赢得了可观的销售业绩。2006年,随着国内"联发科研"的MTK手机芯片研制成功,研发手机变得更为容易和廉价,深圳的"山寨机"铺天盖地地生产出来,其中不少"山寨机"放弃了仿冒故伎,使用了创新的工艺和外观,推出了自己的品牌,有的技术创新甚至领先于世界。"山寨机"自立自强的精神和令人刮目相看的业绩感动了"上帝",2007年10月,信息产业部取消了实施已达九年的"入网条例","山寨机"身上"黑"的色彩终于被抹去,"山寨"一词的贬义色彩也终于消退下去了。由于"山寨机"最初是"非官方认可"的手机,"非官方的"即"民间的""草根的","山寨"的词义色彩由此也中性化了。

然而,事情至此尚未终结。"修成正果"的"山寨机"厂家回头质问官方:仿冒、侵权固然不对,以准法律性质的"条例"保护垄断、偏袒外国品牌、打击弱小的民族工商业者就对吗?垄断产生暴利,暴利挫伤消费积极性,会造成市场萎缩;"山寨机"打破垄断、降低手机价格、促进市场经济发展、使民众享受到技术进步的好处,不仅是以"民间市场经济"消解垄断弊端的良药,更是真正为基层百姓服务的模范;"山寨机"不同于那些缺乏创新精神的国产品牌机,为了在艰难竭绝中求生存求发展,它必须狼性、必须创新、必须迎合市场,"山寨机"才是促进整个国产手机产业链成熟的大功臣,"山寨机"精神正是振兴民族工商业的可贵精神。面对"山寨机"厂家的这些辩驳,官方也无话可说。于是,不仅"山寨机"有了爱国爱民的英雄身份,"山寨"一词也终于有了褒义色彩[①]。"山寨精神"的提法堂皇推出,并回头反戈声讨盗版了[②]。

[①] xin yan在"凯迪网络/猫眼看人"上的加帖《质疑"山寨干部"》,认为"山寨"的宗旨在于为民服务,"山寨"的生命力在于创新,把缺乏创新精神的干部称为"山寨干部"是玷污了"山寨"的名声。见 http://www.kdnet.nel。

[②] ovo在"凯迪网络/猫眼看人"上的加帖《评论:盗版是对山寨精神的亵渎》,见 http://www.kdnet.nel。

"山寨机"的成功使"山寨效应"迅速波及其他行业。首先是与手机业相邻的其他电子行业。2008年下半年,山寨MP3、山寨液晶显示器、山寨数码相机等等纷纷被推出,专门销售"山寨产品"的"山寨网"、"山寨机网"纷纷开通,电子行业迎来了一个"山寨金秋"。几乎同时,"山寨"一词吸引眼球的功能被传媒业看好并利用,一些网站打出"山寨明星"的招牌做视频广告,及时推出长相酷似明星的"山寨刘翔""山寨周杰伦""山寨周华健"……"山寨现象"开始向传媒领域扩散,但仍限于经济(广告)领域。

真正使"山寨行为"进入文化领域、成为文化现象的标志性事件是2008年年末的"山寨春晚"事件。11月18日,一位"北漂"人士孙孟奇("老孟")突发奇想,打出"山寨春晚"的旗号叫板"央视春晚"。他开通网站,广拉赞助,广选演出人才,特别声明排拒明星大腕,震动了一时舆论。各大网站纷纷推出专版专栏讨论这一事件,不少大报也发表专文或进行报道,或组织讨论。表示支持态度的既有普通民众,也有著名学者。"山寨文化"的概念应运而生,不胫而走,几乎在一夜之间传遍中国,进入街谈巷议。其间最能代表力挺"山寨春晚"的网民心情的是这样一句回帖语:今天,你"山寨"了吗?

二、"山寨"的词语组造、语义涵盖和社会认知功能

"山寨"一词在流行的过程中,表现出了超强的语词组造功能,"山寨×""山寨××"迅速成了组造新词语的固定格式,用这一格式仿拟的新词语,其数量多到难以统计,内容则令人眼花缭乱。仅据手边材料,其中"山寨+通名"的组合就有近百种,粗略分类列举如下:

1. 电子类山寨手机(山寨机)　　山寨MP3　山寨PSP　山寨数

码相机　山寨计算机

　　山寨硬件　山寨软件　山寨液晶显示器　山寨游戏　山寨视频　山寨动漫

　　山寨搜索引擎　山寨笔记本计算机（山寨本）　山寨平板电视　山寨IT

　2. 饮食、服饰类

　　山寨饮料　山寨食品　山寨药品（山寨药）　山寨服饰　山寨奢侈品

　3. 文化娱乐类

　　山寨春晚　山寨新闻　山寨电影　山寨电视剧　山寨影视　山寨音乐

　　山寨歌曲　山寨汉字　山寨词典　山寨明星　山寨美女　山寨冠军

　　山寨足球　山寨书摊　山寨网站　山寨网　山寨论坛　山寨代言　山寨MV

　4. 器械、建造类

　　山寨汽车　山寨潜水艇　山寨自行车①　山寨武器　山寨呼吸机

　　山寨太阳能　山寨建筑

　5. 组织机构类

　　山寨工厂（山寨厂）　山寨银行　山寨协会　山寨警察　山寨派出所

　　山寨电视台　山寨人大代表　山寨（版）基金评级　山寨3·15晚会

　　山寨大学　山寨足球队

---

① 山寨自行车：指青岛木匠吴培家以木料自制的自行车，见 ttp://www.shanzhaiba.com/show.php? tid=758。

6. 金融经济类

山寨人民币　山寨市场　山寨牛股　山寨价格（山寨价）　山寨代言

山寨一条街　山寨经济

7. 概括类

山寨精神　山寨现象　山寨风　山寨范式　山寨年　山寨事件　山寨产品

山寨商品　山寨版　山寨家族　山寨党　山寨文化　山寨心情　山寨境界

山寨区域　山寨大国　山寨大杂烩

此外，还有一些做动词和形容词的用例，例如："山寨"了一把/被山寨了/最山寨，等等。

这里的问题是，在"山寨＋名词"这样的组合中，"山寨＋专名"造出的新词语非常之多，数量远远超过"山寨＋通名"造出的新词，为什么我们这里没有列出那些"山寨＋专名"格式的词语呢？这是因为，我们这里是要考察"山寨"的组造新词语、表达新概念的功能。词语表达概念，新词语表达新概念，知识论意义上的新概念通常是一个通名而非专名。"山寨＋通名"的形式是一个新概念的表达形式，各个新概念有自己的内涵。"山寨＋专名"只是相应的"山寨＋通名"的一个外延形式，并不能体现"山寨＋通名"的创造新概念的能力。比如："山寨明星"包括了"山寨周杰伦/章子怡/赵薇/汤唯/甄子丹/沈殿霞/劳尔/李宁/赵本山……""山寨建筑"包括了"山寨天安门/天坛/华表/鸟巢/水立方/白宫/布达拉宫/美国国会大厦……""山寨手机"包括了"山寨三星/诺基亚/摩托罗拉……"等。各种"山寨＋专名"的词组，理论上可以出现无限多个，但它们与考察"山寨"的组造新词语、表达新概念的功能关系不大。不必列出这些"山寨＋专名"造成的"新词语"，我们已经看到了"山寨"一词巨大的造词功能。

"山寨"一词在 2008 年年底的火爆流行,达到了泛滥程度。泛滥使它涵盖了空前宽泛的语义。据不完全的统计和不很周密的分析,"山寨"一词可表达的含义至少可析出下表 1 中的 12 种。如果这 12 种含义每种各为 1 个义位,就有 12 个义位,它们包括了名词、形容词和动词 3 种词性和 3 种语法意义,包括了贬、中、褒 3 种感情色彩。当然,"山寨"在不同的组合语境中,意义、用法和色彩不完全相同。但是,同是"山寨"一个词,在不同的组合语境中,意义差别之大,也是一般词所少见的。有的"山寨"几乎可以涵盖全部义位,而有的只能表示一两个义位。从消极方面说,语义涵盖过宽、不同组合中意义差别过大,必然造成理解的困难。到底什么叫"山寨"?这个"山寨××"中的"山寨"到底是什么意思?这样的困惑不仅在一般读者心目中经常出现,在专业研究者的脑海中也经常浮起。正因如此,有人甚至认为"山寨"已是一个准词缀了。不过笔者以为,目前的"山寨"意思并不虚泛,只是宽泛而已,故尚不宜认为"准词缀"。

表 1 "山寨"在不同的组合中的义位包含分析表

义位\组合例	仿冒(的)	模仿(的)	廉价的	民间的	草根的	非正规的	娱乐搞笑的	小型的	反主流的	反垄断的	土法制造的	自强自立的
山寨手机	+	+	+	+	+	+						
山寨品牌	+	+	+			+						
山寨价			+									
山寨版	+	+		+		+	+					
山寨工厂				+	+			+				
山寨春晚		+		+	+		+		+	+		
山寨大学				+		+						

续 表

义位 组合例	仿冒(的)	模仿(的)	廉价的	民间的	草根的	非正规的	娱乐搞笑的	小型的	反主流的	反垄断的	土法制造的	自强自立的
山寨人民币	+						+					
山寨建筑		+					+	+				
山寨明星		+		+	+		+					
山寨服饰	+	+	+									
山寨文化	+			+	+				+	+		+
山寨自行车											+	
山寨潜水艇								+			+	
山寨经济				+	+					+		+
山寨精神				+	+				+			+
山寨范式	+	+								+		
山寨商品	+	+	+									
山寨大国	+	+										
山寨现象	+			+	+	+	+					
山寨中国				+					+			+
很山寨		+	+	+	+	+	+		+			
被山寨了	+											
山寨化	+			+	+	+						
山寨了一把	+	+					+					

  语词有认知功能。语词的意义是对现实的概括,对意义的分析有助于加深对现实的认知。在关于"山寨文化"的讨论中,台湾学者邱立本提出的"山寨中国"的概念,使我们体会到了"山寨"一词的洞识功能。邱先生正是在中国遍地开花的山寨产品中,"赫然发现一个时代的秘密:原来中国就是一个孙悟空社会",是"山寨文化的沃

土","中国的草根阶层有太多的能量需要释放。他们往往长期被边缘化,被主流的权力所忽视。只有在山寨文化中,他们才可以抒发自己被压抑的情怀,才可以展现他们反权威、反垄断的精神,走出那些自相矛盾的主流论述,也走出被意识形态所主宰的语境"①。确实如此。如果排除那些恶意仿冒侵权的"山寨产品"和纯为娱乐搞笑的"山寨作品",我们看到的正是民间草根们反主流、反垄断、自强自立的可贵的"山寨精神"的无穷活力。曾经爆红一时的"山寨春晚"的主办者的说法是"只要个话语权",而他之所以会受到众多的支持和追捧,也是因为广大民间对央视春晚的厌弃。令人欣慰的是,时代毕竟进步了,有关官方对于"山寨文化"并未一概抹杀。《光明日报》记者的文章《"山寨文化":良药还是病毒》,基本上代表了官方的态度,肯定了其"良药"的价值。文章引述学者谢玺璋的话,承认"我们的文化生产基本上是自上而下的,大众的才华得不到发挥,意见无法表达,只能积压在心底","'山寨文化'的兴起给了大众情绪释放的一个出口","这样的文化在大众那里更有力量,也是文化多元化的表现"(王国平 2008)。

　　如果说上述论断指认了"山寨文化"的民间立场、多元价值的话,下列论断则更确定了"山寨文化"的规律性质和终极意义:"王朝的变革在一定意义上是山寨发展史"(方三 2009)。"'山寨文化'是数千年的中国历史传统与消费时代的必然结合。'山寨文化'具有悠久的历史,只是称谓和属性在不断变化而已,在某种程度上说,它将'永生'。"(朱大可语,见王国平 2008)是的,辛亥革命起步于"檀香山""红色中国"起步于"井冈山""宝塔山",相对于当时"王朝"的所在,它们都是"山寨";中国当代的改革,起步于"小岗",更是一座小得可怜的"山寨"。孔夫子一生大部分"在野",他改变了"学在官府"的历史,坚

---

① 邱立本《山寨中国与孙悟空社会》,见 http://blog.ifeng.com/article/1958317.html#。

持"民间办学",创建了主宰中国历史两千多年的儒家文化。《诗经》中最有文学价值的不是庙堂文化《雅》《颂》,而是草根文化《风》,唐诗起源于汉乐府民歌,宋词发达于勾栏咏唱,明清小说成形于市井说书……一部中国文化史,可谓大部分是"山寨文化"史。在庙堂文化仍为主流的当代中国,"山寨文化"的流行,概念的提出,是否预示了一种新的文化使命的觉醒呢?

三、"雷"和"雷文化"

"雷"的语源,其实就是"雷电"的"雷"。正像名词"电"也可用为动词,"被电击"可以说成"被电到了""电着人了"或"电人了"一样,"被雷击"也可以说成"被雷到""雷到人了"或"雷人了"。只不过"电"的动词用法由来已久,人们已习以为常,"雷"的动词用法为新起,有些人觉得新奇。由于觉得新奇,就想追溯来源。网上有一种说法,认为"雷到"和"雷倒"都来源于浙江方言的 lei dao,这是不对的。浙江方言表示"跌倒"意义的词应写成"勵倒"。"勵"读 lei 的去声,意为滚动,"勵倒"意为"滚翻""跌翻""跌倒";而"雷"在浙江方言中也读 lei 的阳平调,既无动词用法,更无"雷到"和"雷倒"等组合。"雷到"和"雷倒"纯粹来自网上,与浙江方言的"勵倒"并无联系,只是语音碰巧近似而已。另外还有来自闽南话和来自日本动漫电击形象两种说法,更系牵强比附,不必赘言。

"电人"和"雷人"另外的区别是:"电人"一般指真实的触电,而"雷人"一般不指真实的触雷(被雷击),只是一种比喻说法,喻指当看到某种现象或听到某种话语时,那种惊恐、惊奇、尴尬无奈的感觉,就像无意之中被雷击了一样,含有夸张意味。作为网络新词的"雷",用的是其借喻意义"惊"。在很多场合,"雷"可以替换"惊",如"语不雷人死不休""好雷人啊,芙蓉姐姐开个唱了!"作为心理动词,"惊"和"吓"("怕")有程度差异,"吓"的语义重于"惊",如果夸张一下,"惊

人"可以说成"吓人",因此"雷人"也可以理解为"吓人"。单用的动词"雷"最常用的意义就是"惊、吓"。例如:

雷你一次/雷你没商量/被雷晕了/被雷傻了/雷死人不偿命
被雷到了/雷倒一大片/雷倒700万港人/雷焦了/被雷伤了
被这个女人雷得外焦里嫩/今天你被雷了吗?

与其他组合相比,"雷人"是使用频率最高的组合。由于常见常用,有的人就干脆用简缩了的"雷"代替"雷人"。"雷人"是动宾组合,但是由于其意义"惊人、吓人"具有形容性,从"雷人"意义简缩来的"雷"就成了形容词。下面的用例中"雷"的意义相当于形容词"奇、怪、奇怪、惊人":

这个军代表特别雷/他最雷的表现还是在严凤英死后。
《我的团长我的团》,雷编雷导雷演员。
最雷的事,也莫过于此。
中国医生雷,还是外国医生雷?想想看!(答:我认为是各有所雷,难分伯仲)
晒晒那些雷人雷事雷话吧!
雷!/太雷了!/相当雷。/好雷啊!/这个雷吧!/雷文/雷图

发布或传播"雷文""雷图"的网民、网友往往自称或互称"雷民""雷友"。他们之间的问候语是:"今天你雷了吗?"这句问候语中的"雷"是动词,兼有"雷人"和"被雷"的意思。在"雷语"空前流行的情况下,特别"雷人"的消息就被说成是"巨雷"或"惊天雷","雷"在此时又回归了本来的名词性。

在检点和分析2008年以来出现的这些花样翻新层出不穷的"雷人雷语"的时候,我们切不要以为这仅仅是一种语言现象,也不要以为现在的年轻人都那么神经脆弱,动辄惊呼"被雷"。实际上,与网络上那些"雷词"相联系的青年群体中,已经形成了一种被称为"雷文

化"的现象。在2008年9月出版的第283期《新周刊》封面上,主打标题就是:"我被你雷到:多元时代的'雷文化'"①。

什么是"雷文化"呢?

据我的解读,"雷文化"应是另类的"山寨文化",是"山寨文化"的一个亚种。它与"山寨文化"有同有异。相同之处是:二者都发生于民间草根无权无势的阶层,都不肯认同和趋附"主流"的权贵文化。不同的是:(1)"山寨文化"有自己的专业为载体,并有产品输出到社会,属于实体文化;"雷文化"不附着于特定专业或产业,没有产品输出,不是实体文化,它输出的只是一些情绪和态度,可以称之为"情态文化";(2)"山寨文化"的群体没有年龄特征,"雷文化"的群体有明显的年龄特征,基本上属于"80后""90后"的青年人;(3)"山寨文化"人士有自己的事业和追求,又在与主流文化的周旋过程中受到历练,有自信,能把握自己,见怪不怪,处变不惊,"雷文化"一族由于年轻,初出或未出茅庐,正义感特强而自信心不足,不善于掩饰自己,特别容易受"雷"。

以情绪宣泄和态度表达为存在方式的"雷文化",其基本的行为方略是:(1)见到"雷人雷事"先惊呼:"我被雷到了!怎么可以这样!";(2)义正辞严地嘲谑,辛辣地挖苦,搞笑地反讽;(3)充分利用网络,尽量扩散"雷人雷事",尽出其丑,以求情绪消解。这种"雷文化"之形成于2008年,是并非偶然的。2008年一方面有战雪灾、抗震灾、办奥运的巨大胜利,但地震暴露了灾区校舍工程中的黑暗和罪恶,偏又有厚颜铁心文人的"含泪劝说"和"做鬼幸福",使人感到错愕、无聊且无奈,"华南虎"事件、瓮安事件、"躲猫猫"事件、"猥亵门"事件,以及层出不穷的城管纠纷和拆迁风波,助长了网络青年对权势阶层的

---

① 该标题下方还并列着两个被雷电击中作惊愕状的人形,两个人形同时又是"惊呆"的"呆"的象形字体,这两个"呆"字的合体字"槑"也正是"雷民"们经常用来表示极度受惊的网上流行字。

不信任感和抵触情绪。他们以未泯的天真和单纯、善良的心性直面于社会的复杂和丑恶,"雷"的感觉、情绪和态度就自然发生了。

"雷给谁看?"上述《新周刊》的文章援引社会学家顾晓鸣的话说,"是'雷'给大人看的,告诉老爸老妈:'你们不要唧唧歪歪的,我们是存在的'。"顾晓鸣说得有些婉曲,"老爸老妈唧唧歪歪"其实是"有地位有势力者们做雷事说雷话"的意思,"我们是存在的"类似于"山寨春晚"的"我们也要话语权"。青年人开始以"雷文化"向问题丛生矛盾百出的主流社会叫板了。这不是好事吗?是好事。因为"雷"文化显示的姿态,基本上是一种道义姿态。对"80后""90后"一直颇有微词的老人们可以宽心了:孩子们关心着世事,且颇明事理呢!

中国内地的民间话语权自从 20 世纪 50 年代中期被代表以后,就一直没有得到正常恢复,草根阶层的声音微弱到几乎可以被忽略的地步。改革开放基本国策的实施,市场经济的蓬勃发展,"和谐社会"理念的提出,唤醒了民间意识,催生了"草根文化";互联网和自媒体的兴起推动了民间意识和草根文化的传播,促进了多元文化格局的形成。2008 年爆红的"山寨文化"和"雷文化"尽管只是新兴的民间势力和草根文化的一部分,但"山寨"和"雷"两词已足可视为中国当代文化格局变动历史过程的语言见证。

参 考 文 献

陈旧、王明峰　2008　我被你雷到:多元时代的"雷文化",《新周刊》第 283 期,2008 年 9 月 15 日出版;文见 http://news.sina.com.cn/c/2008-09-12/172116282256.shtml。

方三　2009　"山寨"现象的社会存在意蕴,http://m.ycreview.com/node/445。

邱立本　2009　山寨中国与孙悟空社会,http://blog.ifeng.com/

article/1958317.html#。

沙玉伟　2008　"山寨"新义说略,《中国科技术语》第 6 期。

王国平　2008　"山寨文化":良药还是病毒,《光明日报》12 月 30 日。

吴学安　2008　"山寨文化"折射出草根精神,《人民公安报》12 月 20 日。

谢政伟　2009　"雷"字新用法,《中国科技术语》第 1 期。

寿阳方言的两种把字句

温锁林

(天津师范大学文学院)

摘　要　本文专门研究山西寿阳方言中的两种无动把字句。第一类专表詈骂义,句法格式为"我把你个 NP",该类句式缺失了表处置义的"VP"。第二类专表问询义,句法格式为"(NP$_{施事}$)＋把＋NP$_{受事}$＋勒?"在对话的语境中,"NP$_{施事}$"常可省略。"NP$_{受事}$"一般都是表示领属关系的偏正短语。文章在对两种无动把字句充分描写的基础上,重点对第一类把字句的表义特点与来源进行了分析,借鉴构式语法的思路,将寿阳方言中与表示詈骂义的同义或近义的句式进行了比较分析,通过寿阳方言的材料对颇有争议的无动把字句的来源作一点解说。

关键词　寿阳方言;把字句;无动把字句;处置式

山西省寿阳县地处太原之东、阳泉之西,该县方言属晋语并州片(李荣 1985;侯精一 1986;中国社会科学院、澳大利亚人文科学院 1987;沈明 2006),为笔者母语。该方言中有两种无动把字句很有特色,第一类专表詈骂义,第二类专表问询义。第一类无动把字句已有人关注过,不过多为列举提及①,专题性研究为数不多②。第二类无动把字句,目前尚未见到有专门报道。构式语法认为,语言中的各个构式结合成一个构式网络,同义或近义的构式间具有"承继关系"。(参见 Goldberg 2013:13)本文借鉴这一思路,特意将与无动把字句在句法、语义和话语功能上有密切联系的一组近义句式放在一起进行比较,以充分描写与展示寿阳方言两类无动把字句式的句法、语义与功能特点,并通过寿阳方言的材料对颇有争议的无动把字句的来源做一点解说。

一、表詈骂义的无动把字句

把字句的常规构造是"NP_1+把 NP_2+VP",格式中的"VP"为必有的处置性动词或动补短语。而寿阳方言中广泛使用的"我把你个 NP"句式却缺失了表处置义的"VP",该类把字句专表詈骂义。请看几个例句:

(1) a. 我把你个不要脸的东西!   b. 我把你这个老不死的!
     c. 我把你们这群狼不吃的!   d. 我把你个老狐狸!
     e. 把你个挨刀的子货!   f. 把你个屈死鬼!

这类无动把字句在句法上有三大特点:1)主语一定是单数第一人称代词"我",即使在使用中主语不出现(如 e、f),可补出的也只能是"我";2)NP 之前必须加上"你个、你这个、你们这群/些/伙"等,而且 NP 必定是一个贬损义的名词性成分;3)NP 之后一般不出现谓语

---

① 相关研究有:王力(1985)、刁晏斌(1986)、王雪樵(1986)、孙占林(1991)、王海棻(1992)、钱学烈(1992)、向熹(1993)、曹炜(1997)、吕叔湘主编(1999)、俞光中、植田均(1999)。此类论文(著)的语料,除了王雪樵为运城方言外,其余的均为近代汉语。

② 相关研究有:张谊生(1992)、张美兰(2000)、王文晖(2001)、蒋平(2003)等,这些文献中的语料均为近代汉语。

动词。

与这类无动把字句相同或相近的表达式,在寿阳方言中还有三种,它们构成了一个句法、语义与话语功能密切相联的句式群:1)A类句:"你个NP"句;2)B类句:"我把你个NP";3)C类句:"NP$_{施事}$＋VP$_{处置}$＋你个NP$_{受事}$",即用处置义动词直接替换"把"形成的动宾句;4)D类句:"我把你个NP$_{受事}$＋VP$_{处置}$"句式。请对比:

(2) A. 你个老东西!   B. 我把你个老东西!
   C. 我处理咾$_{了}$你个老东西!   D. 我把你个老东西处理咾!
(3) A. 你个半吊$_{二百五}$!   B. 我把你个半吊!
   C. 你饿死你个半吊!   D. 我把你个半吊饿死!
(4) A. 你个骚巴头$_{浑棍}$!   B. 我把你个骚巴头!
   C. 我打死你这个骚巴头!   D. 我把你这个骚巴头打死!

三例中的 A、B、C、D 分别代表四类詈骂义句式,因为四类句子中都包含了"你个NP",而且"NP"都明显带有贬损义。四类句式的不同之处在于詈骂语气的轻重度,其詈骂语气由轻到重依次为:A＜B＜C＜D。我们可以通过比较四类句式的句法与语义构成不难做出轻重等级的清晰说明。句子结构的复杂度与语义的复杂度呈现正比例关系,这是"复杂性象似动因"导致的自然结果。我们看到,在四类表达中,从结构的复杂度观之,A类句最为简单,其他三种句式在结构上都包含并大于 A 类句,即都包含了"你个NP"。所以,在表达内容的复杂度上,它一定是最为简单的。在这四类詈骂句中,A 类句的语气最弱。原因很好解释,"你个NP"是评议性的偏正结构,它脱胎于判断句式"你是个NP"。即把原判断对象(主语)"你"变成了认同评价对象,虽然属性成分"个NP"没变,但句子由判断一下变成了认同,加之"NP"又自带贬损义,句子由判断结构变成了同位结构,句义也由判断变成了认同,詈骂义的表达比原判断句在语气上更为直接明快,因而"你个 NP"比起"你是个 NP",更能突出说话者强烈的主观认同的语气。但与同意詈骂义的 B、C、D 类句相比,"你个 NP"并未有专表"处置"的成分,因而在詈骂语气最弱。A 类表达在不少方言中在使用,因为该句式侧重评议,所以极易带上说话者主观态度,既可以宣泄内心的愤怒、厌恶(NP 为贬损义名词)来表示詈骂,也可以正话反说,借詈骂来表达喜爱、嗔怪的情感。如"你这个捣蛋鬼!/你这个小淘气!/你这个小老头!/你这个愣小子!"等,往往含有嗔怪、喜爱之意,因此类句子中的 NP 贬损中含有喜爱之意,所以是修辞学中较为典型的反语格。

与 A 类句相比,B 类句显然在表示詈骂的语气上要强一些。因为比较语义的前提是要看 B 类句比 A 类句在句法与语义上多出了什么。从结构上来看,B 类句包含了 A 类句,语义上至少表达了"你是个 NP"的认同与评价义,而且在结构上比 A 类句多出了处置性成分"把"、实施处置的主体"我"。虽然 B 类句处置成分"把"后并未有处置动词,但却能表露出说话人主观处置的主观故意。故而,两类句子虽然都表达詈骂义,但 B 类句有实施处置的意味,又突出了实施处置动作的主体,从而詈骂的语气上强于 A 类句。

C 类句是一种真正的处置句,处置方式强硬粗野,詈骂语气直露显赫,除非在情绪失控的对骂语境下才使用。这类句子糅合了四层意思:1)詈骂贬损义名词;2)评议性的"你个 NP"结构;3)主语"我"的唯一性,凸显的是说话者的主体角色;4)处置义动词或动补短语的极度贬损性质。处置成分要么是动补短语"打死、饿死、气死"等,要么是动词"打、杀、处理、处置、杀割、活剥"等,使"处置"方式与结果具体化、极端化。B 类句在表达詈骂时语气上就比 C 类句减弱一点。这类句式含有 C 类句中前三层意思,把第四层的极端处置通过把字结构转换成为心理处置,因而避免了处置的具体化与极端化,与 C 类句相比,是一种略带含蓄的詈骂方式。

D 类句与 C 类句相比,既有具体的处置动作,又比后者多了一层处置义的结构成分"把",所以在表示詈骂的语气上要更强。我们发现,D 类句是对 C 类句的一种补充,如果是比较复杂的动补短语,使用 C 类句表达不合句法,而用 D 类句时,可接受度会更高一些。下例中的左列为 C 类句,右列为 D 类句,对比可知,有的句子还只能采用 D 类句来表达,可见,D 类句除了在表达时语气更强这点理由外,在句法与语义上还具有其特殊的存在理由。

(5) a. 我把你个烂货扒咾皮! →我扒咾你个烂货的皮!
　　b. 我把你个老东西喂咾狼! →*我喂咾你个老东西狼!
　　c. 我把你个不要脸的烂咾你的嘴! →*我烂咾你个不要脸的嘴!
　　d. 我把你个死人撵出的去! →*我撵出你个死人的去!
　　e. 我把你个犯人活埋咾! →我活埋咾你个犯人!
　　f. 把你个屈死鬼叫龙抓咾! →?叫龙抓咾你个屈死鬼!

不过,完全把字句的使用频率在四类詈骂句式中是最低的,这可能有两个原因:一是受结构层次与语义信息复杂度的限制。我们看到,寿阳方言中四种表詈骂句式中,此类句式的结构层次与语义信息最为复杂,不仅"施事""处置""受事"四类成分齐全,还加上了"把"字结构所带的"处置"意味;二是语用的因素。完全把字句虽然表达的意思与语气与"NP$_{施事}$＋VP$_{处置}$＋NP$_{受事}$"句类似,但语气上更加粗野,使用场合自然也更受限制,在与后者竞争中处于劣势。而如果去掉完全把字句后面的处置义的动补短语,变成 A 类无动把字句,倒是一种不错的选择,既表达了詈骂,又表意含蓄,语气上不再那么粗暴。可能是出于这些语用的考虑,省略句后处置动词的就被慢慢语法化。这就是"我把你个 NP"格式最终在寿阳方言中形成的原因。

以上例(2)为例,我们可以将四种说法的语气归纳如下:

(2′)a. 你(这)个老东西！(**无处置,只詈骂**)
　　b. 我把你个老东西！(**虚处置,实詈骂**)
　　c. 我处理咾$_了$你个老东西！(**既处置,又詈骂**)
　　d. 我把你个老东西处理咾！(**既处置,又詈骂**)

表詈骂义的无动把字句在学术界早就有人关注过,关于该句式的成因有省略说和非省略说两种。持省略说的认为该句式是"有意省略动词,只剩下'把 N'"(俞光中、植田均 1999：86)。有的观点不甚明了:"'我把你个 NP'后面没有动词。"(吕叔湘 1999：56)有的表述明显倾向省略说:"表示将要责骂之意,但责骂的话并不说出来,是元剧中的特别用法。"(顾肇仓 1978：281)"骂人的话往往不把处置的办法骂出来,于是话只说了一半。"(王力 1985：85)也有反对省略说的:"另外从句式来说,句中没有动词,不强调对责骂对象的处置,只强调责骂对象。"(张美兰 2000)"如果是省略形式,那么,被省略的部分应该可以补出来。……大多数后面无法加上相应的动补结构或其他动词性成分。"(王文晖 2001)还有的认为,这类无动把字句根本就不是处置式把字句的动词省略式,而是一种"特殊的把字句",即句中的"把"并非介词,而是具有"拿、抓、对付",甚至是"打"意思的动词

(蒋平 2003)①。仅从近代汉语的语料看,这些观点孰是孰非似乎难有公断。但是,寿阳方言中表詈骂义完全把字句("我把你个 NP＋VP_处置"句式)的存在不仅不支持无动把字句中的"把"为"动词"说,而且也有力地支持省略说。

支持非省略说的文献虽然列举的都是近代汉语中的无动把字句,但同期的语料中不省略处置动词的用例也能见到。请看:

(6) a. 石涛……把酒菜照着独角鬼的面门打去,然后骂道:"我把你这两个刺客贼人打死!"(《彭公案》第一百二十三回)

b. 朝廷大喝说:"我把你这小畜生千刀万剐才好!寡人昨日怎样对你讲？……"(《说唐后传》第十五回)

c. 尉迟恭便哈哈大笑说:"我把你这狗头砍死便好,你原来有败露日子的么。"(《说唐后传》第三十七回)

d. 那安人笑嘻嘻道:"若然不是姑妈劝说讲情,我把你这老糊涂的胡子,逐根拔光的。如今姑妈在此劝解,造化了你。"(《呼家将》第八回)

e. 大圣骂道:"你上来,你上来！我把你这个孽障,直打杀

---

① 蒋文的论证也是有问题的。首先是该文持论的前提有点绝对:"如果'把'是介词,则其后须有动词;如果认为其后不存在动词或动词的省略,则'把'必须是动词。"(蒋平 2003)这个前提的前半部分是说句子中的介词结构后一定得有动词,后半部分是说一个句子中必须得有动词,否则句子就有缺陷或不存在。汉语中名词谓语句的大量存在不支持蒋文后半部分所谓句中必须得有个动词的观点。而所谓句子中的介词结构后一定得有动词的观点也不成立。首先,口语中常有介词结构独立使用的情况。例如:"甲:你为什么生气？乙:因为你。""甲:谁让你这么做的？乙:按照主任的吩咐。"两个对话的答话用的都是介词结构,可见所谓介词结构后一定得有动词的说法并不符合实际。其次,蒋文所谓近代汉语中的无动把字句中的"把"是具有"拿、抓、对付、打"等意思的动词,都是依据词典中的释义,并无其他真实语料的佐证,不足以说明无动把字句中的"把"就是动词的观点。最后,在有无动把字句中存在的寿阳方言中,既有"把我的自行车送咾人哩"这样正常的把字句,也有"把我的自行车勒？"这样的无动把字句。两种把字句中的"把"在当地人的语感中并无不同,根本没有"拿、抓、对付、打"等意思,所以并不是动词。

你!"(《西游记》第五十三回)

上面的例句可大体反映无动把字句的成形过程。有的处置性动补短语直接加于"把 NP"之后(上例 a),是比较典型的完全把字句;有的处置性成分,或带有评议成分(上例 b、c),或以小句形式附于"把 NP"之后(上例 d、e)。后四例尽管并不是典型的完全把字句,但是却是近代汉语广泛使用的无动把字句重要的来源线索。去掉处置动词之后的评议成分或是将后附小句整合进来便是完全把字句。可见,由于近代汉语中完全把字句的存在,特别是这种句式仍然活跃于今天的寿阳方言,这使我们更有理由相信,近代汉语中的无动把字句是通过省略处置动词而来的,省略的动因可能是出于减缓粗暴的语气的语用考虑。否则,无法说清在把字句早已形成并被大量使用的过程中,在元明清时期会冒出一种无动把字句,也无法合理解释寿阳方言中无动把字句与完全把字句共存的现象。

另外,关于无动把字句与"你(这)个 NP"句式的区别也不可忽视。王文晖(2001)认为:"'我把'两字虽然隐藏着说话者主观上潜在的处置意向和明显的嫌恶语气,但从整个句子来看,'我把'只是一种羡余成分,删除后并不影响原句的语义和语气。"她并且举例说明,下面的 a、b 两句,前者为无动把字句,后者为没有"我把"的"你这个 NP",所表达的语义和语气基本相同。试比较(下面的例句均取自王文):

(7) a. 刚说着,玳安出来,被金莲骂了几句:"我把你献勤的囚根子!明日你只认清了,单拣着有时运的跟,只休要把脚儿锡锡儿……"(《金瓶梅词话》第三十五回)

b. 金莲道:"你这欺心的囚根子!不要慌,我洗净眼儿看着你哩!"(同上)

(8) a. 行者骂道:"我把你个囊糠的夯货!这般要紧的所在,教你去巡山,你却去睡觉。"(《西游记》第三十二回)

b. 牛王喝道:"你这囔糟的夯货,不见怎的,快叫猴儿上来!"
　　（同上）

　　认为无动把字句中的"我把"是羡余成分,删除后不影响原句的语义和语气,那也就等于说无动把字句与"你(这)个 NP"句从语义到语气是完全相同的句式。事实果真如此的话,那为什么在近代汉语与寿阳方言中还会同时存在两种句式? 无动把字句还有什么存在的必要性?"不同的表层形式通常与不同的语义功能和/或话语功能相联。"(参见 Goldberg 2013:9)世界上不存在完全相同的两片树叶,同理,语言中也不可能有语义和语气完全相同两种句式。更何况两种句式在句法形式上有着显著的不同,一种属于无动把字句,另一种则属于无动判断句。王文也承认,"我把"两字隐藏着说话者主观上潜在的处置意向。可见,明示说话者处置意向而暗示处置方式,同时借评判"你(这)个 NP"表达詈骂,这正是无动把字句的句式义,省去处置动词则是为了使语气含蓄。而从"你是个 NP"演变来的"你(这)个 NP"句,则变判断为直接认同,在语气上更加直接主观。由此看来,句子中任何句法的变化都意味着语义甚至语气的改变,这也正是构式语法的核心所在。所以,无论在语义构成还是在语气上,无动把字句与"你个 NP"句两种句式都有着明显的差异,不可轻易地等同视之。

二、表问询义的无动把字句

　　寿阳方言中还有一种专表询问的无动把字句,即询问人或物处所的句式,不过,这类把字句中表示处置义的动词与针对处所的疑问代词均可不出现,疑问的语气只是通过语气词"勒"或"兰"来传达。语气词"勒",大约相当于普通话的"呢","兰"为"了"与"啊"之合音,用于疑问句时语气上比"勒"多了一点深究的意味。这种把字句大体与普通话中"把某人某物弄到哪儿啦"的意思相当,其码化形式为"NP_施事＋把＋NP_受事＋勒?"在对话的语境中,"NP_施事"常可省略。"NP_受事"一般都是表示领属关系的偏正短语。请看:

(9) a. 爷爷,把我的书包勒呢?把我的书包放哪儿啦? 快给我找一找!
　　b. 你把我倒的水勒?你把我倒的水弄哪儿啦?
　　c. 把我的打火机勒?把我打火机弄哪儿啦? 刚才你不是还用来?
　　d. 把你的车的子勒?把你的车子放哪儿啦? 我用一下。
　　e. 把买的菜勒?把买的菜放哪儿啦? 转咯个身的子就找不见哩。

上例各句"NP_受事"中的核心均为表器物、物品的名词,也可为表人或表事项的名词,不过,由于表事项的名词(如下例 c、d)语义上比较抽象,不具有可见、可触、可感的具象性,因此不能理解为对处所的询问,而是对与名词具有习惯性联系的动作结果的疑问。

(10) a. 语境:我知道小刘和我大哥刚才在一起。问:把我大哥勒?我大哥到哪儿啦?
　　b. 语境:对方说领女方来相亲,可没看见女方。问:把女的勒?把女的带哪儿啦?
　　c. 把我的事勒? 忘哩?把我托你的事办成了吗?
　　d. 把我说的话勒? 你为甚不告给他勒?把我说的话传达到了吗?你为什么不告诉他呢?

寿阳方言中,与这种表询问的无动把字句表意相近的表达式还有两种,一种是非把字句式,即"NP_领有者＋的＋NP_领有物＋勒?"请看:

(11) a. 小明,你的作业勒?
　　b. 哎! 我的手机勒? 不知道有短信啊没啦没有。
　　c. 三妮的子,我的喝水杯的子勒? 把妈妈渴坏哩!
　　d. 我的絮袄儿棉袄勒? 背心上有些凉。

这是不用疑问代词的特指问句,在普通话及多数方言中都比较普遍。这类特指问句在寿阳方言中以询问处所(在哪儿)为主,有时也以询问"NP$_{领有物}$"的方式表示提醒或表达间接的祈使。如 a 句在一定的语境下可以表达提醒:"你的作业做完了吗"或"你该去做作业";c、d 两句都可以表达祈使:"把我的喝水杯子拿来/把我的袄儿拿过来"。

值得注意的是,例(11)各句虽然都可前加"把"变成无动把字句,但是,加"把"之后的无动把字句只能表达对处所的询问,不再具有明显的提醒与间接祈使的功能。特别是由于"把"的使用,给句子加了一层对"NP$_{领有物}$"进行处置的意思,由于施动者被理所当然地处理成听者或第三方,自然地传达出一种施动者应该对"NP$_{领有物}$"施行了处置行为并对处置的结果负有某种责任的意思,故而句子在询问的语气中还暗含了某种责怪追究的意味。

另一种是完全把字句,即在无动把字句之后再加上处置动词与处所词语。例如:

(12) a. 小明,把你的作业放的哪儿哩?
　　　b. 哎!把我的手机抡$_{扔}$的哪儿哩?不知道有短信啊没啦。
　　　c. 三妮的$_{子}$,把我的喝水杯的$_{子}$搁的哪儿哩?把妈妈渴坏哩!
　　　d. 把我的絮袄儿荷$_{拿}$的哪儿哩?背心上有些凉。

这种询问处所的完全把字句可以大体反映无动把字句基本的语义构成与表达功能。我们看到,完全把字句中的动补短语在构成上基本一致,即动词均为"放/搁/荷/抡"等放置动词,补语都是"在/到哪儿"等表处所的介宾短语。由于这种动补短语的结构与语义都高度相似,可以自由替换,因而具有了某种不言而喻的性质,所以出于经济简洁的目的,在使用中就出现了省略的可能。不过,两种句式尽管有源流关系,在表达功能与语气上还是有一些不同之处。首先是表达功能的差异,完全把字句的询问重心是处所"哪儿",是纯粹的有疑而问；而无动把字句的询问重心是"NP领有物"，通过处置标记"把"来暗含对物的处置方式及所在处所的疑问。其次是语气的差异，这可以从句末语气词的不同上看出来。完全把字句用的"哩"，大体相当于"了$_2$"，发问的前提基于对事实的了解，即说话者清楚听话者确实曾动了他的东西的事实，所以语气平和而客观。如上例 b 句，说话者在发问时应该知道听话者动过他的手机。而无动把字句后只能用语气词"勒"，发问的前提可能只是基于自己的主观臆断，所问之事有时并不一定有什么事实依据，所以主观性较强，且语气中总是隐隐约约带有一点追责的味道。即便是自言自语，也可用这种方式发问，好像是要追究谁的责任一样。所以，此类话语因主观性强又带有追责的味道，往往不宜在长辈及上级面前使用。

这类表询问的无动把字句在晋语的很多区域都在使用，如大包片、并州片、五台片、吕梁片等。这类语法现象值得研究者特别关注。

参 考 文 献

曹炜　1997　《〈金瓶梅〉文学语言研究》，江苏教育出版社。
刁晏斌　1986　"把"字句的产生和演变，《吉林大学研究生论文集刊》(社科版)第 2 期。
顾肇仓选注　1978　《元人杂剧选》，人民文学出版社。
侯精一　1986　晋语的分区，《方言》第 4 期。
李荣　1985　官话方言的分区，《方言》第 2 期。
吕叔湘主编　1999　《现代汉语八百词》，商务印书馆。
蒋平　2003　是无动把字句还是一种行事句，《中国语文》第 5 期。
钱学烈　1992　《红楼梦》把字句，《近代汉语研究》，商务印书馆。
沈家煊　2002　如何处置"处置式"？——论把字句的主观性，《中国语文》第 5 期。
沈明　2006　晋语的分区(稿)，《方言》第 4 期。

孙占林　1991　《金瓶梅》"把"字句研究,《广西师院学报》第 3 期。

王海棻　1992　谈古代白话小说中"把""打""相""地",《山西师大学报》第 4 期。

王力　1985　《中国现代语法》,商务印书馆。

王文晖　2001　近代汉语中的特殊把字句,《中国语文》第 4 期。

王雪樵　1986　运城话中的一种把字句,《中国语文》第 4 期。

向熹　1993　《简明汉语史》高等教育出版社。

俞光中、[日]植田均　1999　《近代汉语语法研究》,学林出版社。

张美兰　2000　论近代汉语"我把你个＋名词性成分"句式,《语文研究》第 3 期。

张谊生　1992　无动把字句浅析,《徐州教育学院学报》第 2 期。

赵秉璇　1984　《寿阳方言志》,《语文研究》增刊。

中国社会科学院、澳大利亚人文科学院　1987　《中国语言地图集》,(香港)朗文出版有限公司。

Goldberg, Adele E.　2006/2013　《运作中的构式：语言概括的本质》,吴海波译,北京大学出版社。

"不是 N 的 N"的评价功能与主观移情*

胡清国

(东华大学国际文化交流学院)

摘 要 "不是 N 的 N"作为标记性构式,表达两种构式义;构式的语用功能为评价,而正负评价与构式语义相关,评价功能的赋得源自构式内在的反预期信息;"不是 N 的 N"尚未完成构式化而定型固化,构式化的理据在于表达的主观移情。

关键词 不是 N 的 N;评价功能;反预期信息;构式化;主观移情

汉语中存在着"不是理由的理由""不是男人的男人"之类表达,形式化为"不是 N 的 N"。对此研究有曾海清(2010)、周迪(2014),比较全面描写"不是 N 的 N"的是赵桂阳(2010)、沈晨(2013)的硕士论文。已有研究给本文很大启发,但该构式潜在评价功能的实现与生成理据并未得到充分说明,该结构具有主观性,但主观性如何表征也没有得到有效阐释,尚可进一步研究。

本文语料取自北京大学 CCL 语料库、北京语言大学 BCC 语料

---

* 本研究得到上海市社科规划项目"现代汉语评价构式研究"(2016BYY006)、东华大学人文社会科学 2017 预研究重大项目"现代汉语标记性构式的情态功能研究"的支持。

库,过长例句适当删削。

一、"不是 N 的 N"构式与构式义

(一) 构式鉴别

"不是 N 的 N"作为构式,从形式上看,是一个定中结构,"不是 N"作为修饰语限定中心语前 N,"不是"是对前 N 的否定,"的"作为定语标记,二者组成构式的形式标记,而"N"是可变换的词项,构成一个标记性或曰图式构式,成为一个半开放半封闭的结构体。从语义上看,定中结构无疑具有指称性,但该构式除了一般定中结构的指称功能外,还有构式整合出的评价功能,这种语用功能无法从"不是 N 的 N"的组成部分自然推导出来,具有不可推导性,正与 Goldberg 强调的构式是"形式与功能"的匹配体吻合。

(二) "不是 N 的 N"的构式义

构式语法强调的是"整体大于部分之和",即每一个构式的语义并非是构式中词项意义的简单相加,每一个构式都有其独一无二的意义,构式语义并不因词项的改变而改变。就本构式而言,构式语义体现在两方面。

1. A 构式义

基本语义是后 N 不是前 N 的成员,但却具有前 N 的属性,也就是沈晨(2013)所说:无 N 之名,有 N 之实。例如:

(1) 孩子都已踏上工作岗位,除夕夜,孩子还从安庆打来电话,问候这位"<u>不是妈妈的妈妈</u>"。

(2) 正如汪曾祺所说:"许多严酷的现实,经过散文化的处理,就会失去原有的硬度。"这位自称<u>不是诗人的诗人</u>,爱独个儿在剑河畔闲步,尤其是深秋……

构式的"前 N"是一个光杆名词,在指称上指向的是类指,"类指以光杆 NP 的形式存在于一切名词性单位中,类指的核心语义是非个体性,即【一个体】"(刘丹青 2002)。例(1)的"妈妈"是类指,指称天下所有的母亲,其核心成员是"生身母亲",也包括"继母、养母"等非典型成员,但此处的"不是妈妈的妈妈"指的不是上述"妈妈"的典型或非典型成员,而是毫无关系的人,尽到了关心、疼爱、照顾等一般妈妈对孩子才具有的"属性",所以是"无妈妈之名有妈妈之实"。

2. B 构式义

后 N 在前 N 的类属中,但却已经不具有该类属的典型属性,也就是说不再是原型的 N 的成员,即沈晨(2013):有 N 之名,无 N 之实。例如:

(3) 被歹徒嘲笑<u>不是男人的男人</u>,为什么不是男人? 一则报道:歹徒抢劫殴打弱女子嘲笑旁观者,"你看见我抢劫妇女都不管,真是窝囊废,你还算个男人?"

(4) 年年都有个年要过,年都要过个年。蜷缩在别人的城市中的我即将迎来第二个<u>不是新年的新年</u>。明天就是大年三十了,而我却丝毫没有过年的感觉,更没有对新年的期待。

从外表上看"旁观者"肯定是"男人",即有男人之名,但却没有男人应有的"打抱不平、见义勇为",这就是无男人之实。例(4)新年仍然是新年,但对我来说却"没有团圆,没有祝福",所以是有新年之名,无新年之实。

(三)构式语义的来源

"不是 N 的 N"从本质上来说是一个"参照体—目标"结构,"不是 N"是一个参照体,"N"是"目标",目的还是通过激活参照体"不是 N",来建立与目标"N"的心理联系。用"不是 N"作为参照体,构成"不是 N 的 N",从逻辑角度说,可以有两种,图示如下(见图 1-2):

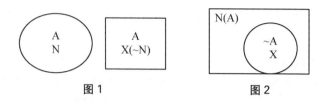

图 1　　　　　图 2

图 1 表达的是：某名词 N 具有属性 A，而言说对象 X 并不在 N 的类属中，但也具有 A 属性，这实际上是用范畴外的对象来作为参照体，从而构成"不是 N 的 N"结构。图 2 表达的意思是：言说对象 X 虽然在名词 N 的类属中，但却不具有 N 的 A 属性，也构成"不是 N 的 N"结构。这是由"不是 N"决定的。由于否定的语义具有不确定性，因此参照对象可以从范畴外寻找，也可以在范畴内寻找。

由于参照体的来源不同，也就导致同一个"不是 N 的 N"包含了两个构式义。根据两幅图，对构式语义的识解都有"出乎意料"的意味，并视乎"N"的典型属性由此带来了构式或赞或弹的话语功能。

二、"不是 N 的 N"中"N"的语义凸显度

构式义是基本的，构式挑选并凸显与构式相兼容与和谐的词项意义，而抑制其与构式相冲突的意义，从而使词项与构式在意义上保持和谐一致（胡清国 2017）。从名词的类别统计看，进入构式的 N，主要有身份类名词、抽象名词、文化类实物名词以及专有名词等，但它们都有一个特征——语义凸显度高。

凸显度与人的注意力有关，人比较注意的对象或部分凸显度就高，反过来说，凸显度高的事物容易引起人的注意。在人类社会中，大的固定的事物凸显度高，易引起人们的关注，所以容易成为参照体，"不是 N"事实上就是参照体，参照体的特点也压制"N"，只有凸显度高的"N"才更容易进入构式成为参照体，从而通过参照体激活

后 N 使之成为被凸显的实体。请看《现代汉语词典(第 5 版)》对下列词语的定义:

> 模式:某种事物的标准形式或使人可以照着做的标准样式。
>
> 专家:对某一门学问有专门研究的人;或擅长某项技术的人。
>
> 特区:在政治、经济实行特殊政策的地区。

从上述名词的理性意义中,我们可以感知、体会、推断他们语义的凸显性。这些都是凸显度高的名词,因此能自由进入构式如"不是模式的模式、不是理由的理由"。

表达身份的名词,其中有一部分可构成语义等级序列,在这个序列中常常是处于语义序列高位的名词能较自由地进入构式,而语义序列低位的则较难进入。例如:

不是教授的教授　　?不是副教授的副教授　　*不是讲师的讲师
不是博士的博士　　?不是硕士的硕士　　　　*不是学士的学士
不是领导的领导　　　　　　　　　　　　　*不是职员的职员

左侧一组成立,中间一组有疑问,右边一组无法成立,左边这类身份名词的信息量大,要获得这样的身份需要专门的训练和较长时间的养成,是社会中较为稀有、优秀的成员,有社会特征的隐含义,也就是说凸显度更高,右边一组的凸显度较低,不适合作为参照体,因而不宜进入构式。

性别、亲属称谓名词,如"男人、爸爸、妈妈、哥哥、女儿"等,也能较自由地进入构式,原因也在于凸显度。从性别角度说,人只有"男人""女人"之别,从外表上可以较为明晰地判断,可以说凸显度高。而"爸爸、妈妈"之类,他们在言谈举止、相处模式上与其他人比有显著差异,在言语行为、情感表达上有特定的表现,他们就比一般人的凸显度高,也就能自由地进入构式。例如:

(5) 远离家门的儿子,首先扑奔的不是自己的爸爸,而是<u>不是妈妈的"妈妈"</u>,是怨呢,还是喜呢?

(6) "我眼睛得了白内障……今年到涪陵治疗白内障,上厕所都是她牵着我去。"刘永禄说到这个<u>不是儿媳妇的儿媳妇</u>,<u>不是女儿的女儿</u>的种种好时,泪眼婆娑。

从专有名词的角度,更可以看出语义的凸显度与构式的互动关系。专有名词可以进入构式,但它们必须是像"诸葛亮、夏威夷、北京、雷锋"之类,这些名词基本已经进入言语社团的心里词汇与认知框架中,具有足够的识别度,换言之是显著度足够高,因此可自由进入构式,而如果是显著度不高的专有名词,进入构式的可接受度就会受到限制,例如:

不是雷锋的雷锋　　　　　　　＊不是王晓伟的王晓伟
不是北京的北京　　　　　　　＊不是北海的北海

(7) 我啊,<u>不是智多星的智多星</u>,<u>不是诸葛亮的诸葛亮</u>,何乐,你当真要提高警惕啊。

(8) 大清早,迎着朝阳,迎着风,我们一行四十几人无限向往地向<u>不是夏威夷的夏威夷</u>驶去,三亚,是个好地方。

三、"不是 N 的 N"的评价功能及其赋得

所谓"不是 N 的 N"的评价功能,指的是构式反映的说话人对构式中的人或事物带有的情感、态度、认识或评价,肯定的、积极的评价谓之正向评价,否定的、消极的评价谓之负向评价(胡清国 2017)。

(一)"不是 N 的 N"评价功能的表现形式

1. "不是 N 的 N"的优选分布

考察"不是 N 的 N"的句法分布,其优选的句法分布是宾语,我们

在 BCC 语料库中搜集到语料 89 例,充当宾语的就有 56 例,占比为 62.2%。沈晨(2013)统计"不是 N 的 N"作宾语的数量为 119 例,为整个 202 用例的 59.9%。

从信息结构的角度说,宾语是句子的新信息,是句子的自然焦点,也即说话人想要听话人关注的地方。"不是 N 的 N"作宾语时的谓语,以属性谓语为多,所谓属性谓语是说谓语表示状态,与动作性和时间性关联不大,属性谓语本身有些也带有评价功能。例如:

(9) 建房时飘梁树柱十分热闹,全村人几乎都要聚集在一起,堪称<u>不是节日的节日</u>。

(10) 沈祖连多年来一直坚持"从生活中来"的写作习惯,其作品保持着生活的原生态,……开创了我国系列小说的先河,曾被业界誉为"<u>不是长篇小说的长篇小说</u>"。

"不是 N 的 N"的谓语很多时候是"誉为、称为"类动词,动词本身带有评价功能,邢福义(2004)强调:核心动词不同,跟称心的联系也不一样,比如"誉为"和"称为","誉为"是"誉",因此总是称心;"称为"是"称",尽管往往称心如意,有时却是中性的,甚至可能是拂意的。不论是"称心"还是"拂意"都是评价的不同表现形式。

2. "不是 N 的 N"的功能扩展

"不是 N 的 N"是个名词性词组,指称是其首要功能,构式充当宾语、主语的比例占多数,但随着构式的语法化,构式的功能有所扩展,表现形式就是也经常充当谓语甚至是独立小句,评价功能得到凸显。例如:

(11) 朱启南——<u>不是黑马的黑马</u>

(12) 泸沽湖,<u>不是仙境的仙境</u>。没有到过泸沽湖的人,怎么样也领略不到游览此地的心境。

更能说明问题的是,"不是 N 的 N"单独充当小句,经常作为文章、小说、新闻报道的标题。众所周知,文章、小说、诗歌、新闻报道的标题相当于说话人的独白,能够言简意赅地总结概括文章的主要内容。例如:

(13)《不是战争的战争》是一本仅仅六十二页的小册子,分上下两部。

从语言的信息组配方式看,有些信息只是具有衬托、评价的功用,代表的是后景信息。"不是N的N"代表的就是后景信息,严格说来,后景信息需要依托前景信息存在,但语篇标题的特点是前景化,那怎么让后景信息前景化?"话语编制者选择了在物理空间突出的方法,取消前景,只保留后景。于是原来的后景自然就成为了默认的前景。"(郝琳2018)"不是N的N"前景化,建构了一种悬念,增强了吸引力,另一方面"不是N的N"结构的矛盾性带给构式言简意赅的张力,较明晰地体现了说话人(作者)的情感、态度或认识。

(二)"不是N的N"的评价功能

"不是N的N"的两种构式义"无N之名,有N之实"和"有N之名,无N之实",对构式的评价形成了制约,比如"不是父亲的父亲"可表达不同的评价意义:

(14)而最近,他亦会遇上两个劫数,一个与"慈"字有密切关联,而另一个,则是一个"霍"字!显然是指步惊云最怀念的那个<u>不是父亲的父亲</u>——霍步天了。

(15)"为什么不杀了我?"女孩自动忽略了他的话。死死地盯着那个恨他入骨的男人。她的,<u>不是父亲的父亲</u>。

"霍步天"不是步惊云的亲身父亲,也不是他的继父,却给了他父爱,养育了步惊云,所以他"怀念"这个"不是父亲的父亲",这显然是正向评价;例(15)中,那个男人是"女孩"的生身父亲,却因妻子难产而死,父亲迁怒女儿,从此恨之入骨,且未尽养育照顾职责,所以是"有父亲之名,却无父亲之实",此为负向评价。可见,该构式的评价功能与构式义紧密关联,并自然区分出正向评价与负向评价。

1. 表"无 N 之名有 N 之实"的"不是 N 的 N"正向评价的表达优先性

从"N"的表义倾向看,大部分是中性的,比如"博士、科学家、理由、北京"等,但进入构式中,构式却有了褒义性,这与构式的基本语义相关。"不是 N 的 N"的基本构式义是"无 N 之名,却有 N 之实",没有"N"的名义,却有"N"的属性,而且一般都是显著度较高的名词,其典型属性往往具有一定的肯定性,比如说"父亲",坚毅、刚强,对孩子表现出大山一般的爱,这些属性被一个不具有"父亲"身份的人凸显出来,这样的矛盾冲突就具有了较强的戏剧性与张力,"使人感到含义深刻,耐人寻味,具有特殊的修辞效果"(曾海清 2010)。例如:

(16) 在政府的推动下,张江已成为"不是特区的特区"。
(17) "两带"开发的成功,创造出一个"不是模式的模式"。
(18) 从造房到装修,他这个不是专家的专家诞生了。
(19) 我可是"不是博士的博士",自学成才,凭的是"笨鸟先出林"的老实态度,以及"眼看六路、耳听八方"先知先觉的悟心。

"特区"是随着中国改革开放出现的新生事物,某种程度上带有一定的"敢闯敢干"的属性,自然带上正向评价性;"模式"是"事物的标准样式","不是模式的模式"虽然不完全是模式,但是具有一定的解决问题的标准样式特点;而身份类名词"博士、科学家"是社会中有较高辨识度、具有较高社会声誉的群体,其原型属性基本是肯定的,在"不是 N 的 N"中被凸显出来,自然凸显了正向评价的情感、态度与认识。

虽然表"无 N 之名却有 N 之实"的"不是 N 的 N"倾向于正面评价,但如果"N"的属性意义的义项有说话人或听话人不满、厌恶的含义,进入构式后会压制构式使构式表现为负向评价,也就是说,被评述对象尽管不在"N"中,却带有"N"的不好属性,从而使构式沾染上负向评价。例如:

(20)股骨头无菌性坏死病,是当今世界上骨病的一大难症,被称为不是癌症的癌症。

2. 表"有 N 之名却无 N 之实"的"不是 N 的 N"倾向于负面评价

该构式另一个构式语义,表达某言说对象"虽在 N 的范畴中却不具有 N 的属性",这些属性应该是作为"N"类属本应具备的、与生俱来的,欠缺这样的原型、典型属性,构式带上不满、轻视与批评也就很好理解。例如:

(21)她是不幸的,怎么嫁给了这样"不是男人的男人"。

(22)一个没有血性并且不知羞耻的不是中国人的中国人!可耻,可耻啊!世界的华人都鄙视你。

"她"嫁的肯定是男人,但他虽有男人躯壳,即在 N 中,却不具有"敢担当、有责任感"的典型男人属性,当然有批评倾向;说话人认为中国人的典型属性有"有血性、知羞耻",但话语中的这个"中国人"却没有这些原型属性,负向评价显而易见。因此,"不是 N 的 N"是表正向评价还是负向评价,要具体问题具体分析,但因为 A 语义的构式在实际话语中的频率高,因此构式有表正向评价的倾向性。

(三)"不是 N 的 N"评价功能的赋得

"不是 N 的 N"评价功能的赋得动因是定中关系背后的反预期信息。吴福祥(2004)指出,反预期信息指的是与某个特定预期相反的话语信息。言谈事件中说话人针对语境中谈及的某一事物或事态提出一种与他自己或受话人的预期相反或相背离的断言、信念或观点时,那么该说话人就表达了一种反预期信息。"不是 N 的 N"构式可表达以下两种语义:

A. 无 N 之名却有 N 之实/不在 N 的类属中却有 N 类属的属性
B. 有 N 之名却无 N 之实/在 N 的类属中却没有 N 类属的属性
无论构式的两种语义如何用不同的话语形式表达,中间都可以而且应该出现一个词项"却",这个"却"是用以标注反预期信息的话语标记,也可以叫做对比标记。Fraser(1998)将英语的"but"称为"对比标记",认为其功能是"对预期的否认"(引自吴福祥 2004)。"不是 N 的 N"构式修饰语与中心语呈现出一定的矛盾性,先是否定 N,接着又肯定 N,体现出一种矛盾的、非常态的匹配关系。

1. 超预期信息

"不是 N 的 N"的基本构式义是"有 N 之名却无 N 之实",说话人或听话人预期是,既然没有 N 的名,不在 N 的类属中,当然也不应该有 N 之实或曰其属性,但结果却是与说话人或社会规约性认知相反。例如:

(23) 老女足的精神也不是现在的我们所能想象的,那甚至是一种超越人性的精神,但也正因为如此,造就了老女足<u>不是天才的天才</u>。

说话人认为老女足本身条件并不好,但因为拼搏精神帮助老女足成为一支技术精湛成绩优良的球队,本来的预期应该是身体条件好所以成绩好,但结果是老女足靠超人性的精神成就自己,所以说话人认为她们"不是天才"却有了"天才"的一些关键属性。

因此,从某种程度上说,A 构式意义与其说是反预期,不如说是超预期。吴为善(2016)强调,"反预期"是一种心理状态,即客观条件或现象表现出来的状态违反了人们基于社会规约性认知的心理预期;就心理机制而言,是客观事件或现象表现出来的状态超过了人们基于社会规约性的"尺度",所以也有学者称之为"超预期"。

人们的普遍认知心理是,未来的预期总是更倾向于美好的,由于该构式对进入构式的 N 设置了准入门槛,主要以中性或褒义词语为多,因此对于事件中的人或事物能够"无 N 之名却有 N 之实",就超出了人们的期待,构式也因而有了肯定性。

2. 反预期信息

"不是 N 的 N"构式的 B 语义是"有 N 之名却无 N 之实",这就是与说话人或社会规约性认知相反,人们的正常期待是,在 N 的类属中就应该有 N 的典型特征,结果却是恰恰相反,这就是反预期的典型反映。例如:

(24)令人震惊的是学生竟然主动挑衅上课的教师,扯教师的帽子,挥手打老师。这也许是个笑话!师不成师,对这种<u>不是学生的学生</u>,应该由校长教育,校长要敢于承担责任。

在社会的刻板印象中,人们的基本认知是"学生应尊重老师",但该话语谈及的"学生"却"挑衅老师,扯老师的帽子,挥手打老师",这显然有违特定言语社会共享的预期,违背了人们基于客观世界的认知和经验建立的一种"常规"。正因此,B 语义的"不是 N 的 N"构式表达的是负面评价,理据就来自于其语义蕴含的反预期信息。

由此可知,客观情景超出了人们的心理预期,往往是因为事件的认知框架内的匹配性、合理性或协调性出现了偏差,即存在的事件或现象的状态超过了人们基于日常经验的心理预期的"尺度",让说话人感到"出乎意料",于是就激发了主观评述的发话动因(吴为善 2016)。

四、"不是 N 的 N"的构式化与构式理据

(一)"不是 N 的 N"的构式化

构式化是"新形式—新意义"配对的产生,在构式化的网络体系中形成新的类型节点并编码新的构式意义(Traugott & Trousdale 2013:22)。就"不是 N 的 N"而言,构式的基本分布是充当句子的宾语,但在使用过程中,"不是 N 的 N"是句子的语义焦点,赋予该结构以新的意义,成为"新形式—新意义"的配对,并作为一个言语单位而整体习得。

1. "不是 N 的 N"构式化的突变性

语言形式的词汇化、语法化和构式化是一个连续统,一般都是渐

变的。因此,我们可以通过不同历史时期的文献从中判断、勾勒出语言形式演化的轨迹。但我们并未能从古籍文献中查询到"不是 N 的 N"的用例,曾海清(2010)也指出,在北大语料库的古代汉语语料库中没有找到一例这样的结构。而且在现代文学作家中比如鲁迅、老舍的作品中也未搜检到具体用例。改革开放之后的文学作品中,偶尔可以找到用例,而随着互联网的兴起,"不是 N 的 N"才扩散开来,成为一种有表现力的表达形式。

前互联网时代,语言结构的演化只能伴随着纸质媒体的传播而萌发、扩散与定型,但由于纸质媒体的传播范围和传播条件限制,语言形式的使用频率比较有限,无法因为短时间的高频使用而被言语社区的使用者类推开来。而互联网时代,一个新出、有表现力的表达形式可能一夜之间就扩散并被大量的反复使用而迅速固化并定型,体现出瞬时涌现的特征,如"洪荒之力"一词。"不是 N 的 N"构式也是在网络时代因为该结构的表现力而被不同的表达者通过不同形式不同文体在网上流传扩散开来,只是其演化轨迹也因此难以被清晰地描摹。显然,扩散激活是构式化的一种途径。刘瑾、文旭(2017)指出,一个构式的节点被较高频率的激活或复制,它在将来的事件表征中更加容易被扩散。说话人只有不断地习得或重构自己的语言,他们才能从大量的构式实例中概括出新构式。

2. "不是 N 的 N"尚未完成构式化

"不是 N 的 N"仍在构式化途中,尚未完全固化定型,其原因就在于其指称性还较强。沈晨(2013)统计"不是 N 的 N"有 202 例,作主语 52 例,占 27.1%,作宾语比例最高,有 119 例,占 59.9%。我们从 BCC 语料库中搜寻到用例 89 例,其中作宾语 59 例,占 66.3%,主语 16 例,占 17.9%,表明该结构仍以充当宾语主语为常,指称性还较强。

"不是 N 的 N"能够表达评价功能,与它主要充当"是、成为、被称为(誉为)"等属性动词的宾语有关,属性谓语呈现的是两个名词论元的关系化,本身就具有一定的评价含义,但这种评价意义需要依托其原有构式来共同兑现。

一方面,一个构式是否定型、能否独立发挥构式的评价功能,需要体现其陈述性(胡清国 2017),换言之,应该以谓语、小句的形式来呈现,其评价性方能完全展开,但该构式作谓语或独立小句,仅占 11.2%。从这个意义上说,构式尚未固化,还有待构式化。

但从另一方面说,"不是 N 的 N"经常用作文章、小说、著作的题目,这又为构式化提供了适宜的关联语境。文章、著作标题要么是陈述要么是评述,"不是 N 的 N"这种形式独特、语义之间充满矛盾的表达正可将客观世界这种看似荒诞却又客观存在的现象以言简意赅的形式呈现出来,体现出结构的语言张力。说话人的这种表达让听话人注意、聚焦到这种形式,并充分意识到看似矛盾的形式却在话语中具有足够的关联。所以,斯佩贝尔和威尔逊(Sperber & Wilson 1986,1995:158)指出:"每个明示交际行为(话语)都传达了自身最佳关联的假定。"

(二)"不是 N 的 N"的构式化理据

语言的主观性表现在三方面:说话人的情感、说话人的视角、说话人的认识。"不是 N 的 N"构式的主观性主要与说话人的情感有关。

说话人的情感主要是"移情"(empathy),Kuno 认为,移情就是说话者在表述事件或状态时,把自己也投入到句子的情景中,以体现他与参与对象的关系和关系的程度,"移情"就是指言者对自己在句子中所描述的事件或事件参与者的态度。(转引自李向华 2013)这里的"参与者"可以指人,也可以指物。

1. 钟情

说话人对句子中所描述的事件或事件参与者的态度体现为肯定、满意、欣赏的态度时就是钟情。例如:

(25)刘思佳聪明的地方是在工作上不让人抓一点差错,使老工人对他也很赏识,造成了他在运输队的特殊地位:<u>不是干部的干部</u>,

不是队长的队长。

(26) 可就是这位看似平常的王孝宁被人称作"奇人",4 年共获 3 项国家专利:1991 年他研制出被人称作"不是电脑的电脑"——多功能阅读器。

"刘思佳"在话语中是不那么好领导的"刺头",但因为工作认真、能力突出,因而群众威信高,说话有人听,言说者钟情于他,因此是"不是干部的干部";"多功能阅读器"只有阅读功能,与电脑还有很大差别,但在 1991 年的时代背景下,"多功能阅读器"所拥有的电脑的部分功能以及价格低的特点,使其较容易进入千家万户,因而言说者欣赏它,钟情它,说它是"不是电脑的电脑"。

2. 同情

说话人对句子中所描述事件或事件参与者的受损、受伤害或处于不利的状况有种惋惜、怜悯或无奈的情感与态度。例如:

(27) 相互间情绪对立的也为数不少,以致有些知青子女沦为"不是孤儿的孤儿",知青子女犯罪时有发生。

(28) 年年都有年要过,年年都要过个年,蜷缩在别人的城市中的我即将迎来第二个不是新年的新年,明天就是大年三十了,而我却丝毫没有过年的感觉,更没有对新年的期待。

"知青子女"并不是父母不在的"孤儿",而是父母将他们遗弃,对他们不管不顾,说话人同情这些具有"孤儿"属性的"知青子女";"新年"是团聚、美食和开心的日子,但"我"却是在别人的城市,孤独没有"团聚",所以在时间上是真的"新年",但在个人的情感上不是"新年",说话人有一种怜悯的态度。显然,这里的说话人不是"我"这个句子主语,而是画外的一个言说者,是"言说主语"。

3. 厌恶

说话人对所描述事件或事件参与者的不满、愤怒或斥责的态度。例如:

(29) 齐铭是一个<u>不是男人的男人</u>,因为他没有男人最应该具有的主见与责任心,因此他不是一个男人,他注定了不能顶天立地。

(30) <u>不是小偷的小偷</u>,这年头,拿人家东西还有这么理直气壮的!我自己的毛衣,好久没穿,冷不丁有一天,PP 穿着在我面前晃悠,我傻了,我又没给你,怎么穿你身上了?

"齐铭"肯定是"男人",但他在男人的类属中,却没有男人该有的典型属性"有主见和责任心",因此说话人对他有一种不满和轻视;例(30)中说话人移情事件中的"我",对 PP 未经允许穿我的毛衣非常不满,说她"不在小偷的范畴里却有小偷的属性",话语中的厌恶、贬斥清晰可辨。

李向华(2013)指出,语用移情作为一种言语策略,会影响语言的预设,进而影响语言的结构。"不是 N 的 N"的构式化正是语言结构受到移情策略影响的表现。该构式的"移情",既可以是说话人移情于事件中的某个参与者,也可以是事件中的某个事物,当说话人钟情于某个言说对象,就带有正向评价的功能。一般说来,它主要是构式的"无 N 之名却有 N 之实"语义所致,因为钟情,说话人选择的参照体就是褒义或中性的词项,这样即便是中性词语,但因为钟情,也便凸显说话人的欣赏、喜爱、肯定等态度与情感。而同情、厌恶致使构式带有负向评价意味,主要与"有 N 之名却无 N 之实"有关,既然你是"N"类属的成员,自然应该具有"N"的基本、典型属性,没有这些属性,还能算是"N"的成员吗? 所以,因着移情的"钟情、同情、厌恶",同一个"不是 N 的 N"如"不是父亲的父亲"既可以表正向评价,也可以表负向评价。

参 考 文 献

郝琳 2018 反喻性"A 不是 B"句的语篇模式和信息组配,《汉语学习》第 2 期。

李向华　2013　汉语语用移情研究综述,《理论月刊》第 12 期。

刘丹青　2002　汉语类指成分的语义属性和句法属性,《中国语文》第 5 期。

刘瑾、文旭　2017　论构式化的基本特征,《外语研究》第 3 期。

沈晨　2013　现代汉语"不是 N 的 N"构式研究,扬州大学硕士学位论文。

吴福祥　2004　试说"X 不比 Y·Z"的语用功能,《中国语文》第 3 期。

吴为善　2016　构式语法与汉语构式,上海:学林出版社。

邢福义　2004　承赐型"被"字句,《语言研究》第 1 期。

赵桂阳　2010　现代汉语"不是 X 的 X"结构考察,哈尔滨师范大学硕士学位论文。

中国社会科学院词典编辑室　2005　现代汉语词(第 5 版),商务印书馆。

周迪　2014　"不是 N 的 N"格式研究,《南昌工程学院学报》第 2 期。

曾海清　2012　修辞结构"不是 N 的 N"考察,《广西社会科学》第 10 期。

胡清国　2017　现代汉语评价构式"NP 一个",《汉语学报》第 1 期。

Sperber, P. & Wilson, D. 1986/1995 *Relevance Communication and Cognition*. Oxford: Oxford Blacwell.

Traugott, E. C. & Trousdale, G. 2013 *Constructionalization and Constructional Change*. Oxford: Oxford University Press.

评议性同语式"X 是 X"的依存性分析及自立性审视[*]

朱庆祥

(上海师范大学对外汉语学院)

摘 要 影响汉语小句依存性的六个参数不仅可以在书面语中起作用,在口语中也能够起到作用。不同语体,小句的依存性特征不同,检验小句依存性的参数要适当调整。小句自立性(依存性)的本质是语义关系的判定,不能只看单个小句。

关键词 X 是 X;依存性;自立性;影响参数

一、引 言

自立小句(independent clause)在形态发达的语言中就是小句在句法上具备完备的屈折(fully inflected)形式并且能够独立进入语篇单说;依存小句(dependent clause)是指小句不能独立进入语篇,至少部分屈折信息(inflectional information)需要依靠其他小句得到阐释(Payne 1997:306)。方梅(2008:292)在借鉴佩恩(Payne 1997)的

---

[*] 本文曾在"2018 语言的描写与解释:纪念胡裕树先生 100 周年诞辰学术研讨会"上宣读,得到与会专家的批评指正,非常感谢。本文得到国家社科基金后期资助项目(15FYY015)、上海师范大学文科校第九期重点学科资助。

观点基础上,指出:"在形态语言里,自立小句具有完备的句法屈折,表现为具有自己的时和体标记,主语的所指不依赖其他小句,并可以不依赖其他小句而进入语篇。依存小句是在句法上不能自足的小句,表现为时和语气成分受限制,主语的所指依赖其他小句,并且不能独立进入篇章。"

形态发达的语言,谓语动词的限定式和非限定式对立明显,而孤立语中动词是否有限定与非限定之分就有争议了。在"主语—谓语"结构的印欧语中,句子的动词必须是限定的,而汉语这种以"话题—说明"结构为主的语言中,动词没有这种规定(宋文辉 2018:143)。克里斯托法罗(Cristofaro 2005:53—55)基于 80 种语言的调查指出,孤立语,如现代汉语和藏缅语系的 Nung 语,不存在动词本身的限定性和非限定性的对立。因此不能局限于动词本身是否限定,只要小句的动词及其相关形式不能以独立单句形式进入语篇,其动词就是句法上的降级动词,这种小句在句法上是依存性小句。

方梅等(2013)基于叙事书面语体,提出影响汉语小句依存性的六个参数,分别是"小句零形主语反指""无句末语气词""无评注性副词""主语指称依赖""缺少表达'时'范畴和空间、状态的状语""轻宾语""后附依存小句"等。但是该文缺乏对口语句式的研究,本文将把六个影响参数从书面语拓展到口语句式"X 是 X",一方面说明这些影响参数不仅在书面语中起作用,也说明这些影响参数在口语中也同样起到作用;另一方面也证明口语和书面语并不相同,六个影响参数要根据语体特征做出适当调整去检验不同语体的依存性小句。

二、评议性同语式"X 是 X"句式

评议性同语式"X 是 X"指的是"是"前后两个 X 同形的一种判断结构,例如:

(1) a. 不管你怎么说,真理就是真理!(言妍《忘情之水》)
　　b. 功是功,过是过,不能用功抵过。(《人民日报》2003)
　　c. 折花固然是折花,然而花枝的活气却灭尽了。(鲁迅《华盖集》)

张弓(1963)把这种结构命名为"同语式",朱德熙(1982)、符达维(1985)、邵敬敏(1986)、徐烈炯和刘丹青(2007)、齐沪扬和胡建锋(2010)、乐耀(2016)等都关注到这种现象。严格的同语式指的是动词"是"前后 X 绝对同形,没有其他成分出现,严格意义上的"X 是 X"是一个非自立的依存性小句。这种句式无论在书面语还是在口语中都存在。

(一)自省的语料

严格的同语式"X 是 X"不宜作为独立单句出现,在语感上是依存,非自立的,未完待续。例如:

(2) a. ? 好是好。　b. ? 今天是今天。　c. ? 对是对。　d. ? 走是走。

(二)书面语调查的语料

可以对比下面两组有后续成分和无后续成分的例子,严格意义上的同语式"X 是 X"是依存,非自立的。例如:

(3) a. "养猪好是好,可眼下,是青黄不接的时候,大家没钱买哪!"(《十二双麻鞋》)
　　b. 妹妹胆怯地说:"好是好,可森林女神在哪儿啊?"(《森林女神》)
　　c. 刘德衷笑了,这主意好是好,可人家城里的专家怎么没想出法子?(《悄然寻找另一个天空》)

(4) a. ? "养猪好是好。"
　　b. ? 妹妹胆怯地说:"好是好。"

c. ？刘德衷笑了,这主意好是好。

前面一组有后续成分,对话很自然;但是后面一组去掉后续成分后,则小句非自立,话语给人的感觉就是未完待续。

(三) 自然言谈的语料

严格意义上的同语式"X 是 X"同样是倾向于依存的,非自立的。例如:

(5) A：啊哈,我还觉得,房屋特别-房屋建筑特悬,
　　 B：<u>悬是悬</u>,但是,他们说,四个班就一个不过的。

(6) A：有孩子多好啊,
　　 B：特别受罪,
　　 A：我,我知道啊,
　　　　嗯＝
　　　　其实虽然＝
　　　　<u>受罪是受罪</u>,
　　　　但是〈XXX〉,
　　　　我有的时候就想——,
　　　　我觉得可能因为父母为咱们受的罪就……(以上两个真实自然语料转引自乐耀2016)

如果省略"X 是 X"的后续成分,则该同语式倾向于非自立,未完待续：

(7) A：啊哈,我还觉得,房屋特别-房屋建筑特悬,
　　 B：？<u>悬是悬</u>。

(8) A：有孩子多好啊,
　　 B：特别受罪,
　　 A：我,我知道啊,
　　　　嗯＝

其实虽然＝
? <u>受罪是受罪</u>。

从上面语料看,无论是自省的语料,还是来自书面语的语料,乃至自然口语语料,严格的评议性同语式"X 是 X"都不宜作为独立单句出现,倾向于有后续成分,是依存性的。

三、严格的评议性同语式"X 是 X"的依存性分析

如果动词"是"前后 X 绝对同形,没有其他成分出现,则严格意义上的"X 是 X"是一个非自立的依存性小句,一般情况下,无论在口语中,还是在书面语中,都倾向是依存性的,不宜单说,倾向有上下文出现或更大语境。例如:

(9) a. ? 苹果是苹果。　b. ? 今天是今天。　c. ? 好是好。
d. ? 有趣是有趣。

根据影响小句依存性的六个参数看:

1. 影响参数 1:小句主语零形反指,依存

该因素在评议性同语式上基本不起作用,因为该类小句前后主宾都存在,不存在零形反指的情况,所以这个因素在该句式上并不起到作用。

2. 影响参数 2:无句末语气词"了$_2$/啊"等,依存

句末语气词属于句子靠外层的成分,如果缺少句末完句语气词,则缺乏独立的语气和言语行为力量。叙述单句不是必须存在句末完句语气词的,但是可以添加。评议性同语式在口语中大量出现,口语中添加句末语气词相对比较容易的,但是严格的同语式一般并没有句末语气词,有了,则并不是严格的同语式。但是单纯增加句末语气词,同语式的自立性也并不强,直接作为一个单句出现的可接受性也不强。例如:

(10) a. ？苹果是苹果呢。
　　 b. ？今天是今天呀。
　　 c. ？好是好啊。
　　 d. ？有趣是有趣了。

添加句末语气词后,其自立性还是不强;不添加,其自立性更加不强。所以,从这个影响因素看,严格的同语式具有依存性,不自立。

3. 影响参数3：主语具有非独立解读属性,依存

主语具有非独立解读指小句的主语的所指对象须依赖其他成分才能得到解读。严格的同语式只是要求前后"X"同形,有的"X"是自立的,如果"X"是有定名词性成分,则倾向为自立的,例如"今天是今天""你的书是你的书";有的"X"是非自立的,如果"X"是光杆名词,或者评议性的谓词性成分,如"好是好""高兴是高兴",则非自立性强。

从这个因素看,这个因素只是可能存在影响,不是必然影响。

4. 影响参数4："时空、情状"类状语缺失,依存

严格的同语式要求前后"X"同形,自然不能存在"时空、情状"类状语,"时空、情状"类状语和言语行为力量、语气情态、时体特征密切相关,单独的小句缺少这些成分,自然倾向不能作为单句独立使用,所以依存。如果加上时空情状类型状语,小句自立性就加强了,单说可接受性也就加强了,例如：

(11) a. ？好是好。　　　　　—b. 好是确实好。
　　 a. ？有趣是有趣。　　　—b. 有趣真是有趣。
　　 a. ？陕西红富士是陕西红富士。—b 陕西红富士果然是陕西红富士。

从这个因素看,严格的同语式具有依存性。

5. 影响参数5：宾语的复杂度降低,依存

宾语的复杂度是就宾语的中心语和其定语整体而言。宾语中心

语的修饰成分越多越复杂,整个宾语越复杂;修饰成分越少整个宾语越简单,乃至宾语为零形式则最简单。复杂宾语的完句能力强于简单宾语,简单宾语强于光杆名词宾语,光杆形式强于零形式。例如:

(12) a. ？苹果是……

b. ？苹果是苹果。

c. 苹果是挑选的优质烟台苹果。

(13) a. ？好是……。

b. ？好是好。

c. 好是我们没有想到的好。

严格的同语式如果后面"X"增加修饰语到一定程度,其小句自立性增加,作为单句的可接受性也增强了。所以,从这个影响因素看,严格的同语式非自立,依存。

6. 影响参数6：后面有依存小句,不宜加句号,自立性在一定程度上受到削弱

严格的同语式后面可以有依存性小句,两个小句之间不宜加句号,自立性在一定程度上受到削弱,例如:

(14) a. ？苹果是苹果。但是不是我们想要的烟台苹果。

b. 苹果是苹果,但是不是我们想要的烟台苹果。

(15) a. ？好是好。但是我们并不羡慕。

b. 好是好,但是我们并不羡慕。

跨语言的看,依存性小句存在两种类型,一种是关联词语标记型,另外一种是非自立谓词标记型。后面小句增加关联词语"但是",则该小句非自立性增加。前后小句之间倾向于使用逗号而不是句号。所以从这个影响因素看,严格的同语式小句具有依存性。

综上,在口语中,严格的同语式"X是X"的依存性特征总结为下表1:

表 1　评议性同语式"X 是 X"小句的依存性特征系统分析

X 是 X	参数 1	参数 2	参数 3	参数 4	参数 5	参数 6
苹果是苹果	*	非	非/自	非	非	非
好是好	*	非	非/自	非	非	非

从上面六个参数看,严格的同语式"X 是 X"不受参数 1 影响,参数 3 要视具体条件类型而定。也就是说严格的同语式主要受到参数 2、参数 4、参数 5 和参数 6 等四个因素影响,这四个参数是:

影响参数 2:不能增加句末结句语气词"了 2/啊"等,依存。

影响参数 4:"时空、情状"类状语缺失,依存。

影响参数 5:宾语的复杂度降低,依存。

影响参数 6:后面有依存小句,被依存,不宜加句号,自立性在一定程度上受到削弱。

综上可见,口语中的评议性同语式"X 是 X"同样具有非自立性,依存性强,不宜作为单句单说。这说明,这些参数不仅在书面语可以起到作用,在口语中同样都能起到作用。这进一步说明:

不同语体特征不同,六个参数未必在每种语体中都能起到作用,也并非都是强制性的。也并不是说只有这六个参数起到作用,其他因素不能起到检验的作用。以口语中的评议性同语式而言,还有其他因素可以判断"X 是 X"具有非自立性,依存性强。

严格的同语式"X 是 X"表示前后等同关系,这种等同关系来源于常规的等同判断关系"是"字句"X 是 Y",典型的等同判断句前后形式并不相同。例如:

(16) a. 启明星是金星。　b. 三加二是五。　c.《狂人日记》的作者是鲁迅。

影响句法形式的因素和功能是多样的,多功能、多因素共同起作用,共同协调、竞争促使句法形式与其保持对应,影响句式是合法的

还是不合法的,是合用的还是不合用的。等同判断"X 是 Y"句式符合多功能关联驱动形式对应的复杂规律性:

　　　　语义功能与形式　　　　　　信息传递功能与形式
　　前后形式上:X 与 Y 被划等号　　句法结构上:主语＋谓语结构
　　意义功能上:X 与 Y 所指相同　　信息功能上:旧信息＋新信息

"X 是 Y"是典型的等同判断句式,属于典型的功能驱动形式对应的表现。从形式上看,X 和 Y 并不相同,不应该等同或划等号。正是因为意义上 X 与 Y 所指相同,所以才把形式上并不相同的 X 与 Y 划等号。"X 是 Y"符合句式的信息一般传递规律,在前的 X 是话题旧信息,Y 是述题部分的新信息,新旧信息不相同,形式上也不能相同,否则重复旧信息。

"X 是 X"的矛盾之处:功能和形式不对应。从"X 是 Y"到"X 是 X",也要遵守多功能关联驱动形式对应的规律性:

　　　　语义功能与形式　　　　　　信息传递功能与形式
　　前后形式上:形式上的再次重复　　句法结构上:主语＋谓语结构
　　意义功能上:意义上的确认肯定　　＊信息功能上:旧信息＋旧信息

从语义功能与形式对应的角度看,形式的重复意味着意义功能上的强调或确认,这从认知上可以理解,"X 是 X"是个肯定确认结构。问题在于,判断动词"是"前后同形则意味着"是"后的信息重复了前面的旧信息,还是旧信息,没有传递新信息。也就是说,如果动词"是"前后 X 绝对同形,没有其他成分出现,则"X 是 X"是一个没有传递多少新信息的弱肯定结构。这种单纯的"X 是 X"句式是非自立的,依存的,因为没有传递多少新信息,不符合信息传递规律"旧信

息+新信息",也不符合"会话合作原则",所以不能独立作为单句在语篇中出现。下面句式倾向为不合法:

(17) a. *苹果是苹果。 b. *今天是今天。 c. *好是好。 d. *走是走。

分析这种句式的依存性、非自立性特征,还可以据此归纳另外一个影响参数,就是考虑动词前后成分的语义关系和形式特征:动词前后不能绝对同形,否则小句倾向于依存,非自立。综上可见,严格的评议性同语式"X 是 X"受到以下五个依存性、非自立性因素影响,重新归纳为:

影响参数 2:不能增加句末结句语气词"了$_2$/啊"等,依存。
影响参数 4:"时空、情状"类状语缺失,依存。
影响参数 5:宾语的复杂度降低,依存。
影响参数 6:后面有依存小句,被依存,不宜加句号,自立性在一定程度上受到削弱。
影响参数 7:动词前后不能绝对同形,否则小句倾向于非自立,依存。

所以,评议性同语式"X 是 X"是依存的,非自立性的。

四、自立性(依存性)的本质是语义语用关系的判定

前文说明,评议性"X 是 X"句式是具有依存性的,影响小句的依存性的六个参数是可以从书面语拓展到口语中去使用的,那么自立性(依存性)的本质究竟是什么?

这个问题的实质是能否根据小句自身来判断小句的自立性。书面语不可以,语篇中一个句子能否结句,是否自立是不能完全根据该小句自身来判断的,而必须根据语篇整体语义关系、前后衔接特征来判断。吕叔湘、朱德熙(1952:5)指出"完整和独立是'相对地'",同

一句话在不同语境中的完整性和独立性都不一样。例如"那是人民日报",意思完整了,也能够单独说出去,使对方满足;可是这完整和独立是相对的,因为只有回答人家的问话"那是什么报"的时候,"那是人民日报"才能叫人完全满足。要是凭空来个"那是人民日报",人家估计你还有下文的,比如"你要看不要"等,在这个情况下,"那是人民日报"就不是绝对地完整和独立了。吕叔湘(1953:6节)说:"有了上下文,情形会改变:原来不能叫人满足的也许变成能叫人满足,原来能叫人满足的也许变成不能叫人满足。"

吕叔湘(1979)区分独立的小句和非独立的小句,静态单位和动态单位之间的关系是:一个小句一般是一个主谓短语;也常常是一个动词短语(包括只有一个动词);在少数情况下是一个名词短语(包括只有一个名词)。这三种情况同样适用于独立的小句(=句子)和非独立的小句。如下所示:

(18)	独立小句	非独立小句
主谓短语	你知道?	你知道,〔我可不知道。〕
动词短语	快来!	〔你要看,〕快来!
名词短语	一个脚印!	一个脚印罢了,〔也值得大惊小怪!〕

文炼(1992:261—262)指出,"听到发端句,预测后续句,这是较常见的现象",有一些值得注意的语言格式如"你通知一下他……""大家夸着你……""他从北京回来……"等。像诸如此类的"你知道……/你通知一下他……/大家夸着你……/他从北京回来……"等都是既可以用在书面语中的,也可以是用在口语中的,都具有一定的非自立性。

有些句子本身符合自立标准,作为单句看,句尾可以加完句标号,争议不大,例如:

(19) There are two kids.　　　　祥子在门口蹲了半天。

Alice walked on in silence.　村民们全都出来了。

但是后面如果继续跟着非自立性强的依存性的小句，或者前后句语义关系非常紧密，就不能加完句标号了，否则不恰当或者不合法：

(20) *a. There are two kids. b. who do it at the same time.
　　　*a. Alice walked on in silence. b. puzzling over the idea.
　　　*a. 祥子在门口蹲了半天。b. 等着他们。
　　　*d. 村民们全都出来了。b. 端着鸡蛋。

汉语的强制性虽然不如英语，但是"b"组小句前汉语使用者一般倾向会选择使用逗号而不是句号。实际情况是只加逗号，而不能加完句标号。例如：

(21) a. There are two kids, b. who do it at the same time. (Wallace Chafe 1988：18)
　　　a. Alice walked on in silence, b. puzzling over the idea. (Halliday 2000：240)
　　　a. 祥子在门口蹲了半天, b. 等着他们　（《骆驼祥子》）
　　　a. 村民们全都出来了, b. 端着鸡蛋　（《鱼和水》）

限定性和自立性是两码事，小句的限定性本质反映在句法形态特征上，可以从小句自身判断，特别是形态发达的语言根据小句动词类型就可以判断出来，如印欧语小句动词有限定与非限定之别，因而小句也有有限定性与非限定性之别，孤立语如汉语就没有；但是小句的自立性本质是小句与其他小句语义关系的解读判定，既然是关系的解读判定，则不能完全根据小句自身来判断。比如英语、法语、俄语等，即使小句是限定性的，加上关联词语以后，其自立性就削弱了，类型学上两类依存性小句的启示其中之一就是关联词语标记型，原本自立的句子上增加关联词语则构成一定的依存性关系，需要上下文出现。所以二者有本质的区别,但是也有一定联系,非限定小句一定是非自立的、依存的,限定小句可能自立的,也可能是依存的、非自立的。既然自立性本质是小句与其他小句语义关系的判定,是关系的判定解读,那么这种特点就是跨语言和跨语体普遍存在的问题,形态发达的语言有,孤立语也有;书面语有,口语中也存在。

　　自立与否是相对而言的,绝对的、孤立地根据一个小句自身就判断该小句是自立的还是非自立的是不合适的,书面语如此,口语也如此。重视自然口语的互动语言学,特别重视下一话轮、下一句的作用,强调不能孤立就小句本身来审视、理解小句特征、小句意思。互动语言学特别强调语言形式是互动双方共同作用的结果,语言不是单一方的孤立产物。理解某一语言形式离不开参与者的作用(参与者导向:participant orientation);理解某一语言形式往往需要借助下一话轮(next turn);语言学行为往往是毗邻配对的(adjacency pairs),例如"问—答""要求—遵守/拒绝""邀请—接受/拒绝"等,而不是单一的。互动语言学强调临下原则(next)的重要性,指出只有从回应行为才能看出前一行为的性质特征(it is the nature of the responsive action that reflects what the prior turn was taken to be doing)。这种重视参与者导向,重视下一句,强调语言行为是毗邻配对的,实际也说明一个道理,那就是语言行为之间具有内在的连贯性,依存性,而不是孤立单一的。赵元任(1979)关于零句和整句的论述就是从口语中"问—答"这一最基本的互动形式来考察的。沈家煊(1989)讨论了口语会话中不加说明的话题,认为由相邻话对的"问"与"答"相连构成的"话题—说明"现象在汉语里普遍存在。

　　例如,从互动语言学角度看,跨语言的看,口语对话中的否定性小句在前出现,语义和语篇上都倾向于是依存的、非自立的,倾向于有后续成分出现。以是非问来说,存在肯定性回答和否定性回答,其中肯定性是偏爱模式,是常规无标记模式;而否定是非偏爱模式,是有标记模式,答话人不使用常规模式而使用有标记的否定模式,则说明有一定的动因或其他影响因素,需要进一步说明。所以,否定性回答后面经常还跟着进一步的阐释、说明等等。这也说明无论在书面语中,还是在口语中,小句的自立性是不宜完全根据小句自身来判断的。这进一步说明:

小句的自立性(依存性)特征本质是语义关系的判定,无论是依存的,还是自立的,无论在书面语中,还是在口语中,都不宜单纯根据小句自身来判断。

五、总 结

评议性同语式"X 是 X"在口语中大量出现,是口语中一种常见句式,根据影响小句的依存性六个参数,其依存性特征如下(见表1):

表1 评议性同语式"X 是 X"小句的依存性特征系统分析

X 是 X	参数1	参数2	参数3	参数4	参数5	参数6
苹果是苹果	*	非	非/自	非	非	非
好是好	*	非	非/自	非	非	非

严格的评议性同语式"X 是 X"受到以下五个依存性、非自立性因素影响:

影响参数2:不能增加句末结句语气词"了2/啊"等,依存。

影响参数4:"时空、情状"类状语缺失,依存。

影响参数5:宾语的复杂度降低,依存。

影响参数6:后面有依存小句,被依存,不宜加句号,自立性在一定程度上受到削弱。

影响参数7:动词前后不能绝对同形,否则小句倾向于非自立,依存。

评议性同语式"X 是 X"的依存性研究表明:

第一,影响小句依存性的六个参数不仅能够运用在书面语中,也能推广到口语上。在口语中,也并非只有评议性同语式"X 是 X"具有依存性,大量的口语句式具有依存性,又比如"不是我说你,……""对了,……""依我看/你看,……""请问/打扰了,……""真不巧/巧了,……""要不/不过/这样吧,……""哪儿啊/哪里/别提了,……"等等,很多口语小句都倾向为不宜作为单句独立单说(虽不是必然,但是往往如此),需要上下文出现。

第二,不同语体有不同类型的依存小句:口语有口语的小句依存句式类型,书面语有书面语的小句依存性类型,有些类型倾向于出现在口语中,依存性程度较高,书面语反倒少见;有些类型倾向于出现在书面语中,依存性较高,口语中少见。不同语体特征不同,六个参数未必在每种语体中都能起到作用,也并非都是强制性的。也并不是说只有这六个因素起到作用,其他因素不能起到检验的作用。以口语中的评议性同语式而言,还有其他因素可以判断"X 是 X"具有非自立性,依存性强。所以,影响小句依存性的因素要根据语体特征、句式类型作出适当调整。

参 考 文 献

方梅、朱庆祥　2013　《汉语的依存小句及其语体差异》,日本《现代中国语研究》第 15 期。

方梅　2008　由背景化触发的两种句法结构——主语零形反指和描写性关系从句,《中国语文》第 4 期。

符达维　1985　作为分句的"X 是 X",《中国语文》第 5 期。

乐耀　2016　从互动交际的视角看让步类同语式评价立场的表达,《中国语文》第 1 期。

吕叔湘、朱德熙　1952　《语法修辞讲话》,中国青年出版社。

吕叔湘　1953　《语法学习》,中国青年出版社。

吕叔湘　1979　《汉语语法分析问题》,商务印书馆。

齐沪扬、胡建锋　2006　试论负预期量信息标记格式"X 是 X",《世界汉语教学》第 2 期。

邵敬敏　1986　同语式探讨,《语文研究》第 1 期。

宋文辉　2008　《主语和话题》,学林出版社。

文炼　1992　《句子的理解策略》,《中国语文》第 4 期。

徐烈炯、刘丹青　2007　《话题的结构与功能(增订本)》,上海教育出版社。

张弓　1963　《现代汉语修辞学》,天津人民出版社。

朱德熙　1982　《语法讲义》,商务印书馆。

Payne, Thomas 1997 Describing Morphsyntax: A guide for field linguistics, Cambridge University Press.

Halliday, M. A. K. 2000 *An introduction to functional grammar (second edition)*, Foreign Language Teaching and Research Press.

Cristofaro, S. 2005 Subordination, Oxford University Press.

试论评价句"人称代词$_单$＋这个人，Y"

殷志平

（上海殷殷商务咨询有限公司）

摘　要　本文考察的是"人称代词$_单$＋这个人"充当话题成分构成的句式，其述谓成分 Y 可以是词、短语、小句，甚至是复句形式。"人称代词$_单$＋这个人，Y"句式的语义特征是对言谈对象进行评价，既有正面的也有负面的，评价色彩的差异主要是 Y 造成的。"人称代词$_单$＋这个人，Y"具有互动性，由于说话人对言谈对象有不同的评价，同时听说双方与评价对象之间有不同的利害关系，不同人称代词构成的"人称代词$_单$＋这个人，Y"的互动性和交际意图呈现出不同的特点。本文对"你这个 NP"研究具有补充意义。

关键词　"人称代词$_单$＋这个人，Y"句式；评价色彩；互动

一、引　言

现代汉语中单数人称代词常常与"这个人"结合构成"人称代词$_单$＋这个人"结构，充当话题成分，其述谓成分可以是词、短语、小句，甚至是复句形式。与"人称代词$_单$＋这个人……"相关的语言现象

已有一些研究,其中讨论得比较多的是"你这(个)＋NP"。现有研究对这一个格式有两个主要结论:一是"你＋这个NP"是一种表达负面意义的格式。"你这(个)＋NP"主要表达强烈的指责、鄙斥、愤怒等感情(张新华2005),在语气上表达强烈的直陈(张洪超、尹洪波2004)。也有少数学者认为一些"你这个NP"表示正面意义,如洪邦林(2007)认为在特定的语境中,"你这个NP"也可以用来表达发话人的满意、高兴和喜悦等心情,但该文引用例句中NP多为带"小"字的"小子、小家伙、小鬼"等,虽有喜爱意义,但句子仍然包含不满色彩。二是"你＋这个NP"可以独立成句:后面一般并不需要接一个陈述部分,因此它可以作为一个独立的句子(张新华,2005),甚至认为"你这(个)＋NP"带上句调便成为一个独立的句子(张洪超、尹洪波2004)。严俏(2012b)认为"你这(个)NP"具有语篇话题功能,但没有展开具体讨论。

这些讨论对本文的研究无疑很有价值。但目前对"你这个NP"的研究大部分不区分能凸显具体内涵的NP和不能凸显具体内涵的"人"。为此,本文一方面把NP限定为"人",另一方面把人称代词从单数第二人称扩大到单数人称代词,考察"人称代词$_单$＋这个人"结构的句法功能,探讨"人称代词$_单$＋这个人,Y"句式的评价色彩和互动功能,同时试图对"你＋这个NP"格式研究提供一些补充。本文例句均来自CCL语料库。

二、"人称代词$_单$＋这个人"结构的语法功能

"人称代词$_单$＋这个人"中的"人称代词$_单$"在外延上已经明确了话语所指涉的特定对象,而"这个人"也指向"人称代词单"已经明确的所指对象;内涵上,除了表示性别意义外,"人称代词$_单$"在表示性别意义外还表示概括意义上"人"的属性,紧跟在"人称代词$_单$"后面的"这个人"的内涵意义也是概括意义的"人"的属性,也就是说,"人称

代词_单"与"这个人"两个同位成分所指相同且内涵相同,这违背了数量准则(flouting the maxim of quantity, Grice 1975),语用功能由此产生:"人称代词_单"所指对象一定有某种需要引起听话人注意的属性,从而引导述位成分对"人称代词_单"的属性进行陈述;同时,凭借"这"的话题化功能(张伯江、方梅 1996),"这个人"使"人称代词_单"失去充当事件句行为主体的资格而变成述位成分的评价对象,从而充当话题成分,"这个人"则可以看做话题标记,引导对"人称代词_单"进行陈述的述位成分。

(一)"人称代词_单+这个人"充当话题具有形式和语义上的证据

第一,"人称代词_单+这个人"结构后面通常出现述谓成分,包括短语、小句和复句。例如:

(1)她把扑克理好,洗了洗,说:"我这个人,老虎不吃人,恶名在外。

例(1)中述谓成分"老虎不吃人,恶名在外"用隐喻方式对话题"我这个人"作出说明。

第二,有时"人称代词_单+这个人"后出现主谓结构,且主谓结构主语由与"人称代词_单+这个人"中人称代词相同的人称代词充当,"人称代词_单+这个人"成为该主谓结构的话题,例如:

(2)许劭说:"你这个人呀,如果在太平时代,可能成为能臣;要是在乱世,你会成为奸雄。"

第三,有时"人称代词_单+这个人"后出现主谓结构,且主谓结构主语由"人"充当,"人称代词_单+这个人"成为该主谓结构的话题,例如:

(3)别看我这个人说话时嘴皮子特别利索,人却老实得很,平常言语不多,在男女方面更加显得有些迂腐。

例(3)中"人却老实得很"中的"人"凸显人的社会属性(储泽祥、刘琪,2012),跟"我这个人"在指称上具有部分与整体关系,在与"老实得很"构成主谓结构后,对话题"我这个人"进行陈述。

第四,有时"人称代词单+这个人"看上去是后面谓语部分表示的行为的施事,如下面例子中的"你这个人",但这里"你这个人"并不是事件致使者,而是谓语的评述对象,因为言谈对象不可能自己主动去做丢脸的事情:

(4) 从古到今,也没听说太监拿嘴当尿盆的,<u>你这个人</u>把脸丢到家了!

(二) 少数情况下"人称代词单+这个人"(尤其是人称代词为"你"时)可以独立成句

主要有以下几种情况:

一是"你这个人"前后出现立场标记"真是""看""你看(看)""怎么",这些立场标记包含了说话人对言说对象的立场态度,已经起到了述位成分的评价功能,例如:

(5) 胡杏顿脚道:"她说不要,不赞成,不知道,就是要,赞成,知道了! ——唉,<u>你这个人</u>真是……真是……真是呀!"

(6) "<u>看你这个人</u>,"二姑娘撅着两片子小薄嘴唇说道,"人家这不是把我这么个大活人给你啦!"

上面例句中的"真是"表达抱怨,同时,说听双方都在现场,并且言谈对象就是听话人,抱怨的内容也就是"你这个人"的属性不言自明,"看"则邀请听话人参与属性评价。

二是"人称代词单+这个人"后出现语气词,表达强烈的语气,例如:

(7) 中年人的眉头皱了起来:"<u>你这个人</u>呀,真拎不清! 方连比单张吃香,所以价钱要贵一点。

三是在说出"你这个人"前说话人已经具体描述了言谈对象"你"同时也是听话人的负面行为,并且用感叹语气说出,此时"你这个人!"包含的负面评价、说话人的负面情绪十分明显,例如:

(8)"我就想到你会这么说,你就只想着轻松的事情自己揽下来,你这个人!

这里先出现了"你就只想着轻松的事情自己揽下来"这一行为描述,再说出"你这个人",听话人就很容易理解说话人为什么要对自己说出"你这个人!"这样的抱怨性语句。如果出现在"你这个人!"前的成分是一种属性评价,就成为"你这个人……"的倒装格式,例如:

(9)老白又让小黄米搬起脚来剪指甲;让小黄米扑着身子到炕角"找针线";让小黄米把衣服脱了穿,穿了脱。小黄米终于不耐烦起来,说:"没完啦,你这个人!"她开始呲达老白,老白感觉这口气很像一个大女人面对一个小男人。

与"你这个人……"相比,倒装句表达更强烈的主观性。

四是有时说话人对"你"的评价没有虽然明确表示出来,但隐含在下文的描述中,例如:

(10)春花 你这个人啊,怎么搞的?整天都钓不到一条大鱼,药给你买回来了你又不吃。

(11)"没啥。我这个人,你是老领导了,还不清楚?

例(10)中春花虽然没有对"你"作出具体的属性评价,但下文的"整天都钓不到一条大鱼,药给你买回来了你又不吃"已经包含了这种评价。例(11)虽然没有出现表示属性的述位成分,但其实隐含在后续话语"你是老领导了,还不清楚?"中。

上述情况下"人称代词单+这个人"可以独立成句,但离开上下文,离开特定的语境还是不能独立。张新华(2005)认为,对于"你这个NP"格式,如果斥责本身非常重要,具有独立的表达价值,它就表现为一个独立的句子,如最一般的指人光杆名词"人"进入格式也表斥责义;如果斥责的情感强度较弱,不具独立表达价值,它就与前后小句关联为一个结构。这两种情况之间是个连续统。我们认为,一个语言单位是否具有独立表达价值,除了格式本身外,还依赖语境的支持。根据博伊斯(Du Bois 2007),显性表达立场的交际手段(communication means)包括语言、姿势和其他象征手段,"这个人"中的"人"虽然具有属性意义,但只指明一种高层次意义上的"人"的一般属性,而一般情况下只指明一般属性不能达到交际目的,也就是说,"人称代词单+这个人"本身表意空洞,很难说有独立的表达价值。上述例句中"你这个人"之所以能独立成句,是由于处于特定的交际环境,具有话语标记、语气词、语调、说话时伴随的姿势等等辅助条件。

三、"人称代词单+这个人,Y"的评价色彩

张伯江(2010)在研究限定成分的语用属性时指出,人称代词表示了说话人"移情"的方向——说话人把自己认同于该人称代词所代表的那个人的说话/认识立场,他同时指出,人称代词后面的指示性成分也常常以体现主观性意义为主要功能。同样,"人称代词单+这个人"虽然没有指明具体属性,但包含了说话人的态度。下面例句中说话人对言谈对象的态度似乎不明显,但仔细看来,说话人并不是纯粹客观地进行描述:

(12)不过说起来,和珅在编《四库全书》的时候是功是过还真不好说,他这个人,满洲人,看到书上有很多对满洲人不好的字句,这本书一看,这个不好,这个有攻击我满洲人的嫌疑,把这书改了,把人家文章改了,或者呢,把这个文章删掉,删去了,更有甚者……

上例(12)删除"他这个人"中"这个人"后显得别扭,意思也有所改变,

因为后面话语并不是描述"他"的行为,而是"他"的性状。反之,有些比较客观描述的语篇,用"他这个人"也显得别扭:

(13) 未等我们开口致意,便用美国调的中国话说:"张锲,安徽人。金坚范,上海人。我,北京人,海淀区的。她(雪莲),堪萨斯人。"

但是,"人称代词_单＋这个人"本身并不含有具体的属性意义和评价色彩,其功能主要是引发后续话语陈述具体的属性。张新华(2005)认为"你这个NP!"中的"你"和"这个"承载了斥责义,NP由中性名词充当时"你这个NP!"也表较弱的鄙斥和气愤,这与本文的观察有差异,下文将论述,由中性名词"人"充当的"人称代词_单＋这个人,Y"既可以表达负面评价意义,也可表达正面评价意义。

(一)"你这个人,Y"的评价色彩

1. 说话人用"你这个人,Y"句式表示言谈对象的负面属性远多于正面属性,并且在表达负面立场时存在程度差别,有的只是感叹,例如:

(14)"你这个人啊!……"她用一种亲切的感叹送走他,心里宽恕地想道:"还是孩子呢!"

有时是嗔怪,例如:

(15) 老板娘赶紧将他扶起,众人七嘴八舌地说:"你这个人,腿摔成这样,还要走?怎么走?"

有时是抱怨:

(16) 真的吗?这么大的事也不告诉我,我说你呀,你这个人真是太忠厚老实了,我可以想得出当初你承受了多大的痛苦。

有的是责备:

(17)"你这个人太不像话啦!我要偷你吗?我要抢你吗?为病

人服务的事,又不是专利,有什么不可说?

有时是嘲笑:

(18)刘黑七一时笑了:"乔东家,你让我放着自由自在的山大王不当,下山给你充当镖师,你觉得我会答应你吗?你这个人,给你一根线,你就认真(针)了,哈哈哈!

有时是鄙视:

(19)"是的,当然没有啦,"她斩钉截铁而又恶狠狠地回答说,"你把我当做什么人啦,我倒是要弄明白。你这个人真是自作聪明呀,我决不会允许任何人第一次见面就吻我的,这一点我要向你说清楚。当初我也没有允许过你,是吧?"

2. "你这个人"也可以用于正面属性,但由于是当着听话人的面用指示代词"这"指称听话人,包含不礼貌成分,除了以下几种情况,其他场合一般不用"你这个人,Y"句式陈述听话人的正面属性:

第一,身份高的对身份低的人说话。例如:

(20)那天,彭德怀一天没有说话,坐在防空洞里像是一尊雕塑。洪学智去叫他吃饭,他才抬起头来,说:"洪大个子,我看你这个人还是个好人哪!"

(21)在保定从事地下党活动期间,党组织拟派他去苏联学习,李大钊接见他时称赞他说:"你这个人很能活动,就不要去苏联了,留在国内好,到天津去吧。"

这些例句中对言谈对象的褒奖都是地位高的人对着地位低的人说的,如果地位低的人对地位高的人这样说话,会显得不礼貌。

第二,说话人和听话人之间关系非常亲近,说话人在对说话人积极评价时"不见外",例如:

(22)八七年和一些作家在德国参观,几天下来彼此熟了,莫言忽然朝我哈哈大笑说:"高老师,你这个人真是一点架子都没有。"后来他同我通讯,就称我高大叔。

第三,陌生人之间的交流,例如:

(23) 还有一家企业拉了成百吨的焦炭涌进"远方",说:"反正我卖给钢厂一时也取不到钱,不如给你。你这个人有人情味,有朋友的情谊,干吗不扶植你呢。"

这里对话是在推销人员与客户之间进行的,双方其实并不熟悉,但作为推销人员的说话人希望向听话人推销产品,有求于听话人,就说对方"有人情味"。

第四,说话人在转述、翻译他人话语时,用他人口吻说"你这个人,Y",此时听话人并不是真正的言谈对象,例如:

(24) 这个时候许谦,他在观察朱丹溪,他发现朱丹溪这时候很彷徨,他就跟朱丹溪说,他说啊,"子聪明异常人",就是说你这个人,比其他人聪明,但是你的聪明未必以后会用到考科举上。

"你这个人,比其他人聪明……"是本段话作者翻译许谦对朱丹溪说的话。

(二)"我这个人,Y"的评价色彩

1. 考察北大语料库,"我这个人,Y"用于正面评价和负面评价的例句数量大致相当。说话人用"我这个人"对自己进行正面评价时,大多数情况不会讲得太满,这符合谦逊准则。表现在形式上,一是属性成分不加副词进行程度修饰,例如:

(25) 可是我对李月明说,我这个人讲实在,我不能把你看作是名人,只能把你当作女人。

(26) 我这个人上进心强,不服输,越是难做的生活,越是有兴趣。

即使属性词语前带有高程度副词,前面还有表不确定的副词"也许"加以修饰限制,以避免话说得太满,例如:

(27) "<u>我这个人</u>也许太善良了。"艾伦面带愧疚地微微一笑。

二是正面属性用负面属性词语加"不"构成,例如:

(28) "你看啊,<u>我这个人</u><u>不</u>傻,知道自己什么时候不行,不过咱们还是一局25元吧,这样我赢了之后就正好是不赢不输,然后咱们就去喝一杯。"

三是正面属性是表心理的"爱""喜欢"等,例如:

(29) 他立刻热情地迎出来要我们屋里坐,并一边冲茶,一边说道:"<u>我这个人</u>,就是<u>爱</u>琢磨个东西,弄什么事总想弄得更好点。"

2. 与"你这个人,Y"的负面评价相比,"我这个人,Y"的负面评价在语义强度和情感强度方面比较低,例如:

(30) <u>我这个人</u>,多年来做了不少好事,但也做了一些错事。"文化大革命"前,我们也有一些过失,比如"大跃进"这个事情,当然我不是主要的提倡者,但我没有反对过,说明我在这个错……

说自己"也做了一些错事",而错事只是自己对其他人做的错事没有"反对"。

更多情况下,"我这个人,Y"描述的负面属性是客观的不可控行为,例如:

(31) 韩涛:<u>我这个人</u>不太会讲话,接着杨骏的话继续谈一下。

(32) 面对荣誉和赞辞,王涛心平如镜,他告诉记者:"<u>我这个人</u>,文化程度不高,脑袋瓜也不比别人好使,能有现在这点本事,完全是靠笨办法学来的。

"不太会讲话""文化程度不高"等主要是从客观条件角度讲的,说话人自己比较难以控制。说话人还把这种客观不可控性归结为命运,例如：

(33) 心里还暗暗思忖，我这个人大概就是当教师的命吧。

(34) 哎！我这个人也是命不好啊，我投奔项梁没什么出息，投奔项羽没什么出息，投奔刘邦我还是没什么出息，现在那些官职比我大的人都走了，我在这儿待着干嘛啊？

有时陈述的属性只是一种消极心理活动，例如：

(35) "哎，我说三姑老爷，哎，可不是我这个人哪……哎可不是我这个人哪，哎有点儿不放心，咱们都是亲戚，你这件衣服哪，那个我，我是一定是要了。

在"你这个人，Y"中出现的"用屁股想事""阴阳怪气"等一般不会出现在"我这个人，Y"中，"我这个人，Y"一般也不出现反问句、感叹句，也一般不用那些表示抱怨、责怪的"真是"等标记。

(三) "他这个人，Y"的评价色彩

考察语料发现，"他这个人，Y"用于负面评价例子略多于正面评价的例子。先看正面评价的例子：

(36) 米隆诺夫官运亨通，拥有了很大的权力，并享有不小的威望。但这并没给他带来幸福。这主要是因为他这个人性情温和、太讲良心。

下面是负面属性的例子：

(37) 老板娘：拿…哎呀，他这个人哪，太情绪化了。

(38) 他这个人凶狠可怕。玛丽认为，弗朗西丝女士愿意和施莱辛格夫妇同去伦敦，就是因为害怕这个人。

"他这个人，Y"对言谈对象的负面评价可以程度很高，例如上面例子中的"太情绪化""凶狠可怕"。

有时"他这个人，Y"对同一言谈对象可以作出包括正反两方面的多项评价：

(39) 那么在我们看来,曹操可能是中国历史上性格最复杂、形象最多样的一个人。他这个人聪明透顶,又愚不可及;狡猾奸诈,又坦率真诚;豁达大度,又疑神疑鬼;宽宏大量,又心胸狭窄。

综上所述,"人称代词$_单$＋这个人,Y"对言谈对象的评价有负面的也有正面的,其中"你这个人,Y"句式表示言谈对象的负面属性远多于正面属性,"我这个人"表达正面评价和负面评价的数量大致相当,"他这个人,Y"用于负面评价的略多于正面评价。这种色彩倾向性大概跟"这"的直指性和包含的不礼貌成分有关。"人称代词$_单$＋这个人,Y"评价色彩的差异主要来自于后续话语的内容。

四、"人称代词$_单$＋这个人,Y"的互动功能

由于指示代词具有协调语会话各方共享注意焦点(Diesel 2006; Carlier & Mulder 2010)的功能,说话人说出"人称代词$_单$＋这个人"时,通过指示代词"这"邀请听话人对言谈对象予以关注,同时激活"这"指称对象"人"的属性意义,但"人"没有具体属性意义,由此吸引听话人进入对话,引发听话人关注言谈对象的具体属性,所以"人称代词$_单$＋这个人"具有很强的互动功能。

(一) "你这个人,Y"的互动功能

说话人在说"你这个人,Y"时直接面对听话人,同时听话人就是言谈对象,说话人与听话人的距离最近,表达最直接,语力最强;同时,"你这个人,Y"句式表达负面评价多于正面评价,负面评价赋予说话人负面的立场,引发说话人的种种消极情绪,听话人一般要对负面评价和负面情绪作出反应。

1. "你这个人,Y"既可以表达负面评价也可以表达正面评价,如果对评价对象的评价是负面的,说话人的意图是:

第一,提醒听话人说话人对听话人存在不满,邀请听话人反观自己的行为,因此在"你这个人"前面常常出现"看""瞧""我看""你看"等,例如:

(40) 张金发不急不火地说:"瞧你这个人,我跟你研究革命大事,怎么成了迷魂汤啦?"

第二,劝说听话人改善自己的行为方式,语法形式上用祈使、反问等语句和"好不好"等表示商榷的词语体现这种劝说行为,例如:

(41) 你这个人,还浪费时间干什么,我们忙得要死,快给我们讲讲杂志上的新闻。

第三,说话人要求听话人与自己共同采取行动,例如:

(42) "你这个人!……我是说咱们不必没事找事,反正以后也不见得再来往。"

第四,说话人因对听话人不满而单方面采取行动,例如:

(43) 吕荆科:你这个人啊!我给叶雨晨打电话过去。

2. 如果说话人对评价对象的评价是积极的,说话人的意图是:
第一,确认、认同听话人的正面属性,例如:

(44) "看起来你这个人实在真的是很有一点学问。"

第二,说话人对听话人表示赞赏,或表达惊叹之情,例如:

(45) 同志们想,知道别人是智慧,知道自己是高明,合起来就是明智,你这个人很明智。多高级啊!

(46) 东方闻音觉得莫名其妙:"嗨,你这个人,进步这么快,都当司令员了,还难过什么?"

(二)"我这个人,Y"的互动功能

1. 如果对自身作出负面评价,说话人的意图是:

第一,说话人希望听话人接纳自己,如下面例子中"你批判的那个"表明听话人对说话人的某种负面特性是知道的,说话人当着听话人的面说出来是为了获得听话人对自己的接纳。

(47) <u>我这个人</u>呐,就是你批判的那个……拿仁义为重了些……

第二,对说话人自身的不利于听话人的行为进行解释,例如:

(48) 我第一不能做的就是教师,为什么,因为<u>我这个人</u>个子也小,说话声音也小,最主要的胆子小,我所有的评语都是,胆小怕羞不敢说话,不敢当着别人的面说话。

上面例句中先说"我第一不能做的就是教师",下文用"我这个人,Y"描写自己"胆小怕羞不敢说话"等弱点来解释为什么不适合当教师。

2. 根据语用学的谦逊准则(Modesty Maxim),说话人应尽量多贬低自己,尽量少赞誉自己,但说话人用"我这个人,Y"赞扬自己,违反了上述礼貌原则。之所以这样做,说话人有特别的用意。

一是为了澄清事实,求得认同,例如:

(49) 而眼下晓庆却坦诚相告:过去我和不少记者吵过架,比如来杭州拍《红楼梦》时就曾对记者不太客气,但<u>我这个人</u>最大特点就是真诚,我说的都是真话,尽管可能会刺耳,但一说假话我就讲不流利了。

二是对说话人自身不能采取符合听话人在先前话语中对自己要求的行为进行解释,例如:

(50) 有人劝我说:"老范啊,如今关系就是资源,不利用可惜啦!"猛一听,这话好像有点儿道理,但细一想,却使不得。……<u>我这个人</u>很看重名节,和一些老上级、老同事来往,注意把握感情与原则的界限,做到不吹拍,不跑官,不拿公款送礼。

三是通过陈述自己的正面属性,希望听话人改变对自己的认知

和立场,作出说话人希望的行为,例如:

(51)有位小个子、小眼睛、无任何"背景"的小伙子,在用人单位的头头面前,大大方方地自我推荐:"我这个人形象不佳,理想不小,学习不错。请相信人不可貌相,海水不可斗量。"

四是通过陈述个性表明说话人的立场,并对听话人作出警告,例如:

(52)……刘邦就咯咯咯地笑,小兄弟,我这个人喜欢斗智,不喜欢斗勇,你少来这一套。

五是彰显个性,表达自豪,例如:

(53)可是我这个人从来都是自己创造品牌,所以我写了1500万字的《李敖大全集》。

(54)李导告诉我,多年前他做过心脏手术,医生每个月为他做一次检查,现在情况很好,不会影响拍戏。"没什么可怕的,我这个人从年轻时起就胆子大,哈哈……"

"从来都是自己创造品牌"彰显了李敖的特殊个性。当着他人面对自己进行正面评价是一种自夸行为,有的甚至是一种自鸣得意,如上面的"从年轻时起就胆子大"。

(三)"他这个人,Y"的语用功能

在"他这个人,Y"句式中,言谈对象是不在对话现场的第三者,此时存在说话人、听话人和言谈对象三个主体,根据言谈对象属性的特点及其与说话人、听话人之间的利害关系,话语呈现出动态互动性。

1. 根据言谈对象与听说双方之间的利害关系,说话人使用"他这个人,Y"句式表现出不同的交流意图。

如果言谈对象与说话人有利害关系,同时说话人陈述的是言谈

对象的负面属性时,说话人是言谈对象负面属性的受损者,说话人的意图是寻求听话人对说话人的同情,例如:

(55) 她一把鼻涕一把泪地数落着:"自从嫁给他,我就没有过一天的好日子,<u>他这个人</u>你是知道的,<u>在外边一点用都没有,又不会搞关系,又不会做人,结婚的时候连房子都没有</u>,害得我跟他的父母挤在一间小房里,夜里翻个身都不自由。

上例(55)是妻子说丈夫,"在外边一点用都没有……结婚的时候连房子都没有",对说话人来讲是不利的,说话人说出丈夫负面属性的目的是寻求听话人对自己的关注和同情。

如果言谈对象与说话人有利害关系,同时说话人陈述的是言谈对象的正面属性时,说话人是正面属性的受益者,说话人的意图是寻求听话人对言谈对象的认同,例如:

(56) 有时我和他也争论,我觉得<u>他这个人</u>很有<u>人格魅力,坦诚直言</u>。一定程度上他帮我下了决心,我非常感谢他。

2. 如果言谈对象与听话人有利害关系,同时说话人陈述的是言谈对象的正面属性时,说话人的意图是提醒听话人对言谈对象予以认同,例如:

(57) 这时,朱德说:"快啦! 咱们的周恩来同志快来了。他是个管家的,管这一个家。他会把这个事情办好。"并且强调说:"<u>他这个人</u>,历来是<u>管家的,是个好管家</u>。"

如果言谈对象与听话人有利害关系,同时说话人陈述的是言谈对象的负面属性时,说话人的意图是提醒听话人了解其先前不知晓的言谈对象的属性,并对自己的行为作出相应调整,例如:

(58) 穆青宽容地笑笑,"你看你这人,左云飞是我同学,我不信他信谁啊?"穗珠严肃道:"<u>他这个人</u>缺乏<u>责任心</u>,你可以跟他交朋友,但不能跟他一块做生意。"

3. 如果言谈对象与说话人和听话人都有利害关系,同时说话人陈述的是言谈对象的正面属性时,说话人的意图是寻求听话人对言谈对象的认同,例如:

(59)春花一笑道:"婢子哪有这么大的本事,这都是柳大爷打听出来的,<u>他这个人</u>别无可取,但打听消息的本事可大得很。"

如果言谈对象与说话人和听话人都有利害关系,同时说话人陈述的是言谈对象的负面属性时,说话人的意图或者是认同听话人的看法,或者是寻求听话人对言谈对象的共同关注,例如:

(60)"是呀,你说的那个人,我也知道,"保罗·希尔大声嚷了起来。"我就上楼给他送过酒呢。我觉得这家伙身上有点儿假。<u>他这个人太圆滑</u>,说话嗓门又太大。而且他给的小费只有十个美分。"

(61)从他抢面包这件事儿上看,他这个人确实是谁也不顾。可是,这年头难道真的是这样吗?

总之,"人称代词$_单$＋这个人,Y"具有互动性,由于说话人对言谈对象有不同的评价色彩,言谈对象与说话人、听话人之间具有不同的利害关系,不同人称代词构成的"人称代词$_单$＋这个人,Y"具有不同的互动特色和交际意图。

五、结　　论

本文分析表明,"人称代词$_单$＋这个人"一般情况下不能独立成句,结构也不是句子的主语,而是话题。"人称代词$_单$＋这个人,Y"是针对人称代词所指对象的评价句,评价既有负面的也有正面的。"你这个人,Y"句式表示言谈对象的负面属性远多于正面属性,"我这个人"表达正面评价和负面评价的数量大致相当,"他这个人,Y"用于负面评价的略多于正面评价的。从交际意图看,由于说话人对言谈对象有不同的评价色彩、话语参与者关系、话语参与者与言谈对象关系等构成不同的言语行为场景,不同人称代词构成的"人称代词$_单$＋这个人,Y"具有不同的交际意图和互动特色。

本文对"你这个NP"研究具有补充意义。目前对"你这个NP"研究的文献,大部分不区分其中的NP的性质,在这种情况下概况句式的语法意义,似乎缺乏周全性。如果NP由能凸显具体内涵的成分充当,NP对"人称代词$_单$"具有陈述功能,因而"你这个NP"较易独立成句;如果"NP"由表示概括意义的"人"充当,则"你这个NP"一般情况下不能独立成句,其语义色彩也不完全是负面的,而结构的语义色彩不仅与格式相关,也与其构件性质有关。

参 考 文 献

储泽祥、刘琪　2012　"我人还在这儿呢"———限定性同指关系、指称意图与语言形式的选择,《语言科学》第5期。

方梅　2002　指示词"这"和"那"在北京话中的语法化,《中国语文》第4期。

洪邦林　2007　《现代汉语感叹句专题研究》,南京:南京师范大学。

蒋华　2010　"你这个NP"的表义:愤怒还是嗔喜?《理论界》第8期。

李先银　2015　基于自然口语的话语否定标记"真是"研究,《语言教学与研究》第3期。

李小军　2011　表负面评价的语用省略———以构式"(X)真是(的)"和"这/那个＋人名"为例,《当代修辞学》第4期。

刘丽艳　2006　话语标记"你知道",《中国语文》第5期。

王进　2008　《元曲选》中"你这(个)NP"的语用功能,《修辞学习》第1期。

严俏　2012a　"你这个＋NP"在语篇中的情感语义类型及成因,《桂林航天工业高等专科学校学报》第1期。

严俏 2012b "你这(个)＋NP"的语篇语用功能和衔接手段,《柳州职业技术学院学报》第4期。

张伯江、方梅 1996 汉语功能语法研究,南昌：江西教育出版社。

张伯江 2010 汉语限定成分的语用属性,《中国语文》第3期。

张洪超、尹洪波 2004 "你这(个)＋NP"结构的多角度考察,《徐州师范大学学报(哲学社会科学版)》第2期。

张新华 2005 "你这个NP!"的表达功能研究,《世界汉语教学》第4期。

Goldberg, Adele E. 2006, *Construction at work: The nature of generalization in language*, Oxford University Press.

Carlier, Anne & Mulder, Walter De 2010. The emergence of the definite article: Ille in competition with ipse in Later Latin. in Kristin Davidse, Lieven Vandelanotte, Hubert Cuyckens *Subjectification, Intersubjectification and Grammaticalization.* Walter de Gruyter Mouton, Berlin/New York.

Verhagen, Arie 1995. Subjectification, syntax, and communication, in Stein and Wright (eds) *Subjectivity and subjectivisation Linguistic perspectives*. Cambridge University Press.

—— 2007. Constructions of Intersubjectivity: Discourse, Syntax, and Cognition. Oxford: Oxford University Oress.

Berman, R. A. 2005. "Introduction: Developing discourse stance in different text types and languages."*Journal of Pragmatics* 37: 105-124.

Stein, Diter 2005. Subjective meanings and the history of inversions in English. in Stein, Dieter & Wright, Susan (eds), *Subjectivity and subjectivisation, linguistic perspectives.* Cambridge university press.

Finegan, Edward 2005 Subjectivity and subjectivisation: An introduction, in Stein, Dieter & Wright, Susan (eds), *Subjectivity and subjectivisation, linguistic perspectives*. Cambridge university press.

Traugott, Elizabeth Closs 1995. The Role of the Development of Discourse Markers in a Theory of Grammaticalization. Paper presented at the 12th International Conference on Historical Linguistics. Manchester: University of Manchester, UK, August, 1995.

—— 2010, (Inter)subjectivity and (inter)subjectification: A reassessment, in Kristin Davidse, Lieven Vandelanotte, in Cuyckens, Hubert *Subjectification, Intersubjectification and Grammaticalization*. Walter de Gruyter Mouton, Berlin/New York.

Austin, John L. 1962, *How to do things with words*. Oxford: Oxford University press.

Bois, John W. Du 2007. The Stance Triangle, in Englebretson, Robert (eds) *Stancetaking in Discourse Subjectivity, evaluation*, John Benjamins Publishing Co. Amsterdam.

Scheibman, Joanne 2007. Subjective and intersubjective uses of generalizations in English conversations, in Englebretson, Robert (eds) *Stancetaking in Discourse Subjectivity, evaluation*, John Benjamins Publishing Co. Amsterdam.

Hopper, Paul J. & Traugott, Elizabeth Closs 1993. *Grammaticalization*. Cambridge university press.

Englebretson, Robert 2007. Stancetaking in discourse: An introduction, in Englebretson, Robert (eds) *Stancetaking in Discourse Subjectivity, evaluation*, John Benjamins Publishing Co. Amsterdam.

Langacker, Ronald W. 1987. *Foundation of cognitive grammar*, *Volume 1: theoretical prerequisites*. Stanford university press.
—— 2008. *Cognitive grammar: A basic introduction*. Oxford university press.
Kemmer, Suzenne 2005 Emphatic and reflective-self: expectations, viewpoint and subjectivity, in Stein, Dieter & Wright Susan (eds), *Subjectivity and subjectivisation, linguistic perspectives*. Cambridge university press.

面向汉语国际教育的"出于X"格式

王一平

(复旦大学国际文化交流学院)

摘 要 "出于X"格式中的"X"可以是不同的词性,但以名词性成分为主;"出于X"格式,根据其中"X"的变体情况,可以分为基本式、简约式和习语式三种。本文考察了"出于"与X组合时的搭配情况、组合时的自由度和能产性等选择限制。这对学生正确了解并习得"出于X"格式具有较好的作用。

关键词 出于X;汉语国际教育

一、问题的提出

在《发展汉语·中级综合(I)》第10课《给咖啡加点儿盐》中,课文中出现了"出于"一词[①],"晚会结束的时候,他勇敢地邀请她一块儿去喝咖啡,她呢,尽管很吃惊,然而出于礼貌,还是答应了"。课本生词表把"出于"一词标注为动词,英语释义是"out of"。在语法知识点部分的解释如下:"出于……,……"表示由于某种原因,而做某件事

---

① 关于"出于"的词性,学术界目前有动词、介词两种不同看法。由于这个问题较为复杂,本文暂不讨论。

情,常用于书面语。并给出如下例句(徐桂梅 2011:114—119):

> 出于种种原因,许多职员离开了这家公司。
> 出于对他们的尊重,记者没有和他们讨论那个话题。
> 大家出于同情,纷纷捐钱给那个可怜的孩子。

在对"出于"语法点进行教学时,祁峰(2017)认为:

> 结合教材中对"出于"一词的解释和示例,总结出动词"出于"的语法规则Ⅰ:
> 第一、动词"出于"后面可以连接名词性短语,如"种种原因、对他们的尊重";
> 第二、动词"出于"后面也可以连接双音节名词(如"礼貌")或双音节动词(如"同情")。
> 根据上面的语法规则,我们让留学生进行练习,练习的要求是让学生用"出于"完成下列句子:
> (5) _____,他每天走路上班。(出于)
> 对此,学生的回答各种各样,有些回答虽符合上面所概括的语法规则,但不符合汉语为母语者的语感;有些回答虽然不符合上面概括的语法规则,但符合汉语为母语者的语感。

为此,作者(祁峰2017)产生了"汉语二语语法教学是基于语法规则还是基于语感"的困惑。

在笔者看来,语感和语法规则不应当矛盾。可是这里为什么会出现语法规则和语感的对立呢?是母语者的语感出了问题还是我们对"出于"语法点的语法规则概括有问题?有鉴于此,本文查阅了大量的辞书、文献和语料库,重新考察"出于 X"格式的构造和类型。

二、目前辞书和文献对"出于"和"出于 X"格式的研究现状

根据潘倩莹(2013)的考察,在汉语的历时变化中,"出于"是一个

由动词"出"与介词"于"组成的跨层结构,后来才渐渐词汇化成一个独立的词。《辞海》《现代汉语八百词》①和《现代汉语虚词词典》等多部辞书都未见"出于"词条,《现代汉语词典》(第6版)开始将"出于"一词单独列为词条,将其标记为动词,列出了两个义项:

① (事物)从某处出现、产生:月出于东山之上/这幅字出于大家手笔。

② (言行)从某一角度、方面出发:出于好心/出于安全考虑,切勿酒后开车。②

郭良夫(2010:182)也将"出于"单独列为词条,但将其标记为介词,只有一个义项:"从一定的立场观点出发(多用于表示原因):出于对工作的责任心,他排除万难,完成了任务/出于对同学的爱护,他告诫学生,不要旷课/出于不可告人的目的/出于自愿/出于无奈。"

方清明(2017:36—37)也将"出于"单独列为词条,但未标词性,只列出了"出于"的两种用法与用例:1.从某方面、某个视角进行考虑,多用于"出于……的考虑/心理/需要/目的/原因/预期/同情"等搭配,多表示原因。(由于例句较多,详见附录)2."出于+VP",表示原因。

关于"出于 X"格式,汉语语法学界鲜有学者开始关注,我们在知网上以"出于"为检索词进行了文献检索,只检索到两三篇相关文献③。可见,学界对于"出于"的研究尚显不足。潘倩莹(2013)探讨了

---

① 《现代汉语八百词》"出"字词条中,出现了"出+在(于、自)"的词目和例句,但是并没有将"出于"单独列为词条。见《现代汉语八百词》(增订本),第122页。
② 见《现代汉语词典》(第6版),第187页。
③ 分别是潘倩莹(2013),"出于"一词的多角度考察,潘倩莹(2014),表原因的 X 于虚词的多角度考察——以"出于""基于""鉴于"为例和祁峰2017,规则优先还是语感优先?

"出于"的词性[①],描述了"出于 X"在句中的位置、"X"的句法语义特点。她分析了"出于 X"中 X 的词类和词义性质,从词类的角度,她揭示了在汉语历时变化中"出于"后接成分范围逐渐扩大[②],在现代汉语中,"出于"后接成分 X 可以是单个的名词、形容词(以名词为多),也可以是定中短语、并列短语、动宾短语(以定中短语为多)[③]。祁峰(2017)根据"X"的句法属性,概括了"出于 X"格式的四种主要类型:出于+NP、出于+VP、出于+Clause(笔者注,主谓短语、小句)和出于+Disyllable(笔者注,高频出现的双音词)。可以看出,两位学者不仅概括了"出于"后接成分(X)的句法性质和出现的频率多寡,祁峰(2017)还关注到了 X 的语音特点,提出了一种特别的"出于 X"类型(出于+Disyllable)。

潘倩莹(2013)、祁峰(2017)的研究虽然也揭示了"出于 X"格式中 X 的一些句法特点,但他们的着眼点过分关注 X 本身的句法属性,未能看到"出于"与 X 之间某种固定(准固定)的搭配关系,因而他们对于"出于 X"格式的描写显得比较碎片化、离散化,将原本分属不同层面、类型的问题混同在一起讨论,未能准确揭示"出于 X"格式的构造特点和不同类型,对语法教学甚至造成了一些误导。

在前人研究的基础上,本文以"出于"表示"(言行)从某一角度、方面出发"作为研究对象,考察"出于"与 X 的构造关系,面向汉语国际教育,从输出、表达的角度描写了"出于 X"格式的常见类型,希冀能帮助学生正确理解并习得"出于 X"格式。

---

① 潘倩莹(2013)认为将"出于"划为介词更为合理,不过在其论文的 2.3.2 中也提到:"出现在'是'字句中的'出于'的词性需要分情况讨论,一般我们认为当'出于'表示'来自于'、'来源于'意义的时候,我们应该认为'出于'是作动词,其余的'是'字句中的'出于'可以认为是作介词。"见潘倩莹(2013),"出于"一词的多角度考察,忻州师范学院学报,第 6 期。

② 潘倩莹(2013)指出"出于"后接成分范围逐渐扩大表现为:"出于"后接成分由具体名词扩大到抽象名词、动宾短语、形容词、特定形容词(如"无奈")等。

③ 见潘倩莹(2013),"出于"一词的多角度考察,忻州师范学院学报,第 6 期。

三、"出于 X"格式的常见类型

根据"出于"与 X 组合时的搭配情况,"出于 X"格式可以分为以下三类:

(一)"出于 X"格式的基本式

在考察语料时,我们发现在"出于"后面常常出现"……的需要/考虑/目的/原因/理由/动机/心理等"或者"对……的尊敬/敬畏/爱戴/渴慕/同情/信任/欣赏/仰慕"等词语。

根据"出于"后接成分 X 的不同,"出于 X"格式的基本式又可分为两类[①]:

1."出于+……的需要/考虑"

可以出现在这个类型中的词语主要有:需要、考虑、目的、原因、动机、心理、情感、感情、期望、想法、理由、关系等,例如:

(1) 出于研究需要对量表进行简化;
(2) 美国即使出于自身利益的考虑也会继续援助中国。
(3) 出于个人的动机和目的,借故非法拘禁他人的;
(4) 出于这个原因我才买的。
(5) 出于"希望会见一位伟人"的心理而欣然接受约请。
(6) 无论出于怎样的理由,均不得援引政治犯罪例外原则免除对犯罪嫌疑人的引渡。

2."出于+对……的尊敬/敬畏/关心"

可以出现在这个类型中的词语主要有:尊敬、崇拜、敬畏、爱戴、

[①] 方清明《现代汉语介词用法词典》也关注到了有"出于…………的考虑/心理/需要/目的/原因/意图/预期/同情"等相对固定的搭配。不过本文根据"出于"后 X 的不同,又将其细分为两类。

渴慕、同情、信任、欣赏、仰慕、好感、反抗、失望、理解、恐惧、改造、热爱、补偿、痛恨、绝望、批判、感情、好奇、尊重、不尊、敬意、骨肉真情和希望等,例如:

(7) 出于对博物学的热爱,达尔文在大学期间结识了不少地质学家、植物学家……

(8) 宝丽金唱片公司出于对张学友的歌艺欣赏,与之签约为旗下歌手。

(9) 家乡一些有权势的人家,出于对他才貌的仰慕,都想把女儿嫁给他。

(10) 宋庆龄出于对中山先生的爱戴与忠诚之心,回国参加了奉安仪式。

(11) 出于对蒋经国的尊重,大家都保持沉默而已。

(12) 出于对金钱与权势的渴慕,也出于对孔祥熙的好感,宋蔼龄与孔祥熙结识不久便订了婚。

潘倩莹(2013)认为"出于 X"中 X 以"定中短语"最多。我们认为其中的 X 并不是普通的"定中短语",而是一种有规律的"定中短语",即"出于"跟"……的需要/考虑/目的/原因/理由/动机"或者"对……的尊敬/敬畏等"是一种相对固定的搭配,类似一种准框式结构。只要语义相容,可以出现在"出于"与"……的需要/考虑/目的/原因/理由/动机"或"对……的尊敬/敬畏等"之间的词或短语数量较多,没有那么受限,组合相较自由;

在对语料的考察中我们发现,"出于 X"的基本式是"出于 X"格式中最常见的类型,从使用数量看,大约占"出于 X"格式的一半以上。因而"出于 X"格式的基本式应作为"出于 X"格式的主要类型加以重视,同时也应是"出于 X"格式教学的重点。

(二)"出于 X"的简约式

在对语料的考察中我们还发现,"出于"的后面可以出现一般的名词短语(NP)、动词短语(VP)或主谓短语/小句,例如：

(13) 行为人出于本人的意志而停止犯罪。
(14) 中国人对于别人的赞美表示谦虚是出于礼貌原则。
(15) 出于求生的本能,他拼命挣扎。
(16) 出于心疼女儿,我劝她不要干了。
(17) 这里母亲只说"有人",没有说"孩子",是出于"照顾对方面子"。
(18) 本书出于说明方便,把这种产品都被称作融合产品。
(19) 监护人不得收养被监护人,此乃出于保护被监护人的合法权益。

在语言表达经济原则的作用下,"出于 X"基本式中的"……的原因/需要/考虑/动机/目的"或者"对……的尊敬/敬畏等"这些词语被简省了,特别是在后续语句中,"出于 X"就变成了简约式。与"出于X"的基本式相比,"出于 X"的简约式在除了在形式上短小、简洁外,"出于"与后接的 NP/VP/小句在组合的自由度上也受到了一定的限制。

"出于 X"的简约式与"出于 X"的基本式之间似乎存在一些转换关系,"出于 X"的简约式看起来就像是"出于＋……的需要/考虑"省去了框架的后一部分("……的原因/需要/考虑/动机/目的"),只保留了"出于"和修饰语。在"出于 X"的简约式中,"出于"承担起整个框架的功能,蕴含了"出于 X"基本式的格式意义。

简约式与基本式的关系：基本式表义比较完整、明确,简约式表义更加简洁,正是由于基本式的存在,为简约式的正确理解奠定了语义基础。

(三)"出于 X"的习语式

在对语料的考察中我们还发现,"出于"的后面可以出现一些(高频使用的)双音词、三音词或四字格,例如：

(20) 他们对于生活的要求其实是出于本性。
(21) 出于恶意取得票据的,不得享有票据的权利。
(22) 我出于好意,没有拒绝。
(23) 生儿育女是出于感情,而不是为防老等经济目的。
(24) 汤恩伯撤出上海前夕,出于私谊,多次劝陆久之离开大陆,
(25) 有些人出于直觉购买了保险。
(26) 你搞不清亲戚对你好是真好,还是出于利益。
(27) 出于负责和好奇,我经常查问她和同学在一起都干了些什么事情。
(28) 这并不是出于礼让。
(29) 出于同情和怜悯接收了这样的孩子入学。
(30) 出于泄愤报复进行刑讯逼供的。
(31) 出于万般无奈,他才去找努尔哈赤。
(32) 俺投降大金的时候,也是出于不得已。

在"出于X"的习语式中,与"出于"组合的(高频使用的)双音节词既有名词,也有动词、形容词,甚至包括一些三音的惯用语和四字成语。这些与"出于"组合的双音节词、三音词、四字格数量十分有限[①],不能自由组合,具有一定的约定性。

四、结　束　语

总之,"出于X"格式中的"X"可以是不同的词性,但以名词性成分为主;"出于X"格式,根据其中"X"的变体情况,可以分为基本式、

---

① 能在"出于X"的习语式中出现的高频使用的双音节词、三音词和四字格主要有：报复、本能、本意、不得已、恶意、负责、好奇、公心、过失、关心、客气、嫉妒、礼让、礼貌、利益、怜悯、偶然、善意、同情、怜悯、无奈、万般无奈、需要、压力、习惯、兴趣、遗传、臆测、义愤、自恋、自愿、自卫、直觉。

简约式和习语式三种。本文之所以如此给"出于 X"格式分类,正是注意到了"出于"与 X 组合时的搭配情况、组合时的自由度和能产性等选择限制。

教学中,应以基本式的教学为主,后两类的教学为辅。而对于一些高频出现的习语式,如"出于礼貌、出于本能"等,也可以将这一格式词汇化,整体教给学生。通过这样的分层分级教学,不仅可以增强教学的针对性,同时也可以避免学生因过度类推规则,从而出现泛化的偏误。这样的分类对学生正确了解并习得"出于 X"格式具有较好的作用。

这样做的目的也是为了协调汉语的语感和规则的关系,让我们的语法规则尽量可以揭示母语者的语感。

参 考 文 献

方清明　2017　《现代汉语介词用法词典》,商务印书馆。
郭良夫　2010　《应用汉语词典》,商务印书馆。
吕叔湘主编　1980　《现代汉语八百词》,商务印书馆。
潘倩莹　2013　"出于"一词的多角度考察,《忻州师范学院学报》第 6 期。
潘倩莹　2014　表原因的"X 于"虚词的多角度考察——以"出于"、"基于"、"鉴于"为例,湘潭大学硕士学位论文。
祁峰　2017　规则优先还是语感优先?《华中学术》第 19 辑,华中师范大学出版社。
徐桂梅、崔娜、牟云峰编著　2011　《发展汉语・中级综合(I)》,北京语言大学出版社。
中国社会科学院语言研究所词典编辑室　2012　《现代汉语词典》(第 6 版),商务印书馆。

汉语史上语言接触引发的语法化机制探究

梁银峰

(复旦大学中文系)

摘　要　根据以往的研究成果,文章总结了汉语史上借用外来语法成分的三种模式:一是对外来语法成分的完全引进,二是对外来语法成分的局部引进,三是因语言接触而引发的进一步语法化。其中第三种模式尤其具有研究价值,因为通过这种模式产生的语法成分并非外来成分的直接引进,也不是某一语法成分在引进后语法意义有所调整,而是在汉语自身的基础上发展出来的,语言接触只是汉语新的语法成分产生的诱因。关于语言接触引发的语法化后果,文章认为由于历史上汉语与周边语言相比一直处于强势地位,当外来语法成分进入汉语后,汉语相应或与之类似的语法成分不会因此而消亡,由此导致在某一特定历史时期内汉语语法系统往往发生繁化。

关键词　汉语史;语言接触;语法化机制;语法化后果

一、引　言

在漫长的汉语发展史上,重新分析和类推无疑是导致汉语语法系统发生演变的重要内因,而由于汉语与异质语言(境内的少数民族语言或境外的外国语言)长时期地保持接触而导致的借用现象则是汉语语法系统发生演变的重要外因,探讨汉语语法如何借用异质语言中的语法成分(即借用的具体机制)是近些年来汉语语法史学界关注的重要视角。本文拟结合笔者和前人的研究成果,通过汉语史上若干个案归纳总结汉语借用外来语法成分的模式,然后在此基础上探讨汉语是通过什么途径吸收外来语法成分的(即由于语言接触而引发的语法化机制是什么),最终能给汉语固有的语法系统带来什么样的后果。① 本文带有理论探索性质,概括总结不当及疏漏之处,尚祈海内外方家指正。

二、汉语史上借用外来语法成分的三种模式

(一)类型Ⅰ:外来语法成分的完全引进

吴福祥(2009)综合了西方学者的研究成果,将接触引发的语法化划分为两种模式:一种是"通常性接触引发的语法化",指的是复制语(replica language)的用户依照普遍的语法化策略,将模式语(model language)中的某些语法概念迁移到复制语里;另一种是"复制性语法化",指的是复制语的用户不仅将模式语里的某些语法概念迁移到了自己的语言中,而且还将这些语法概念在模式语里的语法化途径和过程也迁移到了自己的语言中②。从语法化的结果来说,吴福祥先生提出的关于接触引发的上述两种语法化模式,不管是哪种演变模式,从语法化的结果来说,复制语的用户从模式语里引进一个

---

① 本文不讨论实词层面的外借,即"借词",这种接触在其他层面(尤其是形态、句法方面)对汉语的影响很小。这种借用机制简单,而且这种接触在任何一种语言或方言中都有可能发生。
② 据吴文,提供复制模式的语言称为"模式语",实施复制过程的语言称为"复制语"。

新的语法范畴或语法结构是共同的。有基于此,我们可以将这两种模式视为对外来语法成分(虚词或语法结构)的完全引进。从汉语史上看,这两种引用模式也是最常见的。

个案1:从古汉语到中古汉语:"V+已"格式中"已"的意义变化

"V+已"格式最初是作为主谓结构使用的,表示某个动作过程的结束,"V"是持续性动词,"已"是"完毕、结束"义动词。如果出现宾语,则宾语位于"V"之后、"已"之前,表示某个事件的结束(参见梁银峰 2006:112—117),例如:

(1) 惠王死,武王立。左右恶张仪,曰:"仪事先王不忠。"言未已,齐让又至。(《战国策·齐策二》)

(2) "翏(戮)"者可(何)如? 生翏(戮),戮之已乃斩之之谓也。(《睡虎地秦墓竹简·法律答问》)

(3) 攻齐已,魏为□国……。(《马王堆帛书·战国纵横家书》)

(4) 秦武王元年,群臣日夜恶张仪未已,而齐让又至。"(《史记·张仪列传》)

(5) 会盟已,饮,而卫鞅伏甲士而袭虏魏公子卬。(《史记·商君列传》)

到了东汉以后的汉译佛经中,"V+已"格式在语义上出现了一种非常明显的变化,那就是"V"除了是持续性动词,也可以是非持续性的瞬间动词或状态动词,如"死已"(《百喻经》)、"闻已"(《百喻经》)、"见已"(《百喻经》)、"到已"(《六度集经》)、"觉已"(《贤愚经》)、"饱已"(《贤愚经》)、"灭已"(《贤愚经》)等。朱庆之(1993)联系佛经原典语言,认为用在动词后或句末的"已"都是表示时态的助词,这与梵文中动词的过去分词后缀-ta 有很大关系。过去分词常常被译成汉语的"V+已",例如:abhisikta"灌顶、既灌顶已",pravista"入已、既悟入已",niruddha"灭已",evan ukte"作是语已"等等,过去分词具有时(tense)、体(aspeect)、态(voice)的语法意义,"已"正用来表示其中的过去和完成两种语法意义。朱先生推测佛经翻译家把后缀 ta 看得很实在,这就直接导致了汉译佛经中时态助词"已"的大量出现。① 梁银峰(2006:161)认为,东汉后期开始的佛经中大量的"V+已"中的"已"是一个动态助词,但这个动态助词不是汉语完成动词"已"自然虚化的产物,而是受原典的影响。冯春田(1992)认为南北朝时期汉译佛经《百喻经》中的"已"是完成动词"已"自然演变的结果,没有受梵文的影响,是不准确的。

个案 2:元代汉语的后置词"行"

据江蓝生(1998)的研究,后置词"行"大多用在代词(包括疑问代词和人称代词)、指人的身份名词之后(偶尔用在指事或指物的名词之后),可以表示动作行为发生的处所,也可以表示动作行为的对象(这时也可以看作格标记)。后置词"行"在表示动作的对象时可以出现在 A 式"动/介+N 行(+VP)"和 B 式"N 行+VP"两种句型中,A 式是汉语自古就有的,B 式是元代汉语受蒙古语语序的影响而产生的。B 式的例子如下:

(6) 大师行深深的拜了,启朱唇语言的当。(《西厢记》第二折)

(7) 动不动君王行奏。(《李太白匹配金钱记》第三折)

(8) 世情别,故交绝,床头金尽谁行借?(元·乔吉《山坡羊·冬日写怀》)

余志鸿(1983,1987)认为这里的"行"起提前宾语或补语的作用。他以《蒙古秘史》中汉语的对译和总译材料,证明这个后置词"行"是从蒙古语引进的语言现象,是汉语与阿尔泰语语言交融的产物,反映

---

① 蒋绍愚(2001,2007)根据辛岛静志在《汉译佛典的语言研究》中的意见,认为这种用法的"已"是梵文中绝对分词的翻译,与朱庆之先生的观点略有不同。辛岛静志先生说:"在梵汉对比时,我们就发现这种'已'大多数与梵语的绝对分词(或叫独立式;Absolutive Gerund)相对应。……在梵语里绝对分词一般表示同一行为者所做的两个行为的第一个('……了以后'),相当于汉译佛典的'已'。"

了阿尔泰语对北方汉语的渗透和影响。下面是《蒙古秘史》中的一则汉语白话对译材料：

(9) 豁罗　合札　刺　亦列牙
　　 远　 地 　行　教去（发往远处。"行"对译蒙语里的与格助词）

（二）类型Ⅱ：外来语法成分的局部引进

上文我们引述了吴福祥先生提出的关于接触引发的两种语法化模式，我们注意到，吴福祥先生所归纳的这两种演变模式实际上并不能涵盖汉语史上所有由于语言接触而导致的语法演变现象。比如，历史上汉语与某种语言发生接触后，有时虽然某个外来语法成分进入了汉语，但其语法意义并未完全跟进，而是发生了语义变化，这是外来的语法形式与汉语自身的语法系统相互折衷的结果。

个案3：宋金元时期的指示词"兀底（的）"

(10) 鹄相庞儿谁有，兀底便、笔描不就。（宋·张镃《夜游宫（美人）》）

(11) （俫儿做叫科，云）兀的不是叔叔？叔叔。（李德义云）是谁唤我哩？（俫儿云）叔叔，是神奴儿叫你哩。（李德义云）兀的不是神奴儿？你在这里做甚麼？（元明间无名氏撰《神奴儿大闹开封府》楔子）（俫儿，即神奴儿。）

(12) （村厮云）常闻得蒙点水尚且仰泉思报，何况我父亲将草命替你遮藏？我说兀的做甚？（《说专诸伍员吹箫》第四折）

(13) 兀的东壁上有箇稍房子空者裏，你看去。（《原本老乞大》，19右：08—09①）

(14) 焦吉见了万秀娘，又不敢问，正怔地踌躇。则见一个人吃

---

① 本文所用的《老乞大》版本为：[韩]郑光主编《原本老乞大》，北京：外语教学与研究出版社，2002年。其中数字表示例句在该书影印本中所在的页码和行数。后文同。

得八分来醉,提着一条朴刀,从外来。万秀娘道:"哥哥,兀底便是劫了我底十条龙苗忠!"(《万秀娘仇报山亭儿》)

指示词"兀底(的)"是受宋金元时期古突厥语远指词 ol 的影响而产生的合璧词,而非汉语固有词汇(参见张维佳、张洪燕 2007),这使得它进入汉语后并未完全继承古突厥语中表远指的语义属性,因为汉语中已经有了远指词"那底(的)",于是经过语义调整,"兀底(的)"变为表中性指示,从而与"这底(的)""那底(的)"在使用频率上形成三足鼎立态势(参见梁银峰 2018a:142)。指示词"兀底(的)"引起我们深入思考的一个问题是:两种语言发生接触,一种语言(源语言)的某个语言成分(语法的或词汇的)进入另外一个语言(目标语言)后,被借用的这个语言成分的意义或用法能够在多大程度上在目标语言中得到保留?这是否反映了二语习得过程中的某种规律?

个案 4:元代汉语非使役性的役事缺省的使役句

汉语的使役结构在形式上可表示为"$NP_1+SHI+NP_2+VP_2$",相应的语义结构是"致事-使役行为-役事-结果行为或状态"。一般情况下,役事都要出现,但在语义明确的情况下,役事也可以缺省,例如"民可使由之,不可使知之"(《论语·泰伯》)。根据张赪(2014)的考察,元代缺省役事的使役句有两个明显的变化:一是直译体文献中缺省役事的使役句的用例明显多于非直译体文献;二是元代缺省役事的使役句出现了不表使役的用法。其中后一种变化尤其引人注意。更加说明问题的是,这种非使役的缺省使役句明代以后又衰亡了[①]。这些事实不由得让人怀疑这种变化是否跟元代蒙汉两种语言的接触有关。下面转引张文中若干元代汉语不表使役的缺省役事的使役句用例:

[①] 据张文,明代小说中缺省役事的使役句有明确不表使役的用例,但多限于使役动词与否定词(如"莫""休""免")、个别副词(如"管""任")连用,有固化的倾向。

(15)（云）俺今日有甚亲？你自姓张，你<u>自交夫家去了</u>！(《散家财天赐老生儿》第四折)

(16) 咱却且尽<u>教伴呆着休劝</u>，请夫人更等三年。(《闺怨佳人拜月亭》第四折)

(17) 已后似此违犯之妇，申部呈省详断，<u>无令擅决</u>。奉此。(《元典章》卷四十五，刑部七·诸奸·指奸·男妇执谋翁奸)

张赪认为，上述缺省役事的"使役动词＋动词"结构与中古蒙古语的使役表达存在一定的对应关系：在中古蒙古语中，如果表达致使义，就用词缀-ul--lG-标记在动词词根上（在《蒙古秘史》中用记音字"兀勒""温勒"来表示）。动词词根附上这样的词缀以后，表示某动作是受到某种影响而发生的，但并不标记与动作相关的致事或役事。通过对比汉语和中古蒙古语的使役结构可以发现，由于缺省役事的"使役动词＋动词"格式与中古蒙古语的使役表达最接近，况且又是汉语已有的格式，所以用"使役动词＋动词"来对译中古蒙古语的使役表达是最合适不过了。

但以汉语为母语者对"动作的受影响性"这一语义并不敏感，按照汉语的习惯，完全可以只用动词，一个句子采用主动句就可以了，不必再用"教"字。下面两例也是如此：

(18) 你把这瓮内酒休<u>交剩</u>。(《严子陵垂钓七里滩》第三折)

(19) 辞禅皇帝将贼每休<u>教放</u>者，么道圣旨有来。(《元典章》卷四十九，《刑部·诸盗·强窃盗·处断盗贼新例》)

不过仍有一个问题需要探讨：汉语的"使役动词＋动词"格式在语法性质上仍是使役结构，只不过在上下文义非常明确的情况下，役事缺省罢了；同样，中古蒙古语的-ul--lG-也是表达使动性的词缀，这种词缀附在动词词根上以后具有使动意义，那么在元代文献中缺省役事的使役句又是怎么发展出不表使役的用法了呢？按张赪的观点，在实际的蒙汉交际过程中（笔者按，指对于那些兼操蒙古语和汉语的使用者而言），以母语为汉语的使用者一方面接受了使役动词＋动词"格式，但另一方面又未完全接受"使役动词＋动词"格式所带有的蒙古语使役句"动作行为是受影响所致"的语义，从而使得"使役动词＋动词"格式偏离了使役义，在一定程度上用如普通的主动句，"是语言接触中发展出的新义"①。

（三）类型Ⅲ：语言接触引发的语法化

这种类型也不在吴福祥先生所归纳的关于语言接触引发的两种语法化模式之内。汉语史上，有些语法成分的产生虽然与语言接触有关，但这些新产生的语法成分却并非外来成分的直接引进，也不是在引进后语法意义有所调整，而是在汉语自身的基础上发展出来的，语言接触只是汉语新的语法成分产生的诱因。

个案5：中古汉译佛经和敦煌变文中的标补词"于"

据梁银峰（2016：192—213）的考察，在中古汉译佛经以及深受汉译佛经语言影响的晚唐五代的敦煌变文中，介词"于"有时可以位于主句中的动词和宾语小句之间，起到类似于英语中标补词（complementizer）that 的作用。例如（加下划线的部分是宾语从句）：

(20) 迦叶见于池侧有两好石，问佛："云何而得此石？"（西晋·竺法护译《普曜经》，《大正藏》3/531b-c②）

(21) 王复出游，见于人民各各竞共作诸乐器。（北魏·慧觉等译《贤愚经》，《大正藏》4/403b）

(22) 于是目连见于慈母堕在地狱，遂白佛言。（《敦煌变文校注·目连缘起》③）

---

① 汉语使役句的语义特点是，以使役动词作为中心，重在表达致事导致役事发生的变化，以及在句子中突显二者的关系。一般情况下汉语使役句都会出现役事，只有在上下文非常明确的情况下才会省去役事。
② 数字和字母分别指《大正藏》卷数、页码和栏数，下文引例同。
③ 本文所用敦煌变文版本为：黄征、张涌泉《敦煌变文校注》，中华书局，1997年。

梁银峰认为,"于"的上述标补词用法与中古汉译佛经中的宾语标记"于"有密切关系,例如:

(23) 譬如渴人饮于咸水,如秋增热,春多涕唾。(吴·支谦译《菩萨本缘经》,《大正藏》3/63b)

(24) 提婆达者,不但今日怀不善心欲中伤我,过去世时亦常恶心杀害于我。(北魏·慧觉等译《贤愚经》,《大正藏》4/366b)

(25) 尔时目连,犹如猛鹰衔于小鸟,飞腾虚空。(北魏·慧觉等译《贤愚经》,《大正藏》4/378a)

在上古汉语中,介词"于"虽然可以位于动宾之间,但宾语基本上是表示与动作有关的处所、时间、对象、范围、工具、原因、结果、条件、施事等多种语义成分,而不会是动作的受事。换言之,"于"是个非宾语标记,标示其后的名词性成分不是宾语。反过来也可以说,凡是动名之间不用"于"字的结构才有可能是动宾结构。姜南(2008,2009)从梵汉对勘的角度揭示出,中古汉译佛经中位于动词和受事宾语之间的"于"字跟佛经原典语言表现受事的宾格(accusative)、属格(genitive)等格尾存在一定的对应关系,另外,有时整个"动+于+受事"结构对译的是佛经原典中的依主释复合词,而依主释复合词的前一字有时采用宾格的形式。

梁银峰认为,标补词"于"来自宾语标记"于"的功能扩展。前置词和标补词关系密切,原因就在于前者介引的是名词性成分,后者引导的是名词性从句,既然被引介的都是名词性成分,那么由前置词发展为标补词就是很自然的功能扩展。英语中不定式小品词 to 的用法就经历了这种演变,试比较:

(26) a. We came **to** a picturesque cottage.
     b. We handed the box **to** the officer.
     c. We want **to** ask you a few questions.

中古汉译佛经和敦煌变文中的标补词"于"的产生与语言的接触有关,但与汉语史上其他类型的外借成分不同的是,它不是完全引进,而是在佛经原典语言(书面文献)的基础上进一步发展出来的,其发展的动因来自于人类语言跨语言的共性。换言之,中古汉译佛经和敦煌变文中的标补词"于"的产生在一定程度上受到佛经原典语言的触动,这种语法化现象可看作"接触引发的语法化"(contact-induced grammaticalization)。

需要特别强调的是,中古汉语佛经和敦煌变文中的标补词"于"并不是从佛经原典中直接引进的,或者说佛经原典语言中并没有一个与标补词"于"完全对等的语法成分。客观事实是,中古的佛经译师们先将上古汉语中位于动宾之间的语用标记"于"激活,使之迅速成为一个语法标记,然后这个语法标记进一步独立发展为标补词。

个案6:中古汉语的后置词"所"

据赵长才(2009)的研究,"所"作为后置词表示对象关系的格标记用法是在中古时期才出现的,而且这种新用法又集中出现在该时期的汉译佛经中,这说明它在一定程度上受到了原典语言的影响,例如:

(27) 我虽布施,心常悭惜,<u>于诸沙门、婆罗门所</u>,无恭敬心,横加骂辱,今受是报。(三国吴·支谦译《撰集百缘经》,《大正藏》4/225a—225b)

(28) 是人无理,得生人中,忘恩背义,反<u>于我所</u>而生毒害,如妙香华置之死尸。(三国吴·支谦译《菩萨本缘经》,《大正藏》3/67c)

(29) 愍此愚惑人自作制限,彼制限者,无有恭恪心<u>于如来所</u>。(符秦·僧伽跋澄等译《僧伽罗刹所集经》,《大正藏》4/137c)

赵先生认为,上面例子中的"于+NP+所"结构不再表示动作行为或事件发生的处所,而是表示动作对象或对待关系,"所"在这样的句子里已不再是具有实在意义的方所词,而已经语法化为表示对象关系的后置词。后置词"所"与前置介词"于"组成"框式介词"(circumposition)结构,二者共同标记对象格。赵先生通过梵汉对勘的材料发现,"于+NP+所"在表示对象关系时与梵文文本中的名词属格形式相对应,梵文名词的属格既可以表示处所或领属关系,也可以表示对象关系。赵先生认为这种影响并非直接借用,"所"表示对象关系的用法主要还是来自于自身从表示处所的功能扩展,来自原典语言的影响更多的是一种催化和推动作用。

董秀芳(1999)认为,"所"表示动作对象的格标记用法在《史记》中已有萌芽,不过有一点仍然不可忽视,那就是"所"用作表示动作对象的格标记在中古汉译佛经中发展得更为成熟,董文所举的《史记》中的三个例子多少还有点处所指示词的影子(有关这类例子的详细辨析,参见梁银峰 2018b),例如:

(30) 赵人举之赵相赵午,午言之<u>赵王张敖所</u>,赵王以为郎中。(《史记·田叔列传》)

(31) 王召视之,其颜色不变,以为不然,不卖<u>诸侯所</u>。(《史记·扁鹊仓公列传》)

(32) 光曰:"吾方尽矣,不为<u>爱公所</u>。吾身已衰,无所复事之。是吾年少所受妙方也,悉与公,毋以教人。"(《史记·扁鹊仓公列传》)

实义名词"所"是"处所""地方"的意思,由于在语义上具有概括性,早在先秦时期就经常跟在指人的名词或人称代词之后,句法位置逐渐固定下来,成为一个后置词,表示动作发生的处所(构成"NP+所"格式);西汉以后,指示处所的后置词"所"衍生出了表示动作对象的用法,但多少还带有处所指示词的影子;到了中古汉译佛经中,由于受到原典语言中名词属格形式(该属格形式在语法功能上既表示处所或领属关系,也表示对象关系)的影响,处所指示词"所"加速语法化为成熟的名词格标记。

三、语言接触引发的语法化后果:
汉语的语法系统发生了简化还是繁化?

任何一种语言或方言都会存在与其他语言或方言最低限度的接触。语法化学说认为,语言或方言的接触是语法演变的重要机制之一(参见 Hopper & Traugott 2003:Chapter 8)。汉语史上,中古时期佛经原典语言和宋金元时期北方阿尔泰语系与汉语均有较长时间的深度接触,尤其在元代,甚至还形成了一种以汉语为上层语言,以蒙古语为底层语言的"中介语",这种中介被有些学者称作"汉儿言语"(太田辰夫 1953)或"蒙式汉语"(祖生利 2007)。

我们感兴趣的是,在汉语史上,由于语言的接触而引发的语法化现象给汉语的语法系统带来什么样的后果?或者说,使汉语固有的语法系统发生了繁化还是简化?我们认为,由于汉语与周边语言相比一直处于明显的强势地位,从汉语史上看,当汉语与其他语言发生接触时,外来语言的某一语法概念很难取代汉语中与之对等(或接近)的语法概念,由于语言接触而引发的语法化现象给汉语带来的直接后果一般是使某一语法范畴变得更加繁化(至少在某一特定历史时期内是如此)。就已有的研究来看,这种繁化主要体现在以下三个方面:

第一,汉语的语法系统中增加了新的语法成分、新的语法结构,或者汉语固有的语法成分增加了新的语法功能。这也是由于语言接触而引发的最常见的语法化后果。

个案 7:元代汉语词尾"每"的用法

词尾"每"在元代以前已经产生(元代以前写作"䍙""弥""伟""懑""满""瞒""门"等字形),但均限于指人,到了元代,词尾"每"可以

用于非指人名词;指示词"这(的)""那(的)"之后加词尾"懑、每",指"这些人、那些人",有的相当于"他们",例如:

(33) 若是稻穰时,这头口每多有不吃的。(《原本老乞大》05 左:06—07)

(34) 又奏:这般星历文书每,在先教拘收者道来,不好生拘收来的一般有。(《通制条格》卷二十八,禁书)

(35) 这的每寺院里、房舍里,使臣休安下者。(1314 年元氏开化寺圣旨碑)

(36) 那法师,忙贺喜,道:"那每殷勤的请你,待对面商议。"(董解元《西厢记诸宫调》卷三)

元代蒙古语里没有专职的第三人称代词,而以指示词来兼任:蒙古语的 ene(单数、近指)/tere(单数、远指)在直译体文献里翻译为"这的"/"那的";ede(复数、近指)/tede(复数、远指)翻译为"这的每"/"那的每"。据李崇兴等(2009:147)的研究,在元代直译体文献里,"这的(底)""那的(底)"基本用来指称事物,且处于主格和宾格位置;"这的(底)每"/"那的(底)每"基本用来指称人,不指称事物(这是受到元代汉语词尾"每"多用于指人的限制)。

个案 8:元代白话文献中大量 SOV 型语序的句子

SVO 是汉语固有的语序,但在元代白话文献中出现了大量的 SOV 型语序的句子,例如(加下划线的部分是宾语,着重号是动词):

(37) 我试拽,气力有呵,我买。(《原本老乞大》28 右:02)

(38) 既怎投大都去时,俺是高丽人,汉儿田地里不惯行。(同上,02 左:09—10)

(39) 做娘的剜心似痛杀杀刀攒腹,做爹的滴血似扑簌簌泪满腮,苦痛伤怀!(《看钱奴买冤家债主》第二折)

第二,新的外来语法成分或外来语法结构和汉语固有的语法成分组成混合语法成分或混合语法结构。

个案9：元代汉语中的蒙汉混合语法结构

(40) 只把我这旧弟兄伴当们<u>根底</u>半点也不睬。(《朴通事》)

(41) 一个见性得道的高丽和尚，<u>法名唤步虚</u>，到江南地面石屋<u>法名</u>的和尚<u>根底</u>，作与颂字，回光反照，大发明得悟，拜他为师傅，得传衣钵。(《朴通事》)

(42) 俺有一个伴当落后了来。俺沿路上慢慢的行着[等]候来。<u>为那上</u>，迟了来。(《原本老乞大》,01右：05—06)

第三，被借入的语法成分或语法结构直接繁化。

个案10：中古汉译佛中的等比结构"如……等/许"

姜南(2012)注意到"如……等/许"大量用例出现在中古汉译佛经中，两种格式用来引进名词作为平比基准，表示等同："如……等"侧重表达外形相近，"如……许"侧重表达数量相等。各转引一例如下：

(43) 复有万婆罗门，皆<u>如</u>编发<u>等</u>。(三国吴·支谦译《佛说维摩诘经》,《大正藏》14/519b)

(44) <u>如</u>六十亿江河沙<u>等</u>菩萨大士。(《正法华经》,《大正藏》9/110b)

姜南基于梵汉对勘的证据，提出"如……等/许"结构带有明显的仿译佛经原典语言同型格式的倾向，例如：

(45) sattvās **yatha gaṅga-vālikās**(《法华经·授学无学人记品第九》)

竺法护译：又此众生<u>如江河沙</u>。

鸠摩罗什译：<u>如恒河沙等</u>无数众生。

与竺法护的翻译相比，鸠摩罗什用框式平比结构"如……等"对译原文中表示等同的不变词"yatha"。

(46) nāsti kaścid antasśaḥ **sarṣapa-mātro** 'pi pṛthivī-pradeśo yatrānena sarīraṃ na nikṣiptaṃ sattvahita-hetoḥ(《法华经·提婆达多品第十二》)

鸠摩罗什译：无有如芥子许非是菩萨舍身命处。

鸠摩罗什用框式平比结构"如……许"对译原文中位于复合词尾部表示等同的"-mātra"(意思是"相等、如量")。姜南据此做出推测：译经中表示等同的"等/许"基本上是在仿译原文同型等比结构的过程中发展为后置等比标记的，进而与前置词"如"相搭配，形成框式等比标记"如……等/许"。

我们无意否认汉译佛经中的等比结构"如……等/许"是仿译梵语的结果，但姜南并未举出梵语中表示等同的不变词"yatha"和位于复合词尾部表示等同的"-mātra"同时出现的梵文例子，这使我们怀疑汉译佛经的等比结构"如……等/许"并非严格的梵语对译形式。换言之，只要梵语中出现了"yatha"或"-mātra"，佛经翻译者(主要是鸠摩罗什)就有可能用繁化的等比结构"如……等/许"来对译。

参 考 文 献

董秀芳　1999　古汉语中的后置词"所"——兼论古汉语中表方位的后置词系统,《四川大学学报》(哲学社会科学版)第2期。

冯春田　1992　魏晋南北朝时期某些语法问题研究,《魏晋南北朝汉语研究》,山东教育出版社。

江蓝生　1998　后置词"行"考辨,《语文研究》第1期。

姜南　2008　汉译佛经音节衬字辩说,《语言研究》第4期。

姜南　2009　佛经翻译中格范畴的系统对应,《汉语史研究集刊》第十二辑,巴蜀书社。

姜南　2012　汉译佛经等比标记"如……等/许"探源,《语言研究》第

1期。

蒋绍愚　2001　《世说新语》、《齐民要术》、《洛阳伽蓝记》、《贤愚经》、《百喻经》中的"已"、"竟"、"讫"、"毕",《语言研究》第1期。

蒋绍愚　2007　语言接触的一个案例——再谈"V(O)已",《语言学论丛》第三十六辑,商务印书馆。

李崇兴、祖生利、丁加勇　2009　《元代汉语语法研究》,上海教育出版社。

梁银峰　2006　《汉语动补结构的产生与演变》,学林出版社。

梁银峰　2016　《汉语史主从句和从属句的产生及其演变》,上海人民出版社。

梁银峰　2018a　《汉语指示词的功能和语法化》,上海教育出版社。

梁银峰　2018b　《论后置词"所"的功能、形成途径和动因》,《汉语史研究集刊》第二十四辑,四川大学出版社。

太田辰夫　1953　老乞大的语言,《汉语史通考》(江蓝生、白维国译),重庆出版社,1991年。

吴福祥　2009　语法化的新视野——接触引发的语法化,《当代语言学》第3期。

余志鸿　1983　元代汉语中的后置词"行",《语文研究》第3期。

余志鸿　1987　元代汉语"～行"的语法意义,《语文研究》第2期。

张赪　2014　近代汉语使役句役事缺省现象研究——兼谈语言接触对结构形式和语义的不同影响,《中国语文》第3期。

张维佳、张洪燕　2007　远指代词"兀"与突厥语,《民族语文》第3期。

赵长才　2009　中古汉译佛经中的后置词"所"和"边",《中国语文》第5期。

朱庆之　1993　汉译佛典语文中的原典影响初探,《中国语文》第5期。

祖生利　2007　元代的蒙式汉语及其时体范畴的表达——以直译

体文献的研究为中心,《当代语言学》第 1 期。

Hopper, Paul J. & Traugott, Elizabeth C. 2003. *grammaticalization*(*Second Edition*). Cambridge: Cambridge University Press. 中文译本:霍伯尔、特拉格特《语法化学说》(第二版),梁银峰译,复旦大学出版社,2008 年。

附录:胡裕树先生指导的硕士、博士研究生

指导的硕士研究生(时间及音序)

戴昭铭、陆丙甫、汤志祥(1979级)

黄锦章、杨宁(1983级)

卢英顺、吴锡根、殷志平(1986级)

陈光磊(1962级,协助陈望道先生指导)

李熙宗、林兴仁(1964级,与陈望道先生联合指导)

指导的博士研究生(时间及音序)

戴耀晶、邢欣、杨宁(1987级)

张黎(1988级)

西槇光正[日](?)

王一平(1991级)

高顺全、金允经[韩]、卢英顺、温锁林(1993级)

编后记

  2018年是著名语言学家、上海市社会科学大师胡裕树先生诞生100周年,为缅怀先生的治学精神、总结先生的学术思想、回顾先生的治学特点,从而推动我国语言学事业的蓬勃发展,复旦大学中文系、《语言研究集刊》编辑部和《当代修辞学》编辑部将"纪念胡裕树先生100周年诞辰学术研讨会"和原有的系列"语言的描写与解释学术研讨会"合并起来,于2018年8月26—27日在复旦大学联合举办了"2018语言的描写与解释:纪念胡裕树先生100周年诞辰学术研讨会"。在会议的筹备和举办过程中,得到学界前辈陆俭明先生、范晓先生、宗廷虎先生、陈光磊先生、邵敬敏等先生以及众多学界同仁的鼎力支持,谨此再次表示诚挚的谢意!

  胡裕树先生不仅学术造诣深,为人也深受学界景仰。希望能参加这次讨论会的人很多,不限于现代汉语语法方面的同仁;但考虑到会议规模的限制以及胡先生本人的主要学术成就所在,会议论文征集通知中,我们只限于现代汉语语法方面,从而把众多的从事古代汉语研究、修辞学研究甚至方言研究的同仁"拒之门外",诚不得已。我们深表歉意!即便如此,申请与会者还是很多,我们深受感动。但我们无法满足大家的要求,尽管他们所提交的论文摘要很好。我们也在此向他们表示深深的歉意!

  会议结束后,我们就着手准备纪念文集的出版事宜。受篇幅所限及其他种种原因,很多高水平的论文我们无法收录,深以为憾。同时恳望相关作者予以海涵!

  文集得以顺利出版,我们非常感谢复旦大学中文系领导所给予的资金的支持;同样感谢复旦大学出版社领导的支持;更感谢编辑杜怡顺先生对此事的落实及其在编辑过程中所付出的辛苦!最后还向为这本纪念文集出版过程各个环节作过付出的所有相关人士表示诚挚的谢意!

编者 卢英顺、陈振宇

2019 年 3 月 30 日

图书在版编目(CIP)数据

胡裕树先生 100 周年诞辰纪念文集/卢英顺,陈振宇主编. —上海:复旦大学出版社,2020.6
ISBN 978-7-309-14977-7

Ⅰ.①胡… Ⅱ.①卢… ②陈… Ⅲ.①胡裕树-纪念文集 Ⅳ.①K825.5-53

中国版本图书馆 CIP 数据核字(2020)第 053235 号

胡裕树先生 100 周年诞辰纪念文集
卢英顺　陈振宇　主编
责任编辑/杜怡顺

复旦大学出版社有限公司出版发行
上海市国权路 579 号　邮编:200433
网址: fupnet@fudanpress.com　http://www.fudanpress.com
门市零售: 86-21-65102580　团体订购: 86-21-65104505
外埠邮购: 86-21-65642846　出版部电话: 86-21-65642845
上海崇明裕安印刷厂

开本 890×1240　1/32　印张 14.25　字数 370 千
2020 年 6 月第 1 版第 1 次印刷

ISBN 978-7-309-14977-7/K·724
定价: 68.00 元

如有印装质量问题,请向复旦大学出版社有限公司出版部调换。
版权所有　侵权必究